# 세계사를 바꾼
# 인천의 **전쟁**

# 세계사를 바꾼
# 인천의 전쟁

경인일보 특별취재팀 지음

도서출판 **다인아트**

인천이란 특정한 지역에
여러 대에 걸쳐 놓인 '전쟁의 길'이
여기서 그만
'평화의 길'로 탈태脫態하기를 바라마지 않는다.

　'무식하면 용감하다'고 했던가. 많이 알았다면 도저히 덤벼들지 못했을 일이었다. 인천에서 벌어진 전쟁들에 대해 실타래를 풀듯이 쭉 풀어내겠다고, 그래서 다시는 인천에서 전쟁이 있어서는 안 되겠다면서 준비했던 게 벌써 2년 전이다. 1년을 꼬박 연재하고, 그리고 이제 단행본에 그 이야기를 담게 되었다.

　2010년 가을, 편집국 내에서 2011년 연중기획 아이디어를 구할 때 '인천 전쟁사'를 다루자고 제안했다. 한반도와 동아시아를 흔들었던 그 많은 전쟁의 아픔을 고스란히 인천이 감내해야 했고, 여전히 인천은 '그 전쟁의 현장'이었기 때문이다. 세계가 주목하는 전쟁터 인천. 그래서 더욱 평화가 소중한 도시 인천을 그려보고 싶었다. 그 아이디어가 채택되었고, 준비가 한창일 때 너무나 엉뚱하게도 '연평도 포격'이 터졌다. 인천이 '세계의 전장戰場'이라는 점은 즉각 확인되었다. 온 세계의 눈이 순식간에 인천으로 쏠렸던 것이다. 연중기획의 제목도 그때 정해졌다. 우리의 기원이기도 했다. '세계의 전장 인천, 평화를 말하다!'

　연말이 되면 늘 느끼는 것이지만, 2011년은 유난히도 빨리 갔다. 1주일에 한 차례씩 싣는데도, 13세기의 여몽전쟁이 순식간에 지나갔고, 17세기 양대 호란胡亂이 금방금방 지났다. 그렇게 정신없이 '인천의 전쟁'은 독자들을 만났다. 연말이 되었다. 마지막 기사를 탈고하던 날, 이번에는 김정일 북한 국방위원장이 갑작스럽게 세상을 떴다는 소식이 전해졌다. 또 다시 온 세계가 야단이었다. 한반도를 둘러싼 긴장감 또한 연평도 포격 때만큼이나 고조되었다. 신문에 연재한 것으로 그쳐서는 안 되겠다는 생각을 한 것은 바로 그 때였다.

그동안 연재했던 신문의 글들을 다시 보니, 부끄럽기 그지없었다. 제한된 원고 분량과 촉박한 마감시간을 핑계로 위안을 삼으려 했지만, 얼굴이 붉어지는 속내까지 숨길 수는 없었다. 바로잡아야겠다는 생각을 굳히고, 또 다른 작업에 들어갔다. 그리고 지금, 이렇게 작은 책 한 권을 세상에 내놓는다.

『세계사를 바꾼 인천의 전쟁』! 이 책에서 말하는 모든 '전쟁'은 '평화'의 또 다른 이름이다. 이 책에서는 인천과 전쟁에 초점을 맞추면서도 '전쟁과 일상日常'에 대한 궁금증도 빼놓지 않았다. 전쟁터에서도 사람이 살기 때문이다. 그 속에 새롭고도 유용한 정보가 곳곳에 들어 있다. 특히 이 책에서만 볼 수 있는 것은 '세계의 시각'이다. 우리의 전쟁에 대해 다른 나라 전문가들은 어떻게 보는지, 현장에서 바로 확인할 수 있도록 연결했다.

책을 만드는 과정에서 새로운 지식과 잘못된 현실 등 많은 것을 알게 되었다. 예를 들면, 역사적 사건에 등장하는 인명이나 시기時期를 표기함에 있어 책자마다, 연구자마다 혼동이 심하다는 점이었다. '칭기즈칸'의 경우 어떤 곳에는 '징기스칸'으로 또 다른 곳에서는 '칭기스칸'으로 쓰는 등 각기 제각각이다. 심지어 여몽전쟁의 빌미가 된 몽골 사신 피살사건의 당사자인 '著古與'는 '저고여'와 '착고여'로 완전히 달리 부르기도 한다. 근대 시기 음력과 양력을 혼동하는 경우는 말로 다 설명하지 못할 정도다. 도대체가 기준이 없다. 여전히 엉성한 우리의 역사적 틀을 실감하게 했다.

시급히 해결해야 할 문제점이었다.

　이 책은 여러 세기를 관통하는 일정한 사관을 갖고 쓴 것은 아니다. 역사 연구자들은 보통 특정한 시대만을 깊게 파고드는 경향이 있다. 연구자 한 사람이 여러 시기를 두루 살피는 데 취약한 구조이기 때문이다. 그런 점에서 보면, 이 책은 깊이는 부족하지만 전체를 바라보고자 했다. 따라서 어떤 부분에서는 오류가 있을 수 있다. 그것은 오로지 취재팀의 역량이 부족해서임을 밝혀둔다.

　신문 연재 때는 없었지만 이 책에 추가하는 '임진왜란' 부분에는 다른 장과 달리 '세계의 시각'이 빠져 있다. 몇몇 해외 전문가에게 도움을 요청했지만 촉박한 시간 관계상 제 때 원고를 받지 못했기 때문이다. 이 책은 수정할 많은 부분에도 불구하고, 바로 이 점 때문에 확실한 미완성이다. 앞으로 계속해서 부족함을 채울 수 있도록 독자들의 많은 질정叱正을 부탁한다.

　책이 나오기까지 수많은 분들의 도움을 받았다. 경인일보 사내에서의 전폭적인 지원과 격려가 없었더라면 불가능한 일이었다. 또한 인천 지역에서 활동하는 많은 분들이 기획 시리즈가 나가는 동안 크나큰 관심을 보내주셨다. 취재팀에는 커다란 힘이 됐다. 일일이 그 분들의 이름을 거명하지는 못하지만 고개 숙여 감사드린다.

2012년 8월
취재팀을 대표해
정진오 삼가 씀

조선 후기 민간에 막강한 영향력을 끼쳤던 책이 『정감록鄭鑑錄』이다. 모든 사회현상이 그렇듯이 『정감록』이 크게 유행한데도 사회적 맥락이 있었다. 조선 후기 정치체제가 사회적 흐름이나 일반 백성들의 바람과는 거꾸로 나아가면서 지배체제에 대한 백성들의 반발이 커져갔던 것이다. 임진왜란과 병자호란 이후 백성들은 양반 사대부의 정치독점 체제를 해체하고 서자·중인들도 정치구조에 참가할 수 있기를 바랐다. 그리고 일반 백성들은 신분제 해체, 토지개혁 등의 전반적인 개혁으로 사회 모순을 해결해 줄 것을 바랐지만 정치체제는 거꾸로 노론 일당독재, 주자학 유일사상, 신분제 강화 등의 방향으로 역행했던 것이다. 그러자 백성들은 이런 정치체제가 종식되고 새로운 이상 사회가 도래하기를 바라는 마음에서 정鄭씨 진인眞人의 도래를 갈구하는 메시아사상에 기대게 된 것이다. 또한 이런 세상은 반드시 난리가 날 수밖에 없다는 생각에서 『정감록』에 난리 때 '화禍'를 피할 수 있는 십승지十勝地를 꼽아두었던 것이다. 메시아의 도래에 의한 이상사회의 실현과 현실의 난리를 피할 수 있는 피안의 세계는 비단 조선 후기뿐만 아니라 동서고금을 막론하고 사회가 혼란스러운 때에는 많은 사람들이 희구했던 대안이었다.

그러나 머릿속의 대안은 상상의 세계에는 구축할 수 있을지 몰라도 현실의 대안이 될 수는 없었다. 극히 일부의 사람들이 십승지를 찾아 이주했을지는 몰라도 대다수의 사람들은 자신이 살던 마을에서 난리를 겪을 수밖에 없었다. 비록 『정감록』이 나오기 전이지만 고려 사람들이 각종 도참圖讖사상에 심취했던 것도 마찬가지 사상적 배경과 사회적 맥락이 있었다. 특히 개경으로 가는 뱃길과 한양으로 가는 관문이었던 인천은 이땅에 난리가 날때마다 더 큰 곤욕을 치러야 했다. 피안은커녕 1231년의 여몽항쟁을 필두로 6·25를 거쳐 천안함 사태까지 인천은 우리 역사에서 벌어졌던 모든 전쟁의 최전선이었다. 인천처럼 한 지역이 나라 전체의 모순을 두 어깨에 짊어지고 그 고통을 고스란히 감내해야 했던 곳도 찾기 힘들 것이다. 그래서 이 책은 단순히 한 지역의 전쟁사가 아니라 이 땅에서 벌어진 많은 전쟁사의 집약사란 특징을 갖는다. 게다가 인천에서 전개되었던 대부분의 전쟁은 국제전이었다. 여몽항쟁, 임진왜란, 병자호란, 병인·신미양요, 그리고 인천상륙작전까지.

인천 사람들은 이땅에서 벌어졌던 그 모든 전쟁을 온몸으로 감내했지만 『정감록』을 희구했던 조선 후기 사람들처럼 피안의 세계를 찾지도 않았고, 진인眞人의 도래를 갈구하지도 않았다. 사회의 가장 큰 모순이 폭발하는 전쟁의 한복판에서 크나큰 고통을 겪었지만 불평을 토로하지도 않았다. 그것은 인천 한 지역만의 아픔이 아니라 한국 사회 전체가 겪어야 했던 아픔의 일부라는 사실을 잘 알았던 까닭이었다. 그러면서 현실 속에서 미래의 대안을 찾는 혜안도 갖고 있었다. 온 나라가 주자학 유일사상에 숨 막혀 할 때 강화도에서 양명학의 맥을 이어갔던 것도 우연만은 아닐 것이다.

이들은 현실에 토대를 두고 조선이 나아가야 할 미래를 고민했다. 조선 후기 내내 주자학자들에게 이단으로 몰렸던 양명학자들은 조선에서는 끝내 자신들의 사상을 실천할 기회를 찾지는 못했다. 그러나 1910년 나라가 망하자 가장 먼저 만주 유하현 횡도촌으로 망명해 독립운동의 봉화를 올렸다. 이런 희생 덕분에 대한민국은 탄생할 수 있었던 것이다. 그럼에도 불구하고 인천은 연평해전과 천안함 사태에서 보듯이 분단의 모순이 가장 치열하게 부딪치는 최전선이 되었다. 이렇게 전쟁으로 인천을 바라보면 우리 사회가 지닌 가장 큰 모순이 선명하게 드러나 보인다. 이 책은 그런 피 흘린 역사, 갈라진 속살을 그대로 드러내 보이기에 가치가 있다. 언제 우리 사회는 갈라진 속살을 봉합할 수 있을까? 이 책은 우리에게 묻는다. 다시는 전쟁을 없게 하고 통일을 이룩하기 위해서 우리는 무엇을 해야하는지를. 그런 미래를 만들기 위해서 우리는 어떠한 희생도 할 각오가 되어 있는지를.

한가람역사문화연구소 소장
이덕일

〈일러두기〉

_ 이 책의 외국어 표기는 표준 국어 대사전에 따른 외래어 표기법을 기준으로 하였
다. 인명과 지명 등의 고유명사는 가급적 원어 발음에 가깝게 썼다. 다만, 널리
통용되고 있는 일부 고유명사는 관용어에 따랐다.

_ 서명은 『 』로, 논문이나 보고서, 작품, 기타 발표 글은 「 」로, 정기 간행물은 《 》로
각각 표시했다.

_ •은 인명이나 사건 등 단어, *은 문맥에 대한 주(註) 표시이다.

_ 『조선왕조실록』을 인용하면서 임진왜란 부분에서만 『선조실록』과 『선조수정실
록』으로 나누어 표시했으며, 다른 부분에서는 『조선왕조실록』으로 하고 인용구
끝에 해당 임금과 연도를 병기했다.

_ 인용 출처 표시의 경우 첫 인용하는 문구 · 사진 · 그림 등의 설명 끝에 출처를 밝
혔다. 다만, 글 흐름을 방해한다고 판단한 몇 곳에서는 각주로 처리했다.

_ 본문의 날짜와 연대표기는 조선정부에서 공식적으로 양력으로 전환한 1895년 말
을 기점으로, 청일전쟁 부분까지는 음력을 쓰는 것을 원칙으로 했다. 다만, 그 전
이라도 서구인을 비롯한 양력을 쓰는 외부인의 기록을 인용할 때는 글 내용 그대
로 실었다.

_ 서해교전 장병의 인터뷰 내용에는 비속어가 포함되어 있으나 전투 당시의 긴박
함을 전달하기 위해 그대로 인용했다.

# 차례

# 3. 강화함락, 병자년의 치욕



# 4. 서양인의 침탈과 유린된 강화

# 5. 청일전쟁과 병참기지 인천



# 6. 인천, 제국주의 전쟁의 첫무대

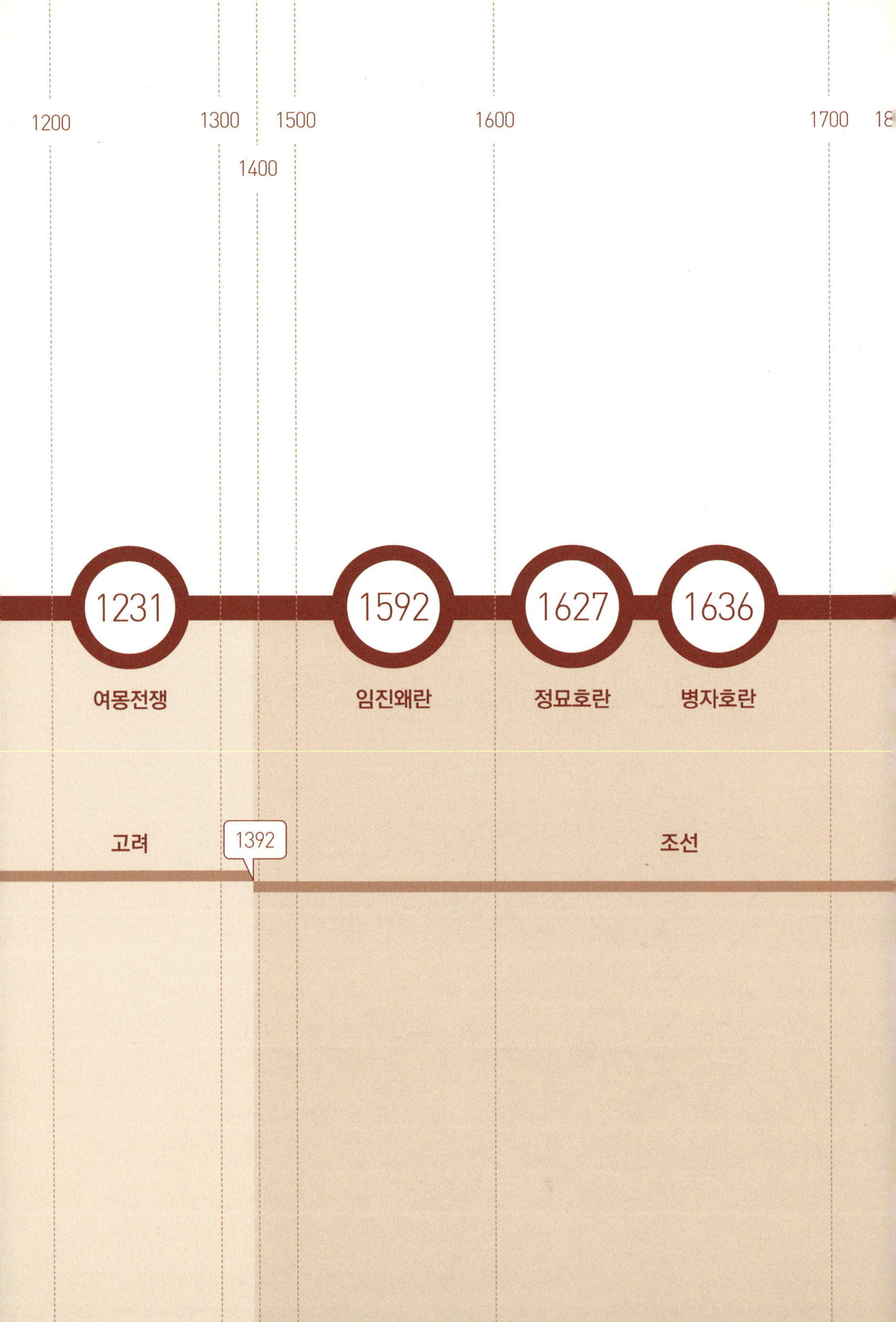

1200
1300
1400
1500
1600
1700
18
1231
여몽전쟁
1592
임진왜란
1627
정묘호란
1636
병자호란
고려
1392
조선

1900
2000

1866
1871
1894
1904
1950
2010

병인양요
신미양요
청일전쟁
러일전쟁
한국전쟁
서해교전

조선
1897
1910
대한제국
1945
일제강점기
1948
미군정기
대한민국
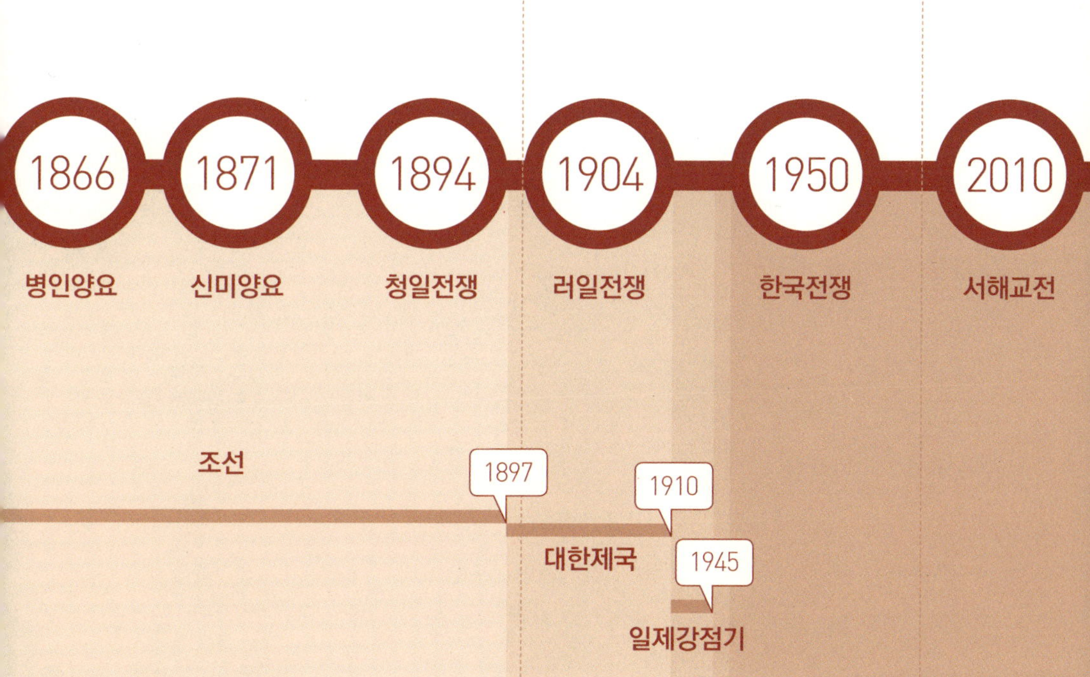

2012년의 여름은 유난히 뜨거웠다. 그 7월 하순, 폭염주의보가 연일 계속되는 가운데 인천시 강화도 일대와 중구 자유공원·월미도·연안부두, 연수구 인천상륙작전기념관, 남구 문학산, 부평 미군기지 주변, 그리고 인천대교 등지를 둘러봤다. 2011년 1년 동안 경인일보가 연재했던 기획 시리즈, '세계의 전장 인천, 평화를 말하다'의 내용을 보완한 단행본을 내면서, 다시 생각을 정리하고 싶었기 때문이다. 답사 지점은 크게 5곳으로 구분했다. 여몽항쟁, 정묘·병자호란, 병인·신미양요와 같은 오랜 전쟁의 기억을 안고 있으면서도 여전히 남북분단의 현실을 온몸으로 보여주는 강화도가 그 첫 번째였다. 청일전쟁과 러일전쟁의 시작점이면서 한국전쟁 당시 인천상륙작전의 포인트가 되었던 중구 일대가 두 번째 지역이다. 한반도에서 몇 안 되는 임진왜란 승전勝戰의 장소이면서도 그 장엄하고 숭고한 역사가 철저히 묻히고 잊힌 문학산 주변도 빼놓을 수 없는 답사 코스다. 또한 일제강점기에는 일제가 동아시아 전역에서 공출한 쇳덩이를 모아 전쟁무기를 생산하던 조병창이었으며, 한국전쟁 당시에는 대탈주극이 연출되고 수많은 인명을 앗아간 포로수용소로, 그 이후엔 미군기지가 된 부평 지역

도 여전히 전쟁의 현재적 장소다. 끝으로, 바다를 메워 신도시가 된 송도와 역사의 땅 영종도를 연결하는 새로운 길, 인천대교는 청일전쟁과 러일전쟁, 일제강점에 이르는 전쟁과 침탈의 역사를 내려다볼 수 있는 드문 장소이다.

### 포인트 1_ 강화도

강화대교에서 빠져 북쪽으로 난 해안도로에 접어들면, 이중 철책이 풍광을 막아선다. 조금 전까지 만해도 전혀 느낄 수 없었던 남북의 대치상황이 눈앞에 펼쳐지는 것이다. 이 길을 따라 자동차로 10여 분만 달리면 연미정燕尾亭에 닿는다. 500년 된 느티나무가 정자 양편에 우뚝 서 버티고 있다. 임진왜란 때 선박 건조기지였다는 연미정은 정묘호란 때 강화도로 피란 왔던 임금 인조가 침략국 후금과 강화講和를 맺은 곳으로 더 유명하다. 이 연미정은 서울을 관통해 내려온 한강과 강화도를 뭍에서 갈라놓아 섬으로 만든 염하鹽河가 만나는 지점에 있다. 금線 없는 강에 금을 그어 분단의 기준선으로 삼은 현실을 당장 목도할 수 있는 지점이기도 하다. 바로 코앞에 남북 중립지대 섬인 유도留島가 떠 있다. 연미정 아래 군軍 막사에 널린 빨래를 보며 병사들의 일상에 미소 짓는 것도 잠시이다. 북방을 응시하는 초병들의 눈매에는 날카로운 긴장이 감돈다. 그래도 백로 몇 마리는 연미정과 유도, 그리고 저 강 넘어 황해북도 령정리 마을을 태평하게도 날아다닌다. 백로의 그 쉼 없는 날갯짓은 남북한 사람들의 왕래를 부르는 '평화의 손짓'이다.

강화 해안을 조금 더 돌아 북쪽으로 가면, 북한 주민들의 생활 모습을 직접 볼 수 있는 '평화 전망대'이다. 여기에선 고성능 망원경으로 대성리 마을을 볼 수 있다. 평화전망대 못미처 승천포가 있는데, 여기가 여몽항쟁의 출발지점이라고 할 수 있는 곳이다.

1232년 7월, 임금 고종이 왕도王都 개경을 버리고 강화도로 천도하면서 첫발을 내디딘 곳이기 때문이다. 승천포에는 조선시대에 방어요새인 승천보를 설치했는데, 승천보는 지금 민통선에 막혀 갈 수가 없다.

고려는 강화에 개성 왕도의 모습을 그대로 재현해 놓았다고 한다. 강화는 여몽전쟁 시기 39년간 고려의 왕도였다. 여기저기에 당시 기억을 담은 흔적이 남아있다. 수풀에 가려 있는 고려 때 토성인 중성의 모습은 800년의 세월을 그대로 실감하게 한다.

초지대교 위로 난 해안도로를 따라 초지진, 덕진진, 광성보, 갑곶돈대 등을 둘러보면 19세기 치열했던 서구열강의 한반도 침략사를 살필 수 있다. 프랑스 군인들에 약탈당하고, 목숨을 담보로 방어했지만 결국 미군 해병대의 상륙을 허용하고, 일본 군함의 위력 앞에 나라를 넘긴다는 굴욕적 조약을 체결한 아픔의 현장이 파노라마처럼 펼쳐진다. 강화도는 아직도 한국전쟁 때 민간인 학살의 기억에 몸서리치는 전쟁의 현재 진행형 공간이기도 하다.

그나마 강화군청 안에 걸린 2025년 미래 지도가 위안을 줬다. 북한의 예성강과 우리의 한강이 만나는 갯벌 위에 남북이 인공 섬을 만들어 평화의 공간으로 활용한다는 구상을 담은 지도이다.

### 포인트 2_ 월미도와 그 주변

월미도는 강화도만큼은 아닐지라도 전쟁이나 열강의 수탈과 관련해 할 말 많은 역사적인 땅이다. 누구나 월미도에 가기 위해선 한국전쟁의 흔적부터 지나야 한다. 월미도 입구 삼거리에 놓인 '9·15 인천상륙작진 기념비'이다. 이는 보통은 그냥 지나치기 쉽다. 이 기념비는 인천상륙작전 당시 3개의 상륙지점 중 하나인 '레드 비치'의 현장임을 가리킨다. 월미도 입구에는 아직도 상륙

작전 때 집을 잃고 내쫓긴 사람들의 절규가 묻어난다. 상륙작전으로 수많은 월미도 주민이 목숨을 잃었고, 피란을 떠난 사이 월미도에 미군기지가 들어서는 바람에 영영 집을 찾지 못하게 된 사람들의 보상요구가 여전히 진행 중이다.

조선시대 월미도는 영종도를 거쳐 강화도로 가는 겨울철 왕의 행로이기도 했으며, 19세기 말엽에는 강화도와 마찬가지로 열강들의 침탈에 얽힌 풍파를 맨 앞에서 맞아야 했던 '개항의 전진기지'이기도 했다. 청일전쟁과 러일전쟁을 가장 가까이에서 지켜본 땅이기도 하다. 또 인천상륙작전의 영웅으로 떠받들어지는 맥아더 장군 동상의 시선이 머무는 곳이기도 하다.

인천상륙작전은 군사 작전의 측면에서는 전세를 일거에 뒤바꾼 성공작이었지만, 그 이면에는 개항으로 새로 만들어진 신도시 개항장(관동, 신포동 일대)을 초토화시킴으로 인해 발생한 피해도 막대하였다. 이로 인해 잊지 말아야 할 인천역사의 한 토막이 송두리째 사라져버리고 말았다.

월미도에서 멀지 않은 연안부두 해안공원에는 러일전쟁 추모 조형물이 서 있다. 1904년 2월 8일 인천 앞바다에서 일본 함대와 맞서 싸우다 스스로 침몰을 택한 러시아 해군의 넋을 기리는 기념물이다. 러시아 측에서는 매년 2월 8일 즈음이면 인천 앞바다에서 기념식을 거행한다. 이 기념물은 한반도를 서로 차지하기 위해 러시아와 일본이 맞붙은 러일전쟁의 서전緖戰이 바로 이 땅에서 치러졌음을 증명한다. 러시아는 다른 나라를 침략한 역사를 제대로 반성이나 하고 있는지 궁금하기도 하다.

### 포인트 3_ 문학산

임진왜란이 인천의 전쟁 역사에서 한 발짝 떨어져 있는 듯하지

만, 빼놓아선 안 되는 공간이 있다. 문학산이다. 현재는 공군부대
가 들어서 있어 그 정상까지 오를 수는 없지만, 여전히 임진왜란
의 기억은 산자락 곳곳에서 피어오른다. 갈림길인 삼호현 고개에
서 문학산 정상 방면으로 가다보면, 문학산성의 흔적을 만나게 된
다. 남구청에서 몇 년 전에 문학산성 복원 사업을 펼치면서 산성
의 기초가 확인되는 곳에 새로운 산성을 쌓았다. 이 문학산성은
백제시대에 쌓은 것이라고 하는데, 임진왜란 때 인천부仁川府를 책
임지고 있던 부사 김민선이 주민들과 함께 항전, 끝내 성을 지켜
낸 승전의 장소이다. 문학산 승전은 일본군의 서해안과 강화도 진
출 시도를 막아냈다는 데 의미가 있다. 주민들은 임진왜란 이후
문학산 정상 부근에 안관당安官堂이라는 사당을 세우고 부사 김민
선과 임진왜란의 승전을 기렸다고 하는데, 지금은 그 흔적조차 찾
을 길이 없다. 군사시설 보호구역이어서 들어갈 수조차 없으니 복
원계획조차 요원하다. 안관당제는 일제시기까지도 이어졌다고 하
지만 안관당지安官堂址의 모습은 오간 데 없이 사라졌다. 1965년 사
진작가 이종화 선생이 남긴 책『문학산』(2006년 복간)에서 확인할 수
있을 뿐이다.

　문학산 등산코스에 끼어 있는 문학산성의 모습은 중간 중간 끊
기고 다시 이어지면서 흐릿하나마 400년 전 임진왜란 승리의 함성
과 함께 백제 때부터 내려오는 2천 년의 세월을 들려준다.

### 포인트 4_ 부평 미군기지

　부평의 전쟁에 얽힌 역사도 만만치 않다. 참으로 기구하기 그지
없다. 임진왜란 때 문학산성 공략에 실패한 일본군으로부터 보복
피해까지 당해야 했다. 임진왜란 당시 피란정부가 조사한 가장 극
심한 피해지역 10여 곳에 부평이 올라 있을 정도였다. 그 부평은

20세기에 들어서, 일본 제국주의의 이른바 '대동아 전쟁'에서 각종 무기를 생산하는 조병창기지가 되어야 했다. 일제가 전국 각지에서 거둬들인 쇳덩이들이 바로 부평에서 녹아 대포알과 같은 전쟁무기로 전환됐다. 부평에는 중국에서까지 끌어온 무기재료로 넘쳐날 지경이었다. 지금 인천시립박물관에 전시된 철종鐵鐘이 바로 중국에서 공출되어 왔다가 살아남은 것들이다. 이런 부평 땅은 한국전쟁과 함께 미군의 군수기지로 그 기능이 넘어가는 신세가 되었다. 일제의 조병창 시설물은 지금껏 미군들이 깔고 앉은 형국이다. 부평 미군부대 자리에는 우리가 잊어서는 안 될 기억이 하나 더 있다. 반공포로수용소다. 1953년 정전협정을 얼마 남기지 않고, 전국 각지에 마련된 반공포로수용소에서 전격적인 석방조치가 취해졌을 때도 부평의 반공포로수용소의 문은 열리지 않았다. 포로들은 집단 탈출을 감행했고, 포로를 지키던 미군은 무차별 사격을 가했다. 300여 명이 도망쳤지만, 수십 명의 포로가 현장에서 사살됐다는 증언도 하나 나왔다. 그러나 아직도 정부의 공식적인 확인은 이뤄지지 않고 있다. 포로수용소의 밝혀지지 않은 진실을 간직한 부평은 한국전쟁 막판, 이승만 정권과 미군 당국 사이의 갈등과 그 대처상황을 극명하게 보여주는 대표적 현장인 것이다.

### 포인트 5_ 인천대교

인천대교는 땅과 땅을 잇는 공간 연결의 길이기도 하지만, 시간과 시간을 잇는 '타임머신'이기도 하다. 영종도는 1875년 운요호 사건 당시 일본군의 공격을 받은 곳이다. 또 일제강점기에는 독립지사들이 일제에 의해 감금되어 있던 곳이기도 하다. 러시아 방면에서 활약한 국어 학자이자 독립운동가인 계봉우는 예단포에 억류되어 있기도 했다. 인천대교 위에서 내려다보이는 인천 앞 바다

는 멀리 삼국시대 서기 660년까지 거슬러 올라가는 1,300여 년 전 전쟁의 기억을 갖고 있다. 나당연합군의 당나라 장수 소정방이 이 끄는 대군이 이 바다를 지났던 것이다. 덕적군도에 속한 소야도가 소정방이 머무른 데서 비롯된 이름이라고 역사와 민초는 기억해 두었다. 이민족 군대의 진군을 잊지 않으려는 지혜다. 그로부터 1200년이 흐른 1866년의 병인양요와 1871년의 신미양요도 이 인천 대교 밑을 통과한 이방인들에 의해 저질러졌다. 1894년의 청일전 쟁과 1904년의 러일전쟁 또한 마찬가지다. 특히 러일전쟁 때는 인 천대교 지점에서 러시아 함대와 일본의 함대가 전투를 벌었다. 한 국전쟁 때 인천상륙작전의 신호탄이 된 팔미도 등대 장악 작전도 인천대교에서 바라보이는 가시권 안에 있다.

인천에는 이렇게 길고도 긴 ‘전쟁의 길’이 있다. 공간적으로는 강화도에서 중구, 남구, 부평구, 연수구, 옹진군 등 인천 전 지역을 아우르며, 시간적으로는 현재에서 1,300년 전으로 거슬러 올라간 다. 나당연합군의 백제침략에서 시작해 여몽전쟁, 임진왜란, 양대 호란(정묘호란 · 병자호란), 양대 양요(병인양요 · 신미양요), 청일전쟁, 러일 전쟁, 한국전쟁까지 참으로 질기게도 전쟁은 계속되어 왔다. 그리 고 인천 앞바다는 아직도 교전 중이다.

그러고 보니 특이한 현상도 눈에 띈다. 근대 이전의 시기는 누가 강화도를 차지하느냐의 싸움이었다면, 근대 이후로는 제물포가 핵심 지역으로 부상했고, 현대에 와서는 인천의 바다가 중요 포 인트가 되었다는 점이다. 그리고 그 곳들이 이어져 바로 ‘전쟁의 길’이 되었다.

한 도시에서 이렇게 많은 전쟁의 역사를 품고 있는 곳이 이 세

상에 또 어디에 있을까. 인천을 가로지르는 이 '전쟁의 길'은 세계 유일의 길이다. 인천의 전쟁 역사는 한국사를 관통하면서 동시에 세계사의 한 축을 짓고 있다. 그렇게 세계 각국이 만든 인천의 '전쟁의 길'은 세계 모두에게 책임이 있다. 이 전쟁의 길은 더 이상 연장되어서는 안 된다. 이 길을 넘어서는 평화가 더욱 간절한 것이다.

경인일보 취재팀은 인천에 놓인 '전쟁의 길'을 따라 걸으며, 한반도 전쟁과 제국주의 침탈의 역사까지 두루 이야기하고자 했다. 그러나 그 과정에서 수많은 사적史的 영역에 봉착해야 했다. 여기에서 비롯되는 논쟁을 직접 감당할 수는 없는 노릇이어서, 취재팀은 많은 전문가들의 목소리를 다양하게 전하여 논의의 진전을 돕고자 했다.

1장은 1231년에 터진 여몽전쟁이다. 2장에서는 1년 전 기획시리즈에서는 빠졌던 임진왜란을 다뤘다. 인천이 임진왜란의 핵심지역이 아니었다는 차원에서 신문 보도에서는 제외했으나, 인천의 전쟁 역사에서 임진왜란이 빠질 수 없다는 판단에서 추가했다. 3장에서는 청나라에 무릎을 꿇는 정묘호란과 병자호란을, 4장에서는 서구 열강에 의한 병인양요와 신미양요를 다뤘다. 5장과 6장에서는 우리 땅에서 벌어진 제국주의 국가 간 대결인 청일전쟁과 러일전쟁을 각각 살펴보고, 7장에서는 아직도 끝나지 않은 한국전쟁을 짚어보았다. 8장에서는 NLL을 둘러싸고 계속되는 서해분쟁으로 인해 화약고가 된 한반도 상황을 그렸다.

독자들은 이 책을 따라 '전쟁의 길'을 걷다보면 아마도 전쟁과 관련한 일종의 공통점을 발견하게 될 것이다. 사람들이 전쟁을 잊

었을 때 전쟁은 어김없이 찾아온다는 것을, 또 전쟁이 일어날 때
의 상황은 늘 닮았다는 것을, 그리고 전쟁이 터지면 너무나도 많
은 사람에게 회복할 수 없는 피해를 준다는 것을.

　인천이란 특정한 지역에 여러 대에 걸쳐, 어느새 놓이고 만 그
'전쟁의 길'이 여기서 그만 '평화의 길'로 탈태脫態하기를 바라마
지 않는다. 이 책이 거기에 작은 디딤돌이 되었으면 한다.

# 1

# 몽골의 침략, 항쟁의 도읍

인천에 '세계의 전장(戰場)'이라는 이름을 붙일 수 있는 것은 고려시대 몽골과의 전쟁부터라고 할 수 있다. 당시 고려의 최씨 무신정권은 수도를 개경에서 강화도로 옮긴 뒤 몽골군과 맞서 싸웠다. 강화도가 전시 수도가 된 것이다. 여몽전쟁은 우리민족의 역사에서 찾아 볼 수 없을 정도로 긴 전쟁이었다. 그만큼 백성들의 고통도 컸다. 전시 수도가 된 강화도에는 개경에 살던 주민들이 대거 몰려와 '신도시'가 건설되었다. 그러나 몽골에 항복하면서 3중으로 둘러싼 성곽 등 방어시설을 모조리 헐어야 했다. 전쟁 중이었지만 찬란한 문화를 꽃피웠던 강화도는 여전히 '고려의 분단 도시'다. 하루 빨리 개성과 강화가 고려의 수도로서 교류할 수 있어야 한다.

# 몽골제국의 마지막 정복지 한반도

    고려와 몽골의 수수께끼와 같은 '30년 전쟁'을 이야기하기 위해서는 10세기 전후의 동북아시아 세력 판도의 변화부터 살펴야 한다.

    10세기 무렵의 동북아시아 정세라고 해서 지금과 별반 다를 게 없다. 힘의 논리가 국제사회를 지배하기는 마찬가지였다. 그 속에서 한반도의 새로운 패자覇者가 된 고려는 중국 대륙세력의 부침에 따라 강온强溫 양면전략을 적절히 구사하면서 국체를 보존하기 위해 애썼다. 한반도에서는 918년 왕건이 고려를 건국했으며, 중국 대륙에서는 907년 당唐(618~907)이 멸망한 뒤 수많은 나라가 명멸하는 어지러운 상황이 연출됐다. 한반도와 맞닿아 있는 만주지역이 역사의 전면으로 등장한 것도 이 즈음이다. 만주지역에 흩어져 있던 거란족이 통일국가 요遼(916~1125)를 세운 것이다. 요나라는 고려와 끊임없이 갈등할 수밖에 없었다.

    중국 내륙에서는 960년 한족의 전통을 내세운 송宋(960~1279)나라가 출현했다. 고려, 송, 거란, 이렇게 동북아 3개 국은 물고 물리는 역학 관계 속에서 세력균형을 이루었다. 이런 상황에서 만주지역에 새로운 세력이 등장했으니 바로 여진족이다. 거란과 마찬가지로 작은 부족집단으로 나뉘어 있던 여진이 부족통일을 이루어 1115년 금金(1115~1234)나라를 건국했다. 3개 국 체제가 4개 국 체제로 바뀌고 4자 간의 긴장관계도 극에 달하였다. 따라서 서로 간의

외교전도 치열했다. 4개 국은 위태롭지만 절묘하게 힘의 균형을 유지해 나갔다. 이러한 길항관계에 일대 충격파를 가한 것이 그 유명한 칭기즈칸●의 등장이다. 1206년 몽골제국이 그 모습을 드러냈다.

　고려와 몽골군과의 최초의 만남은 1211년(희종 7) 5월이다. 금나라에 사신으로 갔던 고려 장군 김양기金良器 일행 10명이 통주通州(중국 베이징 근처)에서 몽골군에게 피살된 것이다. 이 내용은 『고려사』와 『고려사절요』●가 똑같다.

●칭기즈칸 (Chingiz Khan, 1167~1227)
몽골제국 제1대 왕. 본명은 테무친으로, 몽골족을 통일하고 이 칭호를 받아 몽골제국의 왕이 됐다. 몽골제국 제2대 왕은 칭기즈칸의 셋째 아들로 오고타이(1186~1241)다. 오고타이는 1231년 고려를 침입했다.

●『고려사절요』
세종 31년(1449) 시작해 문종 2년(1452)에 완성. 김종서, 정인지, 신숙주, 박팽년 등 당대 최고의 학자 28명이 참여. 태조부터 공양왕까지 32왕 475년의 일을 연대순으로 기술한 편년체 역사서.

금나라에서 완안유부完顔惟孚를 보내와서 왕의 생신을 축하하니, 왕이 장군 김양기를 보내어 답례하게 하였다. 양기가 통주에 이르러 몽고蒙古 군사를 만나 화살에 맞아 죽고, 수행원 9명도 역시 살해당했다. 금나라에서 유골을 거두어 보냈다.

몽골과의 첫 대면은 이렇게 악연으로 시작됐다. 1231년 몽골침략 꼭 20년 전의 일이다. 역사의 아이러니는 여기서도 생겨난다. 몽골은 고려침략의 첫째 이유를 자국의 사신 저고여著古與를 고려가 살해했다는 점을 들었는데, 몽골은 그 보다 먼저 고려의 사신을 살해했던 것이다. 양국의 군사력이 엇비슷했더라도 몽골이 저고여 피살 때 큰 소리 칠 입장은 아니었다고 할 수 있다. 물론 이 기록만 놓고 보면, 몽골군이 범인이라고 단정지을 수도 없다. 김양기 일행 중에 살아서 도망친 사람이 있는지, 전멸했는지도 알수 없기 때문이다. 현장 목격자가 있는지, 없는지가 뚜렷하지 않다는 얘기다. 저고여 살해 조사차 왔던 몽골 측도 고려군의 공격을 받고 도망간 바 있는데, 고려는 공격한 군인들이 '고려군 복장으로 위장한 동진군東眞軍이었다'라고 항변해 왔다. 몽골 측에서도 똑같은 논리로 부인했을 수도 있다.

어찌됐든 고려에서는 몽골에 대한 감정이 좋을 리 없이 관계를 시작했는데, 두 번째 만남은 더욱 엄청났다.

1218년 1만 명의 몽골군과 2만 명의 동진군이 대동강 부근의 강동성을 차지하고 있던 거란족을 무찌른다는 명분으로 침입한 것이다. 이 때 고려는 몽골의 강압적 요구로 거란 토벌작전에 직접 참여하기도 했으며, '형제맹약'까지 체결했다. 당시의 맹약이란 것은 몽골의 수탈을 공인하는 불평등 조약이었다. 이를 근거로 몽골은 과도한 조공을 고려에 요구했고, 군사력에서 열세이던 고려는 몽골의 요구에 따를 수밖에 없었다.

몽골의 과도한 재물 요구와 횡포로 고려인의 대몽감정은 악화됐고, 이는 '몽골 사신 저고여 살해사건'으로 폭발했다. 그리고 몽골은 이 사건을 빌미로 고려에 쳐들어왔다.

몽골은 1231년부터 1259년까지 약 30년 동안 10여 차례 고려를 침략했다. 고려의 최씨 정권●은 1232년 7월 몽골군의 공격을 피해 수도를 개경에서 인천 강화도로 옮겼다. 몽골이 전혀 예상하지 못한 강화 천도로 전쟁은 장기화됐고, 전쟁이 길어진 만큼 고려 백성들의 피해도 컸다.

'무신정권'이란 말이 만들어질 정도로 군벌軍閥이 정권을 좌우한 고려는 왜 몽골의 외침을 막지 못했을까. 고려의 내부 사정을 알아보자.

고려는 1196년 최충헌이 권력을 장악하면서 오랜 최씨 무신정권의 시대가 시작됐다. 최충헌은 강력한 사병조직과 교정도감<sup>●</sup> 운영으로 독재 체계를 구축했다. 최씨 정권의 사병조직 양성은 중앙군 약화로 이어졌다. 젊고 유능한 군인은 최씨 정권의 사병이 됐고, 늙고 나약한 군인들만 중앙군으로 편입됐다. 최씨 집안은 정권을 유지하고자 사병조직을 양성했는데, 이 때문에 국가는 정작 몽골 등 외세에 맞서 싸울 수 있는 강력한 군사력이 없었다. 고려군이 '국가 방위'가 아닌 '최씨 정권 유지'를 위한 수단으로 전락한 것이다.

권력을 장악한 최씨 정권은 백성들에게서 과중한 세금을 거두고 강제로 땅을 빼앗아 자기 배만 불렸다. 최씨 정권 이전부터, 지배층의 가혹한 착취와 수탈로 생활에 어려움을 겪던 백성들은 무신정권에 저항하고 있었다. 전국 곳곳에서 농민·천민들의 반란이 일어났다.

1186년(명종 16) 진주수령 김광윤과 안동수령 이광실이 가혹하게 재물을 거둬들여 백성들이 봉기했고, 1190년(명종 20)에는 동경(경주)에서 부사 주유저가 농민봉기군을 습격하다가 반격을 당하는 일도 있었다. 1193년(명종 23)에 김사미는 운문(청도)에서, 효심은 초전(울산)에서 반란을 일으켰다. 이들 세력은 경상도 전역으로 퍼졌다. 그러나 이듬해 밀성(밀양)싸움에서 패하면서 결국 진압되고 말았다.

국가적 수탈과 이에 대한 반발, 그리고 진압의 악순환이 거듭되면서 고려는 더욱 허약해졌다.

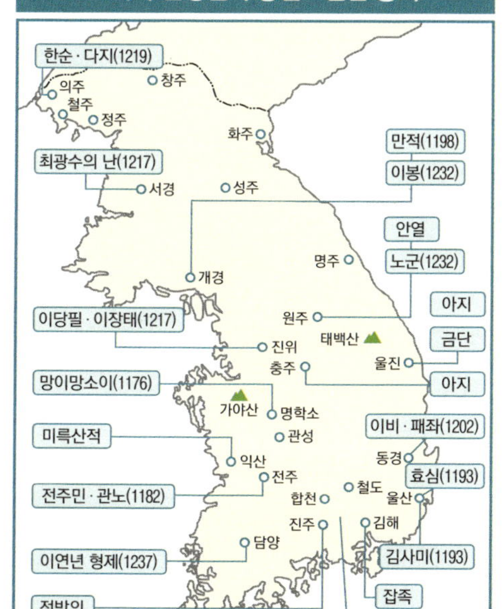

# 몽골군의 침략 경로

高
麗
長
城
의주
함신진
귀주
정주
선주
철주
곽주
박주
개주
안북부
자주
화주
고주
강동
서경
안변부
수안
황주
봉주
안주
동주
평주
동주
해주
염주
개경(개성)
춘주
강화
남경(서울)
양근
원주
전시수도
(1232~1270년)
처인성
죽주
충주
청주
운주
상주
공주
추풍령
황룡사
부인사
동경(경주)
전주
해인사
고부
광주
나주
1231년
1232년
1235~1239년
1253~1254년

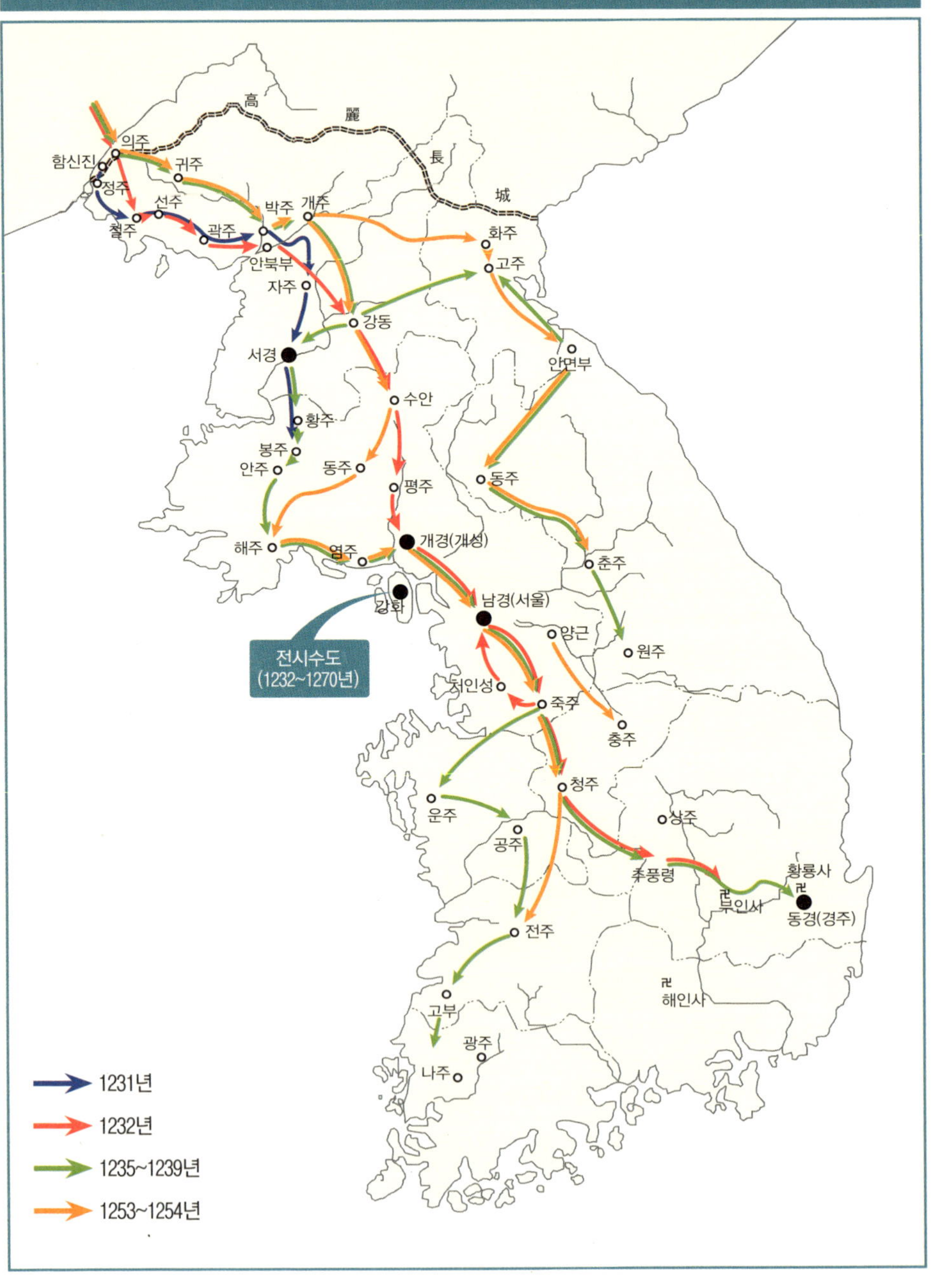

결국, 몽골은 1231년 8월 압록강을 넘었다.

몽골군은 침공 40일 만에 개경 인근 황주까지 진출했다. 개경이 포위당하자 고려는 사신을 몽골에 보내 강화교섭을 추진하였고, 몽골군은 1232년 1월 철수했다.

그러나 고려의 최씨 정권은 1232년 7월 수도를 강화도로 옮겼다. 전광석화처럼 신속하게 수도 이전 작업이 이루어졌다. 고려의 양동작전陽動作戰에 뒤통수를 맞은 몽골은 즉각 침공을 재개했다. 몽골군은 경기도 용인까지 남진했으나 승장 김윤후의 기습 공격으로 대장 살리타(撒禮塔)가 목숨을 잃자 물러났다.

하지만 몽골은 1235년 여름부터 1259년 3월까지 9차례 고려를 침략했다.

몽골은 강화도를 봉쇄하려고 강화도 주변에 군대를 주둔시켰다. 그 중 한 곳이 지금의 김포시 월곶면 성동마을이다. 그 곳에는 강화도를 뱃길로 연결하는 갑곶나루터•가 있다. 현재 해안철책선이 설치돼 있어 나루터를 사용하지 않고 있으나 과거에는 육지에서 강화도로 가는 길목이었다.

몽골군은 강화도의 갑곶진을 마주보고 있는 문수산에서 강화를 바라보며 가슴을 칠 수밖에 없었다. 강화가 난공불락의 요새이기 때문이다. 몽골군이 강도江都를 공격하지 않은 이유에 대해서는 여러 시각이 있다. 몽골군이 해전에 약해 갑곶강을 건너지 못했다는 주장과 몽골군이 굳이 강도를 공격할 이유가 없었다는 의견 등이다.

고려 지배층이 사실상 정권 유지를 위해 강화도로 천도하면서 전쟁이 장기화됐고, 몽골군은 전국 곳곳에서 약탈 · 파괴 · 방화 등을 일삼았다. 정권을 유지하고자 백성들을 내팽개친 셈이다.

무신정권이 교체되고, 고려가 세자(원종)를 몽골에 보내면서 몽

골은 철병했다. 1259년이었다. 고려는 1270년에야 개경으로 환도
했다.

　몽골과의 전쟁은 끝났지만, 고려는 전쟁을 계속해야 했다. 고려
정부의 '항복'에 반발한 삼별초°와의 전쟁이 새롭게 시작됐고, 몽
골의 가혹한 수탈도 이어졌다. 특히 몽골의 일본 정벌에 고려가
동원된 것은 생활고에 시달리던 백성들에게는 결정타였다. 군사
징발은 물론이고 수많은 선박 건조와 군량 등 전쟁 비용 대부분을
고려가 떠안아야 했는데, 모든 게 백성들의 몫이었던 것이다.

　국방부 군사편찬연구소 서인한 박사는 "고려와 몽골이 연합했
다기보다는 몽골이 고려의 군사력과 경제력을 이용해 일본을 공
격한 것"이라고 분석한다. 점령국가는 점령지의 인적·물적 자원
을 이용하여 더욱 세력을 확장해가는 것이 공식이라는 것이다.



●삼별초
고려시대에 둔 좌별초, 우별초,
신의군의 세 군대. 최우가
조직한 야별초를 발전시킨
특수 부대였다. 삼별초는
개경환도에 반발해 1270년(원종
11) 강화도에서 봉기했다.
강화도에서 진도로, 이후
제주도로 거점을 옮기며 약
3년 동안 싸우다가 1273년
여몽연합군에 진압됐다.

# 고려의 몽진과 항몽기지 강화

을유(6일)에 왕이 개경開京을 출발하여 승천부昇天府에서 머무르고 병술 (7일)에 강화도의 객관에 입어入御하였다. 이 때 장맛비가 열흘이나 계속하여, 진흙길이 발목까지 빠져서 인마가 쓰러져 죽었다. 달관達官이나 양가 良家의 부녀들로 맨발로 업고 이고 도망하는 자까지 있었다. 환鰥(홀아비)·과寡(과부)·고孤(고아)·독獨(홀몸 노인)으로 갈 바를 잃고 호곡하는 자가 이루 헤아릴 수 없었다. 어사대御史臺의 하인 이통李通이 경기도의 초적草賊과 성중의 노예들을 불러 모아서 반하여 유수병마사를 쫓아내고, 드디어 삼군을 만들어서 여러 절로, 이첩移牒하여 중의 무리를 불러 모아서 공사의 전곡錢穀을 약탈하였다.

- 『고려사절요』 고종 19년(1232) 7월

고려의 왕도王都 개경의 백성들이 전란을 피해 고향 땅을 버리고 강화도로 가는 피란 모습이다. 고종●은 7월 6일 개경을 출발해 지금의 북한 개풍 땅인 승천부에서 하룻밤을 묵고, 다음날인 7일 강화도에 도착했다.

피란행렬의 고달픔과 비참함이 절절하다. 이런 상황에서 평소 억압받던 하층민의 반란마저 일어나 관리와 백성을 대상으로 약탈도 일어났다. 전쟁에 반란까지 이중의 고통을 겪지 않을 수 없었다.

강화 천도가 공식적으로 논의된 것은 1232년 2월이었다. 1차 여몽전쟁이 끝나고 몽골군이 철수한 직후였다. 그리고 몇 차례 회의를 거쳐 6월 16일 최고 집권자인 최우•가 강화 천도를 결정했다. 4개월여 만에 도읍을 옮기는 천도가 단행된 것이다.

당시 중서문하성의 종2품 벼슬인 참지정사 유승단•은 몽골과의 화의를 주장하며 천도를 반대했다. 다른 조정 대신들도 대부분 최우의 위협에 제 목소리를 내지 못했을 뿐 천도에 찬성하는 분위기는 아니었다. 야별초 지휘관인 김세충•은 개경 사수를 주장하며 천도를 반대하다가 참형을 당하기도 했다.

최우는 왜 강화도를 전시수도로 결정하고 서둘러 천도를 단행했던 것일까. 강화 천도에 대한 학계의 평가는 크게 ‘여몽전쟁을 대비하는 국난 극복의 자주적 성격이다’와 ‘정권 유지를 위한 도피다’라는 두 가지로 나뉜다. 하지만 강화도가 전시 상황에서 군사적·지리적인 이점을 지니고 있었다는 점만큼은 이견이 없는 듯하다. 개경과 거리가 가까운 데다, 상대적으로 수전에 약한 기마병 중심의 몽골군을 방어하는 데는 육지보다 섬이 더 효과적이기 때문이다.

강화도가 해상 교통의 요충지였다는 점도 감안되었다. 임용한 경기도 문화재 전문위원은 “인천 앞바다는 예성강, 임진강, 한강이 교차하는 교통의 중심지였고, 삼국시대부터 군사 요충지였던 강화도는 고려 개경과 이후 조선 한양의 길목 역할을 해왔으며 개경 때와 마찬가지로 지방에서 조세를 거둬들일 수 있는 해상 교통로를 그대로 유지할 수 있는 곳이다”고 했다.

강화도는 또 이미 오래 전부터 개경과 인적·물적 교류가 빈번했다. 고종과 최우가 하룻밤을 묵고 간 승천 포구는 강화도와 개경을 연결하는 뱃길이 있던 곳으로, 양쪽 해안가에 숙박시설이 설치돼 있었다.

강화 천도 배경에 대해 김형우 강화역사문화연구소장은 “강화

가 육지보다는 방어하기 유리하다. 그러나 무신들이 정권 유지를 위해 몽골의 간섭을 받지 않으려고 한 측면이 크다. 또 강화 천도가 잘못된 판단이라고 보지는 않는다. 강도江都 이후의 대책이 잘못된 것이다”고 지적했다. 최씨 정권이 강화 천도 이후 백성을 돌보지 않고 호화로운 생활을 한 것을 지적한 것이다.

강화 천도를 긍정적으로 보는 시각도 있다. 국방부 군사편찬연구소 서인한 박사는 “강화 천도로 고려의 국체를 보전할 수 있었고 몽골 공주와의 전략혼인이 오히려 ‘30년 대몽항쟁의 선물’이라고 표현한 연구자도 있다”고 했다.

이재범 경기대 교수는 강화 천도를 “정권 유지용 도피로 본다. 귀찮은 전쟁을 피해 강화로 도피한 것이 바로 최씨 정권이다”고 했다. 이재범 교수는 강화가 수도가 됐을 때를 부정적으로 본다면서 천도가 정권 유지를 위한 것이었다는 게 연구자들의 대체적인 시각이라고 전했다.

**고려궁지에서 바라본 강화읍내** _ 1232년 강화 천도 이후 궁궐과 관아가 자리했을 것으로 추정되는 강화 고려궁지에서 내려다본 강화읍내 풍경. 맨 앞의 눈 덮인 기와집은 2003년에 복원된 외규장각이다. 조선 정조 6년(1782)에 지어졌는데, 1866년 병인양요 당시 프랑스군에게 수많은 서적을 약탈당한 곳도 이 곳이다.

　이재범 교수는 "몽골의 군사력이 막강해 (최씨 정권은) 자신감이 없었던 것 같다. 당시 몽골군을 이길 나라는 어디에도 없었다는 점도 감안해야 한다"고 했다.

　최우는 천도를 결정하고 바로 2천 명 규모의 군을 동원해 궁궐 건설에 착수했다. 고종도 강화도에 도착해 한동안 강화현의 객관에서 머물 수밖에 없었다. 이는 천도가 사실상 별다른 대책없이 급박하게 진행됐기 때문이다. 강화 천도 후 1년 6개월가량이 지난 1234년(고종 21) 초에는 궁궐과 관아, 사원, 민가 등 전시수도 강화도의 도시 기반이 거의 자리를 잡았던 것으로 보인다.『고려사절요』는 특히 전국 각지에서 노동력을 징발해 궁궐과 관아를 짓게 했다고 기록했는데, 짧은 시기 전시 수도를 건설하는 과정에서 백성들이 숱한 노역에 시달렸음을 알 수 있는 대목이다.

　학계에서는 당시 강화도 인구 규모에 대해 다소 시각차를 보이고 있기는 하지만 개경의 10만 호가 대부분 강화도로 이주해왔을 것이라는 데에는 큰 이견이 없다. 류중현 강화문화원 향토사연구소 소장은 "당시 강화산성 남문에서 충렬사까지 집이 빼곡히 들어찼는데, 처마 밑으로만 가면 비를 안 맞았다는 얘기가 전하고 있으니 만약 이게 사실이라면 족히 10리(4㎞)는 되는 거리다"고 했다.

　문제는 강화도 인구 집중이 심각한 식량난을 야기했다는 점이다. 고려사 전문연구자 김인호 광운대 교수는 "강화 천도 초기에는 식량을 외부에서 조달해야 했다. 최씨 정권에서 출세한 이규보●조차도 녹봉이 충분치 않아 여러 번 식량이 떨어졌고, 한 그릇의 물로 허기를 때웠다는 시를 지을 정도였다"고 했다.

　이런 가운데 설상가상으로 민가에서는 대형 화재가 자주 발생했다. 김인호 광운대 교수는 "고종 21년 정월『고려사절요』기록을 보면, 대궐 남쪽 동네에서 화재가 나 수천 가구의 집이 불에 탔

●이규보(李奎報, 1168~1241)
고려 후기의 문신·학자·문인.
그의 작품은 동명왕편(東明王篇),
개원천보영사시(開元天寶詠史詩)
등이 있다. 인천 강화군 길상면에
이규보 묘가 있다.

는데, 화재 피해가 큰 것은 계획성 없이 밀집한 도시의 구조 때문으로 여겨진다. 이런 상황을 이규보는 다닥다닥 붙은 민가의 모습을 '수천의 누에가 다투어 고치를 짓는 듯' 했다고 표현했다"고 설명했다.

강화 천도 이후 식량난에 주거지까지 열악하여 사회적 문제가 되었으나 최씨 정권의 생활은 사치스러웠다. 김인호 교수는 "백성들의 고된 삶과 달리 최우는 1238년(고종 25)부터 집에서 잔치를 벌이는 일이 많아진다. 여기에 최씨 정권의 가혹한 수탈로 백성들이 저항의식을 갖게 되었고, 심지어 몽골에 투항하는 이들까지 생기게 됐다"고 했다. 최우의 서자인 만종과 만전이 권세를 이용해 유부녀를 폭행하고 백성들이 거둔 곡식을 빼앗는 등 온갖 악행을 일삼았다.

백성들은 정권에 의한 각종 수탈에, 식량난과 식수난까지 더해져 고통이 이만저만 아니었다. 『고려사』와 『고려사절요』에는 가뭄으로 기우제를 지냈다는 기록이 적지 않다. 류중현 강화문화원 향토사연구소 소장은 강화산성 북문 근처에 있는 '오읍약수터'에서 당시 가뭄과 식수난에 얽힌 설화를 소개했다.

**오읍약수터** _ 류중현 강화문화원 향토사연구소 소장이 강화산성 북문 근처 오읍약수터에서 강화 천도 이후 가뭄과 식수난에 얽힌 설화를 설명하고 있다.

류중현 소장은 "가뭄으로 백성들이 고생할 때 고종이 북산에 올라 기우제를 올리니, 바위 위로 벼락이 떨어져 그곳에 샘이 솟았다는 것인데, 하늘과 땅이 감동하고, 고종과 백성 그리고 실향민이 '이제 살았구나' 하며 울었다고 해서 '오읍五泣'이란 이름이 붙었다"고 했다.

강화 천도 이후 대규모 간척이 이뤄진 것도 바로 이 식량난을 해결하기 위해서였다. 이는 한반도 간척사업의 효시嚆矢로 꼽힌다. 오늘날 좋은 품질을 인정받는 '강화섬쌀' 대부분은 고려시대부터 매립이 이뤄진 간척지에서 생산되고 있다.

# 강화! 궁궐을 품다

인천 강화도 북산(송악산) 남쪽 기슭에 위치한 '고려궁지'. 몽골의 침략을 받은 고려가 수도를 옮긴 뒤 궁궐과 관아를 세웠다고하는 곳이다. 문화재청은 1964년 이 일대(강화군 강화읍 관청리 743의 1번지, 지정 면적 7천534㎡)를 문화재(사적 제133호)로 지정했다.

강화도는 이른바 '지붕없는 박물관'으로 불린다. 선사시대부터

**강화 고려궁지** _ 고려는 강화 천도 이후 이 일대에 궁궐과 관아를 지었을 것으로 추정된다. 1270년 몽골과의 강화(講和)가 성립되고 개경으로 환도하면서 궁궐은 물론 성곽에 이르기까지 모든 건축물을 헐어야 했다. 그게 강화 조건이었다. 조선시대에는 그 터에 외규장각 등 다른 건축물을 지었다. 인천시 강화군 강화읍 관청리 소재.

근대 개화기까지 수많은 역사 유적이 있다. 특히 강화도는 남한에
선 유일하게 고려왕조의 도읍이 있던 곳이다. 고려가 몽골과 오랜
전쟁을 치르는 사이 강화도는 39년(1232~1270) 동안 여몽전쟁의 전시
수도이자, '팔만대장경'●과 같은 세계적인 문화유산을 꽃피운 정
치·경제·사회·문화의 중심지였다.

2011년 설 명절을 앞두고 고려시대 유적을 살펴보기 위해 강화
도를 찾았다. 강화문화원 향토사연구소 류중현 소장이 답사를 도
왔다. '고려궁지'에서는 강화도 읍내를 한눈에 볼 수 있다.

그러나 현재 고려궁지에서 궁궐위치를 확정할 수 있는 근거는
없는 상황이다. "이 일대 어딘가에 궁궐이 있었을 것으로 추정만
하고 있어요." 류중현 소장이 조선시대에 세워진 외규장각●(2003년
복원) 앞 공터를 가리키며 말했다. 그는 "학계는 옛 문헌을 종합적
으로 검토해 이 자리에 궁궐이 들어섰을 것으로 판단하고 있으나
발굴조사를 해 봐도 결정적인 물증이 나오지 않아 답답하다"고 덧
붙인다.

강화 천도 2년 뒤인 1234년(고종 21) 2월의 『고려사』 기록에 새로
지은 궁전과 절 등의 이름이 모두 개경의 것을 따라했다고 돼 있
다. 고려궁지가 위치한 북산의 당시 지명도 수도 개경의 송악산과
같다. 김창현 고려대 연구교수는 "고려 개경의 본궐(궁궐의 중심)이
송악산 기슭에 지어진 것처럼 강화의 본궐도 조선후기 행궁과 외
규장각이 세워진 송악산 이 일대에 광범위하게 자리잡았을 것으
로 학계는 보고 있으나 지금까지 유구遺構가 발견되지 않아 지금의
고려궁지가 궁궐의 중심이었는가에 대한 논란이 있다"고 했다.

한림대 박물관은 지난 1995년 12월부터 2001년 10월까지 총 4차
례에 걸쳐 고려궁지 일대를 발굴조사했다. 하지만 이 조사의 목적
은 고려궁지가 아니었다. 외규장각 조사를 위해 부수적으로 이뤄



●팔만대장경
고려 고종 23년(1236)부터
38년(1251)에 걸쳐 완성한 대장경.
부처의 힘으로 외적을 물리치기
위해 만들었는데, 경판(經板)의
수가 8만1258판에 이르며 현재
합천 해인사에 보관하고 있다.
고려때는 강화도 선원사에
보관돼 있었다.

●외규장각
왕실 서적을 안전하게
관리할 목적으로 1782년에
세워졌다. 규장각(조선 왕실
도서관)의 별고 성격으로,
강도외각(江都外閣)이라고도
부른다. 1866년 병인양요 때
프랑스군들은 외규장각에 있는
도서를 약탈하거나 불태웠다.

진 것이었다. 당시 궁궐 터 존재를 입증할 만한 유물은 발견되지 않았다. 고려궁지에 대한 본격적인 조사가 시작된 것은 최근(겨레문화유산연구원 2008년 12월~2009년 3월)이다. 당시 조사에서도 고려 궁궐의 유구는 발견되지 않았다.

류중현 소장이 다음으로 안내한 곳은 송해면 당산리 승천포. 수도를 옮긴 고종 사적비가 세워진 곳이다. 해안 철책선 넘어로 북한 땅이 보였다. 류중현 소장은 "여기 어디에 '제포관梯浦館'(포구에 설치된 관사)이 있어 몽골 사신들이 왕래하기도 했다"며 "이 지역을 제포라고도 하고, 마주 보이는 북한 땅의 옛 승천포 지명을 같이 쓰기도 한다"고 했다.

천도 이후 인구 급증에 따른 식량난 해결을 위해 고종은 해안가에 제방을 쌓아 농토를 확보하도록 했는데, 이 때 대규모 간척이 이뤄진 곳이 송해면 일대 좌둔전左屯田과 선원면·불은면 일대 우둔전右屯田이다. 제포(승천포) 주변에 조성된 농토는 좌둔전에 속한다. 류중현 소장은 송해면 솔정리를 지나가는 길에 "이 넓은 벌판(논)이 옛날(천도 이전)에는 다 갯벌이었다"고 했다. 또 농수로를 가리키며 "여기도 원래는 배가 드나드는 갯골이었는데 둑을 막고 외성을 쌓으면서 육지가 된 것이다"고 했다.

선원면 지산리에 위치한 '선원사'*로 향했다. 1246년(고종 33) 당시 최고 권력자였던 최우가 건립한 사찰로, 유네스코 세계기록유산인 팔만대장경의 판각 작업이 이뤄진 곳으로 알려져 있다. 선원사도 사적 제259호로 지정돼 있지만 고려궁지처럼 '맞다', '틀리다' 논란이 많다. 발굴조사에서 사찰의 터는 확인됐으나 이 곳이 진짜 선원사라고 특정할 만한 단서가 나오지 않았기 때문이다.

류중현 소장은 선원사 가기 전에 선원면 선행리에 있는 충렬사*를 먼저 안내하였다. 류중현 소장은 "『강도지』에 선원사가 부남(강화부 남쪽) 8리에 있다고 했는데, 거리를 재면 충렬사가 정확하게 들어맞는다. 고려시대 학자인 이암* 선생이 해운당에 머물면서 근처 선원사의 승려 식영노인과 말벗이 돼 신선처럼 살았다는 기록도 있는데, 선행리 지명이 이암 선생의 호 행촌杏村에서 따온 것이어서 선원사가 충렬사 부근이었다는 주장도 있다"고 소개한다.

고려는 몽골의 침입을 막기 위해 강화도에 내성, 중성, 외성 등



## 한반도 간척사업의 시초는 강화도

우리나라에서 체계적으로 대규모 간척사업이 시작된 시기는 고려시대로 거슬러 올라간다. 몽골 침략 이후 도읍을 개경에서 강화도로 옮긴 후 강화도에서 간척사업을 활발하게 진행한 게 한반도 대규모 간척사업의 시초라고 할 수 있는 것이다.

고려시대의 강화도는 지금의 섬 모양보다 굴곡이 심한 해안선을 갖고 있었다. 강화군 화도면은 당시엔 별개의 섬이었으며, 교동도와 석모도도 각각 3~4개의 작은 섬으로 되어 있었다.

강화도의 간척지는 강화도 전체 면적의 30%에 달한다. 강화도의 논 가운데 해발 10m 이상의 곡저 평야를 뺀 나머지는 간척농지로 볼 수 있다.

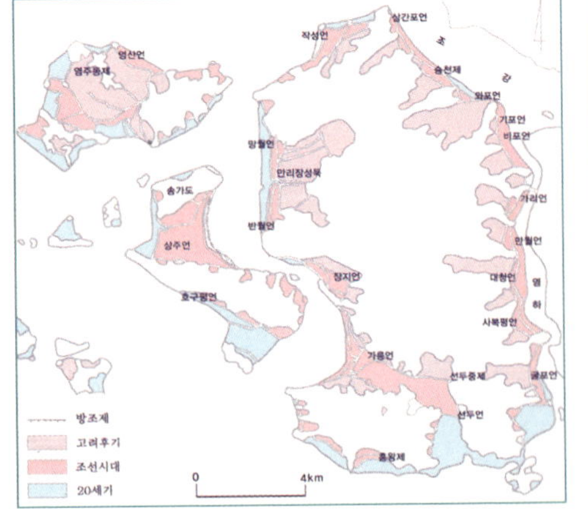

**강화 중성터 _** 나무가 서 있고 수풀이 우거진 오른편 언덕이 강화 중성의 흔적이다. 최항 집권기였던 1250년 8월에 축조되었다. 1259년 몽골의 요구로 모두 헐렸다. 중성은 강화읍 월곶리·대산리·관청리·남산리, 선원면 선행리·창리·신정리 등 1읍1면7리를 통과한다. 성의 둘레는 총 8.1km에 달한다.

3중으로 성곽을 세웠다. 학자마다 성곽의 위치와 범위를 놓고 이견을 보이고 있으나, 대체로 내성은 궁성, 중성은 도성, 외성은 해안 방어의 성격을 지니는 것으로 학계는 추정하고 있다. 그러나 내성의 경우는 옛 기록에 없고, 발굴조사를 통해 확인된 외성은 대부분 조선시대에 축성된 것으로 고려시대의 흔적을 확인하기 어려운 상태다. 류중현 소장은 "다행인 것은 2008년 선원면 창리와 신정리를 잇는 도로 공사를 하다가 고려 중성의 성터가 일부 발견됐다"고 알려준다. 신정리 뒷산(신당산)의 능선이다. 이후 2009년 인화~강화 간 도로 개설공사 구역에서도 중성의 흔적이 나왔다. 고려 때의 중요 유적이 잇따라 확인됐지만 정부 차원의 발굴 계획은 세워지지 않고 있다. 중성 터에 대해 문화재 지정이 시급하다는 목소리가 큰 이유다. 윤용혁 공주대 교수는 "중성의 존재는 물론 고려시대 성곽의 실체가 처음 확인된 것이다. 보존상태도

좋아 중세 성곽의 구조와 축조 기술을 연구하는데 큰 도움이 될 것으로 예상되는 만큼 문화재 지정이 시급하다"고 강조했다.

윤용혁 교수는 "아직도 많은 사람들이 고려의 수도로 개경은 알아도, 강화도가 약 40년 동안 고려의 수도였다는 사실은 잘 모르고 있다. 짧은 기간이지만 세계사적 전란기에 남한의 유일한 고려 왕성이었다는 점에서 그 의미는 남다르다"고 설명했다.

따라서 고려시대를 강화도 역사의 중심축으로 삼아, '중세 역사 도시 강화도'의 정체성을 알려나갈 필요성이 있다고 윤용혁 교수는 지적했다. 그는 "백제의 도읍으로 잘 알려져 있는 공주도 그 기간이 60년 정도밖에 되지 않는 점을 고려해 볼 때 강화도가 고려 도읍지였다는 점이 부각되지 못했던 게 사실이다"고 했다.

윤용혁 교수는 실제 궁궐터조차 확인하지 못한 강화 고려궁지에 대해 현 고려궁지 지점에서 벗어나 주변 지역에 대한 발굴조사를 차근히 진행할 것과 강화도는 고려에 대한 고고학적 새 자료를 생성할 수 있는 유일한 곳인 만큼 관심을 기울여야 할 것이며 궁궐, 성곽, 사원, 민가 등에 대해 장기적인 계획을 갖고 조사해야 할 것이라고 제안한다.

강화도에는 왕릉, 고려이궁지*, 정족산가궐지*, 이규보 묘 등 다양한 고려의 역사 유적이 있다.

● 고려이궁지(高麗離宮址)
강화 천도 시기인 1259년(고종 46)에 건립된 별궁이 있던 자리(인천 강화군 화도면 흥왕리 404-1 번지 일원)로, 흥왕이궁지라고도 한다. 원종이 이 궁에서 초제(醮祭)를 지냈다는 기록이 전해져 내려온다.

● 정족산가궐지(鼎足山假闕址)
인천 강화군 길상면(吉祥面) 온수리에 있는 고려시대 가궐터. 1259년(고종 46) 고종이 세웠는데, 궁궐 건물은 몽골군의 침입으로 불에 타 없어졌으며 지금은 넓은 궐터만 남아 있다.

# 최강 몽골군을 이긴 고려군

경기도 용인시 남사면 아곡리 산 43호. 이 곳에는 1232년(고종 19) 12월 몽골군의 2차 침공을 막아낸 처인성處仁城(경기도 기념물 제44호)이 있다. 처인성은 둘레가 425m에 불과한 토성이다. 800년에 가까운 세월이 흘러서인지 간신히 토성의 형태만 유지하고 있다. 토성 앞에 '처인성승첩기념비'와 안내 표지판이 없다면 평범한 언덕처럼 보인다.

처인성승첩기념비에는 '세계에서 가장 사나웠던 몽골군을 격퇴한 곳이다 … 이 곳을 찾는 사람은 누구나 이 작은 성에서 세계를 정복한 몽골군을 물리친 한국민족의 슬기와 힘을 다시금 되새기게 될 것이다' 라고 적혀 있다.

---

**토성(土城) 처인성의 현재 모습** _ 용인시 처인구 남사면 아곡리에 있는 토성(土成) 처인성.

몽골군은 고려가 도읍을 개경에서 강화도로 옮긴 뒤인 1232년 8월 2차 침공을 개시했다. 살리타가 지휘한 몽골군은 한강 이남지역까지 진출, 처인성을 공격했다. 살리타는 승장 김윤후가 이끄는 군민·승병들의 공격을 받아 처인성 전투에서 사살됐다.

당시 용인과 인근 고을에서 피란온 1천여 명의 주민과 100여 명의 승병은 처인성에서 몽골군의 공격을 기다렸다. 몽골군은 병력을 3개 대로 분산 배치, 공격 태세를 갖췄다. 전운이 감돌고 있는 가운데 살리타는 동태를 살피려고 정찰기병과 함께 처인성 동문으로 향했다. 한편, 김윤후는 동문 밖 300m지점에 저격병을 매복시켜 적의 공격에 대비했다. 고려의 저격병들은 기습 공격으로 살리타를 죽였고, 처인성 앞에서 고려와 몽골의 전투가 벌어졌다. 몽골군은 고려의 공세를 막아내지 못하고 처인성 북쪽으로 달아났다. 지금도 처인성 앞 들판은 적장을 사살했다고 해서 사장射場 터로 불린다. 몽골군은 처인성 전투 후에도 1259년까지 수 차례 고려를 공격한다.

여몽전쟁 때 몽골군이 공격형이라면 고려군은 성곽 방어 위주의 수비형이라고 할 수 있다. '창'과 '방패'의 싸움이었다. 몽골군은 유목 민족 특성상 기동성이 뛰어났다. 남녀노소 누구나 말을 잘 탔고, 수렵에 능했기 때문에 칼과 창을 잘 다뤘다. 반면 고려군은 성곽 방어를 잘했다.

몽골군 침략 때 고려군이 어떻게 방어했는지를 잘 보여주는 전쟁 초기의 모습이다.

몽고 군사가 귀주龜州에 이르니, 병마사 박서朴犀, 삭주 분도分道 장군 김중온金仲溫, 정주靜州 분도장군 김경손金慶孫이 정주 삭주 위주 태주의 수령 등과 더불어 각각 군사를 거느리고 귀주로 모였다. 서犀가 중온仲溫의 군

「몽고 침입 처인성 승첩도」_ 이상학 작(1991년). 처인성 전투장면을 생동감 있게 그린 상상화다.
용인문화유적 전시관 소장.

사로 성의 동서를 지키게 하고, 경손의 군사로 성의 남을 지키게 하며, 도
호별초와 위주 태주 별초 250여 명으로 삼면을 나누어 지키게 하였다. …
몽고 군사가 성을 몇 겹을 에워싸고 밤낮으로 서남 북문을 공격하므로 관
군이 돌출하여 쳐서 물리쳤다. 몽고 군사가 위주부사 박문창을 사로잡고
성에 들어와 항복하도록 타이르므로 서가 죽였다. 몽고 군사가 수레에 초
목을 쌓고 이를 밀어 진격하므로 경손이 포차砲車로 쇳물을 녹여 쏟아 부
어 그 쌓은 풀을 다 태우니 몽고 군사가 물러나 달아났다. 다시 누거樓車와
목상木床을 만들어 쇠가죽으로 싸고 무기를 그 속에 감추어 성 밑에 바짝
다가가 지도地道를 뚫으려 하므로, 서가 성에 구멍을 내고 쇳물을 쏟아 부
어 누거를 불사르고 땅을 무너뜨리니, 몽고 군사의 눌려 죽은 자가 30여

명이었다. 또 썩은 띠(茨)를 태워 목상을 살라 버리니 몽고 군사가 놀라서 흩어졌다. 몽고 군사가 또 대포차 15대로 성 남쪽을 공격하여 매우 다급하게 되었으므로, 서 역시 대臺를 쌓고 성 위에서 포차를 쏘아, 돌을 날려 물리쳤다. … 경손이 호상胡床에 걸터앉아 싸움을 독려하는데 포탄이 경손의 이마를 지나 뒤에 있는 위졸을 맞추어 몸과 목이 가루가 되었다. 좌우가 호상을 옮길 것을 청하니 경손이 말하기를, "안 된다. 내가 움직이면 민심이 움직일 것이다"하고, 신색神色이 자약하여 끝내 옮기지 않았다.

–『고려사절요』 고종 18년(1231) 9월

고려군은 이처럼 용감하게 수성전을 벌였다. 성을 공격하는 몽골군에 맞서기 위해 큰 날이 달린 병기인 '대우포大于浦'를 사용했다고 한다. 대우포는 성을 기어오르기 위해 성벽에 건 사다리 등을 쳐부수는 커다란 날이 달린 일종의 신무기였던 것으로 보인다.

### 여몽전쟁(1231~1259)의 주요 전투

| | 시기 | 전투지역 | 전투지휘자 | 내용 |
|---|---|---|---|---|
| 귀주성 전투 | 1231년<br>(9월~12월) | 평북<br>구성읍 | 박서<br>(서북면병마사) | 몽골군의 총 4차례에 걸친 공격을 모두 격퇴시킴.<br>성의 남면을 방어하고 있던 김경손은 결사대를 꾸려<br>몽골군 진영을 기습 공격해 전세를 역전시킴. |
| 처인성 전투 | 1232년<br>(12월) | 용인시<br>남사면 | 승려 김윤후 | 김윤후가 군민, 승병과 함께 몽골군 적장 살리타의 남진군과 항전.<br>살리타가 사살됐고, 전공을 세운 김윤후는 무반관직인 삽랑장에<br>임명됨. |
| 죽주성 전투 | 1236년<br>(8월~9월) | 안성시<br>일죽면 | 송문주<br>(방호별감) | 송문주는 박서의 휘하에서 귀주성 전투를 치른 경험을 바탕으로<br>15일 동안 몽골의 공격을 무력화시킴. |
| 춘주성 전투 | 1253년<br>(9월) | 춘천시 | 박천기<br>(안찰사) | 몽골군 적장 야굴의 포위 공격에 15일 항전했으나,<br>성이 함락되고 백성들이 철저히 유린당함. |
| 충주산성 전투 | 1253년<br>(10월~12월) | 충주시 | 김윤후<br>(방호별감) | 야굴의 포위 공격을 70일 동안 끈질기게 방어해 산성을 사수.<br>전공을 세운 충주민들은 신분에 상관없이 공적에 따라 관직과<br>작위를 받음. |
| 진주 전투 | 1254년<br>(8월경) | 충북<br>진천 | 임연 | 향촌인 진천의 백성들이 고려 조정의 도움없이 몽골군과 싸워 승리.<br>당시 진천민들을 지휘한 임연은 향리 가문 출신으로,<br>훗날 무신정권 말기 집정자로 부상. |

몽고 장수 한 사람이 나이가 거의 70되는 사람이 있었는데, 성 아래에 이르러서 성루城壘와 기계器械를 둘러보고 탄식하기를, "내가 어려서부터 종군하여 천하 성지城池의 공격하고 방어하는 것을 여러 번 보았으나 일찍이 공격을 이처럼 되게 당하고도, 끝끝내 항복하지 않는 자는 처음 보았다. 성중의 제장이 반드시 다 장상이 될 것이다"하였다.

─『고려사절요』 고종 18년 12월

국방부 군사편찬연구소 서인한 박사는 "몽골군은 성곽 공격이 서툴렀다. 고려군이 항복하지 않고 끝까지 버텼다면 몽골군도 방법이 없었을 것이다"고 했다.

그렇다고 몽골군이 평야 전투에만 강했던 것은 아니다. 몽골군은 이민족으로 구성된 부대를 확보해 여러 전술상의 약점을 보완하기도 했다.

경기대 이재범 교수는 "몽골군은 다른 나라를 침략하는 과정에서 해전기술 등을 습득했고 고려를 공격할 때는 이미 반유목이었다. 몽골군은 공병이 강한 군대였다"고 평가했다.

몽골은 고려를 부마국으로 만든 후 1274년(원종 15) 10월 여몽연합군을 꾸려 일본 정벌에 나섰다. 이 때 화약을 이용한 '철포'가 등장한다. 철포는 지금의 수류탄과 비슷한 무기로, 일본군들은 철포가 터지는 소리만 들어도 놀라 달아났다고 한다.

# 고려군 vs 몽골군

여몽전쟁 당시 몽골군과 고려군의 주요 무기는 활, 칼, 창이었다. 이들은 성을 탈환하거나 지키기 위해 다양한 장비를 사용했다. 몽골군은 여러 나라를 침략하는 과정에서 신무기 제조기술을 확보한 상태였다. 고려군은 여몽연합군의 일본 정벌 이후 화약무기의 중요성을 인지했으며, 이는 조선시대 화약무기 발달로 이어진다.

## 몽골군의 무기와 전술

주로 활, 칼, 창을 사용했다. 화살은 관통력이 매우 뛰어나고 300m까지 날아갔다. 중기병은 칼과 창, 방패를 소지했다. 이들 무기로 기수를 찍어 말에서 떨어뜨렸다. 성곽을 공격할 수 있는 장비도 갖고 있었다. 금나라와 요나라를 정벌하면서 철과 신무기 제조기술을 확보했다. 수전에는 취약했지만 공병기술은 갖고 있었다. 성에 오르기 위한 이동식 고가 사다리, 투석기, 성벽과 같은 높이에서 공격할 수 있는 장비, 고려군의 화살을 막을 수 있는 뚜껑이 달린 수레 등을 보유했다.

기병으로 기습 공격을 한 뒤 중기병과 함께 포위망을 좁혀 나갔다. 밤낮 없이 성곽을 공격했으며, 소부대는 군량 확보를 위해 인근 지역을 돌아다니며 식량 등을 약탈했다. 유럽의 영향을 받아 휘어진 칼을 사용했다. 창은 길이가 다양했는데, 단창은 멀리 있는 적을 향해 던지고, 장창은 가까이 접근한 적을 죽이는데 썼다. 병력 규모가 크지 않지만 기동성을 활용해 흩어졌다가 다시 뭉치는 전술도 대단했다.

# 몽골군의 전투력

13세기 고려를 향한 환난의 기운은 아시아와 유럽에도 공통으로 적용되는 것이었다. 마르코 폴로의 『동방견문록』[*]에서 당시 세계에서 몽골이 떨쳤던 영향력을 가늠해 볼 수 있다.

'무기를 내려놓고 타타르(몽골) 군주의 지배를 받아들여라. 그렇지 않으면 그의 군대가 전멸하리라'

당시 몽골은 이 같은 최후통첩 하나만으로 국가를 정복한 사례가 있다. 저항한 나라를 무참히 짓밟아버리는 몽골군의 잔혹성에 세계가 얼마만큼 공포에 떨었는지 엿볼 수 있는 대목이다.

몽골군의 장수인 수부타이가 이끄는 군대는 아시아 전역에서 맹위를 떨쳤고, 1237년(고려 고종 24) 12월 21일 러시아 침략을 시작으로 유럽 침공의 막을 올렸다. 몽골군은 그 이후 키예프Kiev(현 우크라이나)나 블라디미르Vladimir(현 러시아의 주) 등 '동 슬라브East Slavic 공국'에 공격을 가했다. 1241년 4월 11일 벌어진 모히Mohi 전투 등을 통해 헝가리 왕국을 격파하고, 레그니차Legnica 전투를 시작으로 폴란드 남서부까지 정벌했다.

이에 따라 유럽의 중심이라 할 수 있는 헝가리, 폴란드 뿐만 아니라 인근의 키에반러스 지역까지 몽골의 세력권에 들어갔다.

몽골군이 적은 수로 이런 막강한 전투력을 가졌다는 것은 선뜻 이해하기 힘들다. 칭기즈칸과 쿠빌라이칸 시대를 서술한 여러 역사 서적 등에 따르면 몽골군은 다국적으로 이뤄진 조직이었기 때문에 큰 힘을 발휘할 수 있었다고 한다. 몽골군은 정벌한 지역의 사람들을 군에 편입해 이들이 제공하는 정보를 기반으로 다른 나라의 지형지물이나 상황 등을 잘 알 수 있었다. 몽골군은 심지어 기독교를 믿어, 몽골을 미개민족으로 바라보는 유럽인까지 군에 편입시키기도 했다.

또한 몽골은 정벌한 나라를 직접 통치하지 않았다. 정벌국에 통치권을 그대로 남겨두고 조공만 받는 식으로 영향력을 유지했다. 덕분에 적은 인구를 가진 나라임에도 불구하고 몽골은 넓은 땅을 호령할 수 있었다.

몽골군은 서유럽까지는 진출하지 못했다. 세계의 역사학자들은 이점에 대해 몇가지 이유를 들고 있다.

헝가리계 알타이학 연구자인 데니스 사이노어Denis Sinor는『서양의 몽골, 아시아 역사 저술』이라는 책에서 기후를 꼽는다. "모하이 강에서 더 이상 몽골이 진격하지 않은 것은 독일 공국들의 많은 인구와 습한 날씨로 인해 활이 제 성능을 못할 것에 대한 불안감이 한 원인이 된 것이며 또한 몽골군은 숲과 싱이 많은 서유럽의 환경과 건고히 무장한 유럽의 기병에 딩하지 못할 것이라 생각했을 수 있다"고 분석했다.


## 고려군의 무기와 전술

활과 칼로 맞섰다. 칼은 몽골군의 것처럼 곡선형이 아니라 일직선 형태였다. 들판의 곡식을 불태워 없애거나 갖고 성에 들어가 저항하는 전술(淸野戰術)을 썼다. 아군의 군량을 확보하는 동시에 몽골군에 군량을 넘겨주지 않기 위함이었다. 몽골군이 고려에 계속 주둔하지 않고 여러 차례 나눠 고려를 침략한 이유에는 군량 확보 문제가 있다. 또한 고려군은 청야한 뒤 섬으로 들어가는 해도입보海島入保 정책도 자주 썼고 성을 지키기 위해 대우포와 투석기 형태의 포차 등도 사용했다. 몽골의 첨단무기인 뚜껑 달린 수레는 성곽에서 쇳물을 부어 불태웠다.

고려군이 성곽 방어전술만 썼던 것은 아니다. 몽골군이 방심하고 있는 사이 성밖으로 나와 급습하기도 했다. 해전에서도 선박에 대포를 달아 공격하기도 했다. 몽골군은 수군 70척으로 압해*를 치러다가 압해 사람들이 큰 배에 대포 2대를 장착하고 버티자 대포에 맞아 가루가 될 것을 걱정해 공격을 포기하기도 했다.


## 고려군의 전투력

아시아권은 물론 유럽까지 복속시키면서 유례없는 세계 대제국을 건설한 몽골군에 맞서 싸운 고려군의 전투력은 어떠했을까.



●압해(押海)
전라도 나주 부근.

기록에 보면 일방적으로 밀린 것은 아니었다. 고려군의 전력이 오히려 몽골군보다 우세했던 경우도 많았다. 고려군이 몽골에 패한 것은 왕족과 정권을 잡고 있던 군부의 무능·부패로 인한 민심이반 때문이라고도 할 수 있다.

고려군은 몽골군의 포격에 맞포격으로 대응했고, 성을 넘기 위해 만든 사다리에는 큰날이 달린 대우포大于浦라는 신무기로 대응했다. 『고려사절요』 고종 18년(1231) 12월 기사에는 "몽골군이 큰 포차를 가지고 귀주를 공격하므로, 박서朴犀가 또한 포차를 쏘아, 돌을 날려 수없이 쳐죽이니 몽골군이 물러났다.… 몽고 군사가 운제雲梯(높은 사닥다리)를 만들어 성을 공격하려 하므로, 서犀가 대우포大于浦로써 맞아 치니 부서지지 않는 것이 없어서 사닥다리를 가까이 댈 수가 없었다. 대우포란 것은 큰 날이 달린 큰 무기였다"고 나온다.

성을 지키는 싸움에서 뿐만 아니라 백병전에서도 고려군(별초군)은 탁월했다고 한다. 고려의 별초군은 300명으로 몽골군 1천 명을 제압하는 전과(1256년 4월 의주 전투)를 거두기도 했으며, 역시 같은 때 대부도 별초는 야간에 인천 소래산 밑에서 몽골병 100여 명을 쳤다는 기록도 있다. 이듬 해엔 몽골병이 창린도昌麟島(옹진반도 앞의 섬)를 침공하자 옹진 현령 이수송이 별초를 거느리고 쳐서 물리쳤다고도 한다.

정예군으로만 치면 고려군 전력이 세계 최강이었다고 봐도 좋을 것이다. 그러나 고려는 패했다. 전쟁은 정예군으로만 치르는 게 아니라는 것을 여몽전쟁은 여실히 보여준다.

# 몽골군의 초토화전법

전쟁의 최대 피해자는 언제나 그렇듯 힘없는 백성이다. 여몽전쟁의 참화 역시 고스란히 고려 백성들의 몫이었다. 권력층은 그러나 백성의 아픔은 안중에도 없었다.

13세기 중반을 관통한 여몽전쟁의 피해상황을 종합적으로 보여주는 연구성과를 찾기는 쉽지 않다. 전쟁 상황과 고려 백성들의 고난을 시대 순으로 쉽게 알 수 있게 해주는 사료는 조선 초기에 쓴 『고려사절요』가 대표적이다. 몽골의 본격 침략이 이뤄진 1231년(고종 18)부터 삼별초가 진압된 1273년(원종 14)까지 『고려사절요』에 나타난 기록을 보면, 당시 전쟁의 참혹함이 어느 정도로 극심했는지가 분명히 드러난다. 그 때도 이상기후가 잦았고, 갑자기 많은 사람이 몰려든 전시수도 강화엔 전염병도 만연했다. 게다가 고려의 백성들은 몽골군에만 피해를 당한 게 아니었다. 고려 정부군으로부터도 온갖 잔인한 방법으로 수탈에 시달려야 했고, 죽임을 당했다. 백성들이 정권에 등을 돌릴 수밖에 없는 상황이었다.

결국 고려는 몽골에 무릎을 꿇었다. 그 피해 역시 백성들이 떠안아야 했다. 고려 전기에 쌓았던 찬란한 문화유산도 사라졌다. 몽골군이 닥치는 대로 불을 질렀기 때문이다. 『고려사절요』를 통해 여몽전쟁의 피해상황이 어떠했는지 들여다보자.

## 최대 피해자는 백성

전쟁이 터지자마자 나온 첫 민간인 집단희생 기록은 고려군에 의한 것이었다.

> (철주성에 이르러) 몽고 사람들이 공격을 더욱 급하게 하고, 성중에는 양식이 떨어져 능히 성을 지키지 못하고 함락하기에 이르렀다. 판관 이희적●이 성중의 부녀자와 어린아이들을 모아 창고에 넣고 불을 지르고, 장정을 거느리고 자문自刎하여 죽으니, 몽고 사람이 드디어 그 성을 도륙하였다.
>
> — 『고려사절요』 고종 18년(1231) 8월

이는 몽골군에게 능욕과 죽임을 당하느니 차라리 '내 손으로…'를 택한 것으로 보인다. 몽골군은 사람은 물론이고 닭이나 개까지, 아무 것도 남기지 않을 정도로 잔혹했다고 한다. 고려인들은 몽골군의 싸움 방법과 잔인함에 대해 익히 알고 있었다.

실제로 몽골군은 고려 전역을 누비면서 '싹쓸이 전법'으로 백성들에게 극도의 불안감을 조성했다.

> 평주平州에서 몽고의 첩자諜者를 가두었으므로 몽고군사가 먼저 쳐서 멸하려고 하여 성중으로 돌입하여 주관州官을 죽이고 그 성을 도륙하여 계견鷄犬 한 마리 남기지 않고 싹 쓸었다.
>
> — 『고려사절요』 고종 18년(1231) 11월

> 몽고 군사가 광주, 충주, 청주 등지로 향하는데, 지나는 곳마다 잔멸殘滅하지 않은 데가 없었다.　　— 『고려사절요』 고종 18년(1231) 12월

1232년 정월 기사에 보면 백성들이 몽골군의 잔혹함이 무서워

● 이희적(李希勣, ?~?)
1231년(고종 18) 몽골 원수 살리타가 군사를 이끌어 함신진(咸新鎭)을 거쳐 철주성(鐵州城)을 침략했을 때, 성을 지키다가 순절했다.

몽골군을 죽이려는 고려군 장수를 사로잡기도 했다. 잘못되면 평주처럼 몰살당할 것을 걱정했기 때문이다.

여몽전쟁의 피해가 가장 컸던 해는 전쟁이 터지고 20여 년이 지난 1254년이다.

이 해에 몽고 군사에게 포로 된 남녀가 무려 20만6천800여 명*이나 되고, 살육된 자가 이루 헤아릴 수 없으며, (몽골군이) 거쳐 간 고을은 모두 잿더미가 되었으니, 몽고 군사의 난이 있은 뒤로 이보다 심한 때는 없었다.
-『고려사절요』 고종 41년(1254) 12월

전투의 규모 차이는 있었지만 이 전쟁이 무려 40년 넘게 지속됐다. 그 피해 정도를 가늠케 하고도 남는다. 굶어 죽는 사람도 많았고, 심지어 사람이 사람을 잡아먹었다는 기록도 보인다.

### 숨을 곳은 없었다

1247년 8월에는, 겨울에 수달을 잡는다고 들어왔던 400여 명의 몽골인들이 산골벽촌을 뒤져 난을 피해 숨어 있던 백성을 모두 잡아가고, 약탈했다. 그러나 국가에서는 몽골인이 집단으로 들어올 때 강화講和를 맺었다는 이유로 개의치 않았다. 국가가 납치를 방조한 것이다.

몽골군은 산간벽지는 물론이고 외딴 섬 작은 굴에 숨은 백성들까지 추격했다. 1258년 8월 기사에는 현대전의 특수부대 투입방식에서나 볼 법한 장면이 등장한다.

몽고병이 서해도의 가수굴嘉殊窟과 양파혈陽波穴을 쳐서 모두 항복시켰다. 양파혈에는 상·중·하의 3구멍이 있는데, 몽고 군사가 산 위로부터



*『고려사』에는 26만6천800여 명으로 기록되어 있다.

갑옷 입은 군사를 위 구멍의 입구에 달아 내리었다. 창과 도끼가 모두 들어갈 수 없었다. 풀을 불살라 구멍 가운데에 던졌다. …

- 『고려사절요』 고종 45년(1258) 8월

몽골군은 이렇게 무자비한 방식으로 고려의 백성을 납치했다. 몽골 군대에 편입되었다는 이민족 부대는 이렇게 해서 만들어졌던 듯하다. 이들이 간 곳 또한 세계 각지의 전쟁터였을 것이다.

### 극심한 이상기후

백성들은 지진이나 가뭄, 장마의 피해도 자주 겪었다. 전쟁의 직접 피해도 견디기 어려운 마당에 갖은 자연재해까지 감내해야 했던 것이다.

우박이 크기가 밤 만하여 새·까치들이 맞아 죽기도 하였다.

- 『고려사절요』 고종 23년(1236) 4월

수은(水銀)이 비처럼 내렸다.　　　　- 『고려사절요』 고종 43년(1256) 2월

이 달에 항상 비가 내렸다.　　　　- 『고려사절요』 고종 45년(1258) 7월

해 가운데에 검은 점이 있었다. 크기가 계란만했는데, 이튿날에는 사람의 모양 같았다.　　　　- 『고려사절요』 고종 45년 8월

### 적군보다 나을 것 없는 고려 정부

몽골군만이 아니라 고려의 관료와 정부군도 백성들에게는 '적'이었다. 최씨 무신 정권은 백성의 목숨을 헌신짝 여기듯 했다. 반

대파를 강이나 바다에 던져 죽이는 일도 자주 있었다.

교위校尉 조보수가 그 표형表兄 대장군 송백공을 최우에게 참소하니, 우가 백공을 강에 던져 죽이고 보수를 낭장郎將으로 삼았다. 또 어떤 사람이 장군 김치金侈를 참소하니 우가 치를 불러 꾸짖기를, "네가 무뢰배를 모아 무엇을 하고자 하느냐"하고, 머리를 깎아서 하동현河東縣으로 귀양보내고 치와 친하게 지내던 장군 김정희, 평로진부사 손중수, 다방茶房 안기 등 35명을 강에 던지었다. 치는 곧 우의 외손外孫 정最이었다."

–『고려사절요』 고종 30년(1243) 1월

최항이 계모 대씨大氏를 섬에 귀양보내었다가 조금 뒤에 독약을 먹여서 죽였다. 처음에 항이 별초別抄 황보창준 등을 시켜서 대씨의 아들 오승적을 바다에 던졌으나 마침 밤이 깜깜하고 조수가 물러가서 죽지 않았다. 머리를 깎고 몰래 개골산皆骨山에 들어가, 어머니에게 편지를 전했다. 어머니의 집 종이 밀성密城(경남 밀양)에 가서 다른 사람에게 누설시켰다. 부사府使 이서가 듣고 항에게 알리니까, 항이 크게 노하여 승적을 찾아 강에 던지고, 창준의 무리 여섯 사람을 베고, 대씨의 일가붙이와 여러 노비를 죽였으며, 혹은 귀양 보낸 것이 모두 칠십여 명이나 되었다. 사람들은 불쌍히 여기었다. … 항이 또 장군 송길유를 백령도에 보내어 추밀원부사 김경손을 바다에 던졌는데 승적의 인친姻親인 때문이었다. 사람을 남쪽 여러 도에 나누어 보내 귀양 간 사람을 물에 던져 죽인 것이 반이 넘었다. … (경손은) 귀주를 지키고 나주를 평정하여 그 공이 비교할 바가 없었는데, 간적姦賊에게 해를 당하니, 사람들이 모두 슬퍼하고 아깝게 여겼다.

–『고려사절요』 고종 38년(1251) 3월

근거 없는 모함에 따른 살육이 횡행했고, 매관매직도 성행했다.

이는 백성들의 고혈을 짜는 가렴주구로 이어졌다. 하지만 왕족과
정권은 자신들의 안위를 보장받기 위해 몽골 정부에는 온갖 진귀
한 공물을 바쳤다.

추밀원부사 최인, 비서소감 김지대 등을 보내어 몽고에 가서 방물方物
을 바치었다.　　　　　　　　　　　　　-『고려사절요』 고종 30년 1월

모두 백성들에게서 빼앗은 것들이었다. 백성들은 서로 잡아먹
는 지경에 이르렀다.

성중城中이 굶주리어 사람이 서로 잡아먹으니 승천부 새 성으로 옮기고
양식과 농토를 주었다.　　　　　-『고려사절요』 고종 46년(1259) 2월

반란도 잇따랐다.

등주 화주 등 여러 성의 반민들이 관인官人이라 자칭하고 몽고 사람을
인도하여 와서 한계성寒溪城을 쳤다. 방호별장 안홍민이 야별초를 거느리
고 나와 쳐서 전부 섬멸하였다.
　　　　　　　　　　　　　　　-『고려사절요』 고종 46년 2월

### 고위층의 향락과 사치

백성들은 굶다 못해 서로 잡아먹는 지경에 빠져 있었고 반란이
각지에서 일어났지만, 정권 수뇌부들은 사치와 향락에 빠져 헤어
나지 못했다.

연등절에 여러 왕씨와 재·추에게 잔치를 베풀었는데, 왕이 두 번 손을

들어 여러 신하에게 보이며 이르기를, "무릇 잔치에 참여한 자는 박수로써 나의 즐거움을 도우라"라 하였다. 술이 다하였는데도 오히려 왕은 매우 즐거워하였고, 여러 신하들은 손뼉을 치며 뛰놀아서 온 몸에 땀이 흘렀다. 해가 저물어서야 파하였다."

- 「고려사절요」 고종 46년 2월

굶주림을 참지 못한 백성들이 반란을 일으키고 특공대(야별초)를 투입해 진압하는 상황에서 정권 핵심부는 향락에 빠져 있는, 같은 시간 극과 극의 두 장면이다.

『고려사절요』는 이어서 다음과 같은 말도 빼놓지 않는다.

사신史臣이 말하기를, "국가가 병란을 입은 이래로 연등연을 정지한 지 벌써 6년이나 되었다. 더구나, 지금 동북쪽은 모두 적의 소굴이 되고, 서남쪽 사람들은 해도海島에 우거하여, 길에서 죽은 시체가 서로 연하고 창고가 모두 비었으니, 왕이 마땅히 조심하고 경계하여 밤 옷 갈아 입고 밥 먹을 겨를도 없이 어진 정사를 베풀고 무비武備를 닦더라도 오히려 보존하지 못할까 두려운데, 생각이 여기에 미치지 못하고 향락만 따르니, 왕은 이미 쇠하고 늙어서 해의 그늘만 보고 날을 보내는지라 책할 것이 없지마는, 당시의 잔치에 시중한 자 중에 어찌 한두 사람의 유식자가 없어서 왕과 함께 손뼉을 치며 즐거움을 돕기를 태평한 때와 같이 하고, 어찌 한 마디 말로도 간하는 자가 없었는가"하였다.

왕족이나 최씨 무신 집안, 그리고 벼슬아치들의 사치와 향락은 전쟁 직전이나 전쟁 중일 때나 별반 차이가 없었다.

최우가 또 인가를 빼앗아 구장毬場을 넓히고, 날마다 격구하고 습사習射

를 하게 하고 이를 구경하니, 전후前後에 (민가를) 점탈한 것이 무려 수백 호
이었다.
-『고려사절요』 고종 16년(1229) 9월

최우가 재·추를 초대하여 그 집에서 잔치를 베풀고, 구정毬庭에 임하
여 도방 마별초의 격구하고 창을 희롱하여 말타고 활쏘는 것을 구경하는
데, 안마鞍馬와 의복과 궁시弓矢를 서로 빛나게 자랑하려고 힘쓰고, 달단의
풍속을 다투어 본받으려고 하였다. 구장이 옛날에는 누가 세 간이었는데,
이 때에 우가 세 간을 더하기를 명하여 이날 늦게 역사를 시작하여 이튿
날 아침에 다 마치었다. 우가 또 기로耆老 재·추들을 맞아 잔치하며 창을
희롱하고 말타며 활쏘기를 구경하다가 능한 자에게는 현장에서 작爵과 상
을 더하니, 도하都下의 자제가 다투어 안마와 의복을 장만하게 되어 처가
가 빈핍하다고 버림받는 일이 많았다.
-『고려사절요』 고종 16년 10월

몽골 침략 불과 이태 전의 상황이다.
이처럼 먹고 노는 것은 한창 전쟁 중일 때 역시 마찬가지였다.

최이*가 8일에 연등燃燈하면서 채붕綵棚을 만들고 기악백희를 베풀어 밤
새도록 즐기니, 성중의 구경하는 사녀들이 담쌓은 것 같았다.
-『고려사절요』 고종 32년(1245) 4월

최이가 종실과 사공司空 이상과 재·추에게 그 집에서 잔치하였는데 채
색 비단으로 산山을 만들어 비단장막을 두르고 가운데 그네를 매었는데,
문수文繡·채화綵花로 장식하고, 팔면八面을 은銀 단추와 자개로 꾸미었다.
4개의 큰 분盆에 각각 얼음 봉우리를 담고, 또 4개의 큰 물통에 붉은 작약
과 자줏빛 작약 10여 품을 가득히 꽂았다. 빙화氷花가 서로 비치어 표리



* 최우가 최이로 개명한 후에
  기록한 것임.

表裏가 찬란하였다. 기악 백희를 베풀고, 팔방상八坊廂 공인 1천350여 명이 모두 호화롭게 단장하고 뜰에 들어와 풍악을 연주하니, 거문고와 노래 소리와 북과 피리소리들이 천지를 진동하였다. 팔방상에게는 각각 백은白銀 3근씩을 주고, 영관伶官과 양부兩部의 기녀伎女와 광대에게도 각각 금백金帛을 주니, 그 비용이 거만鉅萬이었다.

『고려사절요』는 이어서 적는다.

사신史臣이 말하기를, "팔방상이란 것은 나라의 태평시대의 호화로운 시설이다. 몽고 군사가 침략하니 해도(강화)로 들어가 숨어 사직을 겨우 보전하고 있는 상태에 진실로 군신이 걱정을 같이하며 마치 못(淵) 위의 엷은 얼음을 타는 날같이 두려워하고 조심하여야 할 터인데, 이怡가 국가의 권력을 도둑질하여 망녕되게 사치하고 과장하며 조금도 두렵게 생각하거나 거리낌이 없으니, 죄가 진실로 죽어도 남을 것이다" 하였다.
　　　　　　　　　　　　　　　　　　　－『고려사절요』 고종 32년 6월

### 나라를 버린 백성들

이처럼 막가는 정권에 대항하기 위해 백성들은 뭉쳤고, 아예 몽골군에 합류하는 양상으로 변하기도 한다. 백성들이 고려를 버리고 몽골을 택한 것이다. 지방정부의 우두머리가 휘하 백성을 데리고 집단으로 항복하는 장면은 전쟁이 20여 년이나 지속된 1253년 이후 자주 나타난다.

용진현龍津縣 사람 조휘와 정주定州 사람 탁청卓靑 등이 삭방도(강원도) 등 주 문주 여러 성 사람과 꾀를 합하여 몽고병을 이끌고, 허한 틈을 타서 집 평과 등주부사 박인기와 화주부사 김선보, 경별초京別抄 등을 죽이고, 드디어 고성을 쳐서 집을 불사르고 인민을 죽이고 노략질하여, 마침내 화주 이북의 땅을 몽고에 붙였다. 몽고에서는 쌍성雙城(함남 영흥) 총관부를 화주 에 두어 조휘를 총관으로 삼고, 탁청을 천호로 삼았다.

-『고려사절요』 고종 45년(1258) 12월

달보성 백성들이 방호별감 정기 등을 잡아서 몽고에 항복하였다.

-『고려사절요』 고종 45년 12월

고려는 이미 국가로서의 기능을 상실한 것이다. 안팎으로 버틸 수 없었던 고려 왕실은 수도를 강화에서 다시 개경으로 옮기는 조 건을 받아들여 몽골 정부에 항복했다.

# 항몽기의 인물들

　몽골의 침략에 맞선 항쟁은 오랫동안 지속됐다. 1231년 몽골 침입 이후 1273년 제주에서 삼별초가 붕괴되기까지 무려 42년 동안이나 전쟁이 이어졌다. 강화도는 이 전쟁의 거의 대부분인 1232년부터 1270년까지 항전의 지휘부였다.

　강화에는 개성에 살던 10만 여 호, 50여 만 명이 이주했던 것으로 전문가들은 추정한다. 견자산·화산(남산)·동락천 주변의 강화 도심의 규모가 얼마나 컸는지를 가늠하게 한다. 1236년에는 팔만대장경 판각 작업에 착수해 15년의 대역사 끝에 1251년 완성했다. 또 금속활자로 서적을 인쇄했고, 상감청자로 대표되는 고려청자의 전성기도 강화에서 보냈다. 전시임에도 불구하고 찬란한 고려

**고려청자 제조과정**
강화도에서 고려청자를 만드는 과정을 그린 상상화. 강화군청 청사 내 전시 작품.

문화의 진수가 강화에서 활짝 꽃 피었던 것이다.

여몽전쟁 시기 수많은 인물이 강화를 중심으로 움직였다. 전쟁 영웅은 물론이고, 시대의 아픔을 시로 읊은 이규보 같은 걸출한 문인이 등장했다. 전쟁의 와중에 고려를 배반하고 몽골에 붙은 관료들도 수없이 생겨났다. 또 전쟁의 참화에 허우적대는 백성의 아픔은 아랑곳없이 치부를 위해 혈안이 된 자들도 있었다. 그러나 부패한 관료와는 극명히 대비되는 청백리가 전장戰場의 틈바구니에서 백성을 위하기도 했다.

### 항몽의 장수들

여몽전쟁의 첫 전쟁 영웅은 1231년 9월 귀주 전투에서 등장한다. 병마사 박서와 장군 김경손•이 그들이다. 김경손은 군사들이 몽골 군사의 기세에 눌려 싸움에 응하지 않는 마당에 혼자서 '검은 기를 든 선봉'을 활로 쏘아 쓰러뜨리고, 이를 계기로 결사대가 항전했으며, 팔에 화살을 맞아 피가 솟구치는 와중에도 북치는 것을 멈추지 않았다고 한다. 이 싸움에서 고려군은 몽골군을 처음으로 물리쳤다. 그러나 몽골군은 다시 성을 에워싸고 밤낮으로 공격했다. 몽골군은 수레에 초목을 쌓고 성벽을 공격하고, 성 밑에 땅굴을 파고, 돌을 날리는 대포차로 공격하고, 불덩어리를 던지고 하는 등의 온갖 방법을 동원해 한 달이나 공격을 계속했다. 여기에서 박서와 김경손 장군의 지략이 빛난다. 포차에 쇳물을 녹여 성밖에 뿌리고, 땅굴을 정확히 겨냥해 무너뜨리고, 대포차에는 역시 포차로 맞대응하고, 불 공격에는 미리 담아 둔 물을 이용했다. 『고려사절요』에는 전쟁영화에서나 볼 법한 장면도 연출된다. 앞에서도 인용했듯이 김경손 장군이 높은 의자에 앉아 싸움을 독려하는데, 포탄이 김경손 장군의 이마를 스치듯 지나면서 그 뒤에서 있던 병졸을 맞췄다. 그 병졸은 목이 떨어져 나갔다. 부하들이 의자를 옮길 것을 요청했으나, 김경손 장군은 "안 된다. 내가 움직이면 민심이 움직일 것이다"라면서 끝내 옮기지 않았다는 것이다. 김경손 장군과 함께 싸웠던 박서 장군은 이후 계속된 전투에서도 줄곧 몽골군을 물리쳤다.

그러나 여몽전쟁 초기 최고의 전쟁 영웅 김경손 장군은 최씨 무신정권의 우두머리 최항의 눈밖에 나 백령도로 귀양갔다가 바다에 수장됐다. 고려가 몽골을 이길 수 없는 형국을 자초한 것이라고 할 수 있다.

1232년 처인성 전투에서 몽골군의 수장 살리타를 쏘아 죽인 김윤후●도 영웅임에 틀림없다. 김윤후는 20여 년 뒤 노비문서를 불에 태우면서, 승리하면 관작을 주겠다는 '믿음 전법'으로 백성들이 죽을힘을 다해 싸우게 독려해 이긴 것으로도 유명하다.

몽골군의 전법을 미리 알고 철저히 대비한 장수도 있었는데, 송문주●가 대표적이다. 송문주는 "오늘은 적이 반드시 아무 기계를 쓸 것이니, 우리는 마땅히 아무 방법으로 그에 응해야 한다"고 하면, 그 말대로 됐다고 한다. 사람들은 그를 '신명神明'이라고 했다.

### 전란 속에 꽃핀 시혼 이규보

전쟁은 문학 등 예술장르에도 깊은 영향을 끼치게 마련이다. 여몽전쟁도 그랬다. 이 시기 대표적 문인을 꼽으라면 단연 이규보 (1168~1241)가 으뜸에 놓일 것이다.

이규보 전공자이기도 한 인천발전연구원 인문학센터장 김창수 박사는 "몽골 침입으로 국가의 운명이 풍전등화와 같은 상황임에도 부패와 무능한 관리들의 탐욕으로 사회는 더욱 문란해졌고, 민생은 극도로 피폐해졌으며 이로 인해 삼남지방에는 농민 폭동

이 연이어 발생하는 등 고려사회는 문자 그대로 내우외환의 상태
였다. 이규보의 시, 「군수 두어 사람이 장물죄를 범했다는 말을 듣
고」나 「농부를 대신하여」 등을 비롯한 여러 시편에는 당시 고통스
러운 농촌현실을 직시하고 생산의 담당자임에도 불구하고 항상 수
탈의 대상이 되는 농민들의 삶에 대한 깊은 연민을 표함과 동시에
현실에 대한 강렬한 분노가 담겨 있다"고 이규보를 평가한다.

흉년들어 거의 죽게 된 백성

앙상하게 뼈와 가죽만 남았는데

몸 속에 남은 살이 얼마나 된다고

남김없이 죄다 긁어내려 하는가


비 맞으며 논바닥에 엎드려 김 매니

흙투성이 험한 꼴이 어찌 사람 모습이랴만

왕손 공자들아 나를 멸시말라

그대들의 부귀영화 농부로부터 나오나니

　　　－「군수 두어 사람이 장물죄를 범했다는 말을 듣고 지은 두 수」


햇곡식은 푸릇푸릇 논밭에서 자라는데

아전들 벌써부터 조세 거둔다고 성화네

힘써 농사지어 나라 살리는 것 우리 농부거늘

어째서 이리도 극성스레 살까지 깎으려 드느냐


네 보는가 하수를 마시는 두더지도

그 배를 채우는데 지나지 않는다

묻노니 너는 얼마나 입이 많아서

**이규보 묘소 _** 고려시대의 대표적 문장가이면서 인천의 계양지역에서 관료 생활도 한 백운거사(白雲居士) 이규보의 묘. 인천시 강화군 길상면 길직리 소재.

백성들의 살을 겁탈해 먹는건가

– 「농부를 대신하여 2수」

　당시 백성들의 고통스러운 모습과 불행을 겪어야 하는 원인이 어디에 있는지 엄중하게 질문하는 시인의 고통이 이들 작품에 절절히 녹아난다.

　이규보는 또 고려 왕조와 백성의 생존을 위협해 온 북방 이민족에 대한 강렬한 적개심을 여러 산문과 시를 통해 표현하기도 했다.

어떻게 천상의 칼을 가져다가

단번에 오랑캐 머리를 자를꼬

시퍼런 칼날로 모조리 떨어뜨려

둥근 공 차듯 굴려 버릴꼬


아니면 큰 바닷물을

갖다 대어 떠내려 가게 하고

고기와 자라가 되게 하여

회 쳐서 우리 백성 먹게 하려나

- 「달단<sub>韃靼</sub>이 강남으로 들어갔다는 말을 들음」 중에서

김창수 박사는 이규보가 서사시 「동명왕편」을 제작하는 동기에
도 이러한 애민사상과 민족주의가 바탕을 이루고 있는 것으로 본
다. "이규보의 시대는 무신 집권으로 왕의 권위는 실추되어 있었
고, 분열된 지배층, 수탈과 거듭되는 전란의 참화로 도탄에 빠진
백성들, 끊임없는 이민족의 침입과 민란의 소용돌이였다. 이러한
절망적 현실에서 우리 민족사에서 가장 조화로운 시대와 세계, 즉
고구려의 이상적 통치자 동명왕의 시대를 발견한 듯 하다"고 덧붙
인다.

『고려사절요』는 이규보에 다음과 같이 적고 있다.

평장사치사 이규보가 졸<sub>卒</sub>하였다. 규보의 처음 이름은 인저<sub>仁氐</sub>였는데,
꿈에 규성<sub>奎星</sub>(문장<sub>文章</sub>을 맡은 별)을 보았으므로 '규보<sub>奎報</sub>'라 고쳤다. 9세에
능히 글을 지어 기동<sub>奇童</sub>이라는 칭호를 듣고, 차차 자라나자 경<sub>經</sub>·사<sub>史</sub>·
백가<sub>百家</sub>와 불교·노자의 책을 한 번만 보면 문득 기억하였다. 방광<sub>放曠</sub>하
여 시와 술로 스스로 즐기어 백운거사<sub>白雲居士</sub>라 호하였다. 급제한 지 10년
에 승진하지 못하였더니, 금<sub>禁</sub>·성<sub>쑐</sub>에서 번갈이 그를 천거하여 오랫동안
양제<sub>兩制</sub>를 맡았다. 이 때에 몽고 군사가 국경을 짓누르고 있었으므로 규
보가 진정하는 서<sub>書</sub>·표<sub>表</sub>를 지어 올렸더니 제<sub>帝</sub>가 감동하고 깨달아 철병
하였다. 시문을 짓는 데에는 고인의 법도를 모방하지 않고 멋대로 날치어
문란<sub>文瀾</sub>이 크게 출렁거렸다. 시문집 53권이 세상에 행하였다.

- 『고려사절요』 고종 28년<sub>(1241)</sub> 9월

## 청백리

이규보가 읊었듯 전쟁 중임에도 관리들은 백성들의 고혈을 빨았
다. 그러나 이런 와중에도 청백리는 있었다. 백성들이 '참 관인官
人'으로 칭했다는 전라도 순문사 이순효●의 예를 보자.

전라주도 순문사가 졸卒하였다. 이순효는 성품이 청백하고 일을 처리하
는 것이 물 흐르듯 하였다. 일찍이 몽고에 사신으로 갔었는데 한 가지 물
건도 싸가지고 돌아온 것이 없어 주머니와 자루가 모두 비었다. 여염 부
녀와 역졸驛卒들까지 모두 그 맑은 절도에 탄복하여 말하기를, "참말 관인
官人이로다" 하였다.

-『고려사절요』 고종 41년(1254) 3월

이순효의 예는 역설적으로 많은 관료들이 몽골에 사신으로 가
서는, 개인적인 치부에 열중했다는 점을 드러낸다고 할 수 있다.
　인사발령으로 다른 곳으로 옮기게 되자 백성들이 울면서 계속
있게 해달라고 청원해, 다시 부임했다는 진주부사 왕해王諧●의 이
야기는 그때는 물론 지금도 지방자치 단체장들에게 여전히 귀감
이 된다.

진주부사晉州副使 왕해王諧가 졸하였다. 왕해는 젊어서 급제하여 감찰어
사에 임명되었는데, 법을 지키어 흔들림이 없었다. 진주부사가 되어서는
아전이 그를 두려워하고, 백성이 그에게 의탁하더니, 동도유수東都留守로
옮기에 되자 노유가 울면서 유임할 것을 청하므로 드디어 조정에 간곡히
빌어서 그 옛 임소로 복귀하였다. 가는 곳마다 청백淸白하고 대절大節이 있
어 계획하는 바가 모두 나라에 이로운 일이었다. 죽은 뒤에 모두 탄식하
기를, "나라의 중한 보배가 죽었구나" 하였다.



● 이순효(李純孝, ?~1254)
고려 후기 관인. 본관은
한산(韓山)이며 고종 때
위위경(衛尉卿)을 지낸
실춘(實椿)의 아들이다.

● 왕해(王諧, ?~1246)
고려 문신. 예빈경(禮賓卿)
유(惟)의 아들이다. 고종 때
소부소감(小府少監)으로
경상도를 안찰할 때 청탁을
물리쳤다. 권신 최우(崔瑀)의
아들 만종(萬宗)·만전(萬全)
형제가 쌀 50여 만 석을 백성에게
놓아 이자를 받아들이면서
문도(門徒)를 파견해 독촉
징수함이 가혹해 백성들이
나라에 바칠 조세도 내지 못하게
되자, 세금을 바치기 전에
사채(私債)를 독촉하는 자는
처벌하겠다는 포고를 내림으로써
만종 등의 횡포를 견제했다.

- 『고려사절요』 고종 33년 8월

　제주도의 부패 관행을 없앤 제주부사 김지석도 대표적 청백리였다.

　제주도의 옛 풍속에, 무릇 남자는 15세 이상이 되면 해마다 콩 10말(斗)을 바치고, 아문(衙門)의 아전 수백 명은 해마다 각각 말 한 필을 바치었다. 부사와 판관이 받아서 나누어 가지니, 이 때문에 대개 이 고을을 맡은 자는 비록 가난한 자라도 모두 부자가 되었다. 김지석(金之錫)이 부사가 되어 곧 공물(貢) 바치는 콩을 면제하고, 청렴한 아전 10명을 뽑아서 아문 아전을 시키고, 또 말을 바치는 것을 없애니, 정사가 청렴하고 맑아서 아전과 백성들이 기꺼이 복종하였다.

- 『고려사절요』 고종 46년(1259) 10월

　이들 이외에도 청백한 목민관은 적지 않았다. 그러나 대다수 관료들은 백성은 안중에 없이 자신의 잇속만 차리는 모리배들이었다. 여러 청백리들은 청렴함과 공정함을 지키다 오히려 모함을 받아 최씨 무신 정권에 밀려나기도 했다.

### 몽골인이 된 고려인

　고려가 몽골에 패한 원인 중의 하나로 수많은 고려인들이 몽골로 귀화해 고려의 정보를 몽골에 전달한 것을 꼽을 수 있다. 심지어 조이(趙彝)같은 이는 몽골의 일본 원정을 꼬드긴 대표적 인물이다. 이로 인해 고려는 전쟁이 끝난 뒤에도 몽골에 한없는 수탈을 당해야 했다.

　『고려사절요』는 '조이는 본래 함안(咸安) 사람인데, 처음에 중이

● 조이(趙彝, ?~?)
고려 후기 문신. 원나라 황제가 거처하는 곳에 출입하면서 일본을 정벌하는데 고려를 앞세울 것을 종용했다.

되었다가 뒤에 퇴속하여 나라를 배반하여 몽골에 들어갔다. 여러 나라 말을 할 줄 알아서 황제의 측근에 출입하며 본국을 참소하고 헐뜯는 것으로 일을 삼았다'고 기록하고 있다.

또 진주晉州 출신으로 포로가 되었다가 몽골군 장수가 된 강화상 康和尙* 같은 이도 여럿 된다.

몽골군에 사신으로 갔던 이현*은 아예 몽골군사를 데리고 와 고려군을 치기도 하는 반역을 저질렀다. 온갖 악행을 저지른 이현은 결국 저자거리에서 죽임을 당하고, 그의 아들 5명은 바다에 던져져 수장됐다.

### 왕들의 이율배반

여몽전쟁 시기의 왕은 2명이다. 이 중 고종은 즉위 18년(1231)에 전쟁이 났고, 강화에서 숨을 거둔 것은 1259년이다. 재위년 대부분을 전쟁 시기 강화에서 보낸 것이다. 고종은 최씨 무신정권에 유약하기 그지없었다. 왕위를 지키기 위해 허수아비 왕 노릇을 했을 뿐이다. 고종은 겉으로는 백성을 아끼는 듯한 언행을 많이 했지만, 그 실체는 보여주지 못했다. 고종이 왕으로 사는 사이 백성들은 전쟁의 참혹함에서 헤어나지 못했다.

고종의 뒤를 이은 원종은 최씨 무신정권의 손아귀에서 벗어나기는 했지만 그 아버지 고종과 마찬가지로 이율배반적이었다.

전쟁 막판 몽골에 무릎을 꿇기로 하는 긴박한 상황에서도 원종은 궁녀들과 애정행각을 벌이기에 여념이 없었던 것으로 보인다. 『고려사절요』엔 원종이 즉위한 1260년 12월에 '왕이 궁녀를 수방 水房에 모아놓고 음란하고 방종하는데 절도가 없었다. 어사대부 김인준이 수방을 밖에 옮겼다'라는 기사가 있다.

하지만 그 이듬해 봄에는 여러 도의 안찰사에게 일러, '짐이 어진 마음을 금수禽獸에까지 베풀고자 한다. 봄에 사냥을 하면 새끼를 치지 못하고 알을 낳지 못하여 나의 호생好生하는 마음에 어긋날까 두려우니 고기반찬을 드리지 말라'고 했다고 한다.

이 '어진 마음'이 정작 백성들의 안위로 이어지지 못했으니 다만 듣기 좋은 말에 그쳤던 것이다.

# 전쟁 그 후, 새로운 국가 조선의 잉태

고려 정부가 1270년 강화에서 개성으로 환도하자 이에 반발한 삼별초는 별도의 정부를 세우고 항쟁에 나섰고, 고려와 몽골은 삼별초와의 전쟁에 들어갔다. 여몽연합군은 1273년(원종 14)에야 삼별초를 최종 진압할 수 있었다.

전쟁은 여기서 그치지 않았다. 몽골은 고려에 일본정벌의 앞장 설 것을 강요했고, 역시 그 피해는 고스란히 백성들의 몫이었다. 그리고 수많은 군사가 일본정벌에 나섰다가 풍랑을 이기지 못하고 수장됐다.

고려 정부는 또 얼마 지나지 않은 1290년, 다시 강화도로 수도를 옮긴다. 원나라에 반기를 들고 난을 일으킨 합단적●이 고려에 침입하자, 이를 피해 왕이 강화도로 도망한 것이다.

고려 정권은 강화에서 개성으로 수도를 다시 옮긴 뒤 고작 20년 만에 또 다시 강화도를 임시 수도로 삼았다.

여자와 늙은이와 어린이를 강화에 보내어 대피시켰다.

국사國史와 보문각寶文閣 · 비서시의 문적을 강화도로 옮기었다. … 궁인들을 강화도로 옮기고, 또 태조의 소상塑像을 옮겼다.

왕이 강화도로 피란하고, 지도첨의사사知都僉議司事 송분宋玢에게 명하여



● 합단적(哈丹賊)
원나라 반란군으로, 1290년(고려 충렬왕 16)에 고려를 침입했다. 원나라는 군사를 보내 고려를 도왔다. 합단적 침입은 2년 반 만에 평정됐고, 왕도 강화에서 환도했다.

왕경(王京·서울)에 머물러 지키게 하였는데, 분이 서울을 버리고 강화도로 도망해 왔고, 서경유수 정인경도 또한 서경으로부터 도망해 왔다.

－『고려사절요』 충렬왕 16년(1290) 10, 11, 12월 기사 중에서

강화로 피란한 충렬왕과 그 부인인 원 공주는 선원사(禪源社)에 머물렀다고 한다. 1270년 개경 천도 때 강화에 있던 대부분의 시설물이 헐리는 와중에서도 선원사는 건재했다는 얘기다. 『신편 강화사』에서는 그 이유를 선원사가 원 황실의 사찰이 됐기 때문으로 풀이하고 있다. 최씨 정권의 원찰이었던 선원사 등 당시 대표적인 사찰들이 무신정권이 붕괴되고 원간섭기에 들어서면서 원 나라를 매개로 하여 고려 왕실과 밀접한 관련을 가지게 되었다는 것이다. 충렬왕●과 원 공주가 선원사에 머물면서 선원사와 이들의 관계가 밀접해졌고, 1292년 2차 개경 환도를 앞두고는 선대의 실록을 선

강화 선원사지(禪源寺址) _ 선원사는 합단적 침입 당시 충렬왕이 머물면서 임시 수도의 궁궐 역할을 한 것으로 보인다. 다만 그 정확한 위치에 대해서는 아직도 이견이 있다. 사적 제259호. 인천시 강화군 선원면 지산리 소재.

원사에 옮겨 놓았다고 한다. 당시 고려 왕실과 선원사 사이의 밀접한 관계를 나타내는 상징적 사건이라고 할 수 있다. 충렬왕을 이은 충선왕도 강화 선원사를 특별 대우했다. 재정확보 정책을 제일로 치던 충선왕이 쌀 300석을 대장도감과 선원사에 나눠줬다고 한다.

충렬왕이 강화도로 피란할 때 많은 관료들이 합단적을 두려워해 왕명도 거부한 채 강화도로 도망했는데, 이들이 감옥행을 각오하고 강화로 도망한 것은 합단적의 잔혹함에 지레 겁을 먹은 것이 아닌가 할 정도로 합단의 침입은 백성들에게는 도저히 감내할 수 없는 고통이었다.

> 합단의 군사 수만 명이 화주和州 · 등주登州 두 고을을 함락시켜, 사람을 죽여서 양식으로 하고 부녀자들을 윤간하고는 포脯를 떴는데, 만호 인후印侯를 보내어 이를 방어하게 했다.
>
> — 『고려사절요』 충렬왕 16년 12월

이러한 합단적은 1291년 말 여몽연합군에 진압될 때까지 충청남도 일대까지 휩쓸었다. 백성들은 고려 정부가 몽골에 항복함으로써 오랜 전란이 끝나는 것으로 알았지만, 곧이어 다시 참혹한 전쟁의 희생양이 된 것이다.

여몽전쟁은 고려에 많은 변화를 초래했다.

왕들의 명칭부터 달라졌다. 여몽전쟁 시기만 해도 '고종', '원종' 등으로 자주적인 이름을 달았으나, 항복 이후부터는 왕의 명칭에 '충忠'자를 붙여야 했다. 몽골(원)에 충성해야 한다는 의미다. '충렬왕', '충선왕', '충숙왕', '충혜왕', '충목왕', '충정왕' 등이 그 예다. 이는 반원 정책을 편 공민왕 때까지 계속됐다.

● 충선왕(忠宣王, 1275~1325)
고려 제26대 왕. 즉위 직후 교서를 발표해 권세가의 탈세와 양민의 노비화를 금지하는 등 혁신 정치를 실시했다. 원나라 수도인 대도(大都)에 거주하면서 만권당을 세우고 고려와 원나라의 학자들을 모아 학문 교류에 크게 힘썼다.

● 공민왕(恭愍王, 1330~1374)
고려 제31대 왕. 배원정책(排元政策)을 펴 몽골 잔재를 일소하고 실지(失地) 회복을 위해 북진정책을 실시했다.

왕은 물론 신료와 백성들도 몽골식 복식으로 바꿔야 했다. 『고려사절요』에 몽골식 머리 스타일로 고치는 장면이 생생하게 그려진다.

> (왕이 지주사(知奏事) 이분희 등에게) 머리 깎지 않은 것을 책하니 대답하여 아뢰기를, "신 등이 머리 깎기를 싫어하는 것이 아니라 여러 사람이 다 같이 하기를 기다릴 뿐입니다"하였다. 몽고 풍속이 머리를 깎는데 정수리에서 이마까지 이르러 그 모양을 모나게 하고 가운데만 머리칼을 두는데, 몽고 말로 겁구아(怯仇兒)라고 했다. 왕은 원나라에 들어가 조회할 때에 이미 머리를 깎았으나 국인(國人)은 아직 안 깎았기 때문에 책한 것이다. 후에 송송례와 정자여가 머리 깎고 조회하니 다른 사람도 모두 따랐다. 처음에, 인공수가 원종에게 원나라 풍속을 따라 복색을 고치기를 권하였는데 원종이 이르기를, "나는 차마 조종조의 법을 갑자기 변할 수 없다. 나 죽은 다음에 경들이 마음대로 하라"하였다.
>
> – 『고려사절요』 원종 15년(1274) 10월

몽골에 항복한 임금인 원종은 죽기 전까지 '복색을 갑자기 바꿀 수 없다'면서 버텼다는 것이다. 원종 사후 즉위한 충렬왕 때부터 고려 백성들의 머리 스타일이 몽골식으로 바뀌었음을 짐작할 수 있다.

원나라가 고려의 여인들을 요구해, 여성들을 찾아내는 '결혼도감'●이란 기구까지 설치되기도 했다. '결혼도감을 설치하고 촌가의 여자 140명을 수색해 내어 만자(蠻子·오랑캐)에 나누어 주었는데, 만자들이 곧 데리고 돌아가니 곡성(哭聲)이 길에 가득하였다'는 『고려사절요』 기록에서 결혼도감 설치의 폐해를 엿볼 수 있다. 또 배를 건조하는 '조선감독군'이란 군부대도 별도로 뒀다. 비단 무역을 관장하는 특별기구인 '관견도감' ●도 설치했다. 『고려사절요』
1274년 3월 기사에는 '원나라에서 비단 3만3천154필을 가지고 와
서 군량을 무역하게 했다. 곧 관견도감을 설치하고 비단을 경향
인민에게 나누어 주어 바꾸게 하였는데, 비단 한 필에 쌀 열두 말
씩 하였다'고 전한다.

　고려는 원의 일본 정벌을 도와야 한다는 명목으로 각종 수탈에
시달렸다. 1274년에는 군사 5천 명을 징발해 일본 정벌에 나서야
한다는 명령이 내려왔고, 전라도에서 배를 만드는 인력을 위한 쌀
도 대야 했다. 1285년(충렬왕 11) 12월에는 원나라에서 군량 10만 석
을 요구하기도 했다.

　1274년에는 고려 백성 1만5천여 명이 일본 정벌에 직접 동원됐
다. 이 때의 원정대는 몽·한漢 군인 2만5천 명에 고려 군 8천명으
로 구성됐으며, 뱃사공과 노 젓는 사람이 6천700명, 전함은 900척
이었다고 한다. 이들은 대마도와 일본 본토 사이의 일기도壹岐島라
는 섬에서 첫 전투를 해 큰 전과를 올렸으나, 큰 풍랑에 수많은 사
람이 바다에 빠져 죽고 말았다. 10월에 출정했던 군사가 11월에 돌
아왔는데, '돌아오지 못한 자가 무려 1만3천500명이었다'고 한다.

　강화 천도 시절 팔만대장경을 만든 고려는 원나라에 불경佛經을
펴내는 일을 지원하기도 했다. '불경을 베낄 스님 65명을 원나라
에 보냈다'(『고려사절요』 1290년 4월)는 등의 구체적인 기록이 자주 보
인다.

　여몽전쟁과 합단적의 침입 시기에 두 차례나 '전시 수도'가 된
강화도는 전쟁이 끝난 뒤엔 쫓겨난 왕들의 유배지가 됐다. 제30
대 왕인 충정왕(재위 1349~1351년)과 제32대 우왕(재위 1374~1388년), 제33
대 창왕(재위 1388~1389년) 등이 그들이다. 충정왕은 강화 용장사에서
머물렀다고 하는데, 유배된 지 5개월만인 1352년 3월에 독살됐다.

●위화도 회군
고려 우왕 14년(1388), 명나라의
랴오둥(遼東)을 공략하기
위해 출정했던 이성계 등이
위화도에서 회군해 왕을 내쫓고
최영을 유배한 뒤 정권을 장악한
사건. 조선 왕조 창건의 기반이
됐다.

또 강화도로 추방당한 우왕과 창왕도 이성계의 위화도 회군● 뒤인 1388년 12월 잇따라 피살됐다.

강화도는 또한 오랫동안 여몽전쟁의 전시수도로 기능하면서 개척된 농지가 많음으로 해서 오히려 고려 후기 왜구의 노략질 대상이 되기도 했다.

> 왜가 강화를 침범하여 선원禪源·용장龍藏 두 절에 들어가서 300명을 죽이고, 쌀 4만여 석을 빼앗았다. 이 때 심몽룡沈夢龍이란 자가 있어, 왜적 13명을 베고 마침내 적에게 죽었다. … 왜적이 교동현喬桐縣을 불살랐다.
> ―『고려사절요』 공민왕 9년(1360) 윤5월

몽골의 지배하에 놓인 고려는 여몽전쟁 이후 왜적의 침입에도 적절히 대처하지 못할 정도로 국가역량이 쇠퇴한 채 120여 년을 연명하다가 이성계에 의해 막을 내렸다. 1392년이다.

# 한반도의 교두보 인천

13세기 인천을 주 무대로 벌어진 여몽전쟁을 바라보는 다른나라 연구자들의 시각은 어떨까.

무엇보다 몽골의 침략을 받았던 아시아, 유럽만이 아니라 당시 미지의 세계였던 미국 등 '신대륙'에서도 여몽전쟁에 대한 연구가 이루어지고 있다는 점이 흥미롭다.

### 여몽전쟁과 인천

세계는 한반도에서 여몽전쟁이 가지는 의미가 컸고 인천이 그 중심이었다는 데 공감하고 있다.

미국인 최초로 한국학 박사 학위를 받은 윌리엄 헨슨William Henson은 『몽골의 고려 침략Mongol Invasions of Korea』에서 여몽전쟁을 한반도 역사를 구성하는 매우 중요한 시기라고 규정한다. 그는 13세기 몽골을 통해 서방 세계의 문물이 퍼지면서 한반도에 새로운 문화가 뿌리 내릴 수 있게 됐다는 입장이다. 윌리엄 헨슨은 "이런 변화의 시작은 강화 천도의 영향으로 몽골군의 이동이 빈번했던 서해안 지역, 특히 인천에서부터 시작됐다"고 했다. 인천은 항구를 품고 있는 지리적 특성상 외부와의 교류가 빈번했고, 당시 수도인 강화도를 끼고 있었던 만큼 변화의 중심이 될 수밖에 없었다는 뜻이다.

그는 "청일전쟁이나 러일전쟁 등에서도 보듯 인천은 한반도의 중심에 위치한 항구로서, 세계 열강이 한반도 진출의 교두보로 삼았던 중심축이 될 수밖에 없는 운명을 타고 났다"며 인천의 지정학적 중요성을 특별히 강조했다.

### 강화 천도江華遷都의 세계사적 의미

세계 학계도 국내와 마찬가지로 이 시기 전쟁으로 민중이 겪게 된 고통을 지배층이 제대로 살피지 못했다는 데 이견이 없다.

일본 큐슈대학교 모리히라 마사히코森平雅彦 교수는 "정부가 강화도에 천도하면서 지배층의 안전이 보장됐고 필요한 물자는 해상 수송으로 확보되었기 때문에 문화생활도 높은 수준으로 유지할 수 있었다. 그러나 지배층의 가렴주구가 심해지면서 지방주민들만 고통을 겪었다"고 당시 고려 지배층에 대한 견해를 밝혔다. 모리히라 교수는 "강화 천도로 지방 방위에 소홀해져 지방주민들은 몽골군의 침략에 농사 등 생업 활동에 지장이 생겼으며 지방주민들이 고향을 떠나 산성이나 섬으로 피란할 수밖에 없어 어려움을 겪었다"고 말했다.

하지만 일각에서는 서방 국가의 예를 들며 당시 고려 지배층이 보인 '저항 정신'을 간과해서는 안 된다는 시각도 있다.

국제고려학회 고문을 맡고 있는 하와이 대학교 에드워드 슐츠 Edward J. Shultz 교수는 "물론 여몽전쟁 당시 지배층의 모습은 비난받아 마땅하지만 몽골에 저항하려는 모습으로도 이해할 수 있다"며 "이것은 세계2차 대전 당시 독일에 저항하기 위해 유럽의 지배층

---

**모리히라 마사히코** 森平雅彦 · 일본
일본 규슈대 역사학과 조교수. 「고려왕조와 몽골제국의 관계」, 「고려왕국과 송 제국의 관계」 등에 관한 논문을 집필했다.

이 영국이나 북미지역으로 탈출했던 것과 마찬가지로 이해할 수도 있다"고 했다.

### 여몽연합군과 일본

일본은 13세기를 '자랑스러운 시대'로 표현해 왔다. 일본 학계는 몽골에 점령당한 고려와 달리 1274년과 1281년 두 차례에 걸친 여몽연합군의 침략을 막아낸 것을 큰 자부심으로 여겨왔다. 여몽연합군이 침략했을 때 불었던 바람을 일본은 일본을 수호해주는 '가미카제'라고 부르며 기렸다. 이것은 훗날 2차 세계대전 때 진주만을 폭격했던 자살특공대를 부르는 이름이 되기도 했다.

하지만 최근 일본 학계의 시각은 다르다. 모리히라 마사히코 교수는 "일본이 여몽연합군의 1, 2차 침공을 막아낸 것은 결과적으로 폭풍(가미카제) 덕분이라고 볼 수밖에 없으니 만약 폭풍이 없었더라면 여몽연합군의 침공을 막아내기 어려웠을 것이다"고 말했다.

그는 "고려가 몽골과 싸운 기간은 일본과 비교가 안될 정도로 길고 전쟁 규모도 컸다. 이제 몽골에 항복하지 않았던 사실이 일본의 자주성을 상징하던 시대는 갔다. 오히려 학계에서는 당시 고려의 삼별초가 몽골에 대항하는 공동 전선을 구축하자는 제안에 일본이 제대로 대응하지 못했다는 평가를 내리는 경우도 있으며

**에드워드 슐츠** Edward J. Shultz · 미국
미국 하와이주립대 교수. 하와이대 한국학 연구소장, 국제고려학회 회장 등을 지냈다. 「최충헌과 미나모토 요리토모」, 「최충헌의 상승」 등의 논문을 썼다.

● 가미카제(神風)
2차 세계대전 때 폭탄이 장착된 비행기를 몰고 자살 공격을 한 일본 특공대. 신(가미)이 일으키는 바람(카제)이라는 뜻이다.

**여몽연합군 유물** _ 일본 나가사키 다카시마(鷹島) 해저유적에서 최근에 발견된 일본 침략 당시 여몽연합군 유물. 화약을 사용하는 폭탄의 실물도 나왔다고 한다. 일본 나가사키현 마쓰우라시(松浦市) 제공.

이런 일본사 연구자는 당시 일본 지배층의 국제 감각이 지나치게 폐쇄적이었다는 평가를 내린다"고 했다.

일본 학계에서는 여몽연합군의 침공과 당시 참상 등에 대해 수많은 연구작업을 해 왔다. 이재범 경기대 사학과 교수는 "일본에는 몽골과의 전쟁과 관련한 논문만 1천 개가 넘는데 몽골군 지휘소와 격전지, 백성들이 학살당한 장소를 복원하고 당시 몽골군과 싸우다 전사한 어린 장수를 우상화하기도 하는 등 쓰라린 과거를 잊지 않으려는 노력을 하고 있다"고 말했다.

### 신新 문화 교류의 계기

에드워드 슐츠 교수는 고려가 몽골 통치 기간에도 자주성을 보였다는 점을 강조한다. 슐츠 교수는 "몽골이 정벌국에 통치권을 주는 방식을 취하고 고려가 막대한 양의 상납품을 몽골에 바쳐야 했지만, 고려를 단순한 식민지로 볼 수는 없으며 일종의 계약관계로 보는 것이 정확하다"고 평가한다.

이러한 바탕에서 슐츠 교수는 몽골의 침략이 한반도에 거대한 변화의 바람을 몰고 왔다는 점을 부인할 수 없다는 입장이다. 몽골의 침략 이후 신유학이 들어오고 이것이 고려인들의 사상에도 변화를 가져왔고, 전쟁으로 고려가 중국과 서방 세계의 문명과 접하는 등 긍정적인 부분도 있었다는 것이다. 슐츠 교수는 그렇지만 "민중의 고통을 생각하면 전쟁은 절대 없어야 했으며 여몽전쟁을 통해 세계열강의 틈에 끼어 있는 지금의 한반도가 어떤 방향으로 가야할지 고민해 봐야 할 것"이라고 강조하기도 했다.

인천역사자료관 강옥엽 전문위원도 몽골 침략에 따른 고려사회의 변화에 주목한다. 강옥엽 위원은 "고려시대 가운데 순수하게 고려적인 것은 전반기 밖에 없었다. 고려왕조 475년을 하나의 틀로 볼 수는 없고, 고려 후기는 몽골 등 이민족의 영향을 많이 받았다"는 입장이다.

고려는 몽골과의 교류를 통해 주자학 등 새로운 학문을 수용한 것은 물론이고 당시 고려인들은 몽골식의 이름과 언어를 사용하는 등 몽골의 문물·풍속을 받아들였다. 또 몽골과의 관계에서 출세한 원나라 부역세력도 신 권문세족으로 등장한다.

누가 인천을 임진왜란의 예외지역이라고 하는가. 전국토가 유린당한 임진왜란을 그린 지도들 중엔 강화도가 빠져 있는 경우가 대부분이다. 이제 우리는 임진왜란을 얘기하면서 강화도를 그려 넣어야 한다. 왜군들이 발을 붙이지 못한 강화도는 의병과 관군의 연합사령부였다. 또 문학산성 전투는 임진왜란 전투 중 몇 안 되는 승전보를 울렸지만, 잘 알려져 있지 않다. 문학산성도 당당히 임진왜란 승첩의 땅으로 이름을 올려야 한다. 임진왜란은 명나라와 일본이 조선에서 벌인 전쟁이나 마찬가지였다. 그 임진왜란은 조선의 백성들에게 너무나 큰 피해를 줬다. 그래도 백성들은 이겨냈고, 전쟁은 끝났다. 그러나 전쟁을 불러온 나약한 사대부들은 여전히 그 전쟁에서 배운 게 없었다.

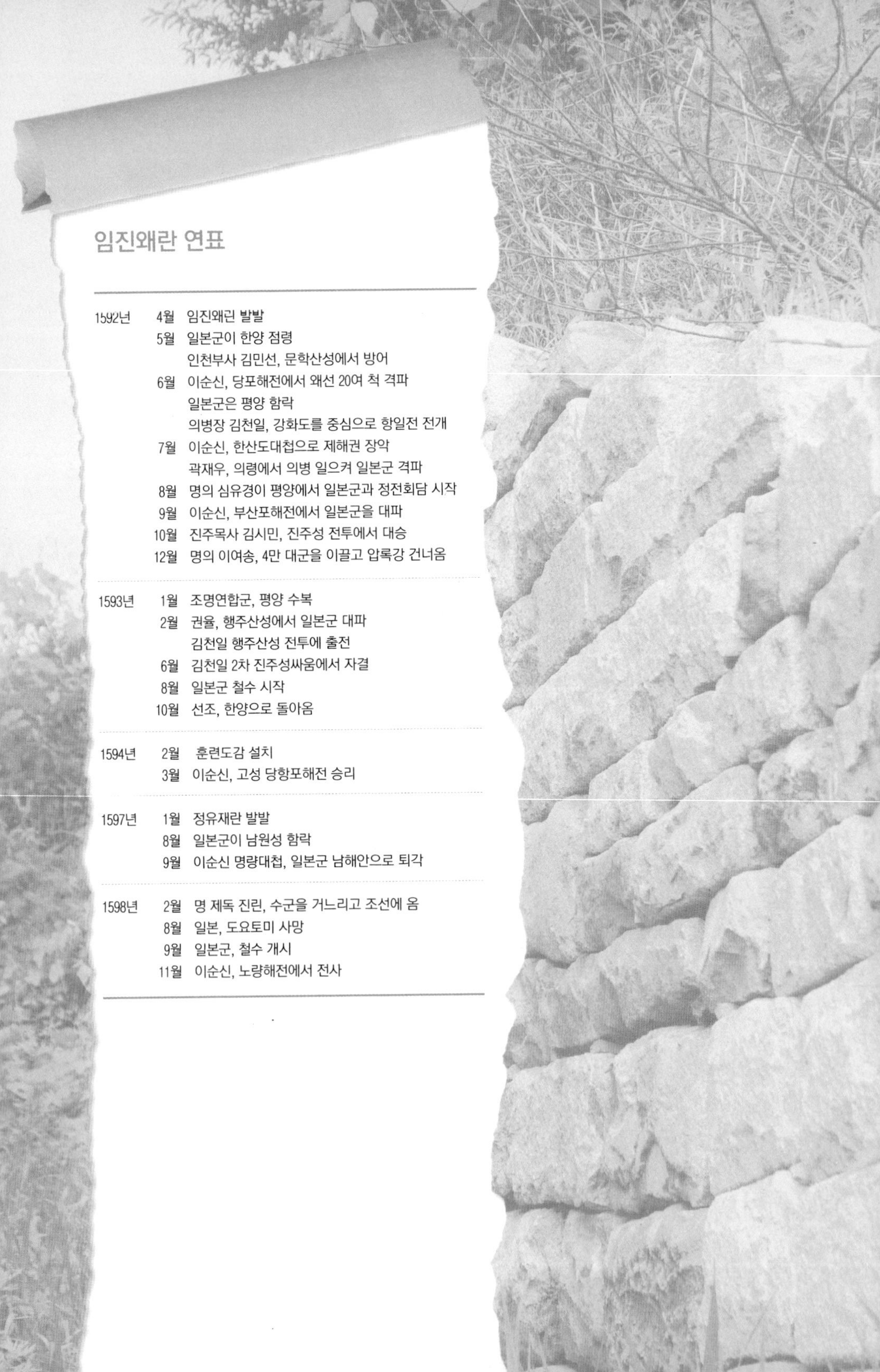

# 임진왜란 연표

# 전쟁 전야, 대조적인 조선과 일본

임진왜란은 1592년 4월에 발발해 1598년 11월까지 장장 7년여를 끌며, 한반도 전역에 회복하지 못할 엄청난 피해를 줬다. 한반도 전쟁 역사의 핵심 지역이 되는 강화도는 다행히 임진왜란의 피해지역에서 벗어났다. 가장 큰 이유는 왕이 강화도로 피란하지 않았기 때문이다. '왕이 없었기 때문에 전란을 피할 수 있었다'는 것은 거꾸로, '전란의 책임은 왕에게 있다'는 의미이기도 하다. 실제로 전란의 원인제공자이면서 가장 큰 책임자는 왕과 그 주변의 권력자들이다. 이는 지나온 역사가 증명하는 부분이다. 이미 살펴본 몽골침략이 그랬고, 앞으로 다루게 될 정묘·병자호란이 그렇고, 조선 말기의 병인양요, 신미양요, 청일전쟁, 러일전쟁, 그리고 더 나아가 한국전쟁이 그렇다.

임진왜란 역시 무능한 정권이 빚어낸 우리 역사의 씻을 수 없는 대참변이다. 조선과 일본, 양국은 같은 16세기를 지척에서 살았건만, 일본의 침략 앞에 무방비로 있던 조선과 중국 전역까지 손에 넣겠다고 달려든 일본의 상황 인식은 너무나도 달랐다.

### 태평한 조선

우선 일본의 침략 시점인 1592년 4월의 조선으로 가보자.

적선賊船이 바다를 덮어오니 부산 첨사釜山僉使 정발鄭撥은 마침 절영도

絕影島에서 사냥을 하다가, 조공하러 오는 왜라 여기고 대비하지 않았는데 미처 진鎭에 돌아오기도 전에 적이 이미 성에 올랐다. 발撥은 난병亂兵 중에 전사했다. 이튿날 동래부東萊府가 함락되고 부사府使 송상현宋象賢이 죽었으며, 그의 첩妾도 죽었다. 적은 드디어 두 갈래로 나누어 진격하여 김해金海·밀양密陽 등 부府를 함락하였는데 병사 이각李珏은 군사를 거느리고 먼저 달아났다. 200년 동안 전쟁을 모르고 지낸 백성들이라 각 군현郡縣들이 풍문만 듣고도 놀라 무너졌다.

-『선조실록』 25년(1592) 4월 13일

조선의 최전방을 지키는 장수將師가 전쟁이 터지는 날, 한가롭게 섬에 들어가 사냥을 하고 있었던 것이다.* 또 왜적의 함대를 보고도, 전쟁을 떠올리기보다는 일본이 우리에게 조공을 바치러 왔다고 여겼다. 부산 방어의 핵심 장교인 정발●의 당시 상황인식은 조선 조정의 허술하기 짝이 없는 대외 인식 시스템을 보여준다. 국가의 가장 중요한 기능 중 하나인 외교가 전혀 작동하지 않았다는 점과 해외 군사정보 수집이 전혀 이뤄지지 않았다는 사실을 그대로 드러낸다.

해외 정보파악과 외교 기능이 마비된 것은 내치內治가 비정상적이었기 때문이다. 사대부 양반계층은 자신들의 이익만 챙기려 기득권을 더욱 강화했다. 세금도 내지 않고 군역軍役도 지지 않았다. 사림士林이 확대되면서 권력장악을 위한 당파싸움도 본격화 되었다. 당시 사림은 동인과 서인으로 갈라졌고, 급기야 무자비한 숙청에 의한 정적 살해의 출발점이라고 할 수 있는 정여립 사건(기축옥사)●이 온 나라를 들쑤셨다. 이 사건으로 결국 조선의 지배층 동인과 서인은 서로 화합할 수 없는 지경에 빠졌고, 임진왜란이 터지는 순간에도 반대당파의 주장에는, 국가와 백성은 안중에도 없이



* 정발의 당시 대응에 대해 『선조실록』과 『선조수정실록』이 각기 달리 기술하고 있다. 『선조수정실록』에서는 정발이 절영도 사냥 후 곧바로 돌아가 부산진성에서 군민(軍民)을 모아 싸웠으나 정규병력이 1천여 명 밖에 안 되어 접전 끝에 함락됐다고 적고 있다.

● 정발(鄭撥, 1553~1592)
조선 선조 때 무신. 임진왜란 때 부산진 첨절제사로 왜군과 싸우다가 숨졌다. 이 때 첩 애향(愛香)은 자결했고, 노(奴) 용월(龍月)도 전사했다. 좌찬성에 추증됐으며, 동래의 충렬사에 제향됐다.

● 정여립 사건(기축옥사)
조선 선조 22년(1589)에 정여립(鄭汝立)의 모반을 계기로 일어난 옥사. 권력의 핵심에서 쫓겨난 정여립이 전주, 진안 등지에서 대동계(大同契)를 조직해 매월 활쏘기를 익혔는데, 이것이 역모로 고발돼 일당이 체포·처형된 사건이다. 이 사건으로 동인이 몰락하고 서인이 정국을 주도하게 됐다.

그저 '반대를 위한 반대'만 하는 상황으로 치달았다. 임진왜란 1년 전, 일본을 시찰하고 돌아 온 통신사 일행 황윤길과 김성일의 서로 다른 귀국보고가 대표적인 예다. "필시 병화兵禍가 있을 것이다"라는 서인 황윤길의 보고에, 동인 김성일은 "(병화가 있을 것 같은) 그러한 정상은 발견하지 못했다"고 정반대의 보고를 했다. 둘의 보고가 상반되더라도 황윤길이 정사正使이고 김성일이 부사副使였기 때문에 정사의 말에 따르는 것이 타당했지만, 당시 조정은 동인세력이 강했다. 부사였던 김성일의 '전쟁 위험 없음'이란 보고가 채택된 배경이다.

임진왜란을 반성하고, 후손들에게 다시는 전쟁이 없기를 바라는 마음에서 쓴 유성룡의 『징비록』에도 대신과 일반 백성들의 안이한 인식이 짙게 묻어난다. 황윤길과 김성일 등 통신사 일행이 받아 온 도요토미 히데요시의 답장에 들어 있는 '군사를 거느리고 명나라를 치고자 한다'는 내용을 놓고 영의정 이산해와 좌의정 유성룡이 나눈 대화다.

> 당연히 이 내용을 명나라에 알려야 할 것입니다.(유성룡)
>
> 그러다가 우리가 일본과 내통했다고 하면 어찌한단 말이오? 차라리 모른 체하는 편이 나을 듯하오.(이산해)
>
> 이웃 나라와 왕래하는 것이 어찌 문제가 되겠습니까? … 만일 이 사실을 숨긴다면 대의에도 어긋날 뿐 아니라, 우리를 모략하기 위해 일본인들이 다른 방법으로 명나라에 이 사실을 알린다면 우리가 일본과 공모했다는 혐의를 벗어날 수 없습니다. 어떤 죄가 더 크겠습니까?(유성룡)
>
> － 『징비록』(김흥식 옮김, 서해문집)

임금 선조는 유성룡의 제안을 받아들여 명나라에 사신을 보냈지만, 일인지하 만인지상의 자리라는 영의정 이산해의 대외 인식이 한심하기 짝이 없다. 만약 이 때 일본이 명나라를 침략하려 한다는 내용을 보고하지 않았더라면, 조선은 일본과의 전쟁은 전쟁대로 치르고, 명으로부터도 의심과 견제를 받는 처지가 될 뻔했다. 조선의 사신이 아니더라도 명나라는 일본에 잡혀 있던 자국인들로부터 일본 내정에 대해 어느 정도는 파악하고 있었기 때문이다. 영의정의 외교 인식이 이처럼 '우물 안 개구리' 식이었으니, 다른 이들을 짐작하는 것도 어렵지 않다.

어찌됐든 조선은 임진왜란 발발 1년 전이었지만 통신사 귀국 직후부터는 나름의 방비를 시도하기는 했던 모양이다. 국경 사정에 밝은 인물들을 뽑아 경상, 전라, 충청 등 3도의 방어를 맡겼고, 또한 무기를 준비하고 성城과 해자垓子도 축조하도록 했다.

이 때 중책을 맡게 된 인물이 이순신*이다. 정읍현감으로 있던 이순신이 유성룡의 천거에 따라 전라좌도수군절도사로 파격적인 승진을 한 것이다. 조선의 입장에서는 참으로 다행스러운 일이었다.

경상도 쪽 수군과는 달리 이순신은 전쟁이 나기 불과 1년 전에 전라좌도의 수군 책임자로 발령받았지만 최선을 다해 군비를 갖췄다. 이순신의 이 준비가, 한반도 전역이 무너져 내리는 와중에서도 전라도 앞바다만큼은 지킬 수 있었던 배경이다. 이로 인해 또한 호남의 곡창지대를 그나마 보전할 수 있었으며, 멀리는 인천의 강화도가 한양 탈환을 노리는 의병의 전진기지 역할을 할 수 있는 기반이 되었다.

유성룡의 군비확충 노력은 그러나 시작과 동시에 지배층의 반발과 관료들의 무능의 벽에 부닥쳤다. '태평성대에 성을 쌓아 백성들을 노역에 동원해서야 되겠느냐'는 불만이 터져 나왔다. 소작을 하는 하층 백성들이나 사노私奴들이 노역에 동원되면 생산이 위

● 이순신(李舜臣, 1545~1598)
조선 선조 때 무신. 32세에 무과에 급제한 후에 전라좌도 수군절도사가 되어 거북선을 제작하는 등 군비 확충에 힘썼다. 임진왜란이 일어나자 한산도에서 적선을 무찌르는 등 공을 세워 삼도 수군통제사가 됐다. 노량해전에서 적탄에 맞아 숨졌다. 「난중일기」를 남겼다.

축되고, 결국 자신들의 소득도 줄어들 것이 자명했기 때문이다. 이러한 인식은 대다수 사회 지도층에 깔려 있었다. 심지어 임금의 정책자문기관인 홍문관*에서도 방어시설 축조에 반대할 정도였다.

병법에 무지한 관료들이 군비태세를 책임지는 바람에 빚어진 착오도 많았다. 지리적 여건을 잘 이용해 쌓은 멀쩡한 성을 넓힌다면서 평지에 쌓아 전쟁 시 성곽으로써의 기능을 제대로 하지 못하게 한 경우도 있었다. 임진왜란 전투 사상 가장 치열했고, 가장 큰 피해를 남긴 진주성이 대표적인 경우다. 『징비록』에 그 내용이 자세하다.

경상도와 전라도에 쌓은 성들 또한 바른 형태를 갖추지 못하고, 쓸데없이 규모만 클 뿐이었다. 특히 진주성은 본래 험한 산을 이용해 쌓았기 때문에 방어의 요새로서 충분했다. 그런데 성이 너무 작다고 하여 동쪽의 평지로 옮겨 크게 지었다. 결국 적의 침입을 받자 쉽게 무너지고 말았다.*

정권 수뇌부 중 한 사람인 유성룡은 또 『징비록』에서 당시 군무軍務를 책임져야 할 위치에 있는 사람들이 성곽을 활용하는 병법의 기본도 지키지 못했고, 장수 선발, 군사 훈련 방법 등에 이르기까지 무엇 하나 정상적이지 못했음을 안타까워하는 심정을 쏟아내기도 했다.

### 전비에 총력을 기울인 일본

조선 조정의 안이한 작태와는 달리 일본은 이미 오래 전부터 전쟁을 준비했다. 선교사 등을 통한 서구세력과의 외교채널도 가동했으며, 조선은 물론 중국 대륙의 정세도 다각적이고 정확하게 파악하고 있었다. 군비태세의 최첨단화는 말할 것도 없었다.

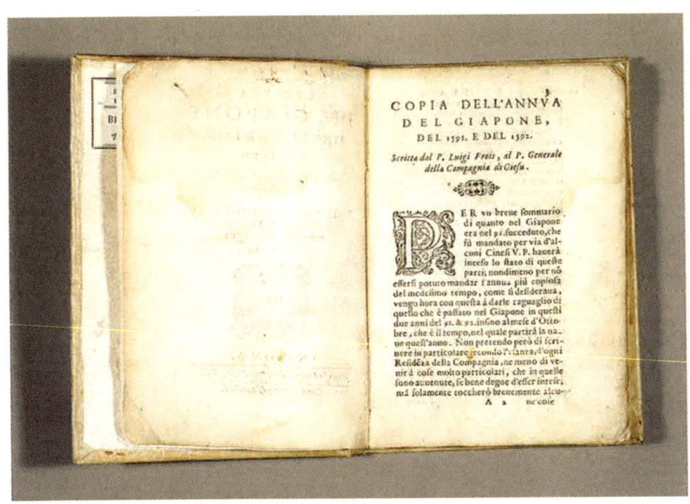



**선교사 루이스 프로이스의 서간집** _ 임진왜란 당시의 조선에 대한 각종 기록도 이 서간집에 담겼다. 국립진주박물관 소장.

임진왜란 발발 23년 전인 1569년, 포르투갈 선교사 루이스 프로이스●가 일본의 실력자 오다 노부나가織田信長와의 만남을 통해 일본에 가톨릭 포교 기반을 공고히 했다. 오다 노부나가는 선교사들과 몇 차례 면담하는 과정에서 동아시아를 둘러싼 해외 정세 흐름을 상세히 파악했다. 여기서 새로운 형태의 국가 간 무역과 조총, 화포 등 서구의 혁신적인 무기체계에 대해서도 알게 된 것이다. 물론 일본에 서구식 개인화기인 소총이 처음 전해진 것은 이보다 26년 앞선 1543년이다. 난파해 일본에 닿은 포르투갈 출신 상인들에 의해서였다.

또 일본 당국은 전쟁 전 조선에 대한 아주 세밀한 정보를 갖고 있었다. 일본이 조선을 정확히 꿰뚫고 있었다는 사실은 임진왜란의 기획단계에서부터 전개과정에 이르기까지 일본 측 전쟁 지휘부를 바로 옆에서 지켜본 선교사 루이스 프로이스의 『일본사』에 자세히 실려 있다. 『일본사』 중 임진왜란 부분은 몇 차례 국내에

●루이스 프로이스(Luis Fróis, 1532~1597)
『예수회 일본통신』 등 많은 저작을 남겼다. 특히 유명한 것은 『일본사』다. 1549~1593년의 기록을 담고 있다.

도 소개됐는데, 최근에는 『임진난의 기록 : 루이스 프로이스가 본 임진왜란』이란 제목으로 살림출판사가 간행했다.

프로이스의 기술記述 중 조선에 대한 정보 몇 가지만 보자. 우선 지리적 설명이다. 일본은 이미 조선의 강역疆域에 대해 많은 것을 파악해 두고 있었다.

앞으로 이야기하게 될 조선 정복으로 야기된 영향을 더 잘 이해하려면 무엇보다도 먼저 관백(도요토미 히데요시)이 직접 입수한 정보와 땅의 지명과 설명이 적힌 지도에 근거해 그 나라의 특징과 사람들에 대해 알아야 할 필요가 있을 것이다. … 조선은 히라도(平戶, 일본 본토 최서단에 위치한 곳)로부터 북쪽으로 80레구아(1레구아는 약 6㎞) 떨어진 거리에 있고, 첫 해안 지역들은 북위 35도 상에 있다. … 조선은 서너 나라와 국경을 접하고 있다. 먼저 서쪽으로는 중국과 인접해 있으며, 조공국으로서 매년 공물을 바친다. 북쪽과 북동쪽으로는 타타르 및 오랑캐와 인접해 있다. … 이 나라는 풍요해 쌀과 밀이 많이 난다. 과일로는 배와 호두, 무화과, 밤, 사과, 잣이 있으며 무한량의 꿀, 약간의 비단, 많은 면화와 마麻가 난다. 금광이나 은광은 부족하다고 한다. 말과 소가 많고 양종良種의 조랑말과 나귀가 있다. 전 국토에 걸쳐서는 수많은 호랑이가 서식하며 이외 많은 동물이 있다.

다음은 특히 조선의 군사적 측면에 대한 정보도 빼놓지 않고 파악했다는 점을 보여주는데, 조선인들의 일반적 특징에서부터 무기체계와 같은 군사 시스템의 허실에 대해서도 세밀히 조사했음을 알 수 있다.

사람들은 살갗이 희고 활기차며, 대식가이고 힘이 아주 좋다. 터키 것만큼 작은 활과 화살에 매우 능숙한데, 독을 바른 화살을 사용한다고 한다. 그들의 선박들은 크고 견고하며 상단이 덮여 있다. 화약통과 화기를 사용하고, 쇠로 된 사석포射石砲와 비슷한 것이 있는데 탄환을 사용하지 않고 대신에 사람 넓적다리 굵기의 나무 화살에 물고기 꼬리처럼 갈라진 쇳조각을 붙여 사용한다. 이것은 부딪치는 것이라면 모두 절단하기 때문에 아주 위력적인 무기다. 이밖의 무기들은 별 위력이 없다. 특히 칼은 길이가 짧고 수명이 길지 않다. 그리고 총상銃床이 없는 소총을 사용한다고 한다. … 조선의 북쪽은 대단히 춥다. 추위를 막으려고 난로를 사용한다. 강은 얼어붙는데 얼음은 매우 두껍다. … 내륙으로는 성이 몇 군데 있는데 방비가 잘 돼 있지가 않다. 일본과 인접해 있는 해안 지역의 성만이 제대로 방비됐으며 이곳에 모든 군수품을 비축해 놓았다.

조선이 서구 선교사들의 접근에 어떤 식으로 대처했는지에 대해서도 프로이스는 빼놓지 않고 증언한다.

조선인들은 매년 교역을 하러 오는 300명의 일본인을 제외하고는 어떠한 경우에도 외국인이 자국 내에서 교역하는 것을 허락하지 않는다는 원칙을 세워 놓고 있다. 그래서 일본을 향해 오던 우리의 범선이나 선박이 바람이나 조류로 말미암아 방향을 잃고 항로를 벗어나 이들의 항구에 접근이라도 하게 되면 그들은 곧바로 수많은 무장 선박을 출동시켜 공격하면서 어떠한 이유나 변명도 절대 받아들지 않고 그들의 항구와 땅으로부터 완전히 내쫓았다.

이방인들에 대한 조선의 폐쇄적 태도가 프로이스의 눈에 어떻게 비쳤는지 알 수 있다. 서구 선교사들이 항해하면서 항로를 벗어나 조선 해안가에 당도하곤 했는데, 매번 다짜고짜 수군을 동원해 쫓아냈다는 것이다. '적의敵意가 없다', '조난을 당했으니 먹을 것을 달라'는 등의 하소연도 조선에는 전혀 먹혀들지 않았다는 것이다. 이는 물론 상시적이었던 왜구의 약탈에 대응하는 조선의 일반적 대책이었던 것이지만 일부 조난선까지도 같은 방식으로 처리하면서 조선의 대외정책의 한계와 허점을 비난할 근거가 되기도 했던 것이다. 일본인들이 이들을 받아들여 새로운 세상에 눈을 뜬 것과는 비교되는 대목이다.

임진왜란과 관련해서 주목해야 할 부분이 또 하나 있다. 일본의 제3국을 활용한 외교전이다. 일본이 임진왜란 시기 조선이나 중국과 같은 전쟁 당사국 이외의 국가들을 이용한 외교전을 펼쳐, 명나라를 혼란에 빠뜨리고자 시도했다는 점이다. 도요토미 히데요시의 조선 침공에 동조입장을 보인 국가 중엔 시암 왕국(태국)이 대표적인데, 시암의 나레수엔● 왕이 일본의 조선 침략에 찬성하면서도, 임진왜란 중에 명나라에 시암의 해군력을 이용해 일본을 공격하자는 제안을 했다고 한다. 중국 측에 주변국 동요가 없음을 나타내기 위한 위장전술이었다. 이는 분명한 외교적 기만술이었다. 스티븐 턴불의 『사무라이SAMURAI』에 언급된 기록이다. 일본은 또 명나라 깊숙이 전쟁 관련 소문을 퍼뜨려 명과 조선의 신뢰관계를 깨기 위해 부단한 노력을 기울이기도 했다.

『난중일기』●에도 임진왜란 직전, 명나라가 조선을 의심하고 있었다는 언급이 있다. 전쟁이 터지기 2개월 전인 2월 10일자 『난중일기』다.

순찰사의 편지를 보니, 통사(통역관)들이 뇌물을 많이 받고 명나라에 무고하여 군사를 청하는 일까지 했다. 그뿐 아니라 명나라에서도 우리나라가 일본과 더불어 딴 뜻이 있는 것이 아닌가 의심하게 하였으니, 그 흉포하고 패악함은 참으로 무어라 말할 수 없다. 통사들은 이미 잡아 가두었다 한다.
　　　　　　　　　　　　　　　－『난중일기』(노승석 옮김, 민음사)

　조선의 통역관들에게 뇌물을 준 곳이 어디인지 단정할 수는 없지만, 여기서는 일본으로 읽힌다. 일본의 통역관 매수 공작으로 '조선이 일본과 짜고서 명을 치려 한다'는 의심을 명나라에서 가졌음을 알 수 있다.

　일본은 또 조선 침략의 이유로 고려때 몽골군(원나라)과 연합군을 구성해 일본 정벌에 나섰던 것을 내세우기도 했다. 일본은 전쟁 발발 4년 전에 승려 겐소* 등을 통신사로 파견한 적이 있는데, 이때 겐소는 여몽연합군의 공격을 핑계로 들었다.

　예전에 원나라 군사를 우리나라(일본)까지 인도해 침략에 나서도록 한 것이 바로 고려였습니다. 이번 일(명과 일본과의 국교교섭에 조선이 나서달라는 일본의 부탁을 조선이 거부한 일)로 인해 전쟁이 벌어진다 해도 우리로서는 고려의 원수를 갚는 것에 불과합니다. (조선침략이) 도리에 어긋나는 일은 아니라고 봅니다.*

　일본은 미리부터 300년 전 전쟁까지 끌어들여 명분으로 삼고 있었던 것이다. 그러나 조선은 겐소의 말에 담긴 뜻을 이해하지 못했고 전쟁 1년 전에 다시 일본의 사신이 와서는 "지금 우리는 명나라와 통신하고자 하오. 조선이 이 뜻을 전한다면 아무 일도 없겠지만, 만일 그렇게 못한다면 두 나라 사이에 더 이상 평화를 기대하기는 어려울 것이오, 귀국을 생각해 특별히 전하는 바이니 심사숙고하시오"라고 전했지만, 역시 조선은 대수롭지 않게 넘겼다. 조선의 답변이 없자, 일본 사신들이 얼굴을 붉히며 돌아갔으며, 곧이어 부산에 머물던 일본인들조차 자취를 감췄다고 『징비록』은

● 겐소(玄蘇, ?~1612)
일본의 승려 · 사신. 1588년 조선에 드나들며, 일본과 수호 관계를 맺고 통신사를 파견하라고 요청했다. 임진왜란이 일어나자 고니시 유키나가가 이끄는 선봉군에 국사(國使)와 역관 자격으로 종군했다.

* 『징비록』(김흥식 옮김, 서해문집)

설명한다.

조선은 상대국 군사정보 파악에서부터 병력 운용과 방어시설 구축 등 전쟁과 관련한 모든 분야에서 기초적인 기능조차 작동하지 않았다. 반면에 일본은, 조선의 구석구석을 살핀 끝에 얻은 다양한 정보를 종합해 놓고 있었다. 국토의 개요와 외교적 현안 등은 물론이고 각 지역별 지리적 특성, 기후의 변화, 그리고 군비태세 등에 이르기까지 꼼꼼하게 체크했다. 조선과 일본은 전쟁 전부터 상대가 되질 않았던 것이다.

조선은 그렇게 임진왜란을 맞았다.

# 이순신을 준비한 유성룡, 조선을 사수한 이순신

## 부산에서 한양까지 단 20일

준비되지 않은 전쟁이 늘 그렇듯, 조선군은 임진왜란 초반에 전투다운 전투 한 번 못해보고 속절없이 당하기만 했다. 왜군(일본군)의 전세는 말 그대로 파죽지세破竹之勢였다. 1592년 4월 13일 부산 앞바다에 도착한 왜군은 그 다음날부터 불과 이틀 만에 부산진성과 동래성을 잇따라 점령하면서 완벽한 초반 기선제압에 성공했다. 이런 일본군의 기세에 눌린 임금 선조는 전쟁 발발 보름도 안 된 4월 30일 새벽 몽진을 결행했다.

일본군은 육군 9개 군 15만8천700여 명과 수군 9천200여 명 등 총 16만8천여 명이었다. 그러나 조선군은 병적兵籍에만 군사가 있었지, 실제로 근무 가능 병력은 얼마 되지 않았다. 무기 또한 전투에 쓸 수 있을 만큼 변변한 게 없었다.

약 700여 척의 일본군 병력 수송함대는 1592년 4월 13일 오전 9시경 쓰시마(대마도)를 출발, 그날 오후 6시경 부산 앞바다에

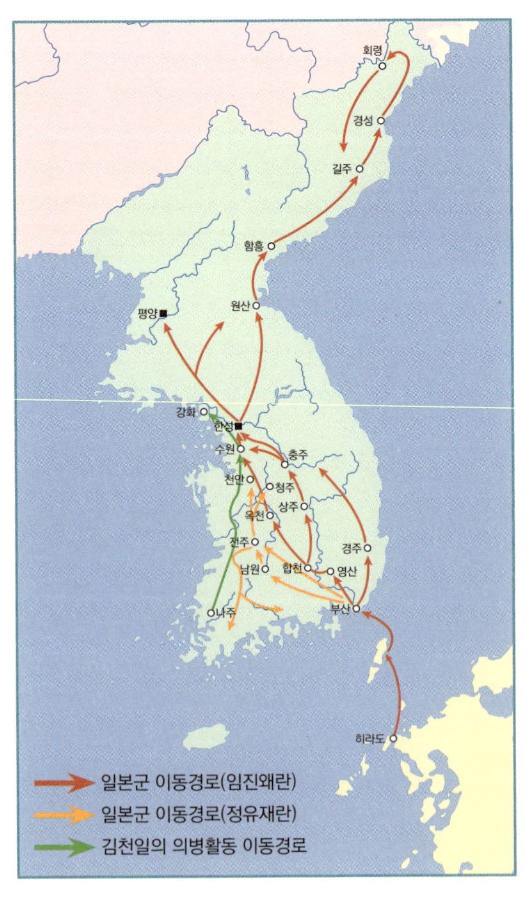

도착했다. 그 이튿날인 14일 새벽에 육군 9개 군 중 선발대(제1군)인 고니시 유키나가가 이끄는 1만8천700여 명이 부산성 공격을 시작했다. 임진왜란 첫 전투인 이날 부산성에서는 1천여 명의 병력이 맞섰지만, 결국 성은 함락됐다. 동래부사 송상현이 버티던 동래성 역시 반나절을 넘기지 못했다.

첫날부터 조선군 장수들의 '도망치기'는 발군이었다. 부산진성을 지키던 경상좌도 수군 책임자 박홍이 성을 버리고 도망쳤으며, 경상좌도 병마절도사 이각李珏은 자기 첩부터 피신시킨 뒤 전투를 피해 도망했다. 이각은 일본군 부산 상륙 때 동래성에 있었는데, "원병을 모아오겠다"면서 성을 빠져나가는 수법으로 도망쳤다고 한다. 일본군이 부산 상륙 후 20여 일 만에 서울까지 이르는 동안

**임진왜란 첫 전투** _ 왜군이 부산에 상륙해 부산진성을 공격하는 장면을 그린 「부산진 순절도」(좌)와 그 이튿날 벌어진 동래성 전투 장면을 그린 「동래부 순절도」(우). 육군박물관 소장.

도망친 장수들이, 맞서 싸운 경우보다 더 많았다.

물론 처한 상황에서 최선을 다해 싸우며 죽음으로써 '조선의 기개'를 지킨 장수들도 없지는 않았다. 그 첫자리는 동래성의 송상현이 차지한다. 전쟁 발발 1년 전에 동래부사로 발령받은 송상현은 4월 15일 성 안의 군사를 모아 끝까지 항전했으나 역부족이었다. 조복朝服으로 갈아입고 단정히 앉아 적의 칼을 받은 송상현의 죽음에, 일본군도 감복해 시신을 관에 넣어 성 밖에 묻고는 푯말까지 세워줬다고 한다.

손쉽게 부산 일대를 점령하면서 중요 거점을 확보한 일본군은 서울로 가는 최단 코스를 잡았다. 고니시 유키나가의 선발대가 잡은 코스는 부산~밀양~청도~대구~충주~한양이었다. 4월 19일 밀양성을 무혈점령했으며, 곧이어 대구 역시 무혈 입성했다. 고니시 유키나가에 뒤이어 부산에 상륙한 제2군 대장 가토 기요마사●와 제3군 대장 구로다 나가마사● 등이 이끄는 병력은 동·중·서로로 3분하여 주요 간선도로를 따라 한양으로 북진했다.

일본군은 부산 상륙 20여 일 만인 5월 2일과 3일에 한양에 입성했다. 일본군도 이렇게까지 조선의 수도 한양을 빠른 시일 내에 차지할 줄은 미처 예상하지 못했을 것이다. 선조가 한양을 버리는 몽진을 공식화한 것은 4월 28일이었다. 이렇게 된 데는 조선이 믿고 있던 신립● 장군의 충주 탄금대 전투 패전이 결정적 작용을 했을 것이다. 신립은 선조로부터 보검寶劍까지 하사받고 출전했는데, 유성룡 등이 모집한 8천여 명의 군사들을 이끌고 4월 26일 충주 부근에 진영을 설치했다. 신립은 문경새재의 험준한 조령 대신 드넓은 탄금대를 전투장소로 택했다. 매복병이 있어야 함에도 무인지경인 조령고개를 의아한 듯 넘은 고니시 유키나가 군은 28일에 신립 군사와 맞붙었다. 신립이 탄금대를 택한 것은 남한강 줄기를 이용한 배수진背水陣 전략 차원이었다. 신립 군은 일본군을 몇 차례 전투에서 제압하기도 하는 등 승패를 나누었지만 끝내 패하고 말았다. 신립은 남한강에 투신 자결했다.

신립의 탄금대 배수진 전법은 참으로 어처구니없는 것이었다. 일본군은 조선에 상륙하는 순간부터 이미 배수진 상태였다. 도요토미 히데요시가, 상륙군이 일본으로 돌아갈 수 없도록 함대를 철수시켰던 것이다. 퇴로가 없는 일본군은 조선군을 죽여 조선 땅을 차지하지 못하면 어차피 죽은 목숨이나 마찬가지였다. 그러니 일본군 역시 죽기 아니면 살기 식으로 싸울 수밖에 없었다. 루이스 프로이스는 이 대목도 생생하게 전한다. 도요토미 히데요시가 조선 상륙군에게, 본인도 빠른 시간 안에 조선에 건너가 전투를 직접 지휘하겠다는 거짓 의사를 전달하면서 자신의 병력이 타고 가기 위해 필요하다는 명목으로 부산 앞바다에 있던 함대를 일본으로 귀환시켰다는 것이다.

5만 명가량 되는 (도요토미 히데요시) 자신의 병사들과 함께 조선으로 건너가는 데 이용하기 위해 조선에 일부러 사람을 보내 그곳에 있는 일본 선박들을 귀환시키고, 자신을 위해 선박들을 매우 화려하게 장식하고 훌륭하게 정비할 것을 명령했다. 그리하여 관백(도요토미 히데요시)의 명령에 따라 나고야에 운집한 크고 작은 배가 8천 척을 넘을 정도였다. 이러한 계략과 교활함으로써 일본의 모든 귀족과 권신의 꽃이라 할 15만 명의 병사들을 조선으로 투입했을 뿐만 아니라, 조선으로 간 것을 후회해 일본으로 돌아오길 원하는 자가 있다 하더라도 타고 돌아올 배가 없도록 했다.*

이러한 상황에서 도요토미 히데요시는 특히 조선 상륙 일본군이 일본으로 되돌아오지 못하도록 감시하는 데 무척이나 신경을

*『임진난의 기록』(양윤선·정성화 옮김, 살림)

**탄금대 전투장면** _ 신립의 조선군과 왜군들이 탄금대에서 맞붙어 공방을 벌였다. 조선군이 끝내 패배했다. 충주시청 제공.

썼다고 한다. 도요토미 히데요시는 일본군이 자국 땅이 아닌, 이 국땅에서 배수진 전략을 취하지 않을 수 없게 한 것이다.

이 대목에서 한 가지 빼놓을 수 없는 게 있다. 프로이스가 어떻게 임진왜란의 전쟁 상황에 대해 자세히 알 수 있었느냐는 점이다. 프로이스의 『일본사』가 1594년 초까지를 다루고 있기 때문에 임진왜란 관련 부분도 여기서 그친다. 하지만 프로이스의 임진왜란 기술에서는 도요토미 히데요시의 전쟁 의도와 준비과정, 전쟁 직전의 일본 정세, 조선에서의 전쟁 진행 상황 등이 비교적 정확하게 그려진다. 이는 프로이스 자신이 일본의 권력층과 가까이 지낼 수 있어 고급 정보에 접근할 수 있었고, 또한 임진왜란 당시 일본군과 함께 조선에 상륙, 포교활동을 벌이던 세스페데스● 신부와

● 세스페데스(Gregorio de Cespedes, 1551~1611)
포르투갈 국적의 천주교 신부로, 1577년 일본에 파송돼 전교사업을 했다. 임진왜란 때 침략 선봉군 종군신부로 조선 들어왔다가 일본으로 돌아갔다. 한국땅을 밟은 최초의 유럽인이자 임진왜란을 목격한 유일한 서방세계의 증인.

일본군 고위 장교들과의 편지가 있었기 때문에 가능했다. 프로이스는 이러한 정보원들 덕분에 조선의 전장에서 펼쳐지는 상황까지도 상세히 알 수 있었던 것이다.

프로이스는 신립의 탄금대 전투에 대해서도 구체적으로 기술한다. 프로이스는 신립 부대가 일본군의 유인전술에 말려 역공을 당했다고 썼다. 신립의 부대와 고니시 유키나가 군이 맞붙었는데, 고니시 군은 신립 군에게 자신들의 수數가 많지 않은 것처럼 보이게 했고, 신립의 병사들은 그렇게 오해한 채 포위망을 좁혔을 때 일본군이 일제히 총격을 가했다. 신립의 군사는 놀라서 후퇴했다가 다시 공격하기를 몇 차례 반복했다. 행군에 지쳐 있는 고니시 군을 상대로 한 기선제압에 실패한 신립 군은 오히려 밀릴 수밖에 없었고 대부분이 남한강에 빠져 죽었다. 이 때 사로잡힌 조선군 장교의 당당한 최후에 대해서도 프로이스는 설명한다.

일본군이 매우 확고한 의지로 총포뿐만 아니라 대검으로 휘몰아치듯 공격해 들어가자 조선군은 전장을 포기하고 다리에 날개를 단 것처럼 죽어라 도주했다. 도주하던 조선 병사들은 수량이 풍부한 강에 도달했지만 타고 건너갈 배가 없어서 대부분 그 강에서 익사했다. 일본군은 그곳에서 거의 8천 명에 이르는 조선군을 죽였다.

제일 먼저 적군의 목을 벤 자는 아고스티뉴(고니시 유키나가)의 동생으로 스무 살도 채 되지 않은 루이스라 불리는 젊은이였다.

전투에 참가한 일부 병사들의 말에 따르면 조선군의 하급 병사 중에 다소 비겁한 자들이 있었으나 상급 병사들은 매우 용감하고 대담했다. 이 루이스란 젊은이가 기마병으로 출전한 조선의 매우 중요한 장수 한 명을 생포했는데, 그에게 살려주겠다고 말하자 그는 자신의 명예가 걸렸다며 풀려나는 것을 결코 원하지 않았다. 일본 병사들이 그의 말을 이해하지 못하자 이 장수는 오직 그의 목을 가리키면서 머리를 자르라는 흉내를 냈다. 결국 일본군은 그의 뜻대로 그의 머리를 베었다.*

신립 군의 탄금대 전투 패배는 마지막 남은 조선 정규군의 붕괴를 의미했다. 고니시 유키나가는 이튿날인 29일에 충주성을 장악했다. 그리고는 곧바로 대군을 이끌고 한양으로 내달린 것이다.

### 서남해의 해신 이순신

일본군이 한반도의 오른쪽(당시 조선의 좌우개념으로는 왼쪽, 임금이 남쪽을 보고 앉아 왼쪽이기 때문) 귀퉁이에서 시작해 전국을 맘껏 휘저으면서 무서운 속도로 북상하고 있을 때 임진왜란의 영웅 이순신 장군은 어디서 무엇을 하고 있었을까.

『난중일기』에 왜적의 침입사실이 처음 기록된 것은 1592년(임진년) 4월 15일이다. 이날 해 질 무렵부터 부산 쪽에서 작성한 서찰이 전라좌수영으로 잇따라 당도한다. 침략 이틀이 지난 뒤였다.

… 해 질 무렵에 영남 우수사(원균)가 보낸 통첩에, "왜선 90여 척이 와서 부산 앞 절영도에 정박했다"고 한다. 이와 동시에 또 수사(경상 좌수사 박홍)의 공문이 왔는데, "왜적 350여 척이 이미 부산포 건너편에 도착했다"고 하였다. 그래서 즉각 장계를 올리고 겸하여 순찰사(이광), 병마사(최원), 우수사(이억기)에게 공문을 보냈다. 영남 관찰사의 공문도 왔는데, 역시 이와 같은 내용이었다.*

이어 16일과 17일에는 전라좌수사인 이순신 앞으로 부산 함락 사실이 잇따라 전해진다.

전쟁이 터진, 그래서 나라가 쑥대밭이 되어 가는, 이 순간에 '이

*『임진난의 기록』(양윤선 · 정성화 옮김, 살림)
*『난중일기』(노승석 옮김, 민음사)

순신 정신'이 빛을 발한다. 300년도 더 지난 20세기 벽두에 역시 한반도 주변에서 벌어진 러일전쟁의 영웅 도고 헤이하치로東鄕平八郎가 스스로, 이순신에게서 배웠다고 얘기하는 바로 그 '평상심'이 발휘되는 것이다. 이순신은 부산이 적의 수중에 떨어졌다는 보고를 받고, '분하고 원통함을 이루 다 말할 수가 없다'고 할 뿐 다른 내색은 하지 않고, 평상시대로 공무를 처리한다. 성급하게 군軍을 움직이지 않았으며, 초조한 빛을 보이지도 않았다. 모든 면에서 전혀 서두르지 않았다. 활쏘기 연습도 그대로였는데, 다만 쏘는 화살의 수를 늘렸을 뿐이다. 평소 같으면 열 순(한 순에 5대)에서 열 다섯 순 정도였는데, 전쟁 발발 사실 최초 보고 이틀 뒤인 17일에 쉰 순을 쏘았을 뿐 다른 변화는 없었다.

임진년 새해 첫날의 『난중일기』를 보면, 이순신은 정확한 날짜만 몰랐을 뿐이지 전쟁이 임박했음을 알고 확실한 전시준비태세에 돌입해 있었다. 이순신 본인은 물론이고, 장졸들이 거의 매일 같이 활쏘기 연습을 하였고, 병선兵船을 수리하고, 진지를 새로이 구축했다. 특히 일본군 침략 하루 전인 12일에는 거북선의 지자포地字砲와 현자포玄字砲를 쏘았다고 돼 있다. 이 거북선의 화력시범을 순찰사 군관이 참관까지 했다고 하니, 거북선은 당시 조선 수군의 최첨단 무기로 인식되었던 것이다. 지금으로 치면 우리 해군의 이지스함 방어훈련 정도였던 듯하다. 이렇듯 이순신이 『난중일기』를 쓰기 시작했을 때, 이순신 진영에선 이미 전쟁 준비가 한창이었고 이때는 벌써 전쟁에 대비한 전술도 마련되어 있었다. 1월부터는 섬과 섬 사이를 바다 밑으로 가로지르기 위한 것으로 보이는 굵은 쇠사슬이 준비되었다. 쇠사슬을 박아 고정시키기 위한 큰 덩어리의 돌을 준비하는 돌 뜨기 작업도 이미 착수한 상태였다. 또 일종의 무예성적 우수 장병 선발대회도 실시했다. 거북선을 구성하는 각종 부품에도 부쩍 신경을 썼으며 거북선 함포사격 연습도 미리부터 했다. 함대의 야간 대포훈련도 실시했으며, 전쟁 준비에 소홀한 장병들은 엄하게 처벌하기도 했다.

이순신은 전라좌도수군절도사로 부임하면서 유성룡과 일본침략에 대해 깊은 교감을 나눴던 것으로 보인다. 3월 5일자를 보면, 좌의정 유성룡이 편지와 함께 '증손진수방략增損戰守方略'이란 병서兵書도 보냈다. 유성룡이 손수 저술한 이 책은 수전水戰, 육전陸戰, 화공火攻 등에 관한 전술을 다루었는데, 이순신은 이를 '참으로 만고에 뛰어난 이론'이라고 높게 평가했다. 정승 유성룡과 전장의 주요 전투 지휘관의 의기意氣가 제대로 맞아 떨어진 것이다.

『난중일기』에 보이는 이순신 수군과 왜군 사이의 전투는 임진년(1592) 5월 29일자에 처음으로 나온다.* 함대와 함대의 전투는 아니었고, 조선 함대가 뭍으로 도망친 일본군을 향해 화살과 포격을 가한 전투였다. 일부 백병전도 있었던 것으로 보인다. 여기서 이순신은 많은 왜적을 죽였지만, 자신도 왼쪽 어깨에 관통상을 입었다.

수군과 수군끼리의 해상전투 기록은 이틀이 지난 6월 2일에 좀 더 자세하다.* 당포唐浦(통영시 산양읍 삼덕리) 앞바다에서 적선 이십여 척과 맞붙었는데, 우리 수군이 적선을 둘러싸고, 우리는 화살과 승자총통勝字銃筒으로 공격했다. 누각 위에 꼼짝 않고 앉았던 왜장이 화살에 맞고 밑으로 떨어지자 왜적이 달아났다. 일본군은 얼마 후에 규모가 더 큰 함선 이십여 척을 부산 쪽에서 통영 쪽으로 이동시켰다. 그러나 이들 왜선은 이순신의 함대를 보고는 곧바로 줄행랑을 쳤다.

일본 함대가 이순신 군에 막혀 남해바다를 뚫지 못하고 있었던 것이다. 이 시점은 일본 육군이 임진강을 넘어 평양으로 진군하고 있을 때였다. 일본의 입장에서는 한반도 남해와 서해를 시급히 장

* 이날은 사천해전이 있었다. 이순신의 실제 첫 전투는 5월 7일 옥포해전과 합포해전이다. 다음 날인 8일엔 적진포해전이 있었다. 이 3연속 해전에서 적선 42척을 격침시키거나 불태운다. 이것을 이순신 함대의 제1차 해전이라고 부른다.

* 당포해전을 말한다. 이순신은 이날 아군 함선 26척으로 적선 21척 모두를 격침시켰다.

거북선 모형 _
문화재청 현충사 관리소 제공.

악해야 하는 처지였다. 서남해안의 제해권은 한강이나 임진강, 대동강 등지를 이용한 보급로 확보에 필수불가결한 조건이었기 때문이다. 일본군은 육로를 통한 보급로가 길어지면서 조선 의병들로부터 보급대가 공격받는 일이 잦아졌고, 여기에 신경을 곤두세워야 할 지경이 됐다. 일본군들은 제때 군량을 지급받지 못해 굶주림에 허덕였다.

이순신 군이 남해를 한 발짝도 내주지 않고 버틸 수 있었던 배경은 무엇일까. 함선의 견고함이나 각종 화기 등 일본 수군에 비해 우수한 해군력을 갖추고 있었던 부분도 있지만, 앞에서 언급한 '유성룡-이순신 콤비'의 전쟁 준비가 그만큼 적절했던 것이 가장 큰 이유라고 할 수 있다. 특히 이순신은 병사들의 기강을 바로 잡는 일에 중점을 뒀다. 개전 초기인 임진년 5월 3일자 『난중일기』다.

이날 여도 수군 황옥천이 왜적의 소식을 듣고 집으로 도망갔는데, 잡아다가 목을 베어 군중軍衆 앞에 내다 걸었다.*

혼자 도망가기 바쁜 육군 장교들의 태도와는 확연히 다르다. 수

* 『난중일기』(노승석 옮김, 민음사)

「한산전양해전도」 _ 정창섭 작. 문화재청 현충사 관리소 제공.

군병사 황옥천은 자신의 목숨보다는 아마도 집안 식구들의 안위가 걱정이 돼서 탈영했을지도 모른다. 그러나 병사 1명의 군기이탈이 부대 전체의 사기에 절대적 영향을 끼칠 수 있다. 이 때문에 이순신은 황옥천을 끝까지 추적해 체포해왔다. 그리고는 가차 없이 목을 벴다. 또한 여기서 그치지 않았고, 그 목을 효시梟示함으로써 군기軍紀의 엄정함을 모든 장병들에게 확인시켰다. 이순신의 이러한 태도는 자신이 숨을 거둘 때까지 계속된다.

그러나 이순신이나 유성룡과 같은 몇 명의 올바른 장수와 관료들만으로 전쟁을 치러낼 수는 없었다.

한편, 한양을 빠져나간 조선 조정이 일본군의 서울 입성 사실을 보고받은 것은 개성에서였다. 선조는 서둘러 길을 재촉해 평양에 다다랐다. 평양도 잠시였다. 5월 27일에 임진강 방어선마저 무너지자, 선조는 6월 13일 평양까지 버렸다. 도망가기 바쁜 임금의 전쟁 기간 행적이었다. 일본군이 침략한 지 꼭 2개월 만이다. 의주까지 간 선조는 명나라 망명을 심각하게 고려할 정도였다. 최고 통수권자가 자기 개인의 목숨 보전에만 급급했다는 것이다.

그러나 선조가 왕권을 둘로 나눠(分朝) 광해군*에 전시 조정을 총괄토록 하고, 그 뒤를 유성룡이 떠받치면서 조선의 대응체제가 자리를 잡기 시작했다.

일본 수군은 남해의 제해권을 장악하지 못해 서해 항로를 열지 못하고 있었다. 이 때문에 한반도 북쪽 깊숙한 곳까지 진출한 육군의 보급로가 너무 길어지다 보니 여러가지 어려움이 발생했다. 여기에다 전국 각지에서 의병이 거병하면서 일본군을 괴롭혔다. 또한 평양성 함락 직후인 1592년 7월 명나라에서 원병을 보낸 것도 조선의 전력 보강에는 커다란 힘이 됐다.* 물론 이 명군은 구원병인지 침략군인지 구별할 수 없을 만큼 조선백성들에게 많은 피해를 입혔지만 일본군에 대한 대항전력인 것만은 분명했다.

해가 바뀌자마자 조명연합군은 평양성을 탈환하는 전과를 거두었다. 드디어 전세를 뒤집은 것이다. 한반도에서 겨울을 보내면서 예상보다 훨씬 혹독한 추위와 배고픔에 시달리면서 수많은 병사를 잃은 일본군은 서울까지 내주면서 철군을 시작했다. 물론 명군 측과 강화회담도 동시에 진행했다. 이미 전시 주도권은 명군이 쥐고 있었다. 일본군은 남해 일대로 내려가 진영을 갖췄다. 명군도 전선을 따라 한반도 남부까지 진군했다. 하지만 명군은 목숨을 걸면서까지 일본군과 싸우고 싶지는 않았다. 전쟁은 소강국면에 접어들었다.

그러나 강화회담이 결렬되면서 일본군은 1597년 1월부터 육군 11만5천여 명, 수군 7천200여 명, 잔류병력 2만여 명 등 총 14만여 명으로 주력군을 편성해 재침해 왔다. 정유재란*이다. 이 때 조선의 영호남 지역은 심각한 피해를 당했다. 1차 침입 때인 임진왜란보다도 피해가 더 극심했다는 말이 나올 정도였다.

1598년 8월, 도요토미 히데요시가 사망하면서 전쟁은 결정적 국면을 맞는다. 일본이 조선에서의 철군을 결정한 것이다. 하지만 전쟁 막판 일본군이 그냥 앉아서 철군하는 것을 볼 수 없다는 이순신은 "원수를 결코 그냥 놓아 보낼 수 없다"면서 명군의 만류에도 굴하지 않고 일본의 철군용 함대를 막아섰다. 남해안에 진주하던 마지막 병력을 태우러 온 일본 함대는 500여 척이었고, 조선 함선은 불과 85척이었다. 노량해전*이다. 이순신은 여기서 결국 전사하고 말았다. 1598년 11월 19일이다. 마침 이날은 반대당파에 의해 탄핵을 당했던 유성룡이 파직된 날이기도 하다.

유성룡이 전시기간에 시행한 각종 개혁정책은 물거품이 됐고, 이순신 같은 명장을 잃은 조선의 군 지휘부에 미래가 있을 리 없었다.



## 420년 전 간첩단 사건

1592년 12월, 평양 부근의 조선군 진영을 발칵 뒤집어 놓은 간첩단 사건이 터졌다. 평양성에서 농성(籠城) 중이던 일본 측에 평양성 탈환을 위해 갖은 방법을 동원하던 조선군의 정보를 몰래 전달하던 간첩들이 평안도 도체찰사로 임명된 유성룡에 의해 일망타진된 것이다. 강서에 사는 군인 김순량이 적으로부터 소 한 마리를 받는 조건으로 작전 정보를 평양성 안 일본군에 전달한 것이 들통이 났고, 이게 수십 명에 달하던 간첩단 일망타진의 실마리가 됐다. 김순량은 순안, 강서, 숙천, 안주, 의주에 이르는 대다수 지역에 간첩이 활동하고 있다고 자백했다. 유성룡은 이를 임금에게 보고하고, 대부분 체포해 참수했다.

이들 간첩의 활동은 아군에 치명적이었다. 간첩사건이 터지기 전, 수천의 조선군이 순안에 머무르면서 평양성 탈환을 위해 애를 쓰고 있었는데, 하루는 일본군 대부대의 유인작전에 말려 수많은 병사를 잃었다. 적들은 간첩들을 통해 얻은 정보로 아군의 동태를 손바닥 들여다보듯 하고 있었던 것이다. 일본군은 간첩행위의 대가로 쇠고기와 같은 먹을 것을 주거나, 비단 같은 비싼 물건을 내걸었다. 유성룡은 간첩단 적발 후 증원된 명나라 군사 정보에 대해서는 일본군이 전혀 알아차리지 못했다고 『징비록』에 적었다. 유성룡은 "참으로 우연히 벌어진 사건이었지만 하늘이 우리를 돕는 증거라 아니할 수 없다"고 간첩단 사건을 평가했다.

# 백성은 노예로 끌려가고 가산은 전리품으로 약탈되고

하루에 죽는 백성이 얼마인지를 알 수가 없을 정도였습니다. 그래서 죽은 시체가 길에 가득하고 썩은 살점이 냇물을 막고 있으며 살아남은 사람들도 모두 도깨비 같은 몰골이 되어 스스로들 마침내는 다 죽게 될 것으로 알고 … 그리고 어떤 백성은 파괴된 곳에 돌아와 거접居接하였다가 중국군의 뒷바라지와 빈번하게 오가는 사신使臣들의 접대에 시달려 고혈膏血이 모두 말라서 다시 회생할 가망이 없으므로 하늘을 원망하고 울부짖으며 죽으려 해도 못하고 있는가 하면, 숲속에서 목매어 죽기도 하고 말 앞에 뛰어들어 밟혀 죽기도 합니다.

– 『선조실록』 26년(1593) 9월 2일

대사헌 김응남*이 서울과 그 부근 지역의 참상을 적어 선조에게 보고한 내용이다. 김응남은 서울 거리에 백골白骨이 종횡으로 흩어져 있다면서 그 피해가 극심한 지역을 꼽았는데, 양주楊州·포천抱川·파주坡州·고양高陽·교하交河·풍덕豊德·양천陽川·김포金浦·부평富平·금천衿川·과천果川·용인龍仁·죽산竹山·광주廣州, 이렇게 14곳이다. 모두 서울을 둘러싼 근기近畿 지역이다. 김응남은 구원군이라고 온 명군이 백성을 얼마나 고달프게 하는지 지적하고 있다. 나라에서 명군의 먹을 것을 댄답시고 백성들의 고혈을 짜내는 바람에 괴로움에 시달리던 백성들이 자살할 지경이었다는 것이다. 달리는 말에 뛰어들어 죽기도 했다는데, 오늘날로 치면 차도車道에 뛰어들어 차에 받혀 죽는 것이나 마찬가지다.

　구원군에 의한 피해가 이 정도였으면, 침략군인 일본군에 의한 피해가 훨씬 크고 깊었을 것은 자명하다.* 임진왜란 당시 일본군이 얼마나 잔혹했는지는 일본인들의 기록에도 잘 드러나 있다. '조선통신사' 연구의 권위자로 꼽히는 나카오 히로시仲尾 宏의 『조선통신사-에도 일본의 성신외교』(손승철 옮김, 소화)에 잘 나와 있다. 그는 참전군의 기록을 인용하고 있는데, 먼저 승군僧軍으로 참전한 케이넨慶念의 『조선일일기』* 몇 대목을 보자.

　6일에는 들이든 산이든 성이든 모든 것에 불을 지르고 사람을 죽여서 대나무 통에 (잘라 버린 사람의) 목을 묶는 등 횡포가 한이 없었다. 부모는 살해당한 아이를 생각하여 한탄하며 슬퍼하고 아이는 (살해당해) 없어진 부모를 찾아 헤매는, 이렇게 잔인하고 불쌍하고 슬픈 모습은 처음 보았다.

　8일에도 고려(조선) 사람의 아이를 유괴하고 부모는 죽여 버려 두 번 다시 만난 수 없게 했다. 부모와 자식 간에 슬픈 소리는 마치 간수에게 고문을 받아 지르는 소리 같았다.

　손에 굳은살이 있는 자는 모두 죽였는데, 나중에는 귀를 베고 목숨은 구해줬다.

　여기저기 불을 지르는 방화는 예사였고, 사람을 죽여 머리를 자른 뒤 대나무에 매달고 다니기까지 했다는 것이다. 사람 죽이고 불 지르는 것을 재미로 여겼다는 의미이기도 하다. 또 어린이 유괴도 조직적으로 행해졌고, 남자들은 그 자리에서 살해했다는 것이다.



* 일본은 조선침략을 준비하면서 포로부(捕虜部), 보물부(寶物部), 서화부(書畫部), 공예부(工藝部), 금속부(金屬部), 축부(畜部) 등 특수임무를 띤 여섯 개 부를 편성하여 조선의 문물을 약탈하고 조선의 유학자와 기술자들을 무자비하게 끌고 갈 조직을 별도로 운용했다.

● 『조선일일기(朝鮮日日記)』 왜군 장수 군의관이었던 종군승 케이넨이 1597년 6월부터 1598년 2월까지 쓴 일기.

＊『조선통신사-에도 일본의
성신외교』(손승철 옮김, 소화)

일본군에 의한 약탈이 얼마나 심각하게 진행됐는지를, 나카오 히로시는 정유재란 당시 군 감시역을 맡았던 오코우치 히데모토大河內秀元가 쓴 『조선기朝鮮記』를 인용해 보여준다.

내륙부에서 행해진 전투 도중 (인솔하고 있던 군대의) 사람들이 매우 난폭하게 약탈을 실시했다. 히데모토秀元도 일본으로 돌아갈 때의 선물로 비단, 금란, 여덟 번 꼰 노끈(八絲), 무늬 없는 비단(無綾), 둔자鈍子, 다양한 문집 등을 날마다 강탈했다. 오늘 약탈한 것이라도 다음날 더 좋은 것을 찾아내면 먼저 약탈한 것을 태워 버리는 등, 비교할 수 없을 정도로 훌륭한 것만을 골라내어 실로 370권이나 강탈했다.＊

조선의 생활 문화까지도 약탈의 대상이 된 것이다. 그것도 단지 전쟁 후 일본의 지인들에게 줄 귀국 선물로 쓰기 위해서. 또한 집 안에 보관하던 각종 문집 등 전적과 자료의 훼손도 헤아릴 수 없었다.

앞서 얘기한 어린이 유괴 등 민간인 피랍도 엄청났다. 나카오 히로시는 일본군에 납치돼 끌려간 조선 백성만 정확한 숫자는 알 수 없지만 3만에서 5만 명에 이른다고 보고 있다. 국내 연구자들은 임진왜란 때의 피랍자가 대체로 10만 명 내외에 달했을 것으로 추정하고 있다. 당시 납치는 '인간 사냥'이나 마찬가지 형태로 아주 잔혹하게 이뤄졌다. 일

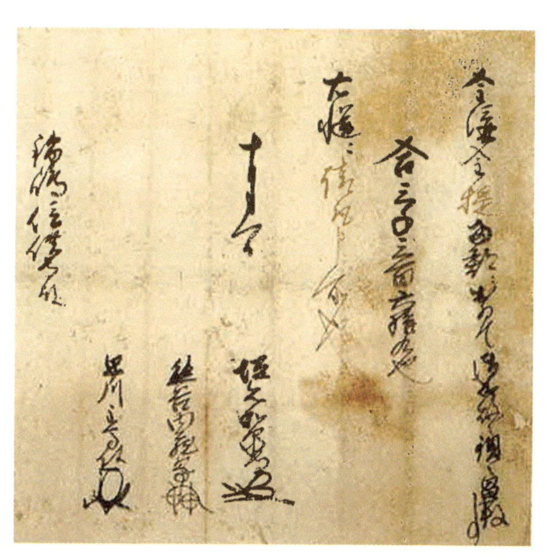

**코 영수증** _ 임진왜란 때 일본군들이 조선 사람의 코를 베어가 받은 영수증. 일본군들은 부피가 큰 머리를 가져가는 대신에 조선군이나 일반 백성들의 코나 귀를 잘라가 몇 명이나 죽였는지를 증명했다. '눈 감으면 코 베어간다'는 속담이 이 때 나왔다.

본에서는 다양한 종류의 상인들이 전쟁터인 조선에 건너왔는데, 노예상인도 있었고, 그들은 전선戰線을 오가면서 피랍자들을 사들인 뒤 '원숭이처럼 묶어' 노동을 강요했다는 기록도 있다.

조선의 백성들은 일본군의 무차별적 납치를 피하기 위해 갖가지 방법으로 자신을 '위장'하면서 벗어나려 했으나 소용없었다. 일본군이 조선에 상륙하자마자 차지한 부산성에서의 상황이 프로이스의 『임진난의 기록』에 자세히 그려진다.

성 안에는 약 300채의 가옥이 있었다. 지체와 신분이 높은 여인들은 일본 병사들의 손아귀에서 벗어날 수 있도록 자신들의 고운 용모를 감추려고 했다. 이 여인들은 얼굴에 솥과 냄비의 검댕을 바르거나 천하고 남루한 옷을 입음으로써 자신들의 신분을 감췄다. 또 전혀 얘기치 못한 자들과 직면해 하늘을 바라보며 비명과 고함을 지르며 눈물범벅이 되기도 했다. 이 모든 것은 바로 조선의 여인들이 정숙하고 곧으며 조심성 있기로 유명하기 때문이었다. 신분이 높고 용모가 단정한 남녀 아이들은 어머니가 가르쳐 준 대로 절름발이인 척하면서 다리를 절며 걷거나 태어날 때부터 그런 것처럼 입을 비뚤어지게 했다. 그러나 속임수라는 것을 곧 알아차린 일본군은 자신들의 시중을 들게 하려고 아이들을 포로로 잡았다.

여성들은 얼굴에 검댕을 바르고 비루한 옷을 입으면서 성적 매력을 감추려 했고, 아이들은 다리를 못 쓰거나 얼굴이 비뚤어진 장애를 앓고 있는 척하면서 납치를 피하려 했지만, 일본군의 눈을 벗어나지는 못했다는 것이다.

이 부산성 함락 다음 날 상황인 동래성에서의 참극도 프로이스의 기록에는 잘 나타나 있다. 동래성 전투에서 전사한 동래부사 송상현의 부인(첩)에 얽힌 일화이다.

마침내 성 진입에 성공한 일본군과 조선군 양측 모두 거의 두 시간에 걸쳐 용감하게 전투를 했다. 그러나 조선군은 맹렬하게 공격해 오는 일본군 칼의 위력을 견디지 못하고 결국 패배했다. 조선군은 약 5천 명이 전사했고, 일본군은 성 두 곳(부산진성, 동래성)에서 벌어진 전투에서 거의 100명이 전사하고 400명 이상이 부상했다.

이 전투에서 동래성의 장수(송상현)가 전사했다. 그는 몇 개월 전에 조선 국왕의 조카딸과 결혼했는데, 그의 부인은 23살가량으로 남편의 유해 위에 몸을 던져 대성통곡했다. 이 여인은 포로로 관백(도요토미 히데요시)에게 보내졌다. 그녀는 일본으로 가는 도중 매우 거세게 저항했으며, 관백 앞에서 너무나도 심하게 통곡을 해 관백은 이러한 그녀를 불쌍히 여기고 조선으로 돌려보냈다.

프로이스가 적은 송상현 부인의 포로송환 이야기는 전쟁이 끝난 뒤 포로 문제 등을 협의하기 위해 일본에 갔던 조선통신사의 사행록使行錄인 『해사록』●에 전하는 바와 일치한다. 나카오 히로시가 쓴 『조선통신사-에도 일본의 성신 외교』에 그 『해사록』을 인용하고 있다.

· 이때(1607년) 귀국한 사람들 가운데 임진왜란 당시 동래부사 송상현의 첩이 있었다. 그녀는 비록 일본에 잡혀 왔지만 수절을 굳게 지키며 죽음을 각오하고 있었다. 이에 일본 사람들은 경의를 품게 되었고, 집을 마련하여 피로인 가운데 한 여성에게 호위를 맡겼다. 그리고 이 때 무사히 귀국할 수 있었다고 한다.

송상현의 첩이 정절을 지켰고, 도요토미 히데요시가 남들과는 다르게 특별히 여겨 결국 15년이나 흐른 뒤에 귀국하게 됐다는 것인데,『선조수정실록』의 얘기도 비슷하다.

상현에게 천인賤人 출신의 첩이 있었는데, 적이 그를 더럽히려 하자, 굴하지 않고 죽었으므로 왜인들이 그를 의롭게 여겨 상현과 함께 매장하고 표表를 하였다. 또 양인良人 출신의 첩도 잡혔으나 처음부터 끝까지 굴하지 않자 왜인들이 공경하여 별실別室에 두었다가 뒤에 마침내 돌아가게 하였다.                                    −『선조수정실록』 25년(1592) 4월 14일

『선조수정실록』에 적힌 대로라면 송상현의 첩은 2명이었는데, 1명은 정절을 지키다가 현장에서 죽어 송상현과 함께 묻혔으며, 또 1명은 붙잡혔지만 돌려보냈다는 얘기다. 이 나중의 '양인 출신'의 첩이 프로이스가 얘기하는 '임금의 조카딸'이 맞는지는 불분명하지만, 일본으로 데리고 간 뒤 별실에 두었다가 돌려보냈다는 점은 분명히 하고 있다.

각종 기록을 종합해 보면, 전쟁이 끝난 뒤 돌아온 피랍자는 종전終戰 이듬해인 1599년부터 1643년까지 40여 차례에 걸쳐 총 8천500여 명이다. 돌아온 사람이 끌려간 사람의 10분의 1도 채 안 되는 셈이다.

임진왜란 당시에도 백성들은 굶주림에 시달려, '사람이 사람을 잡아먹었다'는 기록도 많이 보인다.

기근이 극심해 심지어 사람의 고기를 먹으면서도 전혀 괴이하게 여기지 않습니다. 그러므로 길가의 굶어죽은 시체에도 완전히 붙어 있는 살점이 없을 뿐만 아니라, 어떤 사람들은 산 사람을 도살屠殺하여 내장과 골수까지 먹는다고 합니다.                                    −『선조실록』 27년 1월 17일

　1594년 봄, 대신들이 임금 선조와 나누는 대화는 주로 ‘사람이 사람 고기를 먹는다’는 내용이다. 『선조실록』 27년 3월 20일자를 보자.

　굶주린 백성들이 요즘 들어 더욱 많이 죽고 있는데 그 시체의 살점을 모두 베어 먹어버리므로 단지 백골白骨만 남아 성城밖에 쌓인 것이 성과 높이가 같습니다.

　비단 죽은 사람의 살점만 먹을 뿐 아니라 살아 있는 사람도 서로 잡아먹는데 포도군捕盜軍이 적어서 제대로 금지하지를 못합니다.

　부자 형제도 서로 잡아먹고 있으며 양주楊州의 백성은 서로 뭉쳐 도적이 되어 사람을 잡아먹고 있습니다. 반드시 조치를 취하여 살 수 있는 길을 열어 준 뒤에라야 서로 죽이지 않게 될 것이니 그렇지 않으면 금지시키기 어려울 것입니다.

　임진왜란 당시 우리 백성들에 의한 우리 민간인 약탈도 행해졌던 모양이다. 역시 비정상적 상황이 아닐 수 없다. 루이스 프로이스는 『일본사』에서 “일부 궁핍한 조선인들은 일본인처럼 삭발하고 일본인인 양 가장해 같은 국민을 위협하고 약탈했다”고 적고 있다. 이와 같은 형태의 조선인끼리의 약탈 모습은 이순신의 『난중일기』에도 보인다.

　전쟁은 늘 살육, 굶주림, 약탈, 방화, 피랍 등 인간으로서는 할 수 없는 비정상적 상황을 만들어낸다. 그리고 모든 전쟁은 자국민끼리의 약탈과 살육으로도 이어진다. 상대국 군인 사이에만 죽고 죽이는 전투가 벌어지는 게 아니라는 것이다. 몽골 침략 때도 마찬가지였고, 병자호란이나 한국전쟁 때 역시 동족상잔의 사건은 되풀이 됐다.

그리고 다시 강조하지만, 그 전쟁의 책임은 정권 핵심부에 있다. 전쟁이 터질 때 정권은 늘 무능하고, 무책임하고, 부패했다.

임진왜란 때 임금 선조와 그 가족, 그리고 권력을 가졌던 사대부들의 태도가 모든 것을 보여준다. 『징비록』에 적힌 명나라 심유경*의 편지* 속에 왕자 임해군*이 나라와 백성을 어떻게 생각했는지가 단적으로 드러난다.

그때 왕자 임해군 등이 가토 기요마사의 진영에서 사람을 보내 나(심유경)에게 전했습니다.

'나(임해군)를 돌아가게 해 준다면 한강 이남 땅은 어디가 되었든 그들 요구대로 주겠소.'

그러나 나는 이 제안을 거절했습니다. 그리고 왜장과 서약하였습니다.

'왕자를 돌려보내려거든 돌려보내고 싫으면 죽여도 좋다. 나(심유경)는 더 이상 말할 것이 없다.'

왕자께서는 귀국(조선)의 세자인데 나(심유경)라고 귀함을 모르겠습니까? 그러나 차라리 죽이라고 하지 다른 조건을 들어줄 수는 없었습니다.*

자기 개인의 목숨만 살려준다면, 백성들의 생명줄인 땅은 얼마든지 내주겠다는 이런 왕자를 위해 그토록 많은 사람들이 피를 흘렸다. 임해군의 이런 생각은 아버지 선조의 것과 영락없이 빼닮았다. 선조는 아예 조선 땅 전체를 주고, 자신은 중국으로 망명하려 하였다. 전란을 이겨내고 한반도가 외세에 버틸 수 있었던 것은 왕족이 아니라 백성들이 있었기 때문에 가능했다.



● 심유경(沈惟敬, ?~1597)
중국 명나라 사신. 임진왜란 때 조선에 와 일본과의 화의를 위해 여러 차례 일본을 왕래했으나 실패했다. 이런 사실을 숨기고 화의가 성립됐다고 보고했다가 정유재란이 일어나자 처형됐다.

＊ 심유경이 조선의 도원수(都元帥) 김명원에게 보낸 편지

● 임해군(臨海君, 1574~1609)
선조의 맏아들. 임진왜란 때 왜군 포로가 됐다가 풀려났다. 광해군 즉위 후 유배되었다가 죽었다.

＊ 『징비록』(김흥식 옮김, 서해문집)

# 의병 사령부 인천

### 김천일과 세자 광해의 조우

한반도 역사상 가장 참혹한 전쟁 세 가지를 꼽으라면, 그 중에 빠지지 않을 임진왜란이 아이러니하게도 '전란의 땅' 강화도를 비껴갔다. 침략 일본군의 살육과 약탈의 피해를 직접 받지 않았을 뿐이지, 그렇다고 강화가 임진왜란에서 멀리 떨어져 있었던 것은 아니다. 고려 때 여몽전쟁의 사령부였던 강화는 이번에는 서울 탈환을 위한 관군과 의병들의 연합사령부였다. 또한 서울에서 가장 가깝고 안전한 피란지로 기능했다. 강화, 교동, 인천, 남양 등지는 몰려든 피란민들로 통제가 안 될 정도로 북적였다고 한다.

> 한성에서 도망쳐 온 사람들이 지금 강화江華·인천·남양南陽·교동喬桐 등처에 많이 들어가 있으니 이들을 모집한다면 건장한 병사를 얻을 수 있을 것이라고 합니다.     -『선조실록』25년(1592) 5월 29일

지금 행정구역으로 인천의 서해안 쪽이 피란민들로 넘쳐났으며, 이들 중에서 의병을 모으자는 비변사의 의견이다.

일본군이 인천에 나타난 것은 부산상륙 1개월여 만인 5월 19일이다. 이날 선발대인 고니시 유키나가 군이 부평에 들이닥쳤는데, 이들은 부천 원미산遠美山 장대봉將垈峰에서 선거이° 장군을 꺾은 뒤였다. 고니시 유키나가 군은 계양산성을 쌓아 진영을 구축했다.

● 선거이(宣居怡, 1550~1598)
조선 중기 무신. 임진왜란 때 한산도해전, 독산산성 전투, 행주산성 전투, 장문포해전 등에 참가해 공을 세웠다. 정유재란 때에는 남해·상주 등지에서 활약했다. 1598년 울산 전투에 참가해 명장 양호(楊鎬)를 도와 싸우다 전사했다.

당시 부평부사로 있던 남유●는 고니시 유키나가 군을 맞았던 대다수 조선의 관료들처럼 도망쳤다고 한다. 첫날에 부평·계양 일대를 완전히 장악한 일본군은 그 다음 날인 5월 20일 서남해안 방향으로 진출을 시도했다.

그러나 인천부사 김민선●은 남유와는 달랐다. 나름의 방어태세를 갖추고 있던 김민선 부사는 안대평安垈坪에서 일본군을 격퇴했다. 지금의 남동구 간석역 부근이라고 한다. 이쪽에 다리가 있었는데, 그 이름을 왜산교倭散橋라 불렀다. 일본군을 꺾어 흩어지게 한 곳이란 뜻에서다. 이후 일본군은 여러 차례에 걸쳐 인천부의 핵심 방어시설이던 문학산성에 대한 공격을 가했지만, 그때마다

● 남유(南瑜, ?~1598)
조선 중기 무신. 무과에 급제한 뒤 부평현감이 됐다. 1598년 정유재란 중 나주목사로 있으면서 노량해전에서 적의 탄환을 맞고 죽었다. 뒤에 좌의정에 추증됐다.

● 김민선(金敏善, 1542~1592)
조선 중기 문신. 1572년 생원시에 합격하고 이어서 별시문과에 병과로 급제해 집의(執義)가 됐다. 임진왜란이 일어나자 인천부사로 참전했다.

문학산성 _ 문학산 등산로 중간 중간에 복원된 문학산성. 백제시대 성의 모습을 여전히 간직하고 있다. 임진왜란 육전(陸戰) 중 몇 안 되는 승전장소다.(좌) 문학산 정상은 공군부대가 차지하고 있다. '군사시설보호구역' 표지석 옆 도로는 군용도로다.(우)

김민선 부사가 막아냈다.

인천 쪽 진출에 실패한 일본군이 부평 일대를 근거지로 삼으면서 부평지역의 피해도 눈덩이처럼 커졌다. 1593년 9월, 대사헌 김응남이 조사한 서울 근교에서 가장 극심한 피해지역 14곳 중 부평이 포함된 것이다.

임진왜란 당시 문학산 서쪽 지역을 중심으로 한 인천의 서해안 지역과 강화도가 일본군의 세력 범위에 있지 않았다는 것은 매우 중요한 의미를 갖는다. 평양마저 버리고 의주까지 도망친 임금 선조로부터 '전시 왕권'을 물려받은 세자 광해군의 활동에 강화도가 핵심 역할을 하게 되기 때문이다. 광해군은 1592년 6월 중순부터 전시 정권을 이끌었는데, 그 중에 의병모집 활동도 비중이 컸다.

이 때 광해군이 의병장 김천일●과 만나게 된다. 광해군과 김천일은 서로 문서를 주고받으면서 항전태세를 강화했다. 김천일은 이후 강화도를 거점으로 삼아 항일전을 벌였다. 강화지역을 통해서 충청도, 전라도 등지로 광해군의 명령을 하달하였고 황해도~충청도~전라도로 이어지는 항일전의 서해안 루트의 거점 역할도 강화가 수행했다. 김천일은 1592년 6월 3일 전라도 나주에서 300~500명으로 의병을 일으켜 서울로 향했다. 20일 만에 수원에 도착한 김천일은 수원 독성산성禿城山城을 거점으로 삼았다. 그는 일찍이 수원부사를 지냈기 때문에 여기서 지원군이 늘었다. 광해군과 긴밀히 연락을 취하며, 강화도로 진을 옮긴 뒤 양화도 전투, 행주산성 전투 등에도 출전했다. 김천일이 강화를 택한 것은 강화만큼 적의 침략을 막아낼 수 있는 요충지가 없다고 봤기 때문이었다. 김천일은 강화에서 한강을 오가면서 일본군의 진로를 끊기도 했다. 그는 그러나 2차 진주성 전투에서 관군과 함께 항전하다 성이 무너져 함락되자 아들과 함께 촉석루 아래 남강에 투신해 자결하고 말았다.

강화를 본거지로 했던 김천일의 의병활동에 대해 『조선왕조실록』•은 다음과 같이 평가한다.

(김천일이) 강화江華를 보존하여 지킬 때에는 3~4천의 군사를 모집하여 전진全陣의 적을 공격하였으나 모두 불리하자 경강京江(한강) 근처에 복병을 설치하여 전후에 참괵斬馘(목을 베어 죽임)한 것이 거의 400여 급級이나 되었고, 또 서울에서 적에게 붙었던 백성들을 유인해 내어 자기에게 소속되게 하였다. 이 때문에 강화가 보존되어 위로는 행조行朝(선조가 머물던 의주)와 통하고 아래로는 양호兩湖(충청도와 전라도)와 연결될 수 있었으니 그 공로 역시 작지 않았다.

– 『선조실록』 27년 3월 20일

이러한 사관史官의 평가와는 달리 김천일에 대한 유성룡의 시각은 비판적이다. 김천일의 성격이 옹졸하고 오활해 병사들의 훈련도 제대로 시키지 않았다는 것이 『선조실록』에 보이는 유성룡의 지적이다. 유성룡은 또 『징비록』에서 1593년 6월의 진주성 패배 책임의 일정 부분이 김천일에 있다고 적시하고 있다.

김천일 휘하의 병사는 모두 서울 거리에서 모은 자들에 불과했으며, 김천일 역시 군사에는 어두워 제멋대로였다. 특히나 (진주목사) 서예원과는 평소 사이가 좋지 않아 주인과 손님이 서로 헐뜯고 있었으니 명령이 제대로 전달될 수가 없었다. 결국 질 수밖에 없는 싸움이었던 것이다.*

김천일에 대한 이같은 극단적인 평가는 아마도 각기 일부의 진실을 지니고 있었을 것으로 추정된다. 일정한 성과를 내게되면 오

●『조선왕조실록(朝鮮王朝實錄)』
조선 태조 때부터 철종 때까지
25대 472년 동안의 역사적 사실을
편년체로 쓴 사서. 1997년에
유네스코 세계 기록 유산으로
지정됐다.

*『징비록』(김흥식 옮김, 서해문집)

판에 이르는 경우가 적지않기 때문이다.

김천일의 평가가 어떤 게 맞는지를 떠나, 강화도의 중요성은 임진왜란 초기부터 입증됐다. 이 때문에 일본군의 재침 무렵에 천도遷都 논의가 이뤄질 때 강화가 강력하게 추천되기도 했다. 『선조실록』 29년(1596) 11월 13일자를 보자.

좌의정 김응남이 아뢰기를,

"해주산성海州山城을 위에서는 좋다고 생각하시나, 그것도 벌거숭이 산입니다. 강화는 서울에 아주 가깝고 하삼도를 통제할 수 있거니와 강화로 들어가지 않으면 경성은 버린 땅이 될 것입니다.

"해주가 좋지 않으냐"는 의견을 가진 선조에게 김응남과 같이 대다수 신료들은 어가御駕가 옮겨 갈 경우 그곳은 마땅히 강화여야 한다고 주장했다.

보장지처로서 강화의 가능성은 정묘호란과 병자호란 때, 당시 임금이던 인조●가 우선적으로 활용한다. 그러나 적들도 강화의 중요성을 이해하고 대비책을 세웠다. 결국 애꿎은 백성들만 강화도로 피했다가 처참하게 피해를 당하고 말았다. 고려 때 '전시 수도'로 기능하고, 임진왜란 때는 '민관군 연합 사령부'로 쓰였던 강화가 불과 30년여 년 만에 최악의 전란 피해를 당하게 되는 것이다. 이 또한 무능한 정권이 빚어낸 참극이었다.

### 강화에 얽힌 왜란의 일화

그 외에도 강화는 임진왜란과 인연이 적지않다.

임진왜란을 대표하는 명장으로 권율● 장군을 꼽을 수 있다. 권율 장군의 외가가 강화부였다. 권율은 행주산성 전투로 조선군이



●인조(仁祖, 1595~1649)
조선시대 제16대 왕. 광해군이 폐출된 후에 임금의 자리에 올랐다. 반금친명 정책을 썼고, 정묘.병자호란으로 치욕을 당했다.

●권율(權慄, 1537~1599)
조선 선조 때 명장. 임진왜란 때 우리나라의 군대를 총지휘했으며, 행주대첩 등에서 크게 이겼다. 1599년 노환으로 관직을 사임하고 고향으로 돌아가 그 해 7월에 죽었다.

단독으로 일본군을 크게 격파하면서 조선 육군의 승리 가능성을
보여준 인물이다. 권율은 만년晚年에 강화군 선원면에 거처했고,
불은면 오두산鰲頭山에 만취당晚翠堂을 짓고 드나들었다.

임진왜란 때 명군 소속으로 참전하면서 강화에 머물던 오종도
吳宗道를 기리는 비석도 강화에 남아 있다. 1597년 정유재란 때 명
의 수병을 이끌고 왔던 오종도가 강화 주민을 잘 보살펴, 그가 돌
아갈 때 강화 주민들이 갑곶나루에 비석을 세웠다는 것이다. 본래
갑곶나루 진해루 안쪽 언덕 위에 있었으나, 2000년에 강화역사관
비석군으로 이전되었다.

강화읍 용정리는 아예 임진왜란 때 왔던 명나라 장수들의 후손
이 계속해서 거주한 곳이다. 1592년에 명나라 총병摠兵 이여매李如
梅가 우리나라에 왔는데, 그의 자손들이 계속 머물러 살게 됐다는

것이다. 그래서 마을 이름도 보명동保明洞이라고 했다.

임진왜란 당시 충신으로 꼽히는 경기감사 심대*의 최후도 강화와 관련이 된다. 일본군을 두려워하지 않고 공개적으로 군사를 모으던 심대가 적의 야습을 받아 숨을 거두자 경기도 백성들이 그의 시신을 임시로 안장했다. 며칠 후 일본군이 찾아내 그 시신의 머리를 베어 서울 종로 한복판에 매달았다. 그런데 2개월이 지나도 얼굴빛이 산 사람 같았다고 한다. 그의 충심에 감동한 사람들이 돈을 모아 효수梟首를 지키던 왜병을 매수해 심대의 머리를 강화도에 옮겼다가, 왜군이 완전히 물러간 뒤 시신과 함께 고향 청송에 보내 장사지냈다는 이야기를 유성룡이 『징비록』에 기록해 놓았다. 이 말이 사실이라면, 당시 일본군의 손길이 뻗치지 않았던 곳이 바로 강화였다는 것이다.

선조들의 선견지명을 보여주는 이야기도 있다. 조선 중기의 무신인 황형*이 강화도에 거주하면서 월곶의 연미정 아래에 나무를 많이 심었다. 누군가 "무엇 때문에 이렇게 나무를 많이 심느냐"고 하자, 황형은 "후에 저절로 알게 될 것이다"고 대답했다. 1592년

●심대(沈岱, 1546~1592)
조선 중기 문신. 임진왜란이 일어나자 근왕병 모집에 힘썼으며, 선조를 가까이에서 호종했다. 경기도관찰사가 돼 서울 탈환작전을 계획, 추진하다가 왜군의 야습을 받아 전사했다. 이조판서에 추증되고 호성공신(扈聖功臣)에 책록됐다.

●황형(黃衡, 1459~1520)
조선 중기 무신. 1510년 삼포왜란 때 방어사가 돼 제포(薺浦)에서 크게 왜적을 무찔렀다. 1512년 평안도 변방에서 야인이 반란을 일으키자 순변사로 나가 이를 진압했다. 벼슬은 공조판서에 이르렀다.

**연미정과 500년 느티나무** _ 수령 500년 된 느티나무 2그루가 떡하니 버티고 선 연미정은 임진왜란 때 선박 건조기지의 설화도 간직하고 있다.

임진왜란 때 관군과 의병들이 많이 들어왔을 때 수많은 배와 목책을 연미정 아래 나무로 충당했다는 것이다.

동네의 이름만으로 왜적을 물리쳤다는 말이 전하기도 한다. 강화군 송해면 숭뢰리의 송정松汀이다. 1592년에 왜적이 송정에 배를 대고 지명을 묻기에 '송정'이라고 대답하니, 병사들이 상륙하지 않고 돌아갔다고 한다. 일본군에게는 '송松'자가 들이간 지명을 만나면 패하는 징크스가 있었기 때문이라고 한다.

위에 적은 얘기 중에는 역사적 사실도 있고, 확인할 수 없는 것도 있지만 임진왜란 또한 강화지역에 수많은 이야깃거리를 남긴 것만은 분명하다.

전쟁이라고 하면 흔히들 군인들의 전투나 그 전투로 인한 피해를 떠올리게 마련이다. 전쟁을 다룬 대개의 기록물이 전투와 피해에 초점을 맞추기 때문이다. 임진왜란 역시 마찬가지다. 조선의 기록이나 일본의 기록들이 대부분 여기서 벗어나지 않는다. 임진왜란만 놓고 생각해보면, 7년이나 계속된 전쟁 내내 전투만 벌이지는 않았다. 또 전쟁 내내 방화와 약탈을 일삼지도 않았다. 군인들도 먹어야 하고, 쉬기도 해야 한다. 전쟁 중에도 전투 관련 이외의 '일상日常'이 있다는 얘기다.

### 옛날 군인들은 무엇을 하면서 놀았을까?

임진왜란 당시 장수들은 바둑과 장기를 즐겼다. 이순신도 동료 장수들과 하루는 바둑을 두고, 하루는 장기를 두고 하는 식이었다. 또 직함을 놓고 벌이는 일종의 벼슬 따먹기 놀이도 있었다.

훈련 겸 운동으로, 활쏘기는 거의 매일같이 있었다. 가끔씩 장졸들이 다 같이 모여 씨름도 했다. 1596년 4월 23일자와 5월 5일자를 보자.

늦게 군사들 중에서 힘센 사람에게 씨름을 시켰더니, 성복이란 자가 가장 뛰어나므로 상으로 쌀 한 말을 주었다.

경상 수사는 술잔 돌리기가 한창일 때쯤 씨름을 시켰는데, 낙안 군수 임계형이 1등이었다. 밤이 깊도록 이들을 즐겁게 뛰놀게 한 것은 굳이 즐겁게만 하려는 것이 아니라, 다만 오랫동안 고생하는 장병들에게 노고를 풀어 주고자 한 계획이었다.*

* 『난중일기』(노승석 옮김, 민음사)

장병들 사이에 씨름이 일반적이었다는 얘기다. 씨름판을 벌이면, 꼭 등수를 매겨 그에 맞는 상도 줬던 것으로 보인다. 또한 장병들은 한바탕 씨름을 하면서 전장에서의 육체적 정신적 스트레스를 날려버리는 기회도 가졌다.

이순신은 또 목욕도 자주했다고 적었다. 어느 시기엔 거의 매일같이 목욕을 할 때도 있는데, 아침저녁으로 할 때도 있다. 진중陣中에 목욕탕이 별도로 마련돼 있었던 것 같다. '물이 너무 뜨거워 오래 있지 못하고 도로 나왔다'고 하기도 하고, 따뜻한 물에 목욕하고 잤다고 쓰기도 했다.

장병들의 생일도 챙겼다.

오늘이 권언경 영공의 생일이라고 해서, 국수를 만들어 먹고 술도 몹시 취했다. 거문고 소리도 듣고 피리도 불다가 저물어서야 헤어졌다.

생일음식만 먹는 것을 넘어, 술판도 벌이고 거문고나 피리와 같은 악기도 연주하면서 흥겹게 놀았다는 얘기다. 우리가 일반적으로 생각하는 전쟁터에서의 생일잔치 모습은 아니다.

달빛이 밝은 보름날 같은 경우엔 장병들이 밤을 새워 놀기도 했다. 1596년 2월 15일 치를 보면, "이날 밤 달빛은 대낮과 같고 물빛은 비단결 같아서 자려 해도 잠을 이루지 못했다. 아랫사람들은 밤새도록 술에 취하며 노래했다"고 돼 있다.


## 옛날 군인들은 무엇을 먹었을까?

16세기, 조선의 군인들은 무엇을 먹었을까. 이런 엉뚱한 질문에 답을 해주는 기록이 있으니, 바로 『난중일기』다. 난중일기는 전투과정과 그 준비태세는 물론이고 전쟁터에서의 일상을 낱낱이 보여준다.

**주류_** 난중일기는 술의 기록이라고 할 수 있을 정도로 술 얘기가 자주 나온다. 그만큼 술은 일상적인 음료였다는 뜻이기도 하다.

> 공문을 적어 탐후선에 보냈다. 해가 저물어 우수사의 배에 가서 내가 머문 곳으로 오기를 청하여 방답 첨사와 함께 술을 마시고 헤어졌다.
>
> -1593년 9월 10일

> 정 수사가 술을 마련해 가지고 와서 만났다.
>
> - 1593년 9월 11일

> 식후에 소비포 권관, 유충신, 김 만호 등을 불러 술을 대접했다.
>
> -1593년 9월 12일

이순신은 동료 장수들과 사흘 내내 술을 마신 것이다. 이런 일은 비일비재해 사건 축에도 못 낀다. 1596년 3월에는 29일 중 무려 15일 분이 술 이야기를 담고 있다. 아침에 마셨는데, 저녁에 또 마시고, 그래서 이야기하다가 갑자기 앞으로 고꾸라지기도 했다. 어떤 이는 취하여 쓰러져 돌아가지 못할 정도로 마셨다. 작별의 술자리도 잦다. 이렇게 마시니 술병이 날 수밖에 없고, 그 때문에 일을 못할 때도 있었다. 전날 저녁에 작별 술잔을 나누어 대청에서 그대로 잤는데, 다음날 아침에 또 다시 작별의 술잔을 들기도 했다.

> 비가 계속 내림. 아침에 다시 좌수사를 청했더니 와서 작별의 술잔을 나누며 전송했다. 온종일 크게 취하여 나가지 못했다. 수시로 땀이 흘렀다.
>
> -1596년 3월 10일

이때가 이순신 장군이 가장 힘들었던 시기가 아닌가 싶다.

신분이 높은 사람들만 술을 자주 마셨던 것은 아닌 듯하다. 일반 병사들이나 하인들까지도 무척이나 술을 좋아했던 모양이다. 1594년 1월 25일자에는 '… 저녁에 종 허산許山이 술병을 훔치다가 붙잡혔기에 곤장을 쳤다’고 썼다. 또 1594년 4월 3일에는 ‘삼도의 군사들에게 술 1천80동이를 먹였다. 우수사와 충청 수사도 같이 앉아 군사들에게 먹였다. 날이 저물어서야 숙소로 내려왔다’고 돼 있다. 하루 종일 병사들과 술을 마셨다는 얘기다.

이순신은 술을 마시고 크게 실수하는 스타일은 아니었던 것 같다. 하지만 원균은 술을 마시면 목소리가 커지고, 아무 이야기나 막 하고, 휘하 장병들을 함부로 대했던 것으로 그려진다.

임진왜란 당시 마셨던 술도 다양한 종류였다. 술쌀이 따로 있었다. 가장 일반적인 형태로, 지금과 같이 쌀로 술을 빚어 마셨던 것이다. 또한 가을에 내리는 이슬秋露을 받아 담근 술인 ‘약술’을 고성 현령으로부터 받았다는 기록도 보인다. 약술은 아주 특별한 술이었던 모양이다. 과하주過夏酒라는 것도 있는데, 찹쌀과 누룩으로 담근다. 약주에 소주를 섞어 빚으며, 여름을 지나도 술맛이 변하지 않는다고 한다. 그래서 이름도 과하주라는 것이다.

그 외에 『난중일기』에 등장하는 먹을거리를 육陸, 해海, 공空으로 구분해 뽑아봤다.

**육류_** 쇠고기, 송아지고기, 개고기, 노루고기, 사슴, 녹각(사슴 사냥한 뒤에 따로 얻었다), 돼지고기, 우족, 표범(먹을 것과는 따로 가죽도 챙겼다) 등의 짐승 고기가 있다. 지원받은 군량 중에 제주도 소 5마리가 있었는데, 이를 잡아 장병들에게 먹였다는 기록도 있다. 군량을 소나 돼지처럼 살아 있는 동물을 지원받아 충당했다는 것이다. 제주도에서까지 군량을 지원했음을 알수 있다. 특히 표범이 눈에 띈다. 1596년 7월 25일에 보면, “아침의 일은 사냥하고 그 수를 세는 것이었는데 녹각 열 개는 창고에 넣고 표범 가죽과 화문석은 통신사에게 보냈다.” 이 전날의 일기에는 통신사가 표범 가죽을 요청한 것으로 돼 있고, 특별히 사람을 본영本營으로 보내 표범 가죽을 가져오게 했다. 표범을 사냥해 그 가죽은 따로 관리했다는 얘기다.

**곡류와 과채류_** 떡, 국수, 약식, 칡, 팥죽, 메주(콩), 곶감, 쑥떡, 상화떡*, 참기름, 꿀, 무, 연포*, 수박, 사철 쑥, 감(홍시), 중배끼*, 동아전과*, 귤 등을 들 수 있다. 당시 군영軍營에서는 무가 무척이나 중요한 먹을거리였다. 이순신도 무를 아주 특별히 관리하고 있음을 볼 수 있다. 하인들로부터 무밭의 일을 따로 보고 받았으며, 무밭을 갈고 무를 심는 일을 감독할 사람도 따로 정할 정도였다.

**어류와 해조류_** 미역, 살아 있는 전복, 대구, 청어, 숭어, 조기, 고래, 와가채*, 밴댕이 젓갈, 어란 등이 나온다. 여기 나오는 물고기들은 식량 대용으로 쓰이기도 했다. 1596년 일기 말미엔 '물고기를 잡아서 군량을 계속 댄다(捉魚繼餉)'는 대목도 있다. 실제로 이순신은 '청어잡이 배'도 따로 운용했다.

**조류_** 이상하게도 날짐승 중에는 꿩밖에 보이지 않는다. 꿩 사냥 기록은 단 한 번 나오는데, 1594년 2월 8일이다. "변존서가 당포에 가서 꿩 일곱 마리를 사냥해 왔다." 활로 사냥했는지, 조총으로 잡았는지는 밝히지 않아 아쉽다.

이처럼 다양한 먹을거리를 장만하기 위해 이순신 휘하 장병들은 가끔 사냥도 나갔으며, 바다에서 물고기를 잡기도 했다.

이순신이 노량해전에서 전사하기 5일 전과 이틀 전의 일기에 돼지나 군량과 같은 먹을 것이 등장하는데, 눈물이 핑 돌 정도로 그 상황이 쓰리다. 먼저, 1598년 11월 14일자다.

술시에 왜장(倭將)이 작은 배를 타고 도독부로 들어와서 돼지 두 마리와 술 두 통을 도독에게 바쳤다고 한다.

일본군이 명군과 강화하자고 도독 유정과 내통하면서 돼지와 술을 보냈다는 얘기인데, 그 돼지는 분명 우리 백성들에게서 빼앗았을 것이 아닌

●상화떡(霜花餠)
밀가루를 술로 반죽한 뒤 속을 넣어 쪄서 만들며, 조선시대 중국사신에게 대접하던 명물 음식.

●연포
두부나 고기 등을 넣고 끓인 것.

●중배끼
밀가루, 꿀, 기름으로 만든 제사음식.

●동아전과
꿀로 만든 과자 종류.

●와가채
무명조개로 끓인 국. 와가탕이라고도 한다.

가. 이를 보고만 있을 수밖에 없었던 이순신의 심정은 어떠했을까? 도망치는 일본군을 추격하던 중 왜군의 조총에 맞아 숨을 거두기 딱 5일 전이다.

마지막 일기인 1598년 11월 17일자다. 모두 옮긴다.

어제 복병장(伏兵將) 발포 만호 소계남과 당진포 만호 조효열 등이 왜의 중간 배한 척이 군량을 가득 싣고 남해에서 바다를 건너는 것을 한산도 앞바다까지 추격하였다. 왜적은 한산도 기슭을 타고 육지로 올라가 달아났고, 포획한 왜선과 군량은 명나라 군사에게 빼앗기고 빈손으로 와서 보고했다.

『난중일기』는 여기서 끝이다. 노량해전 이틀 전이다. 우리 백성들에게서 수탈해 마련했을 군량을 가득 싣고 도망치는 적선을 추격해 빼앗은 그 군량을 명나라 군사들에게 도로 빼앗겨야 하는 현실. 이 상황에서 이순신은 무엇을 생각했을까.

이 적을 없앨 수만 있다면, 죽어도 여한이 없겠다.

이순신의 이 다짐은 현실이 됐다.

# 3

# 강화함락, 병자년의 치욕

병자호란은 조선 전쟁 역사상 가장 뼈아픈 패배로 꼽힌다. 강화도가 열쇠였다. 그 강화를 점령당한 조선은 병자호란 발발 2개월 만에 국왕이 농성 중이던 남한산성에서 나와 청 태종 앞에 세 번 무릎 꿇고 아홉 번 이마를 땅에 갖다 대는 삼배구고두의 치욕을 당했다. 이 2개월 사이에 온 나라는 오랑캐의 말발굽에 짓밟혔다. 16~17세기의 조선은 임진왜란과 정묘호란, 병자호란이 잇따라 터지면서 국가 시스템이 엉망이 됐다. 정묘 · 병자호란은 각각 3개월, 2개월 밖에 안 되는 단시간 내에 마무리 됐다. 기간은 짧았지만 그 피해는 말할 수 없이 컸다. 호란패배 이후 조선은 줄곧 청나라에 '종속'되어야 했다.

# 호란 연표

| | | |
|---|---|---|
| 1616년 | 1월 | 여진 누르하치, 후금 세움 |
| 1618년 | 윤4월 | 명에서 후금을 치기 위한 군대 지원 요청 |
| 1619년 | 3월 | 명 파병군, 후금에 대패/강홍립 후금에 항복 |
| 1621년 | 7월 | 명의 모문룡이 국경을 넘어와 서북에 주둔 |
| 1622년 | 11월 | 모문룡에 가도를 피란처로 제공 |
| 1623년 | 3월 | 김류, 이귀 등 광해군을 폐하고 인조를 추대 (인조반정) |
| 1624년 | 1월 | 이괄, 논공행상에 불만 품고 반란 (이괄의 난) |
| 1627년 | 1월 | 후금, 조선을 침입/인조, 강화도로 피신 (정묘호란) |
| | 3월 | 후금과 화약 맺음 |
| | 4월 | 인조, 강화도에서 환도 |
| 1629년 | 6월 | 명의 원숭환, 모문룡을 잡아 처형 |
| 1631년 | 12월 | 강화에 행궁 건립 |
| 1633년 | 1월 | 후금 침입에 대비해 척화교서 내림 |
| 1636년 | 4월 | 후금, 국호를 청으로 고침 |
| | 12월 | 청 태종이 조선을 침입, 인조는 남한산성으로 피란 (병자호란) |
| 1637년 | 1월 | 강화도, 청군에게 함락 인조, 삼전도에서 청 태종에게 항복 (삼전도 굴욕) |
| | 2월 | 인조, 한양으로 돌아옴 |
| 1638년 | 3월 | 속환되어 돌아오는 여인들 이혼 불허 |
| 1644년 | 3월 | 심기원 모반 사건 |
| 1645년 | 2월 | 소현세자, 베이징에서 천문과 천주교에 관한 서적 등을 가지고 옴 |
| | 4월 | 소현세자 사망, 봉림대군이 세제로 책봉 |
| 1649년 | 5월 | 인조 사망, 효종 즉위 |

# 요동치는 국제정세, 전쟁을 자초한 조선

어느 전쟁이나 마찬가지지만 정묘호란과 병자호란은 특히 있어서는 안 될 전쟁이었다. 임진왜란이 끝난 지 40년도 안 돼 정묘호란(1627년)이, 그리고 그 10년이 지나지 않아 병자호란(1636년)이 다시 터졌다. 조선의 백성들은 불과 40~50년 사이에 3차례의 전쟁을 치른 것이다.

고려 때 여몽전쟁의 상처가 아물어가던 강화도는 또 다시 두 호란의 중심지가 된다. 해방 직후 1948년에 창간된 강화문화원의 기관지 『강화』에는 정삼학이 쓴 「강화와 전란」이란 글이 실려 있다. 여기에는 896년의 '궁예란'에서부터 여몽전쟁, 정묘 · 병자호란, 병인양요, 신미양요 등 강화지역과 관련 있는 전쟁들을 다루고 있는데, 이 중에서 병자호란의 비중이 가장 크다. 글쓴이는 병자호란을 '강화의 전란사상 가장 참담한 비극'이라고 표현하고 있다.

묻에서 떨어진 강화도가 병자호란의 참화를 직접 겪어야 했던 것은 당시 정권이 강화도를 최고의 '보장지처'로 여겼기 때문이었다. 정묘호란은 왕이 강화도로 옮겨 그런대로 이겨냈으나 병자호란은 강화도 피란길이 막히는 바람에 남한산성●의 치욕을 당해야 했다. 강화도에 들어갈 수 있느냐 없느냐에 따라 전쟁의 양상이 달라진 것이다. 연구자들은 이를 '강화도 신드롬'으로 부른다. 조선의 왕들은 전쟁이 나면 한양을 버리고 강화도로 도망하면 된다는 생각만 했다는 것이다.

임진왜란과 정묘·병자호란 연구자인
한명기 명지대 교수는 정묘·병자호란을
‘치욕’, ‘고통’, ‘공포’란 말로 표현하면
서, ‘고통’의 예를 강화에서 들고 있다.
청나라 군사가 하늘을 날지 않는 이상 안
전하다고 여겼던 강화도가 함락됐고, 남
한산성에서 농성하던 인조는 급기야 청
태종 앞에 무릎을 꿇고 머리를 조아렸다.
인조가 무릎을 꿇기 1주일 전 강화에선 대
참극이 빚어졌다. 오랑캐에게 치욕을 당
하지 않으려는 사람들이 잇따라 자결했으
며, 여인들은 청군의 능욕을 피하려 바다
에 투신했다. 바다 위에 여인들의 머릿수

건이 낙엽처럼 떠다닐 정도였다고 한다. 사로잡힌 강화도 여인들
은 청나라에 끌려가 갖은 수모를 당해야 했다.

이 두 차례의 호란胡亂은 막을 수 없던 것일까.

10년 사이 잇따라 터진 정묘·병자호란은 임진왜란이 낳은 또
다른 비극이라고 할 수 있다. 임진왜란이 끝난 뒤 대비만 제대로
했더라도 일어나지 않았을 전쟁이었다. 외적으로는 인조가 광해
군을 몰아낸 뒤 4년 만에 정묘호란이 발생한 것이지만 이 전쟁이
야말로 정권의 무능에 직접적인 원인이 있었다.

임진왜란 당시 일본에 절대적으로 불리하던 전세를 역전시킨
것은 잇단 개혁조치였다. 파격적인 신분상승제도인 면천법과 조
세정의 실현을 골자로 하는 여러 개혁입법은 전국 각지에서 대대
적인 의병의 활약을 촉진했다. 그러나 전쟁이 끝나자 그만이었다.
조선정부가 약속했던 사회발전을 위한 여러 조치들은 무위로 돌

아갔으며 국가 시스템은 전쟁 이전으로 환원되었다.

조선은 또 외교 시스템도 무너져 있었다. 1623년 광해군 축출 뒤 긴박한 주변 국가들의 움직임을 정확하게 살피지 못했다. 명나라와 후금, 일본 등 조선을 둘러싼 국제정세에 어두웠다. 당시 정권의 실력자들은 떠오르는 후금에 대해서는 의도적으로 과소평가한 혐의마저 없지않다. 전쟁 전의 국가 외교시스템은 이렇듯 늘 엉망이다.

정묘·병자호란은 광해군을 몰아내고 왕위에 오른 인조가 가장 큰 원인 제공자라고 할 수 있다. 광해군의 현실적 외교관이 못마땅하던 세력을 등에 업고 쿠데타에 성공해 왕좌에 올랐으나 인조는 논공행상에 실패하면서 내란에 휩싸였다. 1624년 1월의 '이괄의 난'이 일어나 인조는 충남 공주로 도망쳤다. 왕이 서울을 버리는 게 습성이 된 듯하다. 이괄의 난에 가담했던 한명련의 아들 한윤이 후금으로 도주했고, 한윤은 1627년 1월, 후금군의 선봉이 돼 압록강을 건넜다. 그러자 인조는 세자를 전주로 보내고, 자신은 강화도로 피신했다. 의병도 일어나지 않고 왕을 호위할 병사들도 모이지 않자, 인조는 불과 2개월 만에 강화도 연미정에서 후금이 형이 되고, 조선은 아우가 된다는 '정묘약조'를 맺었다. 결국 정묘호란은 인조 정권의 무능을 만천하에 알린 셈이 됐다. 그리고 그같은 무능은 패전에서도 아무것도 배우지 못한 데서 더욱 증폭되었다.

조선정부는 정보전에서도 졌다. 박현모 한국학중앙연구원 세종 리더십연구소 연구실장은 "조선의 정보가 새나갔기 때문에 청(후금)은 조선의 정황과 '위기 대응 시나리오'를 알고 있었다"고 지적한다.

인조를 겨냥한 봉기가 잇따르는 등 내부의 소란도 끊이지 않았고, 후금의 위세는 더욱 커졌다. 몽골을 병합한 후금은 1636년 국

● 이괄(李适)의 난

조선 인조 2년(1624)에 이괄이 주동이 돼 일으킨 반란. 인조반정 때 공을 세운 이괄이 논공(論功)에서 우대받지 못하고 평안 병사(兵使) 겸 부원수로 좌천되자 이에 불만을 품고 난을 일으켰다. 반란이 실패하자 일부가 후금(後金)으로 도망해 국내의 불안한 정세를 알리며 남침을 종용했는데, 이것이 정묘호란의 원인이 됐다.

● 한윤(韓潤, ?~?)

아버지 한명련이 이괄과 함께 반란을 일으켰다가 살해되자 후금으로 도망해 강홍립 휘하에 들어갔다. 화의(和議)가 이루어진 뒤에도 조선의 위법을 들어 재침을 하도록 오랑캐들을 부추겼다. 아버지가 반란죄로 처형된 한을 풀기 위해 오랑캐들의 앞잡이가 되어 돌아왔다.

● 연미정(燕尾亭)

인천 강화군 강화읍 월곶리에 있는 고려시대 누정. 정묘호란 때 조선 조정과 후금 대표가 협상을 벌이던 곳이다. 과거시험이 치러졌던 장소이기도 하다.

● 정묘약조(丁卯約條)

1627년 정묘호란 때 조선이 후금과 맺은 강화 조약.

호를 청으로 고치고, 조선을 더욱 낮추어 보았다. 그러자 조정에
서는 청과의 전쟁불사론이 거세게 일었으나 싸울 힘을 갖춘 것은
아니었다. 정묘호란 이후 국방력 강화에 전혀 신경을 쓰지 않았던
것이다.

1636년 12월 9일, 청 태종은 12만 병력을 거느리고 압록강을 건
넜다. 인조는 다시 강화도로 숨으려 했으나, 청군은 먼저 길목을
차단했다. 전쟁이 나면 인조가 강화도를 피신처로 삼는다는 점을
청군은 잊지 않고 있었던 것이다. 그리고 1637년 1월 말까지 강화
도를 비롯한 전국은 병자호란의 참화에 빠졌다.

무능한 정권이 낳은 전쟁, 정묘·병자호란의 피해는 엄청났다.

한명기 교수는 정묘호란 당시 화약和約을 맺을 때부터 또 다른
전쟁의 불씨가 준비되고 있었다고 말한다. 명과의 관계 등 외교적
문제가 정리되지 않았던 것이다.

# 정묘년에서 병자년까지, 청의 조선 제압기

## 국제정세에 무지했던 대가, 정묘호란

1626년 후금의 왕 누르하치●가 사망한 뒤 그의 여덟 째 아들 홍타이지●가 왕이 된다. 당시는 후금과 명나라가 중원을 차지하려고 패권을 다투고 있을 때다.

홍타이지는 조선 정벌을 주장해 온 강경론자. 후금은 조선을 배후 위협 세력으로 여기고, 이를 미리 차단하자는 차원에서 침략 기회를 노렸다.

앞서 조선 광해군은 명나라와 후금 사이에서 중립외교 노선을 견지했다. 그러나 1623년 3월 인조반정●으로 광해군이 왕위를 빼앗긴 뒤 조선과 후금과의 관계는 악화된다. 왕위에 오른 인조는 중립외교를 부정하고 친명배금親明排金 노선을 고수한다. 이는 새롭게 부상하는 중원의 실력자(후금)를 자극하기에 충분했다.

1624년 1월에는 조선에서 중요한 사건이 발생한다. '이괄의 난'이다. 인조반정의 주역이면서도 논공행상에서 소외되었던 이괄이 일으킨 난은 발생 1개월 만에 제압됐지만, 1625년 1월 한윤 등 이괄의 잔당들이 후금으로 도피하는 데 성공, 이들이 정묘·병자호란의 '길잡이'가 되어 돌아왔다.

1627년 1월 13일 후금은 기병 3만6천 명을 동원해 조선을 침입했고, 인조는 강화도에 들어가 버티다가 결국 그 해 3월 3일 후금과 정묘약조를 맺는다. 후금과 조선은 정묘약조로 형(후금)과 동생

(조선) 관계가 된다.

후금은 무엇을 얻기 위해 조선을 침략했을까.

후금이 조선을 침략한 가장 큰 이유는 배후 위협 세력 제거다. 여기에 명나라 장수 모문룡* 문제가 더해졌다. 모문룡은 후금이 요양遼陽을 함락하자 1621년 7월 3천여 병사를 이끌고 조선의 평안도 칠산 앞 섬 '가도賈島'에 들어갔다. 모문룡은 조선으로부터 식량, 병기 등을 지원 받아 후금을 위협했다.

박현모 한국학중앙연구원 세종리더십연구소 연구실장은 "후금은 모문룡 제거와 조선 견제라는 이중의 목적을 위해 정묘년에 군대를 일으켰다"고 주장한다.

당시 후금은 사르후 전투* 이후 명나라와 교역이 중단돼 있었다. 여기에 대기근까지 덮쳐 조선과의 교역이 절실한 상황이었다. 후금 내부적으로는 포로들의 이탈을 막고, 지배권을 강화하기 위해 전쟁을 일으킨 것이다.

당시 후금의 군대 규모와 화의 제의 시기를 보면 정묘호란 발발 이유를 더욱 분명히 알 수 있다. 후금 군대는 3만6천 명 규모에 불과했으며, 이들은 조선 침략 다음날(1627년 1월 14일)부터 국서를 보내 조선 측에 화의를 제의한다. 애초부터 장기전과 조선의 전면적 항복보다는 교섭을 위해 변란을 일으켜 위협한다는 전략이었다.

● 모문룡(毛文龍, 1576~1629)
중국 명나라 장군. 조선 광해군 14년(1622) 철산 가도에 진을 치고 우리 조정에 군량을 요청했다. 이를 가도사건이라고 부른다. 모문룡은 후금을 정벌하기 위하여 요동으로 출전했으나 실패하고, 원숭환(袁崇煥)에 의해 여순(旅順)의 쌍도(雙島)로 유인돼 1629년 살해됐다.

● 사르후(薩爾滸) 전투(1619년)
명나라와 후금 간 전투로, 명나라가 쇠퇴하고 후금의 세력이 강성해지는 계기가 됐다. 조선은 명나라 요청으로 군대를 파병했다. 하지만 광해군은 명군을 돕게 하면서도 형세를 판단, 향배를 달리할 것을 비밀히 지시했다.

### 정묘호란의 대내외적 요인

| | 정치구조적 요인 | 사회·경제적 상황 |
|---|---|---|
| 조선 | - 인조정권의 숭명배금책<br>- 조선의 경직된 외교정책<br>- 후금에 대한 외교적 실책 | - 반정공신들의 사회경제적 비리<br>- 민심의 동요 |
| 후금 | - 홍타이지의 야심과 후금의 일인지배체제<br>- 강홍립 한윤의 정보 누설<br>- 명장(明將) 모문룡 문제 | - 정묘년 전후의 대기근<br>- 조선의 만포진 경원 회령 폐시(閉市)<br>- 한인(漢人) 이탈 문제 |

그러나 이후 정묘약조는 유명무실해지고 후금은 조선이 정묘약조를 제대로 이행하지 않는 것에 불만을 가졌다. 특히 후금은 '사신 예우'와 '조선으로 도망간 포로 송환' 문제에 민감했다. 1630년 4월에는 후금에 투항하려는 여진족·몽골인을 조선군이 저지한 일도 있었다.

결국 이 같은 외교·경제·군사적 분쟁은 병자호란의 도화선이 됐다.

### 삼배구고두의 치욕, 병자호란

한명기 명지대 교수는 "정묘호란 이후, 조선과 후금의 평화는 세폐歲幣의 양을 둘러싼 갈등과 후금의 전선戰船 제공 요구 등으로 흔들리기 시작했다"고 말한다. 또 "모문룡이 제거되고, 그의 부하들의 귀순을 통해 후금이 수군과 홍이포를 확보하게 됐다"며 "수로를 통해 조선과 명을 공격할 수 있는 후금은 압박의 강도를 더욱 높였다"고 했다.

후금은 1636년 4월 국호를 청淸으로 고쳤다. 같은 해 12월 청나라 홍타이지는 12만 명에 달하는 대군을 이끌고 조선을 침공했다. 청나라 군대는 빠른 속도로 남진했다.

조선은 정묘호란 이후 남한산성에 수어청●을 신설하는 등 나름대로 군사력을 보강하기는 했다. 당시 조선의 군사전략은 '산성 중심의 방어 태세 강화'였다. 그러나 청나라 군대는 조선의 전략을 알고 있는듯 각 산성 주변에 소규모 병력만 남기고 대로를 통해 한양 진입을 목표로 신속하게 남하했다. 조선의 전략은 효과가 없었다.

청나라 군대는 한양 근교에 도착하자 행주와 양화리 방면에 병력을 보내 한양과 강화도를 연결하는 도로를 차단했다. 인조가 강

●수어청(守禦廳)
조선시대에 둔 오군영의 하나. 남한산성을 지키고 경기도 광주, 죽산, 양주 등지의 여러 진(鎭)을 다스리던 군영(軍營)이다. 인조 4년(1626)에 설치해 고종 21년(1884)에 없앴다.

화도로 도망가는 것을 막은 것이다.

이러한 사실도 모른채 인조는 청군 선봉부대가 평양을 통과했다는 소식만 듣고 한양을 출발, 강화도로 향했다. 하지만 강화도로 가는 길이 청군에 의해 막혀 남한산성으로 행선지를 바꿔야 했다. 인조는 1636년 12월 15일부터 이듬해 1월 30일까지 남한산성에서 버티기 작전에 돌입했다. 남한산성에서 크고 작은 전투가 벌어지고 있는 가운데 1월 22일 강화도가 함락되고, 그 곳에 있던 왕자·종실·백관과 그 가족들이 청나라의 포로가 됐다. 결국 인조는 청군의 '국왕의 출성 항복' 요구를 받아들일 수밖에 없었다.

이로 인해 조선과 청나라의 관계는 형제에서 임금(청나라)과 신하(조선)로 바뀐다.

인조는 1월 30일 남한산성에서 나와 삼전도 나루터*에서 홍타이지에게 항복했다. 인조는 홍타이지에게 세 번 큰 절을 하고 아홉 번 머리를 조아렸다. 삼배구고두三拜九叩頭다. 이름하여 '삼전도의 치욕'이다. 조선의 지식인들은 청 태종을 '홍태시紅泰豕(붉고 큰 돼지)'라고 불렀다고 한다.


### 여몽전쟁과 닮은꼴

고려 때 여몽전쟁과 조선시대 정묘·병자호란은 여러가지 공통점이 있다. 첫 번째는 몽골과 후금(청나라)이 각각 고려, 조선을 침략한 이유 중 하나가 '배후 위협 가능성 해소'라는 점이다. 1234년 몽골은 남송과 연합군을 편성해 금나라(여진족)를 멸망시켰다. 이후 몽골은 고려와 남송의 연결을 봉쇄하기 위해 1235년 고려를 두 번째 침공했다.

약 400년 후, 후금은 명나라와 끈끈한 관계를 맺고 있는 조선을 침략했다. 정묘호란이다. 당시 후금은 명나라의 배후 세력을 견제

하자는 차원이었다.

세력 확장이나 전쟁 발발과 관련해 몽골에 칭기즈칸과 오고타이가 있었다면, 후금에는 누르하치와 홍타이지가 존재했다.

몽골족과 여진족의 행태가 유사하다는 점도 흥미롭다. 몽골족은 유목 민족 특성상 기동성이 뛰어났으나 수전水戰에는 약했다. 유목과 수렵에 의존했기 때문에 생필품을 얻기 위해서는 정벌과 약탈이 필요했다.

후금도 몽골과 마찬가지로 수렵에 의존했다. 생필품을 자급자족하지 못해 교역이 매우 중요했다. 후금에서 청으로 이름을 고친 이들은 병자호란 때 청병, 한병, 몽골병으로 편성된 군대로 조선을 공격했다.

일본과의 관계도 빼놓을 수 없다.

몽골은 여몽전쟁 승리 후 고려군과 연합해 삼별초를 제압했으며, 일본 정벌에 나서기도 했다. 일본이 조선을 침략한 임진왜란은 정묘·병자호란 발발원인의 한 축으로 작용했다고도 할 수 있다.

임진왜란은 명나라가 후금보다는 조선에 신경을 쓰게 했고, 이 때 후금이 세력을 확장할 수 있었던 것이다. 임진왜란 때 명나라의 파병으로 망국의 위기에서 벗어났다고 여기는 조선에는 재조지은再造之恩이라는 이념이 생성되었다. 이는 격변하는 국제정세에 따라 국내정치가 요동칠 가능성을 막고 집권층의 안정적 지배권력을 위해 창안된 것이다. 이것이 인조정권의 친명배금정책으로 이어졌고, 이 점이 전쟁 발단의 원인 중 하나가 된 것이다.

### 호란의 한 원인, 인삼

비현실적인 외교정책에 더해 랴오둥지역의 인삼도 병자호란의 중요한 원인이었다.

동아시아 역사에서 인삼은 오랫동안 최고의 의약품으로 여겨져 왔다. 북위 30~48도 사이에서 자라는 인삼은 중국의 장백산(백두산), 길림, 흑룡강 일대, 러시아 연해주 인근 및 제주도를 제외한 한반도 전역에서 발견된다.

랴오둥지역에서 요遼와 금金이 흥기하기 전까지 중국 내지에 알려진 인삼이란 대개 상당삼上堂蔘, 백제삼百濟蔘, 고려삼高麗蔘이었다. 당시 랴오둥지역에서 생산되는 인삼은 중원에 알려지지 않았기 때문에 수요도 많지 않았다.

랴오둥의 인삼이 본격적으로 개발된 것은 여진이 금金을 세우면서부터였다. 랴오둥지역의 인삼은 명대明代 이후 여진에 의해 가장 활발하게 채취되었다. 여기서 나는 인삼을 캐기 위해 여진족 이외에도 조선인, 한인漢人 등이 랴오둥지역을 드나들었다. 후금은 랴오둥을 자신들의 영토로 확고히 하면서 조선과 한인들의 인삼 채취를 엄격히 금했다. 그러나 엄청난 경제적 이익이 달린 인삼 확보를 위해 목숨을 걸고 월경越境하여 채삼採蔘하는 행위는 계속됐고, 서로 간에 죽고 죽이는 일까지 빈번하게 일어났다.

인삼은 고가의 상품이자 후금을 대표하는 특산물이었다. 홍타이지는 칸으로 즉위한 이래 외국과 주고받는 예물이나 사신 접대를 위한 선물로 언제나 인삼을 제공했다.

김선민 계명대 교수는 「변경의 인삼을 둘러싼 조선과 후금의 갈등」(인하대 한국학연구소, 『범월(犯越)과 이산(離散)』)이란 논문에서 "홍타이지 시기에 이르러 청이 광대한 영역을 지배할 수 있게 된 것은 무엇보다 인삼의 힘이 컸고 (그 이전에) 누르하치가 세력을 구축할 수 있었던 것은 군사적 우월성뿐만 아니라 인삼무역을 통해 얻은 막대한 이익이 중요한 요소로 작용했던 것"이라고 지적한다.

특히 후금에서 청으로 발전하는 과정이 인삼의 의미가 확대 변화하는 과정과 일치한다는 게 김선민 교수의 시각이다. 누르하치가 여진 부족을 통일하고 세력을 확장하며 후금을 건국하여 명으로부터 독립적인 세력임을 천명하는 동안, 인삼은 명과 후금을 나누는 지리적 · 영토적 지표로서의 의미를 지니기 시작했다는 것이다. 누르하치는 여진의 땅에 한인이 침입하는 것, 무엇보다 귀중한 인삼을 채취하는 것을 방치할 수 없었다.

후금은 또 인삼을 지키기 위해 명의 한인보다 압록강과 두만강 이남의 조선인에 더 많은 신경을 써야 했다. 후금의 지배가 서쪽으로 계속 팽창하여 랴오둥을 완전히 장악하면서 한인이 인삼 산지로 침입하는 것을 비교적 효율적으로 통제할 수 있게 된 것에 비해 조선인의 후금 영내로의 출입은 계속되었기 때문이다.

후금 · 청의 입장에서, 홍타이지의 조선출병은 만주의 보배인 인삼을 보호한다는 경제적 목적과 명을 압박하여 청의 위상을 높인다는 정치적 목적을 동시에 달성할 수 있는 최선의 방법이었던 것이다.

# 강화를 차지해야 이긴다

정묘·병자호란의 승패는 강화를 누가 먼저 차지하느냐에 있었다. 1627년 정묘호란 때는 조선의 조정이 강화도로 먼저 숨는 바람에 장기전을 우려한 후금(청)이 조선과 화약和約을 맺었다. 1636년 병자호란은 그 반대였다. 청나라가 조선의 '강화 도피 전술'을 미리 읽고 한양에서 강화로 가는 길목부터 차단했다. 그리고 섬을 공략할 수 있는 선박 운용 능력도 키웠다. 조선은 정묘호란 이후, 명과의 사대事大관계를 계속하는 한 청나라와의 전쟁이 불가피하다는 것을 알면서도 제대로 준비하지 못했다. 정묘호란의 기억이 생생하던 병자호란이었지만 조선의 입장에서 크게 나아진 것은 없었다. 병자호란이 청나라의 승리로 끝난 이유라고 할 수 있다. 조선은 1910년 일본에 망할 때까지 청나라의 눈치를 살펴야 하는 조공국의 신세를 면할 수 없었다.

강화가 전쟁의 승패를 가르는 핵심지역이 된 것은 한두 번이 아니다. 개성과 한양이 한반도의 수도였던 1천 년 동안 고려와 조선에서 벌어진 전쟁에서 강화는 늘 '키포인트'였다.

지리적으로 보면, 강화도는 한강과 임진강의 입구에 있다. 서해에서 경기내륙으로 들어가는 진입로인 것이다. 이 때문에 조선시대에 강화는 '나라의 문호'이면서 불의의 변란을 방비하는 '보장의 땅'으로 인식됐다.

고려 때 임시수도로써 여몽전쟁의 사령부가 됐던 강화도는 고려 말은 물론이고 조선시대에 들어와서도 국방의 전략적 요충지였다.

고려말 홍건적●의 침입(1361년)으로 공민왕이 개경을 버리고 안동까지 도피했을 때도 강화는 왕의 피난지로 유력하였다. 최영, 이성계 등이 홍건적을 몰아낸 뒤, 개성으로 돌아오던 공민왕은 수도를 강화로 옮길 것을 주장했다고 한다. 그러나 절에서 친 점괘가 불길하게 나와 '강화 수도론'은 실현되지 못했다.

조선시대에도 강화도는 '삼남의 도회都會', '천험天險의 땅', '서울의 인후咽喉', '보장지처保障之處' 등으로 불렸다. 강화가 국가적으로 매우 중요한 전략적 요충지로 인식됐다는 점을 말해준다.

임진왜란 때에도 '명나라의 도움'에 의지하려 의주로 몽진했던 당시 조선 신료들의 사고는 병자호란에서 강화도가 철저히 짓밟히는 이유가 되기도 한다. 임진왜란 때 받은 '명나라의 도움'을 잊으면 안 된다고 외치다가 결국 청나라에 무릎을 꿇은 것이다.

**강화 고려궁지 풍경** _ 고려시대 전시수도의 궁궐이 있던 이곳은 개경 환도와 함께 헐렸는데, 조선시대에도 외규장각 등 국가의 중요 시설물이 들어섰다.

**연미정 _** 고려 때 지어진 정자로 우리 민족의 역사적 고비마다 등장하곤 했다. 정묘호란 때 강화(講和) 협상을 벌이던 곳이며, 임진왜란과 병자호란 때는 크게 파손되었다. 1744년 강화유수 김시혁이 보수했다. 한국전쟁 때도 포탄을 맞아 파손되어 복구 작업이 이뤄지는 등 유난히 전쟁의 아픔과 성처를 많이 간직하고 있다. 연미정에 서면, 코앞에 남북 중립지대인 유도(留島)가 눈에 들어온다. 남북분단의 상징장소이기도 하다. 작은 사진은 연미정 내부에서 밖을 본 모습. 인천시 강화군 강화읍 월곶리 소재.

전쟁이 터지면 왕이 강화도로 피하기만 하면 될 것으로 믿었던 조선은 그마저도 하지 못했다. 정묘호란 때 조선이 어떻게 하는지를 봤던 청나라는 10년 뒤 그 점을 잊지 않고 대비했다. 그러나 조선은 전혀 변하지 않았다. 청군에 길이 막히는 바람에 왕이 강화도로 피하지도 못했다. 또한 강화의 지형과 청나라의 수군운용 능력이 없다는 점만 믿고 있던 당시 강화 방어군의 안이한 대응으로 강화는 손쉽게 무너졌다. 결국 강화를 차지한 청나라는 큰 힘 들이지 않고 조선을 꺾는 데 성공했다.

즉 병자호란 당시의 조선은 강화의 중요성은 알면서도, 이를 위한 실질적 조치는 취하지 않았다. 세종시기 등 조선 초기만 해도 강화에 군사력을 집중 배치하고 있었다. 세종 때 전체 수군의 병력이 5만 명이었는데, 경기도 수군의 전 병력이 강화와 교동에 배치돼 있었다고 한다. 경기도 수군은 전국 8도 수군의 네 번째 규모였다. 또한 강화지역에서 운용되던 군선軍船의 종류도, 중대선中大船, 쾌선快船, 맹선猛船, 무군선無軍船, 왜별선倭別船 등으로 다양했다. 병자호란 때는 조선 초기에 갖춰진 우수한 강화지역의 군사체제를 제대로 가동하지도 못하고 어이없이 무너진 것이다.

'국방의 열쇠'가 된 강화는 조선시대에 크게 세 차례의 성격변화가 있었다. 조선개국에서 임진왜란 이전 시기가 그 첫 번째다. 태종 때 행정구역이 도호부로 승격됐고, 세조 시기 군사적으로 중요한 거진巨鎭이 되었지만 이때까지만 해도 강화도호부는 독자적인 군령체제 없이 행정업무만 처리했다. 두 번째는 임진왜란과 병자호란을 지나 숙종 때까지다. 큰 전쟁을 두 번이나 치르면서 조선은 유사시 왕이 대피할 수 있는 보장처 마련에 부심했고, 그 결과로 또 다시 강화가 부상했다. 도호부에서 유수부로 승격되고, 성곽도 새로 축조됐다. 수륙통합작전 대책도 이 때 논의됐다. 셋째는 영조 무신란<sup>•</sup> 이후다. 이 시기에 도성수비체제의 근간을 강화로 여겼으며, 삼도수군통어영의 통제사를 강화유수가 겸하게 했다. 조선후기 강화유수는 단순한 지방행정관이 아니라 국왕보위의 책임을 진 군대를 통솔하는 국가적 중요 직책으로 재편된 것이다.

강화지역의 중요성은 조선 말기에 더욱 두드러진다. 병인양요와 신미양요 등 프랑스와 미국의 침략에 이어 일본에 국권을 넘기게 된 시작점인 강화도조약<sup>•</sup>까지 강화도는 조선이 몰락해가는 과정에서의 아픔을 온몸으로 겪었다. 모두 도성의 길목이어서 겪었던 일이다.

서울이 수도가 된 현재도 역시 강화와 인천의 중요성은 말할 나위 없다.

강화지역 관방關防체제 전문가인 배성수 인천시립박물관 전시교육과장은 "강화도는 병자호란으로 무너지기 전까지 그야말로 천혜의 요새로 여겨졌다"면서 그 예로 강화는 경기지역에서 유일하게 사투리를 쓰는 '외딴 곳'이란 점을 들었다. 배를 댈 곳이 많지 않을 만큼 지형이 험해 외부와의 소통이 이뤄지지 않았다는 것이다. 배성수 과장은 이런 점 때문에 강화는 임진왜란 때도 한반도 중부지역에서 점령되지 않고 버틸 수 있었다고 해석한다.

● **영조 무신란**
1728년(영조 4) 3월 정권에서 배제된 소론과 남인의 과격파가 연합해 무력으로 정권 탈취를 기도한 사건. 이인좌가 중심이 되었다고 해서 이인좌의 난이라고도 한다.

● **강화도조약(江華島條約)**
1876년(고종 13) 2월 강화부에서 조선과 일본 사이에 체결된 조약. 일본의 군사적.정치적 침략 의도가 내포된 불평등조약으로, 일본의 식민주의적 침략의 시발점이 됐다.

## 사라진 섬, 낙섬과 병자호란

인천항 가는 제1·2경인고속도로 인천기점 사이에 '낙섬사거리'(인천 남구 용현동)가 있다. 낙섬(落島)이 있던 자리다. 낙섬은 일제 때 일본인들이 염전을 만들면서 육지가 됐다. 낙섬의 본래 이름은 원도(猿島)다.

낙섬에는 조선왕조의 안위와 백성의 평안을 위해 서해해신(西海海神)에게 제사를 지내는 원도사(猿島祠)가 있었다. 국왕을 대신해 인천의 수령이 매년 봄·가을로

**격세지감 낙섬사거리** _ 인천 도심 한복판에서 병자호란을 기억하게 하는 장소. 청나라군은 겨울철 강화도 염하(鹽河)가 얼어 선박운항이 어렵게 되자, 얼지 않는 이곳을 통해 강화도 접근을 시도하려 했던 것으로 보인다. 청군의 입장에서는 강화 진입을 최단시간에 할 수 있게 하는 염하는 겨울철 도 강(渡江)이 쉽지 않다는 약점이 있었다. 반면에 낙섬 쪽을 통해 강화로 가는 바닷길은 얼지는 않 지만 시간이 지체되는 단점을 갖고 있었다. 청군은 양쪽을 동시에 뚫으려 했던 것이다. 인천의 의병 들이 낙섬에서 청군을 맞아 장렬히 싸웠는데, 그 장소가 바로 이 곳 낙섬사거리이다. 청나라군은 조 선군의 허술한 방비를 틈타 염하 돌파에 성공해 손쉽게 강화를 함락했다. 그 400여 년 뒤의 현재 번 화한 모습에서는 병자호란의 아픔은 전혀 묻어나지 않는다.

제사를 지냈다. 가뭄이 들면 이 곳에서 기우제를 지내 기도 했다. 납섬(納島 · 제물을 바치는 섬)이 낙섬으로 발음이 바뀌었다는 얘기도 있고 잔나비 섬(猿島)의 준 말 납섬이 낙섬으로 바뀌었다는 가정도 있다.

1636년 병자호란이 일어나자 이윤생(李允生, 1603~ 1637)이 의병을 모집해 청나라 군대와 싸운 곳도 바 로 낙섬이다. 이윤생은 부평 이씨 후손으로 궁술(弓 術)과 마술(馬術)에 뛰어나 충무위부사과(忠武衛副司 果)에 임명됐다. 병자호란 때 의병을 모집해 강화도

| 이윤생 · 강씨 정려

와 남한산성에 이르는 겨울철 길목인 낙섬에서 청나라 군대와 싸웠다. 청나라 군 대에 맞서 사력을 다해 싸웠으나 이기지 못하고 의병들과 함께 전사했다.

남편이 죽었다는 소식을 들은 부인 강씨(姜氏)는 바다에 몸을 던져 순절했다. 이에 철종(1861)은 정려(旌閭)를 내리고 이윤생을 좌승지, 부인 강씨를 숙부인으로 추증 (追贈)했다. 인천 남구 용현동 442번지에는 인천시기념물 제4호 '이윤생 · 강씨 정 려'가 있다.

# 대로<sup>大路</sup> 진군에 산성방어 무력화



## 강화, 먼저 점령하라

청나라 장수 도르곤이 이끌고 온 배들이 강화도 갑곶진 앞 바다를 시커멓게 뒤덮었다. 강화도를 향해 발사된 청군의 홍이포<sub>紅夷砲</sub>(명나라 때 네덜란드의 대포를 모방해 만든 대포)가 굉음을 내며 시뻘건 불을 토해냈다. 갑곶을 지키던 조선 장수 강진흔<sup>●</sup>은 7척의 배를 가지고 그야말로 외로운 사투를 벌였다. 수적인 열세에도 불구하고 강진

남한산성 서문 _ 병자호란의 아픔과 치욕의 상처를 고스란히 간직하고 있는 곳. 험준한 산세를 이용한 천혜의 산성이었지만, 준비가 안 된 전쟁에서 이겨낼 도리는 없었다.

흔의 수군은 청군의 배를 여러 척 침몰시켰다. 그러나 역부족이었다. 수십 명의 군졸들이 청군의 화살과 대포에 맞아 죽었다. 강진흔도 화살을 여러 대 맞았다. 고슴도치가 된 강진흔이 뒤늦게 도착한 구원병 장신*의 수군을 향해 북을 치고 깃발을 휘저으며 지원 요청을 했다. 하지만 이미 겁에 질린 장신은 뱃머리를 돌려 그대로 도망쳐 버렸다. 1637년 1월 22일이었다. 그리고 8일 뒤 조선의 임금 인조는 청 태종 홍타이지 앞에 무릎을 꿇었다.

### 강화도 대신 남한산성

인조 14년(1636) 12월 6일 의주 용골산에서 봉화가 올랐다. 청나라 군대의 이상 징후가 포착된 것이다. 그러나 한양 외곽 방어선

●장신(張紳, ?~1637)
조선 후기 문신. 1619년(광해군 11) 자기 소유의 집터를 왕실에 바쳐 벼슬을 얻었다. 1623년(인조 1) 인조반정 때 큰 공을 세워 3등에 책록됐다. 병자호란 때 강도(江都)방위를 맡았는데, 전세가 불리해지자 왕실과 노모를 버리고 도망했다. 사헌부에서 그를 참할 것을 주장했으나 전일의 공로를 생각해 자진하게 했다.

**남한산성 전투장면** _ 조선군은 남한산성에서 청나라군의 무자비한 공격에 45일이나 버텨냈다. 이런 사투(死鬪)에도 불구하고 강화도가 함락되면서 왕자를 비롯한 왕족들이 대거 포로가 되자 남한산성에 있던 인조가 성문을 열고 나가 항복했다.

● **김자점(金自點, 1588~1651)**
조선 중기 문신. 인조반정 때에 공을 세워 영의정에 이르렀다. 효종이 즉위한 후 파직당하자, 이에 앙심을 품고 조선이 북벌(北伐)을 계획하고 있음을 청나라에 밀고해 역모죄로 처형됐다.

에 해당하는 정방산에 있던 도원수 김자점●은 이 사실을 곧바로 조정에 보고하지 않았다. 괜한 일로 서울 도성이 소란스러울 것을 걱정했던 것이다. 김자점이 사태의 심각성을 깨닫고 조정에 장계를 올린 것은 압록강을 건넌 청군의 기마병이 이미 평양 부근 순안順安을 지났을 때였다. 기마병을 필두로 한 12만 명의 대군이었다. 홍타이지는 처음부터 조선의 주요 산성들을 공략할 생각이 없었다. 그는 조선 정벌에 앞서 인조에게 "귀국이 산성을 수없이 쌓았지만 만약 내가 큰 길을 따라 곧장 서울로 향한다면 그 산성으로 나를 막아낼 수 있겠냐"는 최후통첩을 보내기도 했다.

하지만 조선은 오히려 한양으로 향하는 길목의 기존 주요 방어
진을 없애고, 병력을 백마산성<sup>•</sup>과 자모산성慈母山城 등으로 옮겼다.
이 산성들은 한양으로 이어지는 대로와 길게는 하루 이틀이 걸리
는 먼 거리에 있었다. 결과적으로 청군에게 길을 터준 셈이었다.

절체절명의 상황이었지만 조선군의 기강은 말이 아니었다. 나
만갑의 『병자록』<sup>•</sup> 12월 14일자 기록을 보면, 도감장관 이흥업이
기마병을 이끌고 성 밖의 적을 치러나가는 데, 하사받은 술과 작
별의 의미로 동료들이 준 술을 지나치게 많이 마신 나머지 모두가
취해 결국 적에게 몰살을 당했다고 한다. 참으로 어처구니없는 일
이 아닐 수 없다.

가까스로 도성을 빠져나온 인조는 강화도로 가는 길이 막히는
바람에 남한산성으로 들어갔다. 그러나 인조가 피신한 남한산성
은 16일 마부대가 이끄는 청군에 의해 완전히 포위당한다. 성 안의
장수들은 겁에 질려 밖에 나가 싸울 의지가 없었다. 청군은 성을
고립시키기 위해 참호를 파고 목책을 설치했다.

성 안에 있는 조선 병력은 1만8천 명 안팎이었다. 청군을 상대
하기엔 턱없이 부족한 숫자였다. 더 심각한 문제는 식량난이었다.
창고에 있는 쌀과 잡곡이 겨우 1만6천여 석 밖에 되지 않았다. 1만
명의 군사가 한 달을 겨우 버틸 적은 양이었다. 추위도 큰 걱정거
리였다. 동상에 걸린 병사들이 속출했고, 심지어 활시위를 당기지
못할 만큼 손도 제대로 쓰지 못할 정도였다. 성 안에서는 땔감을
마련하려고 행랑과 옥사를 허물기까지 했다. 남한산성에 갇힌 인
조를 구원하기 위해 강원도와 전라도에서 몇 차례 병력이 올라왔
으나, 청군을 돌파하는 데는 실패했다.

청군은 포위는 했지만 어쩔 수 없어 애를 끓였다. 남한산성은 산
세가 워낙 험해 그야말로 '난공불락'의 요새였기 때문이다. 그러



● 백마산성(白馬山城)
평안북도 의주군 백마산에 있던
성. 병자호란 때 임경업 장군이
지키던 곳이다.

●『병자록(丙子錄)』
병자호란 때,
나만갑(1592~1642)이 조정을
중심으로 해 일어난 일들을
일기체로 기록한 책.

다보니 청군은 별의별 수단을 다 동원한다. 언뜻 '트로이의 목마'를 연상케 하는 기구도 만들었다. 성을 넘기 위한 용도로 길고 커다란 목인木人을 만들어 성 근처에 갖다 놨는데, 그 속은 텅 비어 사람이 드나들 수 있었다고 한다.

청군이 온종일 행궁을 향해 쏘아댄 홍이포는 남한산성을 공포로 몰아넣기에 충분했다. 당시 『연려실기술』* 1월 24일의 기록을 보면 홍이포의 위력이 어느 정도인지 실감케 한다. 탄환의 크기가 모과 열매와 같은데, 그 위력이 기와집 세 채를 꿰뚫은 다음 땅속으로 한 자가량이나 더 들어가 처박혔다는 것이다. 사정거리도 엄청났다. 『병자록』에는 청군이 남쪽 성 밖에서 쏜 홍이포 탄환이 성을 지나 북쪽 성 밖의 10리(4km) 쯤 되는 청군의 진지에 떨어졌다는 기록도 있다.

조선시대 무기 전문가인 박재광 전쟁기념관 교육팀장은 "홍이포의 파괴력과 사정거리는 실로 위력적이었지만, 천혜의 요새인 남한산성이 적에게 뚫린 적은 단 한 번도 없었다"며 "남한산성이 항복을 하게 된 것은 강화도 함락이 결정적이었다"고 말했다.

## 무력화된 산성수비

정묘호란 당시 조선은 후금의 남하를 지연시키려고 침략 루트 초입인 서북지역에 산성 중심의 방어체계를 구축, 후금군과 여러 전투를 벌였다. 그럼에도 불구하고 후금군은 조선을 침략한 지 약 보름 만에 사실상 수도를 점령했다.

병자호란 때 상황은 더욱 심각했다. 조선군은 서북지역에서 전투다운 전투도 해 보지 못한 채 청나라의 남한산성·강화도 공격을 허용했다.

정묘호란 주요 전투는 의주성 전투, 창성진 전투, 용골산성 전투•, 능한산성 전투, 안주성 전투, 평양성 전투 등이 있다. 조선은 대부분의 전투에서 패했다. 이순신 장군의 조카 이완, 김시약, 기협 등의 장수들은 맞써 싸우다 숨지거나 항복하지 않고 스스로 목숨을 끊었다. 용골산성 전투는 정묘호란 중 후금군의 공격을 막아낸 대표적 전투다.

병자호란 때는 청군이 산성에 별다른 관심을 두지 않아 산성 방어전투가 많지 않았다. 남한산성 전투, 강화성 전투, 백마산성 전투, 철옹산성 전투 등이 있었지만 대규모 접전은 아니었다.

또한 남한산성에 갇힌 인조를 구한다면서 전라도에 일어난 근왕병勤王兵이 수원 광교산에서 청군과 전투를 벌여 홍타이지의 매부를 사살하는 등 대승을 거두기도 했지만, 삼전도 치욕을 막지는 못했다.


### 무너진 '보장지처' 강화도

인조가 머무르던 남한산성이 완전히 고립돼 있을 때 강화도의 방어책임을 지고 있던 김경징•은 "적이 날아서도 건너지 못할 것이다"며 아침저녁으로 잔치를 열고 술을 마셔댔다. 오로지 김포 등 강화도 인근의 마을에서 자신이 쓸 곡식을 가져오는 일에만 골몰하였다. 어느 누구도 그런 김경징을 막지 못했다. 그는 당시 최고의 권력자로 꼽히는 인조반정의 일등 공신 김류의 아들이었다. 강화도로 피신했던 인조의 둘째 아들 봉림대군(나중의 효종) 조차도 그의 권세에 눌려 감히 입을 열지 못했을 정도다.

1637년 1월 21일, 김경징에게 달갑지 않은 소식이 들어왔다. "적군이 수레에 작은 배를 실어 강화도로 향하고 있습니다." 김포 통진의 수령직을 맡고 있던 김적의 보고였다. 하지만 김경징은 "강물이 얼었는데, 어떻게 배를 젓는다는 말이냐"며 허위 보고를 해군정을 어지럽힌다는 이유로 김적의 목을 베려고 했다. 그러나 김적의 보고는 틀린 게 아니었다. 그 이틀 전에 청군은 강을 건너기 위해 자신들이 만든 배를 수레에 싣고 강화도로 진군을 시작했다. 청 태종 홍타이지는 오래 전부터 남한산성에서 버티고 있는 인조를 굴복시키려면 조선의 마지막 보루인 강화도를 무너뜨려야 한다는 것을 알고 있었다. 홍타이지는 한강과 임진강 일대에 있는 헌 선박을 모아다가 고치고, 민가를 헐어 뗏목과 배를 제작하도록 지시했다.

김경징은 갑곶 방어진지에서도 같은 보고가 올라오자 뒤늦게 현실을 직시하게 된다. 당황한 김경징은 갑곶과 월곶 등에 군사를 나눠 지휘관들에게 해안 방어에 나서도록 했다. 그러나 때는 이미 늦었다. 문관 출신이 대부분인 지휘관들은 전투 경험이 없었고, 군사들은 그동안 제대로 된 훈련을 받지 못한 상태였다.

청군은 강폭이 좁은 갑곶을 통해 강화도로 진격하기 시작했다. 『조선왕조실록』 인조 15년 1월 22일 기록을 보면, 청나라 장수인 도르곤이 군사 3만 명을 태운 선단을 이끌고 갑곶진으로 진격하면서 홍이포를 쏘자 아군은 겁에 질려 접근조차 못했다. 당시 강화도 해안 방어의 주력 부대는 광성진에 머무르고 있던 장신의 수군이었다. 갑곶에 있던 조선의 수군 전력은 강진흔이 이끄는 7척의 배가 전부였다. 장신의 수군은 광성진에서 갑곶진으로 오는 길에 수심이 가장 낮아지는 조금 때를 만나 제때 도착하지 못했다. 뒤늦게 도착한 장신은 지레 겁을 먹고 강진흔의 거듭된 지원 요청을 무시한 채 곧장 퇴각해 버렸다. 김경징은 제대로 싸워보지도 못하고, 해안방어를 포기한 채 강화산성으로 후퇴했

홍이포

다. 갑곶 방어선은 그렇게 무너지고 말았다.

청군은 강화산성을 향해 거침없이 진격했다. 이 때 김경징과 장신은 성에 있는 노모마저 그대로 남겨두고 도망을 쳤다. 황선신이 진해루에서 결사항전했으나 중과부적이었다.

강화도가 함락되자 문신인 이시직°은 자결하기에 앞서 아들에게 글을 남겼다.

'장강長江'의 험함을 잃어 북쪽 군사가 나는 듯이 건너오는데, 술 취한 장수는 겁을 먹고 나라를 배반하면서까지 살 구멍만 찾는구나. 수비가 무너저 모든 백성이 어육魚肉이 되었으니, 저 남한산성도 곧 함락될 것이다. 구차하게 살 바에야 기꺼운 마음으로 자결한다….

인조가 강화도의 함락 소식을 보고받은 것은 그로부터 나흘이 지난 1월 26일이었다. 인조는 나흘을 더 고민하다 30일에 결국 남한산성을 나와 홍타이지 앞에 무릎을 꿇었다.

●이시직(李時稷, 1572~1637)
조선 중기 문신. 병자호란이 일어나자 강화에 들어갔다가, 강화가 함락되자 활끈으로 목을 매어 죽었다. 강화의 충렬사(忠烈祠)와 회덕의 숭현사(崇賢祠)의 별사에 제향됐다.

# 승패를 가른 무기와 전술

화약 무기는 전쟁의 양상을 완전히 바꿔 놓았다. 새로 등장한 화약 무기의 사정거리와 파괴력은 실로 획기적인 것이었다.

### 명나라도 인정한 조선의 '조총'

조선의 대표적인 화약 무기는 조총과 화포다. 특히 조총은 인조 때에 이르러 주력 병기로 활용된다. 병자호란 당시 조선은 조총수를 앞세워 기마병을 선봉으로 한 청나라 군대와 맞섰다.

조선은 이미 임진왜란을 겪으며 조총의 성능을 절실히 느낀 바 있다. 조총으로 무장한 일본군의 파상공세에 밀려 나라를 송두리째 빼앗길 뻔한 조선이었다. 조총 개발에 조선이 본격적으로 뛰어든 것은 광해군 시절이다. 후금의 누르하치가 영토를 확장하며 세력을 확대해 가고 있을 때였다. 누르하치의 침략 위협을 느낀 광해군은 조총을 비롯해 각종 화포 제작에 돌입하는 한편, 화약원료인 염초를 확보하는 일에도 공을 들였다. 이후 인조 때에 이르러 조선이 보유한 조총 제작기술은 일본을 넘어섰다고 한다.

조선 조총의 우수한 성능과 조총수들의 뛰어난 사격술은 후금과의 일전을 앞두고 있던 명나라도 일찍이 탐을 낼 정도였다. 조선은 광해군 시절인 1619년 명나라의 거듭된 파병 요구를 뿌리치지 못하고, 조총수를 비롯한 병력 1만5천 명을 만주로 출병시키기도 했다.

조선 조총의 진가는 병자호란에서도 발휘된 적이 있다. 바로 평안 병사平安兵使 유림*이 대승을 거둔 김화(강원도 북쪽 지역)전투다. 유림은 산기슭에서 조총수와 궁수 등을 배치, 때를 기다렸다가 청군이 가까이 접근해 왔을 때 일제히 사격을 가해 적군을 섬멸한 것이다.

조총이 주력 병기가 됐다고 해서 재래식 전통 무기가 퇴물로 전락한 것은 아니다. 오히려 그 반대다. 박재광 전쟁기념관 교육팀장은 "오늘날 현대전도 그렇지만 결국 마지막에는 개인 무예에 의해 결과가 좌우되는 백병전을 치러야 한다"며 "임진왜란 당시 조총은 물론 검술이 뛰어난 일본 보병에 크게 당했던 조선은 이후 도검, 창, 편곤, 철퇴 등의 무예를 강조했고, 병자호란이 끝난 뒤에는 청나라 기병에 대항할 마상馬上무예가 다시 발달하게 된다"고 지적한다. 그러나 임진왜란 경험에서 배운 조총기술만으로 청을 대적할 수는 없었다.

### 청나라 '홍이포', 조선을 무너뜨리다

청나라의 군대는 팔기군 체제였다. 서로 다른 8개의 깃발 아래 병력을 편제했다. 몽골족과 한족도 팔기군에 포함돼 있었다. 중국 전쟁사 전문가인 크리스 피어스Chris Pierce가 펴낸 『전쟁으로 보는



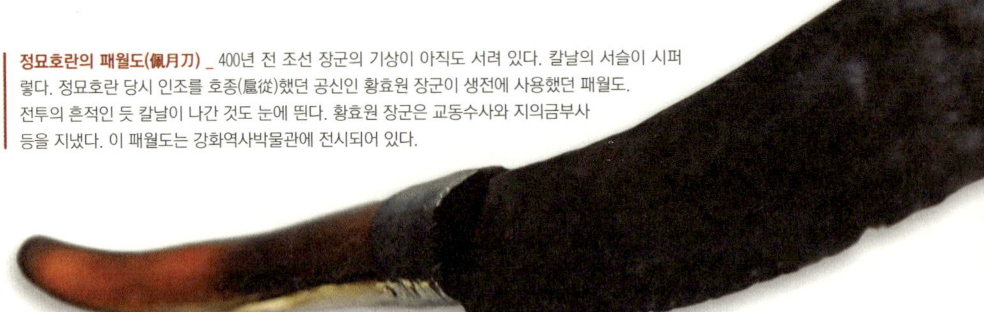

**정묘호란의 패월도(佩月刀)** _ 400년 전 조선 장군의 기상이 아직도 서려 있다. 칼날의 서슬이 시퍼렇다. 정묘호란 당시 인조를 호종(扈從)했던 공신인 황효원 장군이 생전에 사용했던 패월도. 전투의 흔적인 듯 칼날이 나간 것도 눈에 띈다. 황효원 장군은 교동수사와 지의금부사 등을 지냈다. 이 패월도는 강화역사박물관에 전시되어 있다.

중국사』을 보면, 청군은 일반적으로 창병, 검병, 궁수로 구성된 3열의 보병과 그 뒤에 기병이 배치되는 식이었다. 청나라는 정묘호란 전인 1620년대부터 화승총과 화포를 갖추기 시작했다. 하지만 기병은 당시에도 칼, 창, 활 등을 주로 사용했다. 기병은 대부분 철갑을 착용했는데, 징이 박힌 면갑(바깥쪽은 천, 안쪽은 금속조각)을 입기도 했다.

그러나 청의 홍이포紅夷砲를 대적하기에는 부족했다. 병자호란 때 조선은 홍이포에 의해 무너졌다고 해도 과언이 아니다. 청군은 홍이포를 앞세워 인조가 있는 남한산성을 포위하고, 조선의 마지막 보루인 강화도마저 함락시켰다. 홍이포의 위력은 실로 엄청났다. 청나라는 남한산성 밖에 진을 치고 행궁을 향해 홍이포를 쏘아댔다.『속잡록』은 홍이포에 대해 다음과 같이 기술한다.

적이 홍이포를 터뜨리니 탄환이 큰 것은 사발만 하고, 작은 것은 계란만 하다. 빠르기는 회오리 바람과 같고, 소리는 벼락과 같아 그 탄환에 맞아 죽은 자가 많았다.

강화도 수비군에게도 홍이포는 그야말로 공포의 대상이었다.『동계집』 1637년 1월 27일 기록을 보면, 포성이 산과 바다를 흔들고, 포탄을 맞은 물건은 곧바로 꺾이거나 무너졌다고 한다.

조선이 홍이포를 쓰기 시작한 것은 병자호란 이후다.『조선왕조실록』에 정조는 "병자년(1636)에 이 방법을 배우지 않아 쓰지 못하였으니 참으로 한탄스럽다"고 했다.

## 내우는 외환의 근본

조선의 화포무기는 화약이 전래된 고려 말부터 꾸준한 기술 개발이 이뤄졌다. 임진왜란 당시 조선은 일본의 신식 무기인 조총에 밀려 각종 전투에서 고전을 면치 못했다. 하지만 해전만큼은 달랐다. 이순신 등이 이끌던 수군의 눈부신 활약으로 조선은 전세를 뒤집을 수 있었다. 수군이 막강한 힘을 발휘할 수 있었던 것은 거북선과 판옥선 등 조선 군함의 우수성과 더불어 배에 장착된 천자총통, 지자총통, 현자총통, 황자총통 등 원거리 사격이 가능한 대형 화포가 결정적이었다. 수군이 당시 휴대한 소형 총통인 승자총통도 살상용 무기로 뛰어난 성능을 발휘했다. 조선을 지원하러 온 명나라 군대의 신식 화포인 불랑기*도 맹활약을 했다. 박재광의 『화염조선』을 보면, 기존 화포에 비해 크기가 작고 성능이 뛰어난 불랑기는 홍이포가 등장하기 전까지 최고의 화력을 과시했다. 조선은 이 불랑기를 군함에 장착, 운용했다.

조선이 보유한 함선은 맹선*, 검선*, 비거도*, 판옥선*, 거북선 등으로 당대 최강의 전력을 자랑했다.

그러나 '천혜의 요새'이자 '조선의 보장지처'인 강화도는 병자호란 당시 청군의 공격이 개시된 지 불과 하루 반나절 만에 함락됐다. 강화도 방어의 최고 책임자였던 김경징은 아무런 대비책도 강구하지 않은 채 주지육림에 빠져있었고, 청군과 맞닥뜨린 장신 등 주요 지휘관들은 겁에 질려 한 번 싸워보지도 않고 도망쳤다.

**조선시대 갑옷 투구**
조선시대에 흔히 볼 수 있는 갑옷과 투구. 두석린 갑옷은 놋쇠를 의미하는 두석(豆錫)을 물고기 비늘같이 이어 붙여 만든 갑옷이다. 국립경주박물관 소장.

● **불랑기(佛狼機)**
조선 중기에 제작된 서양식 청동제 화포. 1667년(현종 8)에 제작한 불랑기자포 3점이 육군박물관에 소장돼 있다.

● **맹선(猛船)**
전투와 조운 기능을 겸한 조선초기의 병선. 수심이 낮은 서해안에서 운용이 편리함

● **검선(劍船)**
창과 칼을 뱃전에 꽂은 전투함

● **비거도(鼻居刀)**
일종의 쾌속선

● **판옥선(板屋船)**
조선후기 대표 전함. 맹선을 개조한 형태로 대형 화포를 다량 장착

강화도 갑곶 방어선은 그렇게 허무하게 무너지고 말았다.

인하대학교 한국학연구소 임학성 교수는 "강화도 함락은 청군의 압도적인 군사력이 주된 이유였겠지만 내부적으로는 김경징, 이민구, 장신 등 강화도 수비의 주요 책임자가 적의 침입에 대비하지 않은 것이었다. 주요 관원이 배를 타고 급히 도주하면서 방어 지휘부가 와해되는 지경에 이른 것이 주된 패인이다"고 평가한다.


## 전쟁, 또 다른 인재를 낳다

전쟁은 강화에서 예기치 않은 수많은 인재를 낳았다. 정묘호란 때 강화도 진해루에서 강화(講和)한 것을 기념해 인조가 즉석에서 '과거시험'을 치른 것이다. 이름하여 도과(道科)다. 조선시대의 과거는 3년에 한번씩 정기적으로 치르는 식년시와 임금의 특명으로 치르는 별시가 있었다. 강화도에서 치러진 이때의 '도과'는 그 별시의 하나였다. 정묘년(1627년) 당시엔 강화에서 4명, 통진과 교동에서 각각 1명씩 급제하였다. 이어진 강화 도과는 영조 때가 가장 많다. 영조 2년(1726년)에는 문과 7명, 무과 185명을 각각 선발하는 등 영조 때만 모두 네 차례나 강화에서 도과를 시행했다. 철종 4년(1853년)과 고종 3년(1866년)에도 각각 강화에서 도과가 치러졌는데, 고종 3년에 이건창의 합격이 눈에 띈다. 이건창은 당시 15세로, 역대 최연소 과거급제자였다. 병인양요 때 할아버지(이시원)가 자결을 하는 것을 보면서 현실과 역사에 눈을 떴다. 이 때문인지 이건창은 서양과 일본의 침략을 철저히 배격하는 '척양척왜'의 길을 걸으며, 비주체적 개화를 극력 반대했다. 이건창은 김택영이 고려와 조선의 최고 문장가 9명을 꼽은 '여한구가(麗韓九家)'의 한 명일 정도로 천재적인 문장가였다.

# 조선시대 군대 생활상(Ⅱ)

　조선시대 군대의 모습과 생활상은 어땠을까. 영조(1724~1776) 때 지리학자인 정상기(1678~1752)가 펴낸 『농포문답』을 보면 전쟁터로 나가기 전 준비해야 할 물품 등 당시 군인 휴대품과 관련한 흥미로운 기록들이 눈에 띈다.

　**개가죽**_ 우선 행군하다 장맛비를 만났을 때 대처방안으로 '개가죽'이 등장한다. 사나흘 정도의 비는 유지(油紙·기름 먹인 종이) 군막을 치도록 했는데, 바닥에 판자를 댄 다음 큰 가죽요를 펴면 습기를 막을 수 있다고 설명한다. 특히 각자 개가죽을 준비해 여름에는 습기를, 겨울에는 추위를 막도록 한 점이 눈길을 끈다.

　임진왜란 때는 서피鼠皮(담비털)로 귀마개를 했다는 기록도 있다.*

> 비변사의 공문에 의하여 원수가 쥐 가죽으로 만든 남바위(귀마개)를 좌도에 열다섯 개, 우도에 열 개, 경상도에 열 개, 충청도에 다섯 개로 나누어 보냈다.
>
> ─『난중일기』 1594년 10월 12일자

　당시 병영에 월동장구로 귀마개가 있었는데, 그것을 서피로 만들었다는 것이다. 그 담비털 귀마개는 흔치 않은 귀중품이어서 장교들만 썼던 모양이다.

　**전투화**_ 행군할 때 가장 중요한 것이 전투화다. 『농포문답』은 계절별 신발 제작 방법에 대해서도 자세히 기술하고 있다. 추운 겨울에는 익힌 쇠가죽으로 긴 버선 모양의 신을 만들고, 속 바닥에 풀을 많이 깔아 신도록 했다. 그러면 발이 따뜻하고 바닥이 딱딱하지 않아 쉽게 해어지지도 않는

* 여기서 말하는 서피(鼠皮)가 한자어 그대로 쥐 가죽을 말하는 것인지는 확실하지 않다. 노산 이은상이 옮긴 『난중일기』(현암사, 1969)에도 '비변사(備邊司) 공문에 의하여 원수(元帥)가 쥐 가죽으로 만든 남바위(耳掩)를 좌도에 15벌, 우도에 10벌, 경상도에 10벌, 충청도에 5벌을 보내어 왔다'고 되어 있다. 일부 국어사전에도 '서피'(鼠皮)를 쥐 가죽으로 풀이하고 있다. 인용문에는 번역자의 뜻대로 쥐 가죽으로 썼다. 그러나 보온용인 귀마개를 쥐 가죽으로 만들었다기보다는, 담비 털로 보는 게 타당할 듯하다.

다는 것이다. 습한 여름, 신발의 높이는 복사뼈에 '겨우' 닿도록 하라는 세심한 당부도 잊지 않는다.

**전투식량**_ 적군 쪽으로 깊숙히 들어가면 군량과 반찬을 대기 어려우니 '무씨'를 많이 챙기라고 주문한다. 한 곳에 오래 머무를 때 무를 심어 줄기와 잎을 뜯어먹으라는 것이다. 행여 버려도 그리 아깝지 않고, 환군하다 뜯어먹을 수도 있다고 했다. 소금과 간장을 챙겨가는 방법도 있다. 맑은 장에 담갔다가 볕에 말리기를 수십 차례 반복한 무명베를 식사할 때 물에 풀어 우려 마시도록 한 것이다. 또 거위알 만하게 뭉쳐 만든 소금을 불에 태워 단단하게 만든 뒤 두세 개씩 휴대하도록 하면 급할 때 유용하다고 했다.

식수 확보의 중요성도 강조했다. 먹을 것이 없어도 2~3일은 견딜 수 있고 말 또한 죽지 않지만, 물이 없으면 하루도 지탱하기 어렵고 결국 인마人馬가 죽게 된다는 것이다. 진영을 설치하거나 성을 지킬 때는 물맥脈을 잘 아는 사람을 구해 여러 차례 시험하고 성과가 있으면 뽑아써야 한다고 권유한다.

조선후기 병사들의 전투식량이 실제로 재연된 적이 있었다. 지난 2007년 전북 고창에서 열린 모양성제 행사에서 김수완 전 국방부전통의장대장(현 예문관 본부장)이 정조 대에 발간된 병서『병학지남연의』기록을 토대로 재연한 것이었다. 김수완 전 의장대장은 "군지軍志에 군사들이 사용하는 마른 식량, 신발, 갑옷, 병기, 말의 재갈 등에서 가장 중요한 것이 마른 식량이니 급박한 상황이 아니면 먹지 못하도록 철저히 통제해야 하고, 만약 이를 휴대하지 않았을 때에는 무기를 잃은 죄와 똑같이 다스려야 한다는 기록이 있다"고 했다.

재연된 전투식량은 크게 4가지였다. 수소문 끝에 당시 직접 조리를 한 고창 주민 백옥성(73·여) 씨에게서 완성된 음식의 종류와 제작 방법을 들어봤다. 밀가루 국수는 밀가루를 소주에 담갔다가 건져 말리기를 여러 번 반복한 뒤 말린 밀가루를 다시 물에 타 반죽을 한 다음 면을 뽑았다고 한다. 백씨는 "소주는 알코올 성분인데, 아마도 국수가 쉬지 않도록 하려던 것 같다"고 했다. 주먹밥은 식초를 탄 물로 밥을 지었다. 식초를 쓰면 음식이 쉽게 상하지 않는다. 백씨는 "소금으로 간을 했고, 오래 두고 먹기 위해 식초를 방부제로 쓰지 않았겠느냐"고 했다. 밀가루 떡도 전투식량으로 쓰였다.

그러나 이 같은 기록이 실제 적용됐는지는 확인하기 어렵다. 한국학중앙연구원 정해은 박사는 "조선후기, 그 중에서도 정묘·병자호란 전후 시기 조선과 청나라 군대의 무기와 병선 운용, 군복, 전투식량 등에 대한 연구는 거의 이뤄지지 않았으며 『농포문답』은 그나마 조선후기 군대의 모습과 생활을 엿볼 수 있는 보기 드문 자료"라고 했다.

# 강화, 제물祭物이 되다

## 최대 피해지역, 강화도

병자호란은 정묘호란이 끝난 지 불과 10년도 안 되어 터졌기 때문에 백성들은 정묘호란 당시 살인과 약탈을 일삼았던 여진족의 잔인함을 생생하게 기억하고 있었다.

백성들은 여진족이 다시 쳐들어온다는 얘기를 듣자마자 황급히 짐을 챙겨 집을 나섰다. 곳곳에서 부모와 떨어진 아이들의 울음소리가 들렸다. 한양은 아수라장 그 자체였다. 왕실과 백성들은 강화도로 가기 위한 나루터에 도착했다. 하지만 배가 없어 며칠 동안을 추위와 공포 속에서 떨어야 했다.

나만갑의 『병자록』을 보면 몇 천, 몇 만인지 모를 백성들이 나루터에 빽빽이 서서 염하鹽河를 건너게 해 달라고 아우성을 쳤다고 한다.

청나라 군대는 12월 28일 문산을 지나 강화도 건너편에 도착했고, 미처 염하를 건너지 못한 백성들은 청군의 칼과 창에 무방비로 놓였다. 청군은 강화도를 침략하기 위해 민가를 헐어 배와 뗏목을 만들었다. 이 때문에 그 일대에 남아나는 집이 없었다고 한다. 청군이 강화도 침략을 준비할 때 검찰사 김경징은 쌀장사로 재미를 보고 기녀들과 술을 마시고 있었다.

며칠 뒤인 1월 22일, 청군이 강화도 공략에 나서면서 강도江都의 비극이 시작된다. 청군은 해안선을 뚫고 강화성을 포위했다. 강화

**김상용 순절비** _ 병자호란 때 강화도가 함락되자 스스로 폭약에 불을 붙여 폭사한 김상용의 충의를 기리기 위한 비각. 인천시 기념물 제35호. 인천시 강화군 강화읍 관청리 소재.

성은 힘없이 뚫렸고 이 때 원임대신 김상용[*]이 13살 먹은 손자(수전), 우승지 홍명형, 별좌 권순장, 생원 김익겸 등과 함께 폭사한다. 강화도에 있던 고관들과 그 부인들도 강화성과 운명을 같이했다. 강화성에서 청군과 싸우다가 숨지거나 스스로 목숨을 끊은 사람은 헤아릴 수 없을 정도로 많다. 정권의 윗자리를 차지하고 있던 김경징 같은 이가 병자호란 참사의 첫째 원인이 되는데 이런 와중에도 김상용 같이 목숨을 초개처럼 버릴 줄 아는 이도 많았던 것이다.

1906년 강화도의 각 마을을 직접 방문하면서 『심도기행沁都紀行』(김형우·강신엽 옮김, 인천학연구원)을 남긴 화남華南 고재형[*]도 김상용의 순절을 기렸다.

육신 바쳐 순국하신 김상용 선생,

백세토록 그 명성이 동방에 전해오네.

화약 쌓은 남문에서 우레 소리 일어나니,

● 김상용(金尙容, 1561~1637)
조선 중기의 문신. 인조반정 후에 대사헌, 형조 판서, 우의정을 지냈다. 병자호란 때 왕족을 호종하고 강화로 피란했다가 강화산성이 함락되자 자결했다.

● 고재형(高在亨, 1846~1916)
인천 강화군 불은면 두운리 두두미 마을에서 태어났다. 1888년(고종 25년) 급제했으나 벼슬길에 오르지 않고 고향에서 생활했다.

어린 손자와 노비들까지 충성심을 보여줬네.

화남 선생은 또 강화도 함락의 주역인 김경징을 통렬히 꾸짖는 시도 읊었다.

종묘사직 서쪽 올 때 만 백성이 울었는데,
수비 신하 어이하여 술 취해서 졸았던가.
지하에 묻혀서도 응당 몹시 부끄러울지니,
그래도 훌륭한 아들과 의로운 아내가 있었다네.

화남 선생의 다음 글도 눈길을 끈다.

병자년 난리에 강화부의 검찰사 김경징과 부사 이민구 등이 교만하고 사치하여 술 마시고 놀이에 빠져 전쟁을 준비하고 지키는 일을 소홀히 하였다. 오랑캐가 강을 건널 때에 이르러서 김경징과 이민구 등은 배를 버리고 달아났다. 김경징의 아내 박씨朴氏와 첩 권씨權氏는 모두 목매어 죽었다. 후에 정려旌閭를 내려주었다. 이민구의 아들 이원규·이중규는 적을 만나서 분전하다가 굽히지 않고 죽었다. 그의 조카 이상규도 죽었다. 난이 평정되자 김경징은 사약을 받았으며, 이민구는 금고되었다.

전란을 맞아 일신一身을 생각하기가 아녀자보다도 못하고, 자식보다도 못한 위정자들의 태도가 대조된다.

김경징이나 이민구와 같은 부류와는 달리 사대부 중에서도 싸움에 참여하고, 패배하자 온 가족과 함께 목숨을 끊은 경우도 있다.

『조선왕조실록』은 병자호란 당시 강화 전등사*에서 사대부 집안 13명이 함께 자결한 대목을 기술하고 있다.

판서 충민공 민성은 바로 경정공 민인백의 아들인데, … 병자·정축년
의 난리를 당하자 가족을 이끌고 강화도에 들어가서 그의 세 아들과 함께
의병에 편입되어 성지를 지켰습니다. 그러다가 오랑캐가 강을 건너와 사
태가 수습할 수 없게 되자 사람들이 더러 버리고 도망가자고 권하면 공이
말하기를, '사대부가 의병으로 나섰는데 일이 급하다고 먼저 달아나서야
되겠는가? 살기 위해 요행히 면하려는 것은 내 뜻이 아니다' 라고 하였습
니다. 세 아들을 돌아보고 이르기를, … 강토가 얼마나 남아 있는지 모르
는데 내 어찌 구차하게 살겠는가? 오늘날의 의리는 오직 정결한 곳에 가
서 조용히 죽는 것뿐이다' 하고 나서, 그 아들 민지박, 민지흑, 민지익과
그의 며느리 이씨, 김씨, 유씨와 장녀 최여준의 아내, 차녀인 처자 세 사
람과 첩 우성 등 12명이 전등사 토우土宇 밑에서 같은 날에 순절하였습니
다. 그리고 또 서자 한 사람이 뒤에 도착하여 온 집안이 모두 죽었다는 말
을 듣고 또한 자결하였는데, 모두 13명이었습니다.

- 『조선왕조실록』 순조 16년(1816) 12월 25일

이는 순조 임금 시절 강화 유수로 있던 서능보●의 상소를 바탕
으로 쓴 기사다. 병자호란 당시의 강화에서의 온 가족 집단 자결
사건에 대해 송시열●도 얼마나 높이 평가했던지, 이들을 위한 전
傳을 별도로 지을 정도였다.

사대부 가족뿐 아니라 궁중의 여성들도 집단으로 목숨을 끊었
던 모양이다. 관아 북쪽 송악산에 행궁行宮이 있었는데, 병자호란
때 빈궁嬪宮을 모시고 강화로 피했던 궁인宮人들이 오랑캐가 이르
렀다는 말을 듣고서 행궁 후원의 나무에 목매 죽었다고 한다. 영
조 임금이 특별히 유수에게 명하여 궁인들이 목맨 나무 아래 그

땅에 행궁 궁아제단行宮 宮娥祭壇을 설치하고 제사지내게 했다고 한다.

조정에서도 강화의 심각한 피해를 인식하고 구제책 마련에 나섰다. 전후 대책을 논의하는 가운데 나온 강화에 대한 의견이다.

강화부는 다른 도道보다도 훨씬 혹독하게 병화兵禍를 당했으니, 진구賑救하는 계책과 경종耕種 등의 일에 대해 반드시 별도로 구제책을 베푼 뒤에야 살아남은 백성들이 비참하게 죽는 근심을 면할 수 있을 것입니다.
— 『조선왕조실록』 인조 15년(1636) 2월 23일

이영춘 국사편찬위원회 편사연구관은 "강화성에 있던 사람의 절반은 (청군에 의해) 죽었다고 한다"며 "강화도는 반半도륙을 당했고 비극의 섬이 됐다"고 말했다.

또한 조정의 신주 뭉치를 청군에게 빼앗겨 후에 많은 신주들을 새로 만들게 되는데, 태조의 영정影幀을 분실하는 일도 이 때 있었다.

『조선왕조실록』(인조15년 2월 15일)을 보면 '내가 실덕失德하여 보전하지 못한 탓으로 조상의 영정을 잃어버렸다. 종묘의 신주는 그대로 다시 만들 수 있지만 영정은 무슨 방법으로 모사模寫하겠는가. 내가 매우 가슴이 아프다'는 인조의 말을 전한다.

청군은 1월 26일 포로로 잡은 왕실과 조선의 백성들을 데리고 인조의 항복을 받아내기 위해 남한산성으로 향했다. 당시 남한산성의 상황도 비참했다. 성안에 식량이 부족해 죽어 나가는 백성이 적지 않았다고 한다. 결국 1월 30일 인조는 남한산성에서 나와 홍타이지에게 항복하고, 청군은 포로로 잡은 조선인들을 데리고 청나라 수도 선양瀋陽으로 돌아갔다. 청나라의 포로가 된 조선인은

이국에서 짐승 취급을 받으며 노예생활을 해야 했다. 청나라는 병
자호란이 끝난 뒤 공물은 물론 '처녀 공출'까지 조선에 요구했다.

병자호란 당시 청나라는 청군, 몽골군, 한군 등 12만 명에 달하
는 대군으로 조선을 침공했는데, 이 중 몽골군의 약탈이 가장 심
했다고 한다.

인조가 청 태종에게 항복한 다음 날 기록인 『조선왕조실록』 인
조 15년 2월 1일자는 '몽골 사람들이 그대로 성중城中에 있었다. 백
관들은 모두 대궐 안에 들어가 있었는데, 여염閭閻이 대부분 불타
고 죽은 시체가 길거리에 이리저리 널려 있었다'고 적었다.

전쟁이 끝나고도 백성의 고난은 끝난 것이 아니었다. 인조 16년
함경도에서만 무려 4천300명이 굶주림과 염병으로 죽었다는 기록
도 있다.

### 조선포로의 실상과 한 많은 삶

병자호란 이후 청군에 포로로 끌려간 조선인들은 갖은 노역과
천대에 시달리면서도 고향으로 돌아갈 날만 손꼽아 기다렸다.

청인들은 두 번 이상 도망가다 잡힌 포로의 경우, 귀에 구멍을
뚫어 줄로 묶고 다녔다고 한다. 병자호란이 청나라의 '조선인 포
로 사냥'이었다고 해도 과언이 아닐 것이다.

청나라는 조선인을 포로로서 매우 높게 쳤다. 조선 남자는 농사
일을 잘했고, 여자들은 유목과 수렵으로 단련된 여진족 여자와 달
리 단정하고 얌전했다. 이영춘 편사연구관은 "청나라 남자가 조선
여자를 좋아하여 이를 시기한 청나라 여자들이 조선 여자의 손을
뜨거운 물에 넣어 화상을 입히는 일도 있었다"고 했다.

청나라는 조선 침략 당시 인구가 많지 않았다. 이 때문에 '포로
확보'는 매우 중요한 과제였다. 이는 청나라의 입장을 정리한 국

서에 잘 나타나 있다. '포로가 도망하여 환국할 경우, 이를 즉각 심양에 반송할 것'이라는 조항이 대표적이다.

『조선왕조실록』과『승정원일기』* 등 조정의 공식 문서에는 정확한 포로 수가 나와 있지 않다. 최명길은『지천집』*에서 '청군이 정축년 2월 15일에 한강을 건널 때 포로로 잡힌 인구가 무려 50여만 명이었다'고 했다. 나만갑의『병자록』, 작자 미상의『산성일기』*에는 포로 수가 60만 명 이상으로 기록돼 있다.

청나라는 노예시장을 열어 조선인 포로를 말과 돼지처럼 사고팔았다. 조선사람이 포로로 잡힌 가족을 데려오기 위해서도 이 속환贖還시장에서 돈을 주고 사야 했다. 무슨 이런 경우가 있을 수 있단 말인가. 하지만 부르는 게 값이라 많은 조선인 포로들이 속환되지는 못했다. 특히 일부 관료들이 자기의 혈육을 데려오는 데 급급한 나머지 속환가贖還價를 터무니없이 높게 주는 바람에 조선인 포로의 몸값이 크게 올랐다고 한다. 돈이 부족해 아들과 조카 중 한 명만 데리고 오는 사람, 딸의 속환가를 깎아 달라고 애원하는 어머니, 비싼 속환가에 절망해 스스로 목숨을 끊는 조선인 포로 등으로 노예시장은 눈물바다였다.

인하대 한국학연구소 임학성 교수는 "(비싼 속환가로 인해) 60만 명의 포로 중 속환된 자는 수 천 명에 불과했다"면서 "조선으로 돌아온 환향녀를 정절을 지키지 않은 더러운 여자, 즉 화냥년으로 칭하는 이른바 조선판 '마녀사냥'이 이뤄졌다"고 했다. 이 때문에 조선으로 돌아온 조선 여자들은 고향에서도 비참한 삶을 살아야 했다. 이들을 '환향녀還鄕女'라고 불렀는 데, 이 말은 후일 외도하는 여자라는 뜻의 '화냥년'이 됐다.

남편들이 환향녀를 받아들이지 않아 사회적 문제가 되기도 했다. 조정은 '조선으로 들어오는 입구 개울에서 목욕을 하면 모든 부정이 씻어진다'는 특사령까지 내렸지만 환향녀에 대한 사회적 천대 현상은 해결되지 않았다.

### 죽음으로 절개지킨 강화도 여성들

정축 2월 난리 통에 모든 고을 비었으니,
열부들이 다투어 물과 불에 몸 던졌네.
오랑캐도 놀라서 서로 보고 말하기를,
조선의 풍속은 중국과는 다르구나.

- 『심도기행』

청나라 군대의 칼날 아래 강화도는 철저히 유린당했다. 강화도에서는 정절을 지키려고 도망치다가 죽거나, 자결을 선택한 여인들이 헤아릴 수 없었다. 심지어 남편과 아들에게까지 죽음을 강요받아 목숨을 잃기도 했다.

심현의 처는 자결을 결심한 지아비와 함께 목숨을 끊었다. 민성은 아내와 자식을 먼저 죽인 뒤 자결했다. 김상용을 따라 화약 불구덩이로 뛰어든 권순장의 집안 여인들은 한꺼번에 비참한 최후를 맞는다. 아내는 목을 매기 전 먼저 세 딸을 목 매어 죽게 했다. 권순장의 12살 난 어린 누이동생도 스스로 목을 매 죽어야 했다.

'강화함락의 원흉' 중 한 사람인 김경징의 집안 여인들도 화를 면치 못했다. 김경징의 아들 김진표는 할머니와 어머니, 그리고 자신의 아내에게 자결할 것을 강요했다. 김진표의 처가 먼저 자결하자 그의 할머니와 어머니도 따라 목숨을 끊었다. 하지만 김경징은 강화도를 도망쳐 살아남았다가 나중에 사약을 받고 죽었다. 이 밖에 이성구 · 정백창 · 여이징 · 김반 · 이소한 · 한흥일 · 홍명

일·이상일·이상규·정선흥 등의 처, 한준겸·이호민·정효성 등의 첩 등이 절개를 지키다 죽었다. 당시 여인들의 피해가 얼마나 컸는지, 나만갑은 『병자록』에서 '절개를 지켜 죽은 여인이 수없이 많았으나 다 알려지지 않았으니 애석한 일이다'고 했다.

당시 강화에 살던 청주 한韓씨 형제 일가의 병자호란 참상 기록인 『한씨경란기韓氏經亂記』를 연구한 인하대 한국학연구소 임학성 교수는 "『조선왕조실록』과 『지리지』 등의 자료에서는 약 70명의 부녀자가 병자호란 때 강화도에서 자결한 것으로 확인된다"면서 "기록에 남겨지지 못한 평민이나 천민신분층 부녀자들을 감안하면, 병자호란 당시 강화도의 인명 피해는 극심했다"고 했다.

죽음을 택하거나 강요 당한 당시 여인들의 심경은 어땠을까. 조선시대 한문 소설인 『강도몽유록』●은 강화도에서 비참하게 죽은 여인들의 통한을 사실적으로 묘사하고 있다. 이 소설에는 인조반정의 일등 공신 김류의 아내이자, 병자호란 당시 강화도 방어 책

●『강도몽유록(江都夢遊錄)』
조선시대 한문 소설. 병자호란 중 강화도 함락을 소재로 한 몽유록계 작품으로, 부녀자들의 입을 통해 나라를 망친 조신(朝臣)들을 고발한 내용이다. 작가와 연대는 알 수 없다.

임을 맡았던 김경징의 모친도 등장한다. 그녀는 "내가 죽어야 하는 것이 하늘의 뜻이냐"고 원통한 심정을 토로하며, 세상을 이 지경에 이르게 한 자신의 남편을 원망한다.

『강도몽유록』 등의 고전 소설을 엮은 『옛 소설에 빠지다』의 편자 조혜란 씨는 이 책에서 "『강도몽유록』에 등장하는 그녀들은 결국 죽음을 선택하긴 했지만 실은 간절하게 살고 싶었던 욕망에 대해 토로하고 있으며 죽어 귀신이 되어서도 통곡소리로 터져 나오는 그녀들의 목소리는 당대 조정에 대한 통렬한 비판이 되어 여전히 강화도 어느 하늘에 울리고 있는 듯 하다"고 설명한다.

청나라 군사들이 물밀듯이 밀려오자 강화성은 삽시간에 아수라장으로 변했다. 청군은 행궁을 불태우고 산성 안팎에 숨어있던 백성들을 모조리 끌어냈다. 저항은 곧 죽음이었다. 청나라 군사들이 내려치는 서슬 퍼런 칼날에 수많은 사람들의 목이 떨어져 나갔다.

강화도가 맥없이 함락되자 전 우의정 김상용(1561~1637)은 입고 있던 옷을 벗어 하인에게 건넸다. "네가 만약 여기서 무사히 나가게 되거든 아이들에게 전해 훗날 장사를 치를 때 쓰도록 하라." 남문을 향해 걸어나간 김상용은 무언가를 결심한 듯 화약이 들어있는 궤짝 위에 걸터 앉은 뒤 사람들을 다른 곳으로 물러나게 했다. "대감께서는 혼자만 좋은 일을 하시렵니까." '일'을 직감한 김익겸●과 권순장●은 끝내 물러서지 않았다. 김상용은 화약에 불을 붙였다. 폭발음과 함께 세 사람은 그렇게 불길 속으로 사라졌다. 윤방, 심현, 송시영, 이시직 등 여러 조정 신료들도 스스로 목숨을 끊었다.

### 생사의 갈림길

김상용은 오랑캐 앞에 무릎을 꿇고 구차하게 사느니 차라리 죽음을 택하였다.

10년 전 평안병사 남이흥●은 정묘호란 당시 안주성에서 후금군에 맞서 싸웠다. 안주성 병력은 3천여 명. 조선군의 7배가 넘는 2

● **김익겸(金益兼, 1614~1636)**
조선 중기 문신. 후금(後金)이 국호를 청(淸)으로 고쳤을 때에 명나라와의 의리를 위해 그 승인을 반대하고, 병자호란 때에 강화로 가서 성을 사수하다가 함락 직전에 김상용과 함께 폭사했다. 뒤에 영의정에 추증됐다.

● **권순장(權順長, 1607~1637)**
조선 중기 문신. 1636년 병자호란이 일어나자 어머니를 모시고 강화로 피란갔다. 이 때 김경징과 장신 등이 수성대책을 세우지 못하자, 동지들과 단합해 의병을 일으키고 순사(殉死)할 것을 맹세했다. 이듬해 정월 성이 함락되자 김상용 등과 함께 화약고에 불을 질러 분사했다. 이튿날 그의 처와 누이동생이 그 소식을 듣고 목매어 자결했다. 아우 순열(順悅)과 순경(順慶)은 적과 싸우다 전사했다.

● **남이흥(南以興, 1576~1627)**
조선 시대의 무신. 이괄의 난을 평정한 공으로 연안 부사(延安府使)가 됐다. 정묘호란 때 평안병사(平安兵使)로서 안주성(安州城)을 막다가 패하자 자결했다.

만여 명의 후금군이 안주성을 포위했다. 후금군은 성내 진입에 성
공했고, 남이흥 등 여러 장병은 화약고에 불을 질러 비장한 최후
를 맞았다. 후금군은 이들의 '순국 정신'을 높게 평가해 안주성에
서 붙잡은 조선인 포로 수백 명을 석방했다.

천혜의 요새 강화도가 허무하게 무너진 것은 지휘부의 안일함
때문이었다. 강화도 방어 책임을 맡았던 검찰사 김경징은 난공불
락의 험준한 지형만 믿었다. 그는 병자호란이 일어난 뒤 왕실과
백성들을 강화도로 피신시키는 과정에서도 집안 가솔과 재물을
챙겨 옮기는데 혈안이 됐다. 강화도로 가는 배에 사람들을 태우는
순서도 그의 집안 가솔과 자신이 평소 가깝게 지내는 인사들이 우
선시됐다. 지인들을 강화도로 옮긴 뒤에는 모든 선박을 강화 해안
에 묶어, 김포 쪽에서 기다리던 피란민 대부분이 청군에게 죽임을
당하거나 포로가 됐다. 김경징이 강화도 검찰사가 되는 데 역할을
한 것은 그의 부친인 영의정 김류였다. 사사로움에 눈이 먼 아비
와 아들이 병자호란 참상의 한 원인이었다.

**충렬사 내부모습 _** 강화도 함락 때 스스로 목숨을 끊은 김상용 등 병자호란 당시 순절한 선열과 신
미양요 때의 충신 등 28명의 위패를 모신 사당. 인천시 강화군 선원면 선행리 소재.

강화도 주력 수군을 이끌던 장신은 지레 겁을 먹고 제대로 싸워 보지도 않고 도주했다. 이민구 등 다른 지휘부도 도망치기 바빴다. 백성들이 어육이 될 때 김경징, 장신, 이민구 등은 가족들까지 내버려두고 도주했다.

물론 목숨을 걸고 싸운 장수들도 있었다. 청나라 장수인 도르곤이 강화도 갑곶진 앞바다를 뒤덮자 강진흔은 7척의 배를 가지고 사투를 벌이기도 했다.

### 장수들의 운명

조선인으로 만주족에 투항하여 협력한 가장 대표적인 인물이 한윤과 한택 형제다.* 한윤은 이괄의 난에 연루돼 처형된 한명련의 아들이고, 한택은 조카다. 이들은 정묘호란 당시 선두에서 서서 의주를 함락시켰으며, 명군과의 전투에서도 전공을 세웠다. 그들의 후손 역시 청조에서 대대로 관작을 세습, 조선 출신 만주지역 유력 가문으로 정착했다.

정명수(?~1653)는 광해군 때 강홍립을 따라 사르후 전투에 참여했다가 후금의 포로가 됐다. 1630년 후금은 조선 포로들을 석방했으나, 정명수는 후금(청나라)에 살면서 조선의 사정을 알려 청나라 황제의 신임을 얻었다. 병자호란 때에는 통역을 맡아 청나라가 조선을 침략하는데 앞잡이 노릇을 했다. 조선 조정에 관직과 뇌물을 요구하고 청나라에 파견된 사신을 폭행하는 등 갖은 행패를 부렸다.

정묘호란 때 식구들을 데리고 후금에 망명, 통사관 직책을 받은 신달리*는 청군의 강화도 함락의 선봉에 섰다. 같은 조선 출신 망명객의 반역음모를 밀고함으로써 만주족의 두터운 신임을 얻은 신달리는 병자호란에 참전, 탁월한 전공을 세웠다. 강화도 점령의



---



* 한윤은 청으로 망명한 뒤에 이름을 한운(韓雲)으로, 한택(韓澤)은 한니(韓尼)로 각각 바꾸어 살았다.

* 신달리(新達理)가 망명하기 전 조선에서 쓰던 이름은 김여규(金汝圭)였다.

선봉에 선 것뿐만 아니라 강화도에서 사로잡은 조선의 왕족을 도망하지 못하게 감시하는 역할까지 수행했다고 한다. 이런 공로로 청 태종은 신달리에게 조선인 포로들을 통솔하게 했으며, 높은 관직까지 제수했다. 무예도 뛰어났던 신달리는 정묘호란 직전에 자발적으로 만주에 귀화한 것으로 보인다. 신달리는 고향 의주에서 멀지 않은 가도假島에 주둔하던 명나라 장수 모문룡 세력의 횡포를 견디다 못해 조선을 등진 것으로 짐작된다.

임경업●은 병자호란 때 백마산성을 지켰지만 청군이 빠른 속도로 남하함에 따라 제대로 싸워보지 못했다. 그는 병자호란이 일어나기 전 "국경을 지키게 해달라"며 병사 2만 명을 요구했다. 청군이 조선을 침략한 후에도 "5천의 군사를 주면 선양(청나라 수도)으로 진격하겠다"고 말하기도 했다. 하지만 그의 요구는 모두 받아들여지지 않았다. 임경업은 청나라에 협조하지 않았다는 이유로 청나라로 끌려가던 도중 명나라 망명에 성공한다. 명나라는 임경업에게 '평로장군'이라는 벼슬을 내리고 4만 명의 병사를 이끌게 했다. 그러나 이후 임경업은 조선의 역모 사건에 연루돼 정명수, 김자점 등에 의해 조선으로 송환되었고 1646년 6월 조선을 배반한 죄로 처형을 당했다.

### 주화파와 척화파

정묘 · 병자호란의 주요 '등장인물'로 꼽히는 신하 중에는 주화파 최명길●과 척화파 김상헌●이 있다.

최명길은 인조반정에 참여한 반정공신으로 인조의 신임을 얻었다. 명나라와 청나라 사이에서 '중립외교'를 펴야 한다고 주장한 인물로, 병자호란 때는 청나라와의 화의和議를 주장했다.

반면 김상헌은 오랑캐에 항복할 수 없다며 끝까지 싸울 것을 요

● 임경업(林慶業, 1594~1646)
조선 인조 때의 명장. 이괄의 난에 공을 세우고, 병자호란 때 중국 명나라와 합세해 청나라를 치고자 했으나 뜻을 이루지 못하고 김자점의 모함으로 숨졌다.

● 최명길(崔鳴吉, 1586~1647)
조선 중기의 문신. 병자호란 때 화평(和平)을 주장하고 항서(降書)를 써서 청나라에 항복했다. 성리학과 문장에 뛰어나고 글씨에도 일가를 이뤘다. 저서에 지천집, 경서기의(經書記疑) 등이 있다.

● 김상헌(金尙憲, 1570~1652)
조선 중기 문신. 대제학, 이조판서, 예조판서, 공조판서, 병조판서를 지냈다. 병자호란이 일어나자 주화론(主和論)을 배척하고 끝까지 주전론(主戰論)을 폈다.

구했다. 정묘호란 때 진주사陳奏使로 명나라에 갔다가 구원병을 청했고, 병자호란이 끝난 뒤에는 위험인물로 지목돼 청나라 수도 선양으로 끌려가기도 했다.

역사학자 상당수는 김상헌보다 최명길을 높게 평가한다. 인조가 최명길의 주화론을 받아들였다면, '불필요한 전쟁'을 피할 수 있었을 것으로 보기 때문이다. 인조도 김상헌보다 최명길을 가까이 뒀다. 하지만 전쟁이 터진 후 최명길의 화의 요청만 수용했을 뿐 전반적으로는 김상헌의 '척화론'에 힘을 실어 줬다. 그러나 척화론의 한계는 '전쟁'을 주장하면서 그 준비를 하지 않았다는 데 있다.

### 비교되는 왕들

홍타이지와 인조는 악연이다. 홍타이지는 인조 재위 5년(1627)과 14년(1636)에 조선을 침입했다. 인조는 병자호란 때 홍타이지에게 무릎을 꿇고 항복했다.

인조는 전쟁의 원인도 제공하고, 그 뒷수습도 제대로 하지 못한 '무능'이란 표현도 부족한 국왕이었다. 쿠데타로 집권했으면서도, 그 논공행상 과정에서 일처리가 매끄럽지 않아 쿠데타 공신인 이괄이 난(1623년)을 일으켰다. 이괄의 난으로 인조는 수도 한양을 버리고 도망치기까지 했다. 어렵게 진압은 됐지만, 살아남은 한윤이 후금으로 도주해, 3년 뒤 홍타이지의 군사 3만 명을 조선 땅으로 인도하는 '길 안내' 역할을 맡았다. 정묘·병자호란은 인조가 자초했는데, 명나라와의 의리만 내세우고 중원의 실력자로 부상하는 여진족을 간과한 결과이다.

홍타이지는 그 아비, 누르하치를 따라 많은 무공을 세웠다. 그는 왕위에 오른 뒤 한족과 몽골족을 포용하는 정책을 폈다. 조선을 침략해서도 큰 손실 없이 승리를 거뒀다. 병자호란에 앞서 1635년에는 주변 국가들을 침공해 내몽골을 평정하기도 했다. 홍타이지는 청나라의 기틀을 확실하게 세우고 명나라 패망 1년 전인 1643년 8월 숨졌다.

### 중국의 이신貳臣과 항왜降倭

이신貳臣과 항왜降倭. 다소 낯설게 느껴지는 말인데, 이신은 명나라를 배반하고, 청나라로 귀순한 사람을 일컫는다. 대표적 인물이 공유덕과 경중명이다. 이들은 병자호란 당시 청의 수군을 지휘해 강화도를 함락시키는 데 결정적인 역할을 했다. 특히 이들은 명에서의 경험을 바탕으로 조선에 대한 각종 사항을 만주인들에게 훈수해 조선을 곤혹스럽게 했다. 병자호란를 기화로 조선을 버리고 청나라에 붙은 조선 사람들도 이신이라고 할 수 있다.

임진왜란 과정에서 일본인들 중에서도 조선에 '망명'한 항왜降倭들이 상당수 있었다. 이괄이 난을 일으켰을 때 조총으로 무장한 항왜들을 선봉에 배치해 관군을 공격, 상당한 성과를 거뒀다고 한다. 정묘호란의 원인 중 하나로 꼽히기도 하는 이괄의 난 때 합류한 항왜는 반란군 1만2천여 명 중 133명이었다고 한다. 나중에 조선인 반란군은 이괄을 배신했지만, 항왜들은 끝까지 이괄에게 충성을 다했다고 전해진다.

# 병자호란, 그 후

병자호란의 흔적을 지금도 서울 한복판에서 볼 수 있다. 서울 송파구 석촌호수 롯데월드 옆 대로변의 삼전도비가 그것이다. 인도에서 호수 쪽으로 10여 미터 들어가 있어 차가 다니는 큰 길에서는 잘 보이지 않지만, 삼전도비는 찾는 사람들에게 아직도 병자호란의 수모를 그대로 전하고 있다.

**삼전도비** _ 서울 시내 한복판에서 병자호란의 아픔과 참상을 전해주는 몇 안 되는 유물이다. 비를 세울 때부터 역사적 이야깃거리를 가지고 있는 이 삼전도비는 강물에 내던져지기도 하고, 또 끌어 올려 다시 세워져 식민사관에 이용되기도 했다. 삼전도비 자체가 역사의 갖은 풍상을 겪은 것이다. 2011년 5월 5일, 한 어린이가 그 삼전도비의 내력을 아는지, 모르는지 사진을 찍고 있다. 당국은 2010년 4월, 석촌동 주택가에 있던 것을 지금의 서울 송파구 석촌호수 옆으로 옮기면서 보호각을 씌웠다.

이 삼전도비의 역사 또한 그리 간단하지 않다. 비문을 짓는 과정에서부터 건립 뒤 지금 자리에 있기까지 이 비석도 조선이 겪은 세월만큼 온갖 풍상을 함께해야 했다.

청나라는 삼전도비를 세운 뒤 그 규모가 너무 작다면서 새로 건립할 것을 요구했다. 삼전도비 옆에 비석 없는 거북모양의 받침이 하나 더 있다. 삼전도비가 2개였던 것이다. 2010년 4월 지금의 자리에 세워지기까지 사람들은 삼전도비를 놓고, 없앴다 세웠다를 반복했다. 청일전쟁 이후 청의 세력이 약해진 1895년(고종 32)에는 강물 속으로 내던졌으며, 일제 강점기이던 1913년에 다시 끌어내 세웠다가 1956년에 다시 묻었다고 한다. 사람들의 시야에서 사라졌던 삼전도비는 1963년 홍수 때 그 모습을 다시 드러냈고, 다시 세워졌다.

삼전도비의 비문 내용은 조선이 청에 항복하게 된 경위와 청 태종의 조선 침략행위를 공덕으로 찬미한 것이다. 이 삼전도비는 전쟁의 아픔과 항복의 굴욕을 전하는 것 말고도 또 다른 역할을 하는 데, 이는 17세기 동아시아 언어연구에 기여하는 것이다. 비석 앞면은 만주 글자와 몽골 글자로 돼 있고, 뒷면은 한자로 새겨 있기 때문이다.

청에 항복하고, 그 상징으로 삼전도비를 세운 조선은 병자호란 이후 강화도 지역을 요새화 하는 일에 착수했다. 청은 공포정치를



● 궤장(几杖)
조선시대 궤장연(几杖宴)에서 임금이 내리던 안석(案席)과 지팡이.

통해 조선을 길들였다. 그리고 전쟁의 끝은, 조정은 물론이고 지식인 계층의 대외 인식에도 커다란 변화를 가져왔다.

### 강화도 요새화

효종* 때 경기 서남부 지역과 강화 주변에 있던 진鎭과 보堡를 강화도를 중심으로 재편성한다. 이는 청의 감시를 피해가면서 강화도를 집중적으로 요새화하기가 용이했기 때문으로 풀이할 수 있다. 효종은 경기·충청 심지어는 전라도의 진보까지를 연결하는 이른바 강화도를 중심으로 한 방비태세를 이중삼중으로 강화하는 데 노력했다.

숙종* 때는 소론 영수 최석항*이 강화도를 국가의 인후咽喉라고 하면서 강화도의 수비체제의 중요성 거듭 말하고, 강화도와 교동,

● 효종(孝宗, 1619~1659)
조선 제17대 왕. 인조의 둘째 아들로, 병자호란 때 청나라에 8년간 볼모로 잡혀가 있었다. 원한을 풀고자 북벌 계획을 실현하기 위해 송시열, 이완 등을 중용했으나 뜻을 이루지 못했다. 재위 기간은 1649~1659년.

● 숙종(肅宗, 1661~1720)
조선 제19대 왕. 대동법을 확대 실시하고, 백두산에 정계비를 세워 국경을 확대했다. 재위 기간은 1674~1720년.

● 최석항(崔錫恒, 1654~1724)
조선 후기 문신. 1678년(숙종 4) 진사가 되고 1680년 별시문과에 병과로 급제, 예문관검열이 됐다. 이조판서를 거쳐 좌의정에 이르렀고, 70살이 되어 기로소(70세가 넘는 정이품 이상의 문관들을 예우하기 위해 설치한 기구)에 들어갔다. 당시 소론 4대신 가운데 한 사람으로 꼽혔다.



**문수산성** _ 김포시 월곶면 포내리 문수산에서 해안지대를 성채로 연결해 강화도로 들어가는 길목을 지키던 성이다.

영종 등 세 진을 중점적으로 방비할 것을 건의했다. 숙종도 여기에 동의하고, 곧 강화도 수비 강화를 위한 내성을 축성한다.

1678년(숙종 4)의 진무영* 창설은 강화도 수비체제에 일대 변혁을 가져왔다. 진무영 창설 직후 병조판서 김석주는 강화도를 순시하고 돌아와서 49군데 돈대를 쌓을 곳을 표시한 지도를 숙종에게 올리기도 했다. 김석주는 또 강화도 주변 지형 중에서 문수산이 강화도에 대해 전략적으로 매우 중요하므로 그 곳에 산성을 쌓는 것이 좋겠다는 의견을 피력한다. 문수산성*이 병인양요(1866년) 때 조선군 승리의 주요 동력으로 작용했다. 이듬해인 숙종 5년에 돈대를 완성한다. 이 때 축조된 49개소의 돈대는 조선 후기 강화도 수비체제에서 중요한 관방시설이 된다.

강화의 요새화는 영조 때까지 계속됐다.

숙종 때는 한양에서 강화로 가는 뱃길이 막히는 겨울철에 대비한 강화 행로를 새로 짜기도 했다. '서울~인천~월미도~영종도~강화도'로 이어지는 코스다. 월미행궁은 바로 이 코스의 중간 기착지였다.

## 청의 공포정치

청은 항복을 받을 때 조선의 고위 신료들에게 아들을 인질로 보내는 것을 의무화했다. 조선 조정의 고위 신료들의 아들을 볼모로 붙잡아 둠으로써 조선 조정을 통제하겠다는 의도였다. 이렇게 되자 고의로 파면 당하려고 하는 풍조가 생기는 등 부작용이 속출했다. 품계가 비록 낮더라도 아들을 인질로 보내지 않아도 되는 관직에 제수되면 오히려 다행으로 여기고, 그것을 축하하는 분위기까지 생겼다.

한명기 명지대 교수는 『정묘·병자호란과 동아시아』란 책에서

"오랑캐 청에게 항복했던 인조대 조정에 출사하는 것을 수치스럽게 여기는 분위기는 병자호란 이후부터 인조 말년까지 존재했다"고 했다.

청은 조선 신료들을 겁박하기 위해 반청 인사에 대한 공개처형도 서슴지 않았다. 1641년, 의주부윤 황일호가 명나라 측과 접촉했다는 사실이 드러나자 관련자 11명을 고위 신료들이 지켜보는 가운데 처형하고, 시체가 널브러진 가운데 연회를 베풀게 한 것이 대표적이다.

항복한 임금 인조는 청의 요구에 충실히 따랐다. 상소를 올릴 때 청의 연호를 사용하지 않았다는 이유로 신료들을 파직하기도 했다. 이런 가운데, 모반사건도 일어났다. 1644년 3월, 인조반정의 공신이기도 한 심기원*이 인조를 폐위하려 한 일명 '심기원 모반 사건'이 터진 것이다. 이는 병자호란 이후 나타난 인조의 친청 행보에 대한 반발 기류가 만만치 않았음을 반증한다. 전쟁이 끝난 지 오래였지만 조선 주류 사회의 반청 분위기는 여전했다는 것이다.

조선의 군사력은 청나라의 전쟁에 지속적으로 동원되기도 했다. 1651년과 1658년 이른바 나선정벌* 당시 징발당한 조선 화기수들은 러시아의 흑룡강 진출을 막아내는 첨병으로 쓰이기까지 했다. 청은 조선의 수군과 병선, 화기수들을 명이나 러시아 등과의 전쟁에서 맘껏 활용했다.

### 조선의 대외 인식 변화

전쟁 이후, 시간이 흐르면서 청나라나 일본을 보는 지식인 사회의 시각에도 큰 변화가 생겼다. 청의 실상을 있는 그대로 인식해야 하고, 언제나 위협적인 존재인 일본에 대해서도 '우방이 될 수



● 심기원(沈器遠, ?~1644)
조선 인조 때 재상. 인조반정에 공을 세워 병조참판 등을 거쳐 좌의정에 이르렀다. 그러나 회은군(懷恩君) 덕인(德仁)을 왕에 추대하려다가 살해됐다.

● 나선정벌(羅禪征伐)
조선 효종 5년(1654)과 9년(1658) 두 차례에 걸쳐 청나라 요청으로 러시아를 친 싸움. 여기서 나선(羅禪)은 러시아 사람(Russian)의 의미다. 이 싸움에서 우리 군사는 헤이룽강(黑龍江)까지 진출했으며, 높은 사기와 뛰어난 사격술을 과시했다.

있다'고 보는 시각이 나타나기 시작한 것이다.

영조대에 와서까지 여전히 반청론이 우세했으나, 이 때부터 청을 진실로 섬겨야 한다는 친청론도 고개를 들었다. 명나라보다 청나라가 조선에 더 잘하고 있지 않느냐고 생각하는 사람들이 늘었고, 이들이 급기야 친청론을 내세우기 시작한 것이다.

대일 인식에도 변화가 생겼다. 전쟁의 피해를 극복해야 하는 조선의 입장에서 일본과의 관계를 안정시키고 막혀버린 인삼의 판로 확보를 위해 엄격히 금지했던 일본과의 인삼 사무역을 허용하는 조치를 취하기도 했다.

대외 인식변화의 첨단은 청나라에 볼모로 잡혀간 소현세자와 세자빈 강 씨에 있었다. 소현세자는 선교사 아담 샬Adam Schall 등과 교류하면서 천주교와 서양과학기술을 받아들였으며, 그 부인 강 씨는 볼모생활하면서 농사를 지어 무역을 하는 등 경제적 성과를 드러내기도 했다. 소현세자가 아담 샬과 가깝게 지낼 때인 1644년은 조선이 일본의 무력에 의해 문호를 열기 232년 전이었다. 소현세자가 왕위에 올라 조선을 통치했더라면, 조선의 대외개방이 그만큼 빨라졌으리라는 것이다. 소현세자는 청나라 볼모생활을 청산하고 귀국해 2개월 뒤 갑자기 세상을 떠났다. '세자가 나를 밀어낼지 모른다'는 의심에 휩싸여 있던 인조가 독살했다는 것은 당시에도 정설에 가까웠다.

병자호란 뒤 조선은 몇몇 '선각자적 군신'들에 의해 나라를 부강하게 할 기회를 맞기도 했지만, 이를 이어가지 못했다. 그 결과 조선말의 병인양요와 신미양요, 강화도조약, 일제강점 등으로 외침은 계속되고 있다.

## '회니시비懷尼是非' 발단 '강화도 사건'

조선 정치 철학 사상 중 유명한 논쟁 중에 '회니시비(懷尼是非)'란 게 있다. 이는 송시열의 노론과 윤증의 소론 사이에 벌어진 의리론으로, 피비린내 나는 정파간 사화(士禍)로 이어졌다. 회니(懷尼)의 회(懷)는 송시열이 살던 회덕을, 니(尼)는 윤증이 살던 이성(尼城·논산)을 말한다.

윤증은 현종 14년, 아버지 윤선거의 비명(碑銘)을 지어달라고 송시열에게 요청했는데, 나중에 받은 비문의 내용이 아버지 윤선거의 생애를 조롱하는 것이었다. 송시열이 윤선거를 조롱한 것은 병자호란 때 일명 '강화도 사건'에서 비롯된다. 강화도 사건은 윤선거가 병자호란 때 부인 이 씨와 함께 순절하기로 약속해 놓고, 부인은 "청군에게 몸을 더럽힐 수 없다"면서 목을 매 죽었는데, 본인 윤선거는 죽지 않고 살아남았다는 것이다. 윤선거가 죽지 않은 이유에 대해서는 노론 쪽에서 쓰느냐, 소론 쪽에서 쓰느냐에 따라 『숙종실록』 등 역사 기록마다 차이가 크다. 노론 쪽에서는 '윤선거가 부인을 몰아세워 죽게 해 놓고 본인은 살았다'는 것이고, 소론 쪽은 '부인이 (독자 판단으로) 먼저 죽었는데, 윤선거는 뒤에 왕실의 명을 수행해야 했다'고 보고 있다. 어찌됐든 윤선거는 이후 고향에 은거해 평생토록 벼슬과 재혼을 포기한 채 학문에만 몰두하는 것으로 강화도 사건에 속죄했다고 한다.

병자호란 시기 강화에서 시작된 사건은 회니시비로 이어져 뜻하지 않게도 병자호란 이후 조선시대 내내 정치파동의 핵으로 작용했다.

역사학자 이덕일은 『송시열과 그들의 나라』에서 "윤선거가 강화도에서 살아남았을 때 송시열은 남한산성에 있었는데, 윤선거는 일개 유자(儒者)에 불과했지만, 송시열은 대군사부의 벼슬아치였다. 남한산성에서 살아남은 벼슬아치가 강화도에서 살아남은 유자를 욕할 수는 없는 노릇"이라고 비판한다.

# 인조정권, 망국을 초래한 원흉

인조는 태어나지 말았어야 했어요. 정묘·병자호란은 사실상 '인조반정'이 부른 비극이었습니다. 인조반정은 서인 일파가 정권을 장악하려고 광해군, 그러니까 자신들이 모시던 왕을 내쫓기 위해 벌인 쿠데타입니다. 그들에겐 명분이 필요했죠. '숭명반청'이 그래서 나온 겁니다. 그것은 분명히 시대착오적인 것이었어요.

역사평론가 이덕일 한가람역사문화연구소장이 인조 시대를 바라보는 평가는 냉정했다. 그에게 당시 지배층은 조선을 망국의 길로 이끈 원흉일 뿐이었다. 그는 "조선은 결국 청나라에 두 번이나 처참한 패배를 당하였으니 서인들은 나라를 망친 장본인들이다"고 신랄히 비판했다.

이덕일 소장은 "인조반정 이후 조선이 멸망할 때까지 집권 세력으로 군림하던 노론●은 1910년 나라를 팔아먹는 일에 대거 참여했으며 그 결과 일제 강점기 다시 한국사회의 지배층이 된 노론 일파의 학자들이 역사학계를 장악하게 됐다"고 선을 그었다. 국사가 필수과목이 되는 것은 당연하지만 그 전에 역사가 제대로 서술되어야 한다는 것이다.

이덕일 소장이 맹렬히 비난하는 조선후기 집권 세력인 노론 정파는 인조반정을 주도한 서인에 그 뿌리를 두고 있다. 인조반정은 정묘·병자호란의 원인이자, 먼훗날 조선의 운명을 결정짓는 비

●**노론(老論)**
조선 시대 사색당파의 하나.
남인(南人)에 대한 처벌 문제로
서인(西人)에서 갈려 나온
당파이다. 숙종 9년(1683)에
송시열, 김익훈 등의 강경파를
중심으로 이뤄졌다.

극의 씨앗이었다는 것이다.

조선 전쟁사에서 가장 치욕적인 패배로 기록되는 양대호란胡亂
을 그는 어떠한 시각으로 바라볼까. 그리고 오늘날 동북아의 패권
을 쥐기 위해 세계 열강이 한반도를 둘러싸고 각축전을 벌이고 있
는 상황에서 그는 과거 두 전쟁이 시사하는 바에 대해 어떠한 해
석을 내놓을까.

2011년 5월 13일 오후 서울 마포구청 부근의 한가람역사문화연
구소에서 그를 만났다. 마침 그는 병자호란 이후 청나라의 조공국
이 된 조선을 일으키기 위해 '북벌'과 '민생안정'을 주창했던 인

물, '백호 윤휴'에 관한 역사물을 집필 중이었다. 인터뷰는 두 시간 가까이 진행됐다.

### 정묘·병자호란은 왜 발생했다고 보나?

인조반정부터 봐야 한다. 정묘·병자호란은 일어나지 않았을 수 있는 전쟁이었다는 게 문제다. 인조반정은 율곡 이이●를 뿌리로 둔 서인들이 일으켰다. 말이 반정이지, 왕을 내쫓는 쿠데타였다. '내가 섬기는 왕은 오직 명나라 황제 뿐이다', 그들의 논리는 이랬다. 조선 임금도 명나라 황제를 모시는 신하에 지나지 않았던 것이다. 광해군이 명나라 황제에게 불충을 저질렀다는 게 쿠데타의 명분이었다. '숭명반청(숭명배금)'은 크게 보면 후금과 전쟁하자는 얘기나 마찬가지였다. 그러면서도 전혀 싸울 준비를 하지 않았다. 인조 5년, 결국 후금이 쳐들어왔고 조선은 처참하게 패했다. 그게 정묘호란이다. 그리고 불과 10년 뒤 인조 14년에 일어난 병자호란 때도 조선은 똑같은, 아니 그 전보다 더 치욕적이고 뼈아픈 패배를 당하게 됐다.

### 인조반정이 조선의 운명을 바꿔놓았다는 것인가?

서인들은 나라를 망친 장본인들이다. 전쟁을 통해 지배 권력의 무능이 여실히 드러났다. 백성들은 신분제 완화 등 사회체제의 변화를 강력히 요구했다. 그러나 송시열 등 서인들은 이런 시대적 요구를 철저히 묵살했다. 오히려 성리학적 지배체제를 더 확고히 했다. 인조반정은 조선이 과거로 역행하는 계기가 됐다. 임진왜란 때 남인 유성룡은 전란을 극복하기 위해 천민도 전공戰功에 따라 신분상승의 기회를 주는 '면천법'을 실시했다. 이는 신분제의 틀을 뒤흔드는 것이었다. 농지를 많이 소유하면 세금을 더 많이 내게 하

● 이이(李珥, 1536~1584)
조선 중기 문신·학자. 호조,
이조, 병조 판서, 우찬성을
지냈다. 서경덕의 학설을
이어받아 주기론을 발전시켜
이황의 주리적(主理的) 이기설과
대립했다. 율곡전서, 성학집요,
경연일기 등의 저서가 있다.

는 '작미법'(훗날 대동법)도 내놓았다. 이런 개혁적인 정책을 통해 겨우 나라가 살아났는데, 서인들이 그걸 거꾸로 되돌린 것이다.

### 인조를 어떻게 평가하나?

평가할 만한 게 없다. 태어나지 말았어야 했다.

### 학계에서 인조반정으로 폐위된 광해군을 재평가하고 있다.

광해군의 외교 능력은 탁월했다. 하지만 특정 정파인 북인˙만을 옹호했던 건 문제였다. 스스로 고립을 자초한 셈이었다. 더 결정적인 실수가 있었다. 바로 인목대비˙ 폐위 사건이다. 당시 유교 사회에서 친자는 아니었지만 아들이 어머니를 폐위시키는 불효를 저지른 것이다. 결국 윤리강상을 어지럽혔다는 것이 인조반정의 또 다른 빌미가 됐다.

### 청나라의 인질로 끌려간 소현세자가 왕위에 올랐다면 조선이 달라졌을까?

쉽지 않았을 것이다. '이제 세상이 변했다', '청나라를 인정하자', '성리학 외에 또 다른 세계가 있다', 이런 생각을 했던 소현세자였다. 성리학을 신봉하고 있는 서인 집권세력에서는 결코 용납할 수 없는 것이었다. 소현세자는 귀국 두 달 만에 의문사했다. 독살이 확실하다. 만약 소현세자의 정책이 순조롭게 안착됐다고 가정하면 조선은 변했을 것이다. 하지만 서인에 의해 왕권이 극도로 약화된 정치 시스템에서는 쉽지 않았을 것이다.

### 강화도 함락이 항복의 결정타였나?

강화도의 험한 지형을 너무 믿은 것이다. 몽골은 고려와 30여 년간 전쟁을 벌였지만, 끝내 강화도를 함락시키지 못했다. 그것만 믿고 전쟁 준비를 안 한 것이 화근이었다. 하지만 청나라는 조선을 침략하기 위해 많은 준비를 했다. 인조반정이 성공한 뒤 논공행상에 불만을 품고 이괄의 난을 일으킨 세력과 광해군 밑에 있었던 인사들 중 일부가 청나라로 넘어갔다. 그들이 병자호란 때 길잡이 역할을 했던 것이다. 청나라 기마병은 인조가 강화도로 도망가지 못하도록 길목부터 막았다.

### 전쟁이 터지면 왜 강화도가 주목을 받나?

강화도는 면적이 넓고 수운을 통해 조세를 걷어들일 수 있었다. 강화도에서 지배체제를 유지할 수 있었던 것이다. 강화도는 한반도의 물류 중심지로, 서울과 통하는 길목이다. 과거 여러 전쟁을 보더라도 강화도는 지정학적으로 대단히 중요한 위치에 있다. 프랑스(병인양요)와 미국(신미양요)이 침략한 곳도 강화도였다. 강화도에 전쟁 박물관이 하나 세워지면 현대인들에게는 큰 의미가 아닐 수 없을 것이다.

### 무능한 정권이 전쟁을 부르는 것 같다.

그들에게 '무능'이란 말은 너무 좋은 표현이다. 그들은 아주 악질들이었다. 여몽전쟁 때도 그랬다. 당시 지배층이 아무런 대책도 없이 강화도로 도망치면서 얼마나 많은 백성들이 희생을 치렀는가. 정묘호란 때만 해도 많은 백성들이 나라를 지키기 위해 전쟁터로 나갔다. 하지만 병자호란 때는 수수방관했다. 민심이 등을 돌린 것이다. 훗날 북벌론자인 윤휴●가 숙종에게 호패법의 문제점을 지적하며 올린 한 상소문을 보면 당시 조정에 대한 백성들의 원한이 얼마나 컸는지 알 수 있다. 소수 지배층인 서인, 노론만 잘



● 윤휴(尹鑴, 1617~1680)
조선 후기 문신 · 학자. 경서를 독창적으로 해석했으며, 이황과 이이의 학설을 절충해 사단칠정인심도심설(四端七情人心道心說)을 내세웠다. 벼슬은 우참찬과 이조 판서에 이르렀으며, 경신대출척(1680년 남인 일파가 정치적으로 서인에 의해 대거 축출된 사건) 이후 귀양을 갔다가 처형됐다.

사는 그런 사회가 전쟁에서 이길 수 있겠나. 양반들은 아무런 병역 의무도 지지 않는데, 백성들이 목숨걸고 싸울 리 없다. 정치를 잘해야 한다. 오늘날도 마찬가지다. 사회 양극화가 심각하다. 옛날에는 자영농을 늘리는 게 맞았다면, 지금은 중산층을 두텁게 하고 하층민 복지를 위해 세금을 쓰는 게 맞다.

**병자호란 이후 북벌론도 대두됐는데….**

요즘 윤휴에 대한 책을 쓰고 있다. 그는 진정한 북벌론자였다. 서인들은 말로만 북벌을 외쳤다. 그들은 북벌을 두려워했다. 송시열이 북벌론을 주장했다는 것은 다 사기다. 서인에서 노론으로 이어지는 후예들이 꾸며낸 새빨간 거짓말이다. 북벌을 계획했던 효종의 역적을 충신으로 둔갑시켰다. 이건 범죄행위다. 효종이 15년만 더 살았어도 양쯔강 일대가 쑥대밭이 된 삼번의 난●이 일어났을 때 북벌이 이뤄졌을 것이다. 송시열이 북벌론을 주장했다면 그때 치고 올라가자고 주장했어야 하는데 그러지 않았다. (나는) 『송시열과 그들의 나라』를 썼다고 화형식까지 당했다.(웃음) 효종은 북벌에 대해 송시열과 독대를 하고 나서 한 달 뒤에 의문사했다. 독살당한 것이다. 『조선 왕 독살사건』은 그냥 흥미 위주로 낸 책이 아니다. 집권세력이 왕들과 충돌하고 그 갈등이 결국 왕이 죽는 것으로 해소되는 패턴을 찾아 낸 것이다.

**지난해(2010년) 인천 앞바다에서 천안함 침몰사건과 북한의 연평도 포격사건이 터졌다. 남북간 군사적 긴장이 여전하다. 또 전쟁이 나지 말라는 법도 없지 않은가.**

전쟁이란 하나의 현상이다. 우리는 본질을 봐야 한다. 저변에 흐르는 본질을 가지고 얘기를 해야 전쟁을 막을 수 있다. 천안함 침



● 삼번의 난(三藩─亂)
1673~1681년 청나라에 대항해 한인(漢人)이 일으킨 큰 반란. 명나라의 항장(降將) 오삼계, 경중명(耿仲明), 상가희 등이 윈난(雲南), 푸젠(福建), 광둥(廣東)을 근거지로 해 난을 일으켰다. 하지만 강희제가 이들을 평정하고 청나라의 중국 지배권을 확립했다.

몰과 북한의 연평도 포격도 마찬가지다. 우리는 어떤 형태로든 북한 체제를 관리해야 한다. 그들은 결코 그냥 망하지 않는다. 뒤에 중국이 있기 때문이다. 중국은 미국의 팽창을 막기 위한 전략적 차원에서도 북한을 도울 수밖에 없다. 요즘 보면 정부에서 북한과의 관계를 포기한 듯한 인상을 지울 수 없다.

**지정학적으로 인천의 역할이 중요해 보인다.**

지도를 크게 봐야 한다. 서해는 그 모습이 마치 지중해와 같다. 요즘 중국 해안에 있는 도시들이 급속히 발전하고 있다. 인천은 이러한 도시들과 함께 거대한 서해 경제권을 이룰 수 있다. 북한 개성이 함께 포함되면 남북관계 긴장도 완화시키는 효과가 있다. 이런 측면에서 경인운하(경인아라뱃길)도 중요한 역할을 할 수가 있다. 제대로 만든다면 경인운하는 4대강과는 성격 자체가 다르다. 경인운하는 서울과 인천을 잇고 중국과 인천을 연결하는 길목 역할을 할 수도 있다. 강화도는 인천의 보물이다. 석기시대부터 근대 개화기 시대까지 역사와 문화의 도시다. 오늘날 역사 · 문화는 한 도시와 한 나라의 경쟁력을 재는 첨단이 된다. 그 뿐만이 아니다. 강화도는 조선 양명학의 고장이다. 주자학을 종교처럼 떠받들던 시대착오적인 노론 세력에 의해 이단으로 내몰린 조선의 사회 변혁적 학자들이 강화도에서 양명학(강화학파)*을 꽃피운 것이다. 노론은 나라를 팔아먹는 친일 행각을 벌일 때 양명학자들은 항일 운동에 뛰어들었다. 강화도는 그 정신을 계승해야 한다. '한국학 국립센터'를 강화도에 세우고 한국학의 새로운 중심으로 삼아야 할 것이다.



● 강화학파(江華學派)
숙종 말년 강화도에 은퇴해 학문을 닦은 정제두(1649~1736)의 양명학적 학풍을 이은 조선후기의 학파.
정제두는 벼슬을 잠시 지내고 학문 연구에 일생을 바쳤다. 지식과 행동의 통일을 주장하는 양명학을 연구하고 발전시켜 체계를 완성했다. 하곡집, 성학설(聖學說), 경학집요(經學集要) 등을 썼다.

# 약소국의 비애

정묘·병자호란은 한반도를 둘러싼 나라들의 첨예한 이해관계가 걸린 전쟁이었다. 세계는 이 특수성에 주목하고 양대호란을 연구해왔다.

### 밖에서 보는 전쟁 원인

양대호란을 연구하는 세계의 학자들도 인조와 서인의 외교정책이 전쟁을 불러왔다는 데 동의하는 편이다. 시대를 제대로 바라보지 못한 숭명반청崇明反淸 외교노선이 전쟁을 일으켰다는 것이다.

중국 옌볜대학교 역사학과 이종훈 교수는 "임진왜란 등을 겪으며 조선은 명에 대한 일종의 충성심이 생겼고, 이에 따라 명의 쇠락을 알면서도 명나라의 처지를 동정하여 당시 이념적 기틀인 주자학에 따라 조선은 계속 명에 충성해야 한다는 인식을 가지고 있었다"고 말했다.

일본 도쿄대학교 조선문화 연구실 로쿠탄타 유타카六反田豊 교수는 "인조반정 이후 서인 정권이 친명배금이란 외교정책을 표방해 후금을 강하게 자극했고 서인들은 광해군을 몰아냈던 정치논리로 '친명'을 들고 있었기 때문에 명에 대항할 생각은 하지 못했을 것이다. 즉 서인에 의한 인조반정이 전쟁의 빌미가 되었고 후금 태종은 광해군을 위한 보복을 구실로 정묘호란을 일으킨 것이니 결국 서인의 인조반정과 이들의 외교정책이 전쟁을 일으킨 것으로 본다"고 했다.

하지만 단순히 외교정책을 전쟁의 원인으로 연결하는 것은 무리라는 의견도 있다. 아무리 중립적인 외교를 했더라도 병자호란은 피할 수 없는 전쟁이었다는 것이다.

중국전쟁사 전문저술가인 영국인 크리스 피어스는 "광해군이 계속 왕좌를 지켰어도 청과 좋은 관계를 유지하기 힘들었을 것이며 그 당시 청과 국경을 마주보고 있었던 조선은 명과 청의 힘겨루기에 어떻게든 끼어들 수밖에 없었고, 그런 국제정세를 피해갈 수 있는 방법도 없었을 것이다"고 주장한다.

크리스 피어스는 아예 양대호란을 청과 조선의 전쟁이라기보다 오히려 명과 청의 전쟁으로 봐야 한다는 것이다. 크리스 피어스는 "양대호란은 한반도를 둘러싼 국가들의 첨예한 이해관계를 보여주는 현상이었으며 명과 청, 어느 쪽을 택하든 전쟁은 피하기 어려웠을 것"이라고 했다. 그는 특히 "광해군은 중립적인 외교를 진행한 것으로 알고 있지만 이때는 중립국이란 있을 수가 없는 것이고, 설령 중립적 외교가 있었더라도 결국 전쟁을 불러왔을 것이다"고 했다. 정묘·병자호란의 원인으로 외교정책을 꼽는 것에 크리스 피어스는 반대하는 것이다. 외교정책보다는 전쟁 준비 부족을 비판해야 한다는 쪽이다.

크리스 피어스는 조선의 패인으로 군대 내부의 신뢰부족, 적합

**로쿠탄타 유타카** 六反田豊 · 일본

일본 도쿄대 대학원 인문사회계 연구과 준교수. 구루메대 문학부 조교수 등을 지냈다. 한국중세와 근세사, 특히 조선시대사를 전공했다. 주로 조운제나 수운사를 연구했다.

하지 않은 군대 조직 구성, 우수한 장수 부재 등을 꼽았다. 무기나 기술에서는 조선이 청에 밀리지 않았다는 것이 그의 해석이다.

## 조선과 명은 왜 청에 무너졌나

유럽과 가까워 쉽게 그들의 무기를 접할 수 있었던 명은 당시 유럽의 머스캣(장총의 일종), 대포 등을 적용한 위력적인 무기를 갖고 있었다. 청은 뒤늦게 유럽의 무기를 받아들이고 독자적으로 개발해 명과 비슷한 수준에 이르렀다. 조선도 이 때 이미 조총 등 신식 무기를 사용하고 있었다. 외국 전문가들은 청의 승리 원인은 기술이 아니라고 입을 모은다.

크리스 피어스는 "만주족은 활과 화살로 대륙을 정벌했고, 조선에 침략한 군대도 역시 활을 든 기병이었으며 명, 청, 조선을 놓고 보면 청이 절대 무기나 기술에서 앞서지 못했다. 청이 총이나 대포 같은 무기를 본격적으로 이용한 것은 대륙 대부분을 점령한 뒤였다. 결국은 제대로 관리 되지 않은 군사 조직, 백성들의 정권에 대한 불신 등이 전쟁에서 패하게 된 원인"이라고 분석한다.

영국 캠브리지대 교수를 지낸 중국사 명대明代 전문가 레이 황(黃仁宇 · 1918~2000) 박사는 『만력15년萬曆十五年』이란 책에서 "명의 백성들은 명나라의 시대에 뒤떨어진 정책으로 정권을 불신하게 됐다"고 설명한다. 레이 황은 또 "당시 중국의 정책은 경제발전을 돕고

**크리스 피어스** Chris Peers · 영국

서구 최초의 중국 전쟁사 전문가. 영국 캠프리지대에서 동양사를 전공했고, 중국 군사학과 전쟁사를 오랫동안 연구했다. 『16~19세기 중국군:용의 군대』, 『16~19세기 중국제국 후기군』 등의 저서가 있다.

전국의 재화를 풍부하게 하는데 초점이 맞춰진 것이 아니라 단지 왕조의 안전을 유지하는 데 주안점을 뒀으며 뒤떨어진 농업 경제를 유지하고 상업과 금융의 발전을 억제하는 정책을 시행해 중국이 세계의 선진국이었던 한·당에서 추락, 백성들은 정권을 믿지 못하게 됐다"고 했다. 그는 "서구에서 화기를 개발할 때 명은 성을 쌓았고, 섬나라 일본이 위협해도 명은 일본 원정에 나서지 못했으니 당시 명나라가 시대를 제대로 인식, 대처하지 못했다는 것을 보여 준다"고 덧붙였다.

파리7대학 이안 맥모란 교수는 「명-청대 충성심에 대한 비망록」이란 논문에서 "절대적, 종교적, 감화적이었던 충성심은 17세기에 들어 이성적, 비교적이 되면서, 이 시기 황제는 그들을 위한 일종의 파트너라는 인식이 퍼져나가기 시작하여 왕은 백성들이 희생해 모셔야 하는 존재가 아닌 협력하는 존재라는 인식의 변화로 민중의 불만이 더욱 컸던 것으로 보인다"고 명나라 왕권 쇠퇴 현상을 풀이했다.

도쿄대 로쿠탄타 유타카 교수는 "명이 이렇게 망조를 보이자 인접 국가들의 명에 대한 침략이 시작됐는데, 유독 조선만이 '명이 임진왜란 때 쓰러져가는 조선을 바로 세워줬다'는 재조번방지은 再造藩邦之恩을 천명하며 친명적인 자세를 더욱 강화했다. 인조와 서인들은 반정의 명분을 지키기 위해 실리를 따지지 못했고, 결국 전쟁을 불러왔다"고 분석했다.

## 일본의 식민지배 논리로 이용된 병자호란

1930년대 일본인 학자들은 일제의 조선침략을 정당화하기 위해 병자호란을 연구했다. 그 결과로 '만선사관' *이 탄생했다.

만선사가滿鮮史家들은 한반도는 만주의 영향권 아래 있었다고 설

명한다. 한반도는 만주의 압력으로 제대로 발전할 수 없었다는 것
이다. 조선의 국왕 인조에게 삼전도의 굴욕을 안긴 병자호란이 대
표적인 사례로 이용됐다. 결국 일본은 자신들이 '만주에 압박 받
아온 조선을 구제했다'는 논리로 식민 지배를 정당화했다.

이에 따라 만선사가는 광해군을 '찬양'하는 쪽에 가깝다고 할
수 있다. 조선이 만주(청)와 좋은 관계를 유지하려 한 것을 '조선의
자주성 부재'로 연결할 수 있기 때문이다. 대표적 만선사가 이나
바 이와키치稲葉岩吉는 1934년 「광해군시대의 만선관계」라는 논문
에서 서인들의 인조반정을 비난하고 광해군을 치켜세웠다.

만선사가는 이런 일련의 연구 작업으로 조선, 한반도는 만주의
일부라고 주장한다. 즉 한반도는 자주적 역사주체가 아닌 만주의
부속물이라는 것이다. 삼전도비는 이들 주장의 좋은 근거로 쓰일
수 있었다. 1895년(고종 32) 치욕적 역사의 기록물이라고 백성들에
의해 매몰됐던 삼전도비를 일제는 1913년 다시 세웠다.

지금은 만선사관의 시각에서 연구하는 사람은 사라졌지만 만
선사관에 의한 연구성과는 놀랄 만큼 많다. 당시 일제는 한반도와
만주에 진출하는 역사적 논리를 갖추기 위해 만선사가들의 연구
를 전폭적으로 지원했기 때문이다.

도쿄대 로쿠탄타 유타카 교수는 "지금은 더 이상 만선사관의 시
각에서 연구하는 사람은 없다. 이제는 만선사관 자체가 연구의 대
상이 되고 있다"며 "많은 문제점을 가지고 있는 것이지만 그것이
포함하고 있는 역사적 자료의 양은 어마어마하다"고 전했다.

# 4

# 서양인의 침탈과 유린된 강화

19세기는 바야흐로 서세동점의 시기였다. 서구열강은 산업혁명 이후 새로운 활로를 찾아 아시아로 무대를 옮겼다. 서구인들에게 조선은 중국과 일본에 이어 '극동 3국' 중 마지막 남은 나라였다. 조선이 서구세력과 맞부딪친 그 중심에 역시 인천이 있었다. 1866년 병인양요와 1871년 신미양요의 상륙 전투가 인천 강화도에서 벌어졌다. 강화도가 바로 양요(洋擾)의 최전선이었던 것이다. 프랑스와 미국과의 짧았던 두 차례의 전쟁은 겉으로는 조선군의 승리처럼 보였으나, 실제로는 전혀 그렇지 않았다. 이상하게 생긴 사람들이란 의미의 '이양인'(異樣人)에 대한 준비가 전혀 안 되어 있던 조선은 양요를 거친 뒤 1876년부터 1886년까지 일본, 미국, 영국, 독일, 러시아, 프랑스 등 열강들과 불평등한 '개국 조약'을 맺었다.

# 양요 연표

| | | |
|---|---|---|
| 1791년 | 11월 | 천주교도 윤지충, 권상연 등이 처형됨(신해박해) |
| 1801년 | 2월 | 천주교도 권철신, 이승훈, 이가환 등 처형됨(신유박해) |
| 1839년 | 7월 | 프랑스 앵베르 주교 등 천주교 신자들 처형됨<br>(기해박해) |
| 1833년 | 9월 | 청, 프랑스와 통상조약 체결 |
| 1846년 | 6월 | 프랑스 해군 소장 세실, 천주교 탄압에 항의하는<br>국서 전함 |
| 1847년 | 6월 | 프랑스 군함, 답신 받으러 오다 고군산열도에서 좌초 |
| 1848년 | 12월 | 이양선이 경상·전라·황해·강원·함경도 등<br>전국 각처에 나타남 |
| 1856년 | 7월 | 프랑스 군함, 충청도 장고도에서 가축 약탈 |
| | 9월 | 청, 광동의 영국 선박 선원을 체포함 (애로호사건) |
| 1858년 | 6월 | 청, 영국·프랑스와 텐진조약 체결 |
| 1860년 | 7월 | 영국·프랑스연합군, 텐진과 베이징 함락 |
| | 10월 | 청, 영국·프랑스와 베이징조약 체결 |
| 1866년 | 1월 | 프랑스인 베르뇌 등 9명 선교사와 남종삼 등<br>천주교도 처형됨(병인박해) |
| | 5월 | 프랑스 신부 리델 박해 피해 청으로 탈출,<br>프랑스 함대에 병인박해 알림 |
| | 6월 | 독일인 오페르트, 통상 요구 |
| | 7월 | 미국 상선 제너럴셔먼호, 불탐(제너럴셔먼호사건) |
| | 8월 | 프랑스군, 한강 침공(병인양요 시작) |
| | 9월 | 프랑스군, 강화 점령·약탈 |
| | 10월 | 양헌수, 정족산성에서 프랑스군 격파/프랑스군 철수<br>(병인양요 끝남) |
| 1867년 | 1월 | 미국 슈펠트 제독, 대동강 입구에 진입해<br>제너럴셔먼호사건 해명 요구 |
| 1868년 | 4월 | 오페르트, 남연군묘 도굴 발각되자 도주 |
| 1871년 | 4월 | 미국 해병대, 강화도 광성보 점령<br>어재연 등 미국과 싸우다 전사(신미양요) |
| | 5월 | 미 함대, 자진 철수 |

# 포함외교에 직면한 쇄국

일본인 학자 중 근대 한일관계사 연구의 권위자인 운노 후쿠쥬 海野福壽가 쓴 『일본의 양심이 본 한국병합』은 조선의 개국에서 강제병합에 이르기까지의 과정을 서술하고 있다. 이 책은 여타의 근대 역사서와는 달리 '인천'에서부터 시작한다. '조선의 개국'을 제1장으로 놓고 있는데, 그 페이지를 '강화도에 새겨진 전쟁의 흔적'으로 연다는 점이 이채롭다. 인천은 부산과 원산에 이어 세 번째로 개항을 했는데, 운노 후쿠쥬는 강화도를 맨 먼저 주목한다.

**광성돈대** _ 신미양요 때 가장 격렬했던 격전지. 홍이포, 소포, 불랑기(오른쪽부터)가 나란히 전시되어 있다. 인천시 강화군 불은면 덕성리 소재.

특히 병인양요와 신미양요를 포함한 여몽전쟁과 병자호란 등 강화도가 직접 겪어야 했던 '전쟁의 역사'에서 이야기를 시작한다.

그는 서구열강의 동아시아 진출 현상을 강화도에 맞추어 "청나라와 일본에 이어서 조선도 개국시키려는 열강의 굶주린 파도가 물밀듯이 이 섬에 밀어 닥쳐 해변을 쓸었다"고 썼다.

### 몰려드는 열강세력

유럽세력이 본격적으로 아시아를 '통치'하기 시작한 것은 18세기 중엽부터이다. 인도를 놓고 프랑스와 영국은 7년 전쟁(1756~1763)을 치렀다. 인도 이후엔 중국청나라이었다. 열강의 중국 차지하기는 아편전쟁으로 정점에 달했다.

1860년 2차 아편전쟁*으로 프랑스, 영국 연합군은 베이징의 원명원圓明園을 점령했고, 러시아는 중국의 우수리강 동쪽 영토를 차지했다. 이로 인해 조선은 뜻밖에도 러시아와 국경을 맞대야 하는 상황을 맞았다. 중국은 이미 1842년 1차 아편전쟁*에서 패해 홍콩을 내주고, 상하이와 광저우 등지의 항구를 열어야 했다.

일본도 1854년, 미국의 '함포외교'에 무릎을 꿇었다.

한반도 역시 '서세동점'에서 예외는 아니었다. 16~17세기 이른바 '대항해 시대', 유럽 여러 나라의 함선들이 동아시아 지역을 탐사하는 과정에서 한반도를 인식하기 시작했다. 1816년 영국 바실 홀Basil Hall 함장이 서해안 일대를 탐사했고, 1845년에는 영국의 군함 사마랑Samarang호가 제주도와 거문도, 서해안 일대를 탐사했다. 또 1846년에는 프랑스 함대가 기해박해*의 보복으로 서울 침공을 기도했으나, 한강 입구를 찾지 못해 되돌아갔다. 그 10년 뒤에는 프랑스의 게랭D. Guérin제독이 침공을 위한 수로정찰 차원에서 경기만 일대를 조사했다.



●**2차 아편전쟁(阿片戰爭)**
1856~1860년 프랑스와 영국 연합군이 텐진과 베이징을 점령, 텐진조약(1858년)과 베이징조약을 체결했다. 광둥항에 정박 중인 영국선 애로(Arrow)호에서의 충돌이 빌미가 됐다. 텐진조약은 1858년에 중국의 텐진에서 청나라와 영국, 프랑스, 러시아, 미국 네 나라가 맺은 조약. 외교사절 상주, 10개 항구 개방, 아편무역 합법화, 기독교 공인 등을 담고 있다.

●**1차 아편전쟁(阿片戰爭)**
1840년 아편 문제를 놓고 청나라와 영국 사이에 일어난 전쟁. 1842년 청나라가 패해 난징조약을 맺음으로써 끝이 났다. 영국에 홍콩 할양 등이 담긴 난징조약은 중국 반식민지화의 발단이 됐다.

●**기해박해(己亥迫害)**
조선 헌종 5년(1839)에 두 번째로 가톨릭교도를 학살한 사건. 프랑스 신부 모방, 샤스탕, 앵베르를 비롯 70여명의 교도가 처형되었다.

러시아, 프랑스, 영국, 미국, 독일 등 서구열강의 함선들은 조선 개항을 호시탐탐 노리고 있었다. 1866년의 병인양요와 1871년의 신미양요는 어느날 갑자기 발생한 게 아니다.

근대 한미 관계사 연구의 권위자 김원모 단국대 명예교수는 양요洋擾를 서구 세력이 교섭을 빙자해 조선을 침략한 사건으로 규정한다. 당시 서구 열강들은 경쟁적으로 자국의 상품을 내다 팔 시장을 확보하기 위해 무력으로 다른 나라를 식민지화 하는 제국주의 정책을 관철하고 있었다. 병인양요 때 프랑스 함대는 조선에서 가톨릭 선교 활동을 펴던 프랑스 신부를 처형한 것

에 대한 응징을, 신미양요 때 미국 함대는 대동강에서 제너럴 셔면호°를 불태워 자국민을 살해한 것에 대한 보복을 명분으로 삼았지만 결국은 모두가 조선과의 통상이 목적이었다는 게 김원모 교수의 지적이다. 김원모 교수는 또 병인양요 · 신미양요, 두 전쟁은 조선을 굴복시켜 문호를 개방시키기 위해 군사적 위협을 가한 포함외교砲艦外交의 전형이라고 규정한다.

### 쇄국과 삼정의 문란

● 제너럴 셔면호(General Sherman號) 1866년(고종 3) 7월 평양의 대동강에서 군민(軍民)의 화공(火攻)으로 불타버린 미국 상선.

병인양요 4년 전, 조선에선 농민항쟁이 거세게 일었다. 당시의 일을 '임술 농민항쟁'이라고 하는데, 이는 '삼정의 문란'이 원인이었다. 세금의 전정田政, 병무의 군정軍政, 빈민구제책인 환정還政

에서 탈법과 부정부패가 극도에 달해 백성이 견딜 수 없었던 것이
다. 이런 와중에 대원군*이 등장해 실권을 잡았다. 그러나 대원군
은 초기에만 삼정문란을 해소할 수 있는 개혁정책을 시행했을 뿐
경복궁 중건 등 왕권강화에만 몰두한 나머지 현실을 무시한 경제
정책으로 국가와 민생경제를 결딴냈다. 또다시 백성의 고혈을 짜
내며 시대를 거스른 것이다. 백성의 원망이 하늘을 찔렀다. 그러
나 백성을 돌보고, 대외관계의 돌파구를 마련할 정책은 나오지 않
았다.

황현(1855~1910)은 조선 말기 47년간(1864~1910)의 역사를 기록한 『매
천야록』*에서 "대원군이 나랏일을 맡던 갑자년(1864)에서 계유년
(1873)까지 10년간은 온 나라가 떨며 무서워했다"고 썼다. 정책이 잘
못됐다는 것은 알지만, 누구 하나 이를 바로잡으려 건의하지 못했
다는 것이다.

조선에는 세계사적 흐름을 정확히 꿰뚫어 볼 인재가 없었던 것
도 대외정책이 거꾸로 가는 데 역할을 했다. 인재를 기용하지 못
한 것은 과거科擧의 문란 때문이었다. 『매천야록』은 그 실상도 구
체적으로 전한다. 임금과 나이가 같다고 합격시킬 정도였고, 종친
이면 가리지 않고 특전을 베풀었다니 그 폐해를 짐작하고도 남는
다. 본관이 전주 이씨인 경우 모두 시험에 붙여, 당시의 과거시험
을 '종친과'라고 부를 지경이었다. 이런 문란한 인재등용은 병인
양요 직후에도 극심했다. 밀려드는 서구열강에 맞서야 할 인재를
국가에서 오히려 솎아낸 셈이었다.

그러나 일본은 18세기 중엽부터 이미 유럽의 학문적 성과들을
일본어로 번역해 내고 있었다. 이른바 란가쿠(蘭學, 네덜란드학)이다.

대외정책 또한 시대착오적이었다. 병인양요 2년 전인 1864년(고
종 1) 2월, "두만강 건너편에 이상하게 생긴 사람들(異樣人)이 나타났

다"는 급보가 조정에 올라왔다. 통상을 요구하는 러시아 사람들이었다. 조선 역시 서세동점의 세계사적 조류에서 비껴나 있지 않은 상황이었지만 조선 조정은 적절하게 대처하지 못했다. 대원군은 러시아인의 등장은 내통한 사람이 있기 때문이라며, '간첩' 색출을 지시해 2명의 백성을 두만강 가에서 효수梟首했다. 러시아인이 처음 나타난 지 3개월 만이었다.

홍선대원군의 쇄국정책의 결과였다. 쇄국정책은 조선을 침략한 서양 오랑캐와의 교섭을 일절 금지하는 조치였는데, 홍선대원군이 실각한 뒤에야 개화파가 등장하기 시작했다.

김원모 교수는 "어떤 이유에서든 중국과 일본에 비해 조선의 근대화 시기가 늦어진 것은 비극이며 조선은 이때까지도 중국을 종주국으로 삼는 사대주의 사상이 뿌리깊게 박혀 있어 외국의 선진 문물을 받아들이려는 노력을 하지 않았다"고 지적한다.

당시 조선에는 이미 천주교 신부들이 여럿 들어와 있었다. 신유박해●와 기해박해(1839년) 등의 와중에서도 천주교의 씨앗은 살아남았다.

### 열강의 눈에 비친 조선

당시 서구인들은 조선을 어떻게 생각했을까.

병인양요가 있기 12년 전에 조선 땅을 둘러본 러시아의 유명 문학가 I. A. 곤차로프Goncharov(1812~1891)가 쓴 여행기는 흥미롭다. 『전함 팔라다호』란 제목의 이 여행기는 2명의 러시아인 조선 여행기를 더해, 『러시아인, 조선을 거닐다』(심지은 옮김, 한국학술정보)란 책으로 2006년에 번역돼 나왔다.

러시아 함대 '팔라다호'를 타고 1854년 4월에 거문도에 도착한 곤차로프는 러시아인 최초의 한국방문기라고 할 수 있는 이 책에



●신유박해(辛酉迫害)
조선 순조 원년(1801)인 신유년에 있었던 가톨릭교 박해 사건. 중국에서 세례를 받고 돌아와 전교하던 이승훈(李承薰)을 비롯 이가환, 정약종 등의 남인(南人)에 속한 신자와 중국인 신부 주문모 등이 처형되었다.

서 "극동지방에 속해 있는 마지막 민족을 볼 수 있게 됐다"고 표현한다. 중국과 일본은 개방했는데, 조선만 남았다는 얘기다.

러시아인들은 이 때 한문으로 필담을 나눌 수 있는 준비까지 했다. 이들에게 조선인의 생김새며, 옷차림 등 모든 게 신기해 보였다. 물물교환도 제안했으나, 거절당했다. 곤차로프는 주민들이 먹을 게 부족했기 때문에 물물교환을 거절했다고 봤다. 그러나 조선인들은 (배고픈 가운데서도) 20마리의 물고기와 4통의 물, 말린 해삼 등을 주었다. 러시아인들은 눈병에 쓰라고 안약을 줬다.

러시아인들은 조선과 중국, 일본의 가장 큰 차이점을 방에 신발을 신고 들어가느냐, 그렇지 않느냐로 보기도 했다.

특히 러시아는 조선과 중국, 일본 등 극동을 '시베리아의 주변국'으로 인식하고 있었다. 사실 '극동'이란 말 자체가 유럽을 기준으로 한 것 아닌가.


### 우리가 본 그들

곤차로프는 일행이 러시아 전함 팔라다호에서 보트로 갈아타고 뭍을 향해 가자, '공포에 질린 여자와 아이들이 마을에서 산으로 도망쳤다'고 전한다. 또 '한 무리의 남자들이 와서 우리 편의 팔과 앞깃을 잡고 막으며, 일행이 마을에 들어오지 못하게 하려고 애썼다'고 했다. 낯선 이방인의 등장에 반응하는 당시 조선 백성들의 모습이 눈앞에 훤하다.

거문도 주민들은 우여곡절 끝에 전함 팔라다호에 승선했던 모양인데, 그 조선인들은 함실에 있는 '구세주 성상'에 대해 무엇이냐고 묻고, 대답을 듣고는 자리에서 일어나 경건하게 성상에 고개를 숙여 절을 했다고도 한다.

프랑스 군인으로 그림 솜씨도 뛰어났던 앙리 쥐베르(Henri Zuber,

1844~1909)가 병인양요 참전 경험을 기록한 『한국원정 *Une expédition en Corée*』에도 재미있는 대목이 많다. 『프랑스 군인 쥐베르가 기록한 병인양요』(유소연 옮김, 살림)란 책으로 번역돼 나온 쥐베르의 기록에 따르면, 1866년 9월* '사상 처음으로 유럽 선박이 극동에서 세 번째 가는 나라의 수도 앞에 정박' 했는데, 관리가 나와 "부디 돌아가 주시오. 그리하면 우리의 온 백성이 기뻐할 것이외다"라고 했다고 한다. 쥐베르는 이러한 '겸손한 간청'을 정부 측의 두려움을 반영한 것으로 풀이했다. 조선은 프랑스 전함의 한강 진출의 의도를 전혀 파악하지 못했다.

다소 엉뚱한 이야기도 있는데, 10월에 프랑스 군이 강화 갑곶 부근을 점령했을 때 주민들이 다 도망갔는데, 어떤 용감한 주민 1명만이 남아 집을 지켰다고 한다. 프랑스 군인들은 이 주민이 살던 갑곶이 언덕을 '철학자의 산'이라고 불렀단다.

아마도 이 용감한 '철학자'는 프랑스 군에게 재산을 빼앗기느니 차라리 목숨을 내놓겠다는 각오를 했거나, 아니면 프랑스 신부 등 '이양인'들과 깊은 연관이 있어 전혀 두려움을 느끼지 않았던 것 중 하나일 것이다.

# 프랑스인 신부의 순교와 병인양요

병인양요는 1866년 프랑스 함대가 조선을 침략, 강화도를 점령·약탈한 것을 일컫는다. 조선이 서구열강과 한반도에서 대결한 첫 전쟁이기도 하다. 그동안 조선을 침략한 세력은 몽골족, 여진족 등 북방민족과 남방의 일본 등 주변국일 뿐이었다. 이제는 그 침략의 범위가 넓어진 것이다. 주변국 침략 때는 강화도가 수도권 방어를 위한 사령부이자 항쟁처였다. 하지만 서양세력이 조선을 넘보기 시작한 병인양요부터는 조선의 관문이자 최전선의 땅으로 바뀐다.

프랑스는 흥선대원군의 천주교 탄압을 명분으로 내세워 조선을 침략했지만, 그 속셈은 개국과 통상이었다. 그러나 프랑스 함대는 '천주교 탄압에 대한 보복', '개국과 통상' 등 당초 목적을 달성하지 못한 채 강화도(조선해역)에서 철수해야 했다.

### 천주교 박해

17세기 초부터 조선의 진보적인 유학자들이 천주교에 관심을 보이기 시작했다. 하지만 보수적인 유학자들은 성리학과 배치되는 천주교를 이단으로 간주했다. 그러나 천주교는 서울에서 지방까지, 양반에서 천민 계층까지 널리 퍼졌다.

당시 천주교는 조선의 신분질서를 위협하는 위험 요소로 인식되기도 했다. 조선 조정은 1785년(정조 9) '천주교 포교 금지령'을 공포한다. 그러나 본격적인 천주교 탄압은 정조가 세상을 떠나면서 시작되었다. 1801년 신유박해로 청나라 신부 주문모●를 비롯 이승훈, 이가환, 정약용 등 천주교를 믿거나 가까이 한 남인 계열이 대거 처형되거나 유배형을 받았다. 1839년에는 3명의 프랑스 선교사와 조선인 신자들이 처형된 기해박해가 있었다. 병인양요가 일어난 1866년 초에는 당시 9명의 프랑스 신부와 8천여 명의 조선인 신도가 처형되는 참극(병인박해)이 빚어졌다. 이 때 중국으로 몸을 피해 병인박해●를 프랑스에 알렸던 리델● 신부는 같은 해 프랑스 함대를 타고 다시 조선을 찾는다. 이것이 병인양요의 시작이다.

### 중국을 통한 압박

병인양요 발발 전, 프랑스는 조선을 직접 상대하지 않았다. 청나라를 창구로 삼고, 청나라에 압력을 넣었다. 당시 조선은 청나라에 조공을 바치는 관계였기 때문이다. 그러나 청나라는 소극적 불간섭 정책을 유지하며 프랑스와 조선의 전쟁에는 개입하지 않았다. 프랑스와의 무력충돌을 우려했던 것이다.

청나라는 아편전쟁 이후 프랑스와 근대적 조약 관계를 체결했고,* 조선을 위해 프랑스에 대적할 군사력도 없었다. 병인양요 당시 청나라가 한 일은 프랑스에 화해를 권고하고, 조선에 프랑스의 침략계획을 알려준 것 뿐이다.

중국에서 태어난 한중관계 전문가 권혁수 박사는 『근대 한중관계사의 재조명』에서 "조공관계 속에서 중국의 커다란 그림자 뒤에 은둔해 있던 조선은 부득불 서양열강의 침략 위협 앞에 직접 노출될 수밖에 없었다"고 했다. 권혁수 박사는 병인양요를 한·중 두 나라 사이의 전통적 조공관계의 몰락을 예고해 주는 역사적 사건으로 해석하고 있다.




●**주문모(周文謨, 1752~1801)**
베이징(北京) 주교(主敎) 구베아(Gouvéa)의 명령을 받고 서울로 들어와 선교하다가, 신유박해 때 의금부에 자수해 사형당했다.

●**병인박해(丙寅迫害)**
조선 고종 3년(1866)에 일어난 우리나라 최대 규모의 가톨릭 박해 사건. 러시아로부터 통상(通商) 요청을 받은 대원군이 프랑스의 힘을 빌려 막고자 했으나 뜻대로 안되자 가톨릭 탄압령을 내리고 9명의 프랑스 신부와 8천여명의 가톨릭교도를 학살했다.

●**리델(Ridel, 1830~1884)**
프랑스의 천주교 신부. 파리 외방전교회 소속으로, 1861년 우리나라에 들어와 전도에 힘쓰다가 병인박해 때 조선을 탈출, 구사일생으로 몸을 피했다. 1877년에 다시 조선으로 들어왔으나 천주교 박해로 추방됐다.

＊텐진조약과 베이징조약을 말한다. 베이징조약은 영국·프랑스 연합군이 1860년 베이징에 입성한 후, 프랑스가 청나라에 압력을 가해 강제로 맺은 불평등조약. 텐진조약(1858년)을 확인하고 텐진 개항, 프랑스의 중국인 노동자 모집 허용 등의 내용을 추가했다.

## 프랑스의 침략작전

프랑스 함대의 조선 침략은 크게 1차와 2차로 구분할 수 있다. 1차는 침략을 준비한 정탐이고, 2차는 실질적인 실력 행사였다.

1866년 5월 리델 신부는 중국 톈진에 도착해 로즈 극동함대 사령관에게 조선의 천주교 박해 사실을 전달했다. 로즈 제독은 프랑스 해군성과 베이징 주재 대리공사 벨로네에게 군사적 응징의 필요성을 강조했다. 같은 해 8월 10일 로즈 제독은 프리모게호, 타르디프호, 데루레드호 등 3척의 함대를 이끌고 체푸항을 출발했다. 통역은 리델 신부가 맡았다. 이는 조선해역을 정찰하고 한강수로 입구를 찾아내기 위한 것이었다. 이들은 팔미도, 작약도, 강화도 해역을 정찰하고 한강 입구를 찾는 데 성공했다.

조선은, 자국 침략을 위해 한강을 탐측하러 온 프랑스 함대에게 식료품을 건네주는 등 자비로움을 보였다. 프랑스 군인으로 병인양요에 참전했던 앙리 쥐베르는 1873년《르 투르뒤몽드》에 쓴 글에서 "(조선인은) 거대한 부채라든가 황소 등을 우리에게 선물하는

선량한 마음을 지녔다"고 했다.

프랑스 함대는 한강 상류를 향해 항진을 계속했고, 조선은 이들의 도성 접근을 차단한다는 방침을 세웠다. 8월 18일 프랑스 함대와 조선군이 처음으로 충돌하였다. 조선은 프랑스 함대의 항진을 저지하지 못했고, 프랑스 함대는 마포 앞 서강西江 어귀까지 진입했다. 그러나 타르디프호가 모래톱에 좌초되었고, 프랑스 함대는 19일 가까스로 한강 하류로 퇴각했다.

이 때 프랑스군은 그해 7월, 대동강에서 서양 선박 1척이 불에 타 침몰했다는 사실을 전해 들었다. '제너럴 셔먼호' 사건이었다.

프랑스 함대는 8월 23일 작약도를 떠나 체푸항으로 귀환했다.


### 프랑스, 강화도를 빼앗다

9월 3일, 로즈 제독은 7척의 군함과 1천여 명 규모의 병력을 이끌고 재침, 강화도 갑곶진 상륙작전을 벌였다. 로즈 제독은 강화도를 점령하면 한강을 봉쇄, 조선에 위협을 줄 수 있다고 판단했다. 그의 목적은 강화도 점령이었다.

9월 6일, 조선은 프랑스군이 강화도에 상륙한 사실을 뒤늦게 알았다. 로즈 제독은 7일 강화성의 전력과 방어실태를 파악한 뒤 다음날 강화성으로 진격했다. 프랑스군은 우세한 화력을 앞세워 강화성 남문을 공격했고, 조선군은 강화성을 버리고 서문으로 도망쳤다.

강화성을 점령한 프랑스군은 다량의 금·은괴와 주요 문서, 서적류, 무기류 등을 노획했다. 여기에는 2011년, 145년 만에 임대 방식으로 돌아온 외규장각 도서도 포함돼 있었다.

조선 조정은 프랑스군이 강화성을 점령하자 강화도 병력을 늘리고 도성 방어 태세를 강화했다.

순무천총巡撫千摠 양헌수● 장군은 격문을 통해 프랑스군의 침략을 비판하고 회담에 응할 것을 요구했다. 반면 로즈 제독은 프랑스 선교사 처형 문제를 꺼내 '프랑스 선교사 학살과 관련된 3정승 엄벌', '수호조약 초안 공동 작성' 등을 요구했다. 조선의 입장에서는 받아들이기 쉽지 않은 것이었다. 평화적으로는 해결될 수 없었던 것이다.

### 조선, 강화도를 되찾다

양헌수 장군이 지휘하는 조선군은 통진부에 주둔하면서 프랑스

●양헌수(梁憲洙, 1816~1888)
조선 후기 무신. 병인양요 때에 좌선봉장이 되어 강화도 정족산에 침입한 프랑스 해군을 대파했다. 이 공으로 한성부 좌윤이 됐다. 후에 어영대장 · 형조 판서 · 공조 판서를 지냈다.

군의 공격에 대비했다. 양헌수 휘하 부대(초관 한성근의 소부대)는 9월 18일 문수산성에 잠복해 있다가 프랑스군 정찰대를 기습 공격, 타격을 줬다. 문수산성에서 사상자를 낸 프랑스군은 충격을 받았다. 문수산성은 강화도에서 나와 서울을 연결하는 중요한 관문이었다.

양헌수 장군은 전국의 실력파 포수들로 구성한 500여 명 규모의 정예부대를 편성, 10월 1일 정족산성 진입을 시도한다. 이를 눈치챈 올리비에 대령은 10월 3일 150여 명의 병력을 이끌고 정족산성으로 향했다. 조선군은 매복해 있다가 프랑스군을 격파했다. 조선군은 화기의 열세에도 불구하고 지근거리 유인 사격, 지형적 이점으로 공격력을 발휘한 것이다. 프랑스군은 사상자가 속출했다. 프랑스군은 10월 4일 강화 유수부의 관아 등을 불사르고 갑곶나루로 이동, 10월 13일 인천 앞바다에서 완전히 철수했다.

### 호시탐탐, 러시아

병인양요에는 일본과 러시아도 얽혀 있다. 흥선대원군은 병인양요가 발생하자 일본에 도움을 요청했다. 하지만 일본은 2명의 사신을 조선에 파견해 "평화의 길을 택하라"고 권고하는 데 그쳤다. 일본 역시 청나라와 마찬가지로 서양에 맞설 상황이 아니었다.

1864년 2월 러시아가 두만강을 건너 통상을 요구할 때, 대원군은 프랑스와 영국의 힘을 이용해 러시아의 남진을 저지하려고 한 적도 있다. 그 전략은 프랑스 선교사의 협조를 얻지 못해 실행되지는 못했다. 프랑스 게랭 제독은 그 한참 전인 1856년에 한 달 동안이나 조선해역을 탐측한 뒤 프랑스 해군성에 보고서를 제출했다.

조선은 국력이 매우 허약한 상태이므로 열강의 희생물이 될 것이다. 러

**정족산성 전투장면** _ 이 전투에서 프랑스군은 30여 명의 사상자를 내고 도주했다. 조선인은 4명의 사상자를 냈다. 이 그림은 강화역사박물관에 전시되어 있다.

시아가 이미 조선에 침략의 손길을 뻗치고 있다. 프랑스는 러시아의 침략을 저지하기 위해서라도 선수를 쳐야 한다. 식민지를 건설하는 데는 군사적인 점령이 최선의 방책이다.

병인양요가 일어나기 꼭 10년 전, 프랑스와 러시아는 이미 조선을 서로 차지하려고 했던 것이다.

### 무엇을 남겼나

병인양요는 겉으로 보기에 프랑스 함선을 물리치고 조선이 승리한 전쟁처럼 보이지만, 조선의 피해는 이만저만이 아니었다.

프랑스 함대가 한강 수로를 봉쇄했을 때는 도성으로 생필품 반입이 중단돼 한양의 물가가 폭등했고, 정국도 극도로 혼란스러웠다. 양천, 김포, 통진, 부평 등에 사는 주민들은 프랑스 함대의 침입을 우려해 피란을 떠나기도 했다. 관문 구실을 하는 인천 앞바다가 뚫렸기 때문이다. 2차 침략 때는 강화도가 프랑스 군의 무차별 방화와 약탈의 참화를 입었다.

재래식 무기로는 서구 열강의 강력한 대포와 빠른 화륜선火輪船을 저지할 수 없었다. 그럼에도 조선은 프랑스 함대의 무력시위에 굴하지 않고 맞붙어 싸웠다. 전문가들은 병인양요를 전근대적인 조선군과 근대화된 프랑스군 사이에 이루어진 전투기법 내지는 화기 성능을 비교하는 하나의 실험장으로 평가하기도 한다.

어찌되었든, 프랑스는 조선 원정 실패로 국가적 위신이 크게 떨어졌다.

양요 후에 조선의 대외정책은 더욱 폐쇄적으로 되어갔다. 외적의 침략을 막는 길은 더욱 굳게 문단속을 하는 길뿐이라는 판단이 지배적이었던 것이다. 달리 생각해보면 연이은 서양인의 준동에 방비를 하고 문을 걸어 잠근다는 대책이 정치적이지는 못하나 상식적인 것은 사실이다. 물론 이 같은 정책이 결국은 대세를 거스르고 국권을 침탈당하는 데 일조했으니 성공이라고 주장하는 것도 아니다.

그러나 달리 보면 침략 당한 자가 침략한 자보다 더 잘못일 수는 없다. '평화'가 약자를 침략하고 수탈하는 것을 정당화하면서 성취될 수는 없기 때문이다.

# 미국상선 셔먼호의 침몰과 신미양요

인천 앞바다에 정박해 있던 미군 함대를 떠난 함정들이 강화도 손돌목 해역으로 들이닥쳤다. 광성진을 지키던 조선군은 즉각 대포를 쏘며 저지에 나섰다. 인근 덕포진● 포대에서도 일제히 사격을 개시했다. 저항에 부닥친 미 함선은 탄환이 날아오는 곳을 향해 대포로 응사하면서 퇴각했다. 적의 탄환에 덕포진의 포군 1명이 맞아 전사했다.

1871년(고종 8) 4월 14일, 강화도 앞바다에서 조선이 미군과 벌인 사상 첫 교전이었다. 강화도 손돌목 전투, 신미양요는 이렇게 시작됐다.

### 보장되지 않는 보장지처

미 함대는 열흘 뒤인 4월 23일 대대적인 공격에 나섰다. 군함과 최정예 해병대를 동원해 초지진˙ 상륙작전을 시도했다. 청나라 베이징 주재 미국 공사인 로우F. F. Row와 해군 제독 로저스John Rodgers 가 이끄는 미 함대는 앞서 부평부사 이기조˙와의 접촉에서 손돌목

**초지진과 염하(鹽河)** _ 한강 하구로 들어서기 위해서는 이 염하를 통과해야 한다. 한강 하구와 바다가 만나는 지점이기도 하다. 우리 조상들은 바다의 짠물이 섞이는 강이란 뜻에서 이름도 염하라고 지었을 것이다. 외적들과 맨 처음 맞닥뜨려야 하는 곳도 여기 있는 초지진이었다. 프랑스군도, 미국군도, 일본군도 저 초지대교 밑을 흐르는 염하를 따라 들어왔다.

전투 피격사건에 대한 책임을 물으며, 조선 정부가 협상에 나서지 않으면 보복 공격을 가하겠다고 경고했다. 그러나 이 경고가 조정에 닿기도 전에 작전에 돌입했다.

4월 24일 조정에 급보가 올라왔다. 서양 오랑캐가 23일 강화도 초지진에 침입했다는 것이었다. 당시 조정은 손돌목 전투에서 미 함대가 퇴각한 사실에 한껏 고무돼 있었다. 미 함대가 겁을 먹고 도망친 것으로 여겼던 것이다. 이날 고종은 초지진이 기습 공격을 받고 있는 것도 모른 채 출정한 군사와 각 고을 포병 가족들의 생계를 걱정하며 양식을 넉넉히 내어주도록 하고, 군수물자를 바친 이들의 뜻을 가상히 여겨 포상을 지시하고 있었다.

조정은 급보를 접한 뒤 강화도에 병력을 급파했다. 그러나 때는 이미 늦었다. 곧이어 광성진이 함락됐다는 비보가 조정에 전달됐다. 미 함대는 초지진에 이어 덕진진을 기습 점령한 뒤 광성진을 공격했다. 그야말로 속전속결이었다. 광성진에서는 한바탕 혼전이 벌어졌다. 육지에 상륙한 미군 병사들이 대포와 소총을 일제히 쏘아대자 이에 대응해 광성진에서 소총 사격을 개시한 것이다. 덕진진에 정박하고 있던 미 함선도 광성진을 향해 함포 사격을 가했다. 곳곳에서는 육탄전이 벌어졌다. 조선군은 돌멩이와 진흙을 집어던지고, 이 마저도 여의치 않으면 맨주먹으로 대항했다. 어재연* 장군은 포 탄환을 손에 쥐고 싸우기까지 했다. 하지만 역부족이었다. 그나마 살아남은 병사들은 포

미 해병대의 강화도 상륙장면

● 이기조(李基祖, ?~?)
조선 말기 무신. 병인양요가 발생하자 별군관(別軍官)으로 참전, 양헌수 등과 함께 광성진에 주둔했다. 신미양요 당시에는 정부 지시에 따라 미국함대와 교섭하는 한편, 그들의 침공을 비난 문책하는 항의문을 발송했다.

● 어재연(魚在淵, 1823~1871)
조선 후기 무장. 병인양요 때 우선봉(右先鋒)으로 광성진을 수비하고, 신미양요 때 순무(巡撫) 중군(中軍)으로 다시 광성진을 수비하던 중 전사했다.

로가 되기를 거부하고 칼로 자결하거나 바다로 뛰어들어 스스로 목숨을 끊었다.

『조선왕조실록』 고종 8년 4월 24일자 기사는 당시 전투 상황을 이 같이 묘사한다.



광성진을 손에 넣은 미군은 인근 마을로 가 방화와 약탈을 자행한 뒤 정박지인 작약도로 되돌아갔다.

### 잿더미가 된 강화도

조선과 미 함대의 교전 기간은 사흘에 불과했다. 그러나 아군의 피해는 심각했다. 미 함대가 5월 16일 자진 철수한 뒤 조정에서 확인한 아군 전사자는 53명, 부상자는 24명이었다. 어재연 장군은 피를 흘린 채 참호 속에 묻혀 있었다. '다른 여러 시체들은 썩어 누가 누군지 구분할 수가 없다'는 보고가 올라오기도 했다. 그러나 당시 미군 측의 기록을 보면 조선군은 무려 243명이나 사망한 것으로 집계돼 있다. 이에 반해 미군은 3명이 전사하고, 9명이 부상하는데 그쳤다. 한마디로 조선의 참패였던 것이다. 미 함대의 무차별적인 함포사격에 목숨을 잃은 민간인들도 적지 않았을 것으로 추정된다.

전란을 겪은 강화도 백성들의 삶은 참담했다. 미군의 방화로 초지진과 광성진의 수많은 민가들이 잿더미로 변했다. 고종은 집이 불타 거리를 헤매는 백성들에게 내탕고*에서 1천 냥을 내어 민심을 수습하라는 명을 내리기도 했다.

『조선왕조실록』의 기록을 보자,

진무사鎭撫使 정기원鄭岐原이 올린 장계狀啓에, "초지草芝와 광성廣城 양진兩鎭의 불탄 민가들에 휼전恤錢을 분급分給해야 하기에 성책成冊하여 올려 보냈습니다"하니,

전교하기를, "흉악한 오랑캐가 창궐하여 불쌍한 백성들이 그 해독을 참혹하게 입었다. 집은 불타고 파산하여 거리에서 헤매니 차마 말할 수 없도다. 차마 말할 수 없도다. 이것은 보통 재변과 다르다. 내탕고內帑庫에서 특별히 1,000냥전錢을 내려 줄 것이다. 강화 유수江華留守가 직접 나누어 주어 그들로 하여금 밝게 깨우쳐 안착하여 흩어짐이 없게 하라. 그리고 때에 맞추어 집을 지어 종전처럼 자리를 잡고 살게 하는 것이 좋을 것이다"하였다.

—『조선왕조실록』 고종 8년 6월 2일

### 예견된 패배

조선의 패배는 예견된 것이었다. 200년 가까이 전쟁이 없었던 때문인지, 유약한 임금 탓인지, 당시 조선의 국방력은 극도로 약화돼 있었다. 흥선대원군 부친 남연군 묘 도굴사건(1868년 4월)으로 잘 알려진 독일 상인 오페르트*는『금단의 나라 조선 기행Ein verschlossenes Land: Reisen nach Corea』에 자신이 목격한 조선의 병력과 무기, 방어 진지 등을 비교적 상세히 기록했다. 오페르트의 눈에는 조선 병사들의 무기는 구식이었는데, 낡은 화승총과 활, 삼지창이 고작이었다. 주요 하천과 강둑을 따라 설치한 많은 요새와 포대의 무장은 완전히 붕괴된 상태였다. 총통은 병기창에서 녹슬어가고

● 내탕고(內帑庫)
조선 시대에, 왕실의 재물을 넣어 두던 창고.

● 오페르트(Oppert, 1832~?)
독일의 항해가 · 상인. 1868년에 아산만에 상륙해 흥선대원군의 아버지 남연군(南延君)의 능묘 도굴 사건을 일으켜 대원군의 쇄국 정책을 더욱 강경하게 했다.

있었고, 강화도에서는 몇 세기 전에 매장됐을 것으로 보이는 오래된 총포들이 나왔다.

조정에서도 취약한 군사력과 소홀한 방어태세를 걱정하는 목소리가 적지 않았다. 제너럴 셔먼호 사건이 발생한 직후인 1866년 7월 좌의정 김병학●은 고종에게 "군사 방비가 해이하고 해안 방어가 허술한 것은 요즘과 같은 때가 없었으니 군사 수가 모자라거나 빈자리에는 일일이 다 보충해 놓도록 하고, 무기들이 녹슬었거나 무딘 것들은 있는 대로 다 수선하도록 하며, 때때로 군사 훈련을 하여 늘 적과 맞설 태세를 갖추도록 해야 할 것이다"고 역설했다. 셔먼호 사건의 일등 공신인 박규수●는 돌로 쌓아올린 성이 대포에는 취약하다는 점을 알고 곳곳에 토성을 건설해야 한다는 장계를 올리기도 했다. 박규수는 자신의 위수지역衛戍地域에 직접 토성을 쌓는 실험을 하기도 했다.

이런 상황에서도 조선 정부는 앞으로 어떠한 위기가 닥칠지 모른 채 사태를 낙관하고 있었다. 김명호 서울대 교수는 "제너럴 셔먼호 사건 때도 보듯 조선은 이양선이 침입해 무력시위를 하며 통상을 요구하는 데도 대우를 해주고 납득을 시키면 스스로 물러날 것으로 믿었다"고 지적했다. 조선은 당시 제국주의화 하는 국제정세를 충분히 인식하지 못했다는 것이다.

미국은 조선에 함대를 파견하기 전에 일본 도쿄만으로 함대를 보내 무력으로 일본을 굴복시켰다. 미국은 결국 셔먼호 사건을 구실 삼아 일본처럼 영국 등  다른 서구 열강에 앞서 조선을 먼저 개항시키려 했던 것인데, 조선만 그 사실을 모르고 있었던 것이다.

### 한양 공격 불발과 강화도 철수

미국은 그러나 조선을 무릎 꿇게 하지는 못했다. 도성을 사정거리에 넣고 직접 위협하지는 못했던 것이다. 조선은 일본과 사정이 달랐다. 미 함대가 사정거리 안에서 한양을 향해 포를 쏘려면 한강을 따라 한참 거슬러 올라가야 했는데, 이게 쉽지 않은 탓이다. 그런 측면에서 보면, 서울로 향하는 길목에 위치한 강화도는 적의 위협을 차단하는 전략적 요충지라는 점이 여기서 다시 한 번 확인된다고 할 수 있다. 당시 미 함대가 한강으로 진입하기에는 손돌목 등 강화도 앞바다는 암초가 많고 해로가 험악한 편이었다.

미 함대가 목적을 달성하지 못했다고 신미양요가 조선의 승리로 귀결된 것은 아니다. 미 함대는 당시 석탄 연료가 부족했고, 식량과 식수난을 겪는 등 장기 체류의 부담이 커 자진 철수한 것일 뿐이었다. 조선은 그러나 병인양요 때와 마찬가지로 승리에 도취했다.

소 잃고 외양간 고친다는 격으로 미 함대가 완전히 물러간 뒤 조정은 해안 방어의 요충지인 강화도와 인천의 중요성에 대해 의논한다. 영의정이 된 김병학은 이 때 "강화도는 경성의 길목에 위치하고 있다. 인천은 바닷가에서 가장 긴요한 지역으로 엄히 경계해야 한다"며 인근 영종도, 팔미도, 월미도, 대부도 등에 방비를 강화해야 한다고 강조하기도 했다. 이에 고종은 강화도에 군사를 증원하고 보루를 튼튼히 해 훗날 다시는 '서쪽'을 염려하는 근심이 없게 하라는 명을 내린다.


### 신미양요의 발단, '제너럴 셔먼호 사건'

신미양요의 발단은 '제너럴 셔먼호' 사건이었다. 셔먼호 사건은 미국 상선인 셔먼호가 1866년 7월 대동강에 침입해 교역을 요구하며 대포를 쏘아대는 등 무력시위를 벌이다 조선의 화공작전으로 격침된 것을 말한다. 이게 일반적 시각이다. 이 때 토마스●

목사 등 승선자들이 평양 군민들에 의해 죽임을 당했다는 설도 있다. 미국은 이후 셔먼호 사건에 대한 진상조사를 위해 조선에 몇 차례 함대를 보내기도 했다. 신미양요를 일으킨 로우 공사와 로저스 제독이 군함을 이끌고 강화도 해협에 나타나 명분으로 내세웠던 것도 셔먼호 사건에 대한 책임 추궁이었다. 김원모 단국대 명예교수는 "셔먼호 사건은 물론 명분에 불과했고, 조선에 온 진짜 목적은 개국과 통상이었다. 미국은 1854년 일본을 굴복시킨 것처럼 조선에도 강력한 무기로 군사적 위협을 가하면 순순히 문호를 개방할 것으로 믿고 있었다"고 지적한다.

# 개방과 서구문물의 유입

프랑스의 강화도 약탈이 있은 지 5년 만에 미국이 다시 인천을 침략했다. 그 이후 또 5년이 지나 서양식 포함외교 전술을 구사한 일본에 굴복하여 불평등 강화도조약이 체결됐다. 병인양요(1866년), 신미양요(1871년), 그리고 강화도조약(1876년)이 잇따른 것이다.

한 나라의 힘이 약하면 국제적인 먹이가 될 수밖에 없다는 냉혹한 현실을 조선은 적나라하게 보여줬다. 조선을 놓고 열강들이 서로 차지하려 달려드는 모습은 마치 '세렝게티'의 동물 생태계와 다름없었다.

19세기 중반 한반도를 둘러싼 국제정세는 중국과 일본은 물론이고, 러시아·영국·미국·프랑스·독일 등이 치열한 각축을 벌였다. 조선만 제 목소리를 낼 수 없었다. 힘이 없었기 때문이다. 열강들은 그 조선을 타깃으로 삼고 몰려들었다.

당시 조선 정권의 국제정세 판단능력은 백성들의 감각보다도 오히려 뒤처졌고, 인재 없는, 그리고 준비되지 않은 외교는 어디에도 먹혀들지 않았다.

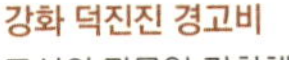

**강화 덕진진 경고비**
조선의 관문인 강화해협을 외국 선박은 통과하지 말라는 경고문을 새긴 비석이다. 인천시 강화군 불은면 덕성리 덕진진에 있다.

## 천주교 포교의 확대

서구 열강의 첫 조선 침략이 있은 뒤 백성들의 삶은 어떠했을까. 병인양요의 주요 관련 인물인 프랑스 선교사 리델의 기록이 당시를 선명하게 보여준다.

프랑스 외방전교회 소속 선교사 리델은 1861년 3월 21일 백령도를 마주한 곳(대청도로 추측)에 도착했다.* 백령도는 천주교 박해가 심했던 1845년경부터 선교사 입국이 비교적 자유로웠던 1880년경까지 조선 입국의 비밀 통로로 이용됐다. 이런 연유인지 백령도와 연평도, 대청도 등지의 서해 섬 지역은 아직까지도 천주교 교세가 강하다.

리델은 선교활동을 하다가 1866년 초, 병인박해 때 중국으로 탈출해 박해상황을 프랑스 극동함대에 전달했다. 그리고 병인양요가 터졌다. 제6대 조선교구장에 임명되기도 한 리델은 11년 만인 1877년 9월 조선에 다시 잠입, 포교활동을 벌였다. 그러다 4개월 만에 체포돼 서울의 좌포청, 우포청에서 감옥생활을 했다. 1878년 1월 28일 붙잡혔는데, 6월 10일 석방돼 중국으로 강제송환 됐다. 그 시기 약 5개월간의 리델의 기록이 바로 『나의 서울 감옥생활 1878』이란 책으로 2008년 번역돼 나왔다.

리델이 활동하던 1878년 1월 서울에서 이뤄진 천주교 선교활동은 틀이 잡혀 있었다. 프랑스 선교사들이 숨어서이긴 하지만 비교적 활발히 활동했다. 그 결과 학교도 설립했고, 학생도 있었다. 특히 인쇄소를 차릴 집도 한 채 계약 했으며, 그 집엔 인쇄소 책임을 맡을 신자가 상주했다. 모든 게 비밀리에 이루어졌다. 유럽의 소식을 전할 통신원까지 있었다.

나는 몇 달 전부터 조선에 다시 들어와 있었는데, 온 나라가 고요하고 잠잠하였다. 나는 동료 선교사들과 숨어 살면서 조용하게 성무를 진행하였다. 선교사들은 온 나라를 두루 다니며 신자들을 방문하였고 많은 신자들이 성사의 은총에 참여하고자 신부에게 몰려왔다. 나는 얼마 전에 학교



* 리델의 활동과 관련한 날짜는 조선에서 쓰던 음력이 아니라 리델이 그의 책에서 밝힌 것임.

를 설립하였는데, 벌써 학생이 몇 명 되었다. 1월 26일, 인쇄소를 차릴 집한 채의 계약을 마무리하였고, 인쇄소의 책임을 맡기로 한 신자가 그곳에 들어와 상주하고 있으니 며칠 안으로 모든 게 가동될 예정이었다. 나는 서울에 있는 신자 몇 명에게 여러 차례 성사를 베풀었으며, 정식으로 성무를 집행하고 또 서울에 있는 모든 신자들에게 재차 성사를 주기 위해서 조선의 정월 명절이 지나가기만을 기다리고 있었다. 또한 우리는 국경에서 올 우리의 통신원을 기다리고 있었는데, 유럽 소식을 가져다 주기로되어 있는 통신원이 오지 않고 있었다. 그에게 무슨 일이 일어났을까?

– 『나의 서울 감옥 생활 1878』(유소연 옮김, 살림)

리델은 인쇄소로 쓸 집을 계약한 이틀 뒤 체포됐다. 선교와 관련해 약간 과장된 측면이 있을 수 있다고 치더라도 이 수기는 많은점을 시사한다. 백성들 사이에서 이미 천주교를 깊이 신앙하는 사람들이 꽤나 있었다는 점이다.

현대사회에서도 흔히들 경찰서나 감옥을 사회의 축소판이라고한다. 그 사회를 가장 축약적으로 보여주기 때문이다. '양요의 시기'엔 어땠을까. 당시 감옥에는 도둑과 채무죄수, (천주교) 신자 등 3부류로 나뉘어 갇혀 있었는데, 신자들이 가장 많았다고 한다. 천주교는 이미 전국적 현상이었다. 천민에서 사대부까지 계층을 가리지도 않았다.

리델은 감옥에 갇힌 전라도 전주의 한 아전의 이야기를 토대로,그 아전의 벗들이 천주교를 실천하려고 관직을 떠나기까지 했다고 전한다. 또 감옥을 지키는 포졸이 "혹시 올봄에 이 나라에 쳐들어올 일본인들을 몰아내 줄 수 없겠느냐"고 묻기도 했단다. 포졸까지 일본의 침략을 예측하고 걱정하고 있었다는 것이다.

리델이 중국 송환 과정에서 본 도시 풍경도 관심을 끈다. 특히 개성의 길 양쪽으로 조선에서 생산되는 각종 물품과 온갖 유럽산 물건이 즐비했다고 기록한 대목이 눈에 띈다. 이미 조선의 시장은 외부에 개방돼 있었다는 것이다.

### 대원군의 실각과 개방

그러나 정부는 오히려 늦었다. 거기엔 국가적 차원의 다각적 외교 채널을 가동하지 못한 점이 가장 큰 원인이 있다고 할 수 있다. 외교 역량이 있는 인재도 없었고, 독자적 판단을 할 잣대도 뚜렷하지 않았다. 이는 대원군 체제에서 고종 친정 체제*로 바뀐 뒤에도 마찬가지였다.

일본의 근대 한일관계사 전문가 운노 후쿠쥬海野福壽의 지적처럼, 1871년에 400년 동안 내려온 쓰시마의 대 조선 외교권을 일본의 중앙정부가 접수해 일원화 했는데, 조선은 이를 인정하지 않다가 1873년에 가서야 받아들였다. 그만큼 시급히 돌아가는 국제정세에 둔감했던 것이다. 특히 조선 정부는 1873년부터 1875년까지 2년여 걸쳐 일본과의 계속되는 협상과정에서 재빠르게 대처하지 못했다. 일본의 준비된 '꾀'에 '편법'으로 대응하지도 못했다. 이에 대해 운노 후쿠쥬는 당시 갈팡질팡하던 조선 외교력을 비꼬며, "조일 관계의 출발선을 바로잡는 최후의 기회가 지나가고 말았다"고 했다.

당시 상황을 기록한 황현의 『매천야록』에는 무능한 정권의 모습이 한마디로 표현돼 있다.



흑전청륭(黑田淸隆·구로다 기요타카)이 처음 우리나라에 왔을 때(1876년 1월) 여러 고관들이 날마다 의정부에 모여 의논했다. 어떤 사람이 말했다. "응당 화해하는 것이 옳습니다" 수상 흥인군 이최응이 "옳다"고 했다. 또 한

**초지진 성벽과 포탄의 흔적들** _ 초지진 성벽에는 아직도 포탄에 패인 흔적이 선명하다.(위, 아래 오른쪽) 초지진 앞에 선 소나무에는 외국 군대의 상륙 포격의 흔적이 그대로 남아 있다.(아래 왼쪽) 신미양요 때 것인지 운요호 침략 때 것인지는 확실하지 않다.

사람이 말했다. "응당 싸우는 것이 옳습니다" (흥인군이) 또 "옳다"고 했다. 또 한 사람이 말했다. "싸웠다가 이기지 못하면 어떻게 하겠소?" (흥인군이) 또 "옳다"고 했다. 또 한 사람이 말했다. "(싸웠다가) 이기지 못하면 (그때 가서) 화해합시다." (흥인군이) 또 "옳다"고 했다. 결국 가부를 결정하지 못하고 날이 저물어 흩어졌다. 이 때문에 서울에서는 그를 유유정승唯唯政丞이라고 불렀다.＊



● 이최응(李最應, 1815~1882)
조선 말기 문신. 흥선대원군의 형으로 통상 수교의 거부를 반대해 대원군과 반목이 심했다. 좌의정, 영의정을 거쳐 총리대신이 됐으나 임오군란 때 살해됐다. 주화·척화·개국 등에 관해 뚜렷한 주관이 없이 모두 옳다고만 해 당시 사람들로부터 '유유정승(唯唯政丞)'이라고 불렸다.

● 운요호의 강화도와 영종도 침략
1875년 9월20일 일본군함 운요호(雲揚號)의 강화해협 불법 침입으로 발생한 한·일 간의 포격사건.
이날 일본 수병은 담수(淡水) 보급의 명목으로 보트에 분승, 해로를 탐측하면서 초지진(草芝鎭)으로 침입했다. 강화해협을 방어하던 조선 수비병은 일본 보트에 포격을 가했다. 일본 수병은 모함인 운요호로 철수하며, 초지진에 맹렬한 포격을 가했다. 오후에는 영종진(永宗鎭)에 공격을 단행했다. 일본 수병은 영종도에 상륙해 조선군과 격전을 벌였다. 그러나 조선 수비병은 근대식 대포와 소총을 휴대한 일본을 대적할 수 없었다. 결국 첨사 이민덕(李敏德)이 이끄는 400~500명의 조선 수비병은 패주·분산하고 말았다. 일본군은 조선대포 36문, 화승총 130여 자루 등을 약탈하고, 영종진에서 살육·방화·약탈을 자행한 뒤 철수했다.

어떤 때나 옳다고만 말하는 '유유정승' 이최응●의 한심한 일화는 또 있다. 이최응 등이 영의정을 하면서 임금이 주관하는 과거시험 감독을 여러 차례 했는데, 이들이 '어魚'자와 '노魯'자를 구분하지 못해 응시생은 운이 좋으면 붙고, 그렇지 않으면 떨어졌다고 한다. 인재등용 과정이 엉망이었던 것이다.

이런 조선의 상황과는 달리, 이 때 일본은 청나라 교섭 책임자로 28세의 모리 아리노리森有札를 임명했다. 그는 유럽에서 공부하였고, 주미 외교관의 경험도 있었다. 국제법에 능통한 젊은 모리를 주요 외교통으로 키운 일본과 그렇지 못한 조선이 너무도 크게 대비된다.

최문형 한양대 명예교수는 이 때 상황에 대해 "당시 우리는 국제환경의 변화를 가늠조차 하지 못했던 것이 사실이다. 이런 상황에서 일본은 이미 영국과 러시아의 대립을 교묘하게 이용하기까지 했다"고 지적했다.

결국 조선은 격동하는 국제정세에 효과적으로 대응하지 못했으며, 일본 운요호의 강화도와 영종도 침략●에도 속수무책이었다. 결국 조선은 일본과의 강압적 문호개방 조약에 서명했다. 바로 1876년 강화도조약이다. 그리고 이는 잇따른 서구 열강과 맺은 불평등조약의 시작에 불과했다.

## 145년 만에 돌아온 '외규장각 의궤'

병인양요 때 프랑스군이 인천 강화도에서 약탈한 외규장각 의궤(儀軌)가 145년 만에 고국으로 돌아왔다. 외규장각 의궤는 2011년 4월 14일부터 5월 27일까지 네 차례에 걸쳐 귀환했다. 의궤는 왕실이나 국가의 행사를 적은 보고서 형식의 기록물이다. 조선시대의 기록문화를 알려 주는 대표적인 문화유산이기도 하다.

프랑스군은 1866년 조선을 침입했을 당시 강화도 외규장각에 있는 어람용 의궤 297책 등을 약탈했다. 어람용(御覽用) 의궤(儀軌)는 왕에게 직접 전달되는 것으로, 예술성과 가치가 남다르다. 외규장각 의궤가 반환되기까지에는 재불 서지학자 박병선(1928~2011) 박사의 노력이 컸다. 1975년, 박병선 박사는 병인양요 때 프랑스군이 약탈한 외규장각 의궤 297책을 프랑스 국립도서관에서 찾아냈다. 그 전까지는 프랑스군이 약탈한 도서가 어디에 있는지 아무도 몰랐다.

외규장각 의궤 반환 문제는 1991년 서울대가 외무부에 외규장각 도서 반환을 요청하는 서류를 보내면서 공론화됐다. 1993년 프랑스 고속철도를 판매하기 위해 방한한 프랑스 미테랑 대통령이 '휘경원원소도감의궤' 1권을 가지고 왔다. 미테랑 대통령과 김영삼 대통령은 정상회담에서 외규장각 의궤를 교류방식으로 영구 대여한다는 원칙에 합의했다. 그러나 돌아오기까지는 20여 년의 세월이 더 필요했다.

2007년 10월에는 신미양요 당시 강화도 광성보 전투에서 미국군에게 빼앗겼던 어재연(漁在淵 · 1823~1871) 장군의 '수(帥)'자 깃발이 136년 만에 고국으로 돌아왔다. 이른바 '어재연 장군기'는 미군 해군사관학교 박물관에 있다가 10년 장기 임대 방식으로 고국 땅을 밟게 됐다.

의궤(儀軌)
2011년 6월 11일 강화도에서 열린 외규장각 도서 귀환 행사에서 일반에 공개된 의궤의 모습.

# 우승열패의 시대, 약소국은 없다

세계의 학자들과 외국의 사료는 병인양요·신미양요가 발발하기 전부터 나타난 조선의 문제점을 지적하면서, 국제정세를 제대로 읽지 못했던 지도층, 부패가 만연했던 사회를 빼놓지 않는다. 또한 조선이 피할 수 없는 열강과의 만남에서 첫 단추를 잘못 끼운 점에 대해서도 강조한다.

그러나 약자의 허약함을 침략당해 마땅한 것으로 보는 시각은 당연히 경계되어야 할 것이다. 허약함이 침략을 초래했다고 해서 침략이 정당화될 수는 없을 것이다. 허약하면 침략 당한다, 허약하니 침략해도 된다는 생각으로는 전쟁을 끝내고 평화를 꿈꿀 수 없다. 평화를 위한 새로운 학문적 패러다임이 필요하다고 할 것이다. 이는 세계의 학자들의 시각을 들으면서 더욱 분명히 제기된다.

### 국제정세를 읽지 못한 조선

19세기 중엽에 접어들면서 동아시아 정세는 급속도로 변화한다. 청나라는 1842년 아편전쟁에서 영국에 패배해 굴욕적인 난징조약을 체결했고, 1860년에는 영·프 연합군에 베이징을 점령당했다. 일본은 1854년에 개항했다. 아시아 전반에 퍼진 변화의 물결은 한반도를 그냥 지나칠 수 없었다.

영국한국학회 회원이기도 한 제임스 호어James Hoare 런던대학교 교수는 "당시 정세를 조선의 의지로 바꾸는 것은 불가능했다. 병인·신미양요도 동아시아에 불어 닥친 변화의 흐름 속의 일부였다. 피할 수 없었다"고 했다.

호어 교수는 "조선은 이 흐름을 제대로 이해하지 못하면서 전쟁을 키워 나갔고 결국 파국적 결말을 맞게 됐다"고 말했다.

그는 또 "조선이 선교사를 박해한 행위가 병인양요의 빌미가 됐다. 프랑스는 1860년 중국에서도 선교사를 학살하자 여름궁●을 불태우는 것으로 보복한 일이 있었다. 당시 프랑스와 미국은 조선을 두고 선교사를 죽인 야만적인 국가이므로 대화나 타협이 아닌 무력을 써도 된다는 논리를 갖추게 했다"고 언급한다.

일본 고베神戸대학교 기무라 칸木村幹 교수 역시 "19세기 말 조선이 파국에 접어든 것은 중국을 바라보는 잘못된 시각과 국제정세에 대한 부족한 정보를 근본적 원인으로 볼 수 있다"고 했다. 그는 중국의 아편전쟁을 바라 본 상반된 시각과 당시 국제정세에 대한 정보량의 차이가 일본과 조선의 운명을 갈라놓았다는 입장이다.

기무라 교수는 "당시 일본은 중국을 라이벌로 봤고, 중국의 아편전쟁 패배를 두고 '빨리 개국해 문명개화 하지 않으면 중국과 같은 상황에 처할 것이다' 라는 인식을 갖고 있었다"고 했다. 이런 반면에 조선은 서구 열강과의 계속되는 접촉에도 불구하고, 이를

**제임스 호어** James Hoare · **영국**
영국 런던대 동양아프리카 연구과 교수. 2006년에 영국 한국학회장을 역임했다. 주북한 영국대사관, 영국외교부 북아시아·태평양연구팀, 주중 영국대사관, 주한 영국대사관 등에서 근무했다.

● **여름궁(圓明園)**
중국 청나라 때, 베이징 교외의 하이뎬(海淀)에 건설한 이궁(離宮). 바로크식 건축과 대분수(大噴水)로 세상에 널리 알려졌으나 1860년 영불 연합군과의 싸움에서 불에 타 없어졌다.

극복하겠다는 인식 없이 '중국이 건재하니 서구 열강을 상대해 줄 것이다'는 기대에 젖어 있었다는 것이다. 이는 조선정부의 일방향적 정보 판단 시스템이 문제였다고 기무라 교수는 주장한다.

기무라 교수는 또 "조선은 병인·신미양요에서 큰 피해를 입었지만, 결과적으로 승리했다. 병인·신미양요 승리로 조선은 일종의 자만심을 갖게 됐고, 이는 조선에 악영향을 끼쳤다. 왜냐하면 이러한 일련의 조선의 인식은, 중국이 힘을 잃게 되었을 때 '대국 중국이 패배했는데, 조선이 어찌 대항하겠는가'라는 자포자기로 이어졌다"고 해석한다.

기무라 교수는 "결국 19세기 말 국제정세에 대한 일본과 조선의 각기 다른 판단이, 조선이 일본에 비해 30년 정도 문명개화를 늦어지게 한 것으로, 또 '한일병합'으로 이어지는 결과를 낳았다"고 평가한다.

기무라 교수는 또 조선이 파국적 결말을 맞은 원인을 흥선대원군에서 찾기도 했다. 기무라 교수는 "흥선대원군은 체제강화, 중앙집권화를 이루겠다는 강한 의지를 가지고 있었다. 대원군은 외부에 타협적인 자세를 보이면 자신의 위치가 낮아지게 될 거라는 염려를 해서 별다른 방비책도 없이 외부를 자극하는 행동을 이어갔다"고 했다.

**기무라 칸** 林村 幹 · 일본

일본 고베대 국제협력 연구과 교수. 근현대 국제관계 전문가다. 『조선/한국의 내셔널리즘과 소국의식』, 『한국정치 민주화』 등의 책을 냈다.

기무라 교수는 흥선대원군이 일본에서 화포를 몰래 들여온 사실에서 대원군도 자신의 쇄국정책의 문제점을 알고 있었다고 지적했다. 그는 "대원군은 병인양요를 거치면서 문호개방과 외부와의 교류 필요성을 알고 있었고, 부산을 통해 일본에서 서양의 화포를 수입했다는 기록이 남아 있다"고 말했다.

또한 그는 "대원군이 음성적으로 외부와 교류하는 모습을 통해, 결국 대원군은 다른 이유가 아닌 자신의 정치욕 때문에 쇄국정책을 폈다는 것을 알 수 있다. 실제로 미국의 기록에 '병인양요 뒤 신미양요 때 한국이 일본에서 수입한 서양화포를 사용해 미국이 겁을 냈다'는 기록이 있는데, 이 기록을 통해 겉과 속이 다른 대원군의 본모습을 볼 수 있다"고 말했다.

### 허약하고 부패한 조선

아편전쟁에 패배하면서 청은 더 이상 대국으로 남아 있을 수 없었다. 서구 열강은 조선에서 청이 차지하던 패권을 대신 장악하려는 시도를 계속하게 된다. 허술한 조선 내부를 알게 된 서구 열강은 조선을 쉬운 상대로 생각할 수밖에 없었다. 외부에서 바라본 조선은 쉽게 점령할 수 있는 나라였다.

프랑스는 1848년 2월 혁명과 6월 폭동을 거쳐 1851년 나폴레옹 3세가 군사쿠데타로 황제에 등극했다. 나폴레옹은 등극과 동시에 대외팽창정책을 추진했다. 천주교 박해가 있었던 조선은 프랑스에 좋은 먹잇감이었다. 나폴레옹은 게렝 제독에게 '조선을 식민지로 만들기 위한 조건과 기회를 조사해서 보고하라'는 지령을 내렸다. 이후 게렝 제독은 '프랑스가 조선을 점령하는 데는 어려움이 없다'는 보고를 파리 식민성 장관에게 했다.

게렝 제독은 '조선의 관리들은 백성들로부터 부당하게 세금을 징수하고 백성들을 공포에 떨게 해 정부와 백성 사이가 분열되어 있다. 조선은 무력한 나라다. 관리들은 군함 한 척만 나타나도 달아날 줄 밖에 모른다'고 보고했다. 또 '조선은 언젠가는 유럽열강의 야심에 희생이 될 수밖에 없는 나라다. 중국도 조선을 보호해 줄 만한 힘이 없다'는 내용도 덧붙였다.

당시 조선을 기록한 다른 외국인들의 저술에도 조선 내부의 문제가 그려져 있다.

프랑스인 달레Pere Claude Charles Dallet 신부는 1874년에 출판된 『한국의 교회 역사HISTOIRE de L'EGLISE de COREE, Paris』에서 "고위관리들과 귀족들이 위로는 국왕을 피폐하게 만들고 아래로는 백성의 피를 빨아먹고 있다"고 지적했다.

그는 "조선에서는 관직이 공공연하게 매매되고 암행어사까지 권력을 이용해 돈을 모은다"고 했다. 그의 책에는 '세금징수의 기준이 되는 호구조사대장도 도무지 믿을 만한 것이 못된다', '지방의 병기고에는 도무지 쓸 만한 피복, 탄약, 병기 아무것도 없다. 모든 군청관리들이 팔아먹었다'는 내용도 있다.

조선 지배계급을 비판하는 저술은 여기에 그치지 않는다.

오페르트는 1880년 출판된 『금단의 나라 조선 기행』에서 "모든 관직들이 가장 높은 값을 제공한 사람에게 주어지고 관직을 차지한 사람들은 아래 사람들을 상대로 강도와 수탈, 약탈과 착취를 저지른다"고 당시 부정부패가 만연한 조선 지도부의 모습을 그렸다.

# 북한이 보는 '신미양요'는?

반미(反美)의 기치를 내걸고 있는 북한에서는 미국의 첫 한반도 침공인 신미양요를 어떻게 볼까.

계간지 『내일을 여는 역사』 제13호(2003년 가을호)는 「북한 역사학이 본 우리 역사 속 전쟁」을 특집으로 다룬 적이 있다. 여기서 한철호 동국대 교수는 북한 역사학계의 신미양요를 보는 시각을 1940년대, 1950~60년대, 1970~80년대 등으로 나누어 설명한다.

한철호 교수는 신미양요의 과정과 그 성격 및 의의에 관한 북한의 역사인식은 남한과 커다란 차이가 있다고 전제하고, 그 이유를 남한은 해방 이후 미국과 가장 밀접한 우방관계를 맺어온 반면 북한은 미국과 가장 적대적인 대립관계를 유지하고 있는 정치상황에서 찾고 있다.

이 특집호에 따르면, 해방직후 나온 『조선력사』에는 신미양요와 관련한 언급은 전혀 없다. 1949년 발간된 『조선민족해방투쟁사』에 가서야 신미양요가 등장하지만 미국의 자본주의적 침략 의도와 이에 대한 어재연 부대의 장렬한 항전만 약술했다. 북한의 신미양요에 대한 평가는 북한 독자노선이 시작되던 1950년대 후반부터 눈에 띄기 시작한다. '미국 식민지 약탈자들의 조선 침입' 등으로 규정하면서 '광성보 전투에서 적함 3척을 격파하고 중대장 맥키 대위 이하 수십 명을 처단했다'는 식으로 내용을 왜곡하기까지 했다. 이후의 서술도 손돌목 · 초지진 · 광성보 전투 상황을 왜곡한 채 '인민'의 투쟁성을 한층 더 부각시키는 논조를 그대로 유지하고 있다.

한철호 교수는 "북한의 역사학계는 주체사관의 확립을 전후해서 현재까지 인민대중의 자주성을 위한 투쟁에 초점을 맞춰 반침략 · 반제투쟁을 강조하는 경향이 두드러지게 나타났다. 그러나 제너럴셔먼호 사건 이후 신미양요에 이르기까지 미국과 관련된 주제는 인민들의 반미투쟁을 강조하는 데 치우친 나머지 객관적인 사실마저 왜곡하거나 과장하는 부작용을 낳기도 했다"고 지적했다.

# 5

# 청일전쟁과 병참기지 인천

한반도를 둘러싼 외교전은 늘 세계적 이슈가 되곤 한다. 120여 년 전에도 역시 마찬가지였다. 1894년 청일전쟁이 한반도를 덮칠 때 조선은 물론이고 중국과 일본, 러시아, 영국, 미국 등 각국의 외교전이 불꽃을 튀었다. 인천이 핵심이었다. 1871년 신미양요 이후부터 청일전쟁 시기까지 인천 앞바다는 그야말로 '세계의 바다'였다. 청일전쟁을 앞두고 세계 각국은 인천 앞바다를 중심으로, 무척이나 분주하게 움직였다. 그러나 정작 조선의 외교력은 작동하지 않았다. 당시 관료들은 여전히 '우물 안 개구리' 시각에서 벗어나지 못했다. 결국 조선은 청나라와 일본이 전쟁터로 삼아도 어쩌지 못하는 처지가 됐다.

# 청일전쟁 연표

| | | |
|---|---|---|
| 1875년 | 8월 | 강화도 수병들이 초지진 앞에 나타난 일본 운요호를 포격 (운요호사건) |
| 1876년 | 2월 | 일본과 강화도조약 체결 |
| 1880년 | 12월 | 예조참판 김홍집, 일본 하나부사와 인천을 개항할 것에 합의 |
| 1882년 | 6월 | 구식군인들이 개화파와 보수파 간 갈등 등으로 난동을 일으킴(임오군란) |
| | 7월 | 일본과 제물포조약 체결 |
| 1884년 | 10월 | 김옥균, 서광범 등 개화당이 정변을 일으킴(갑신정변) 청군과 일본군이 창덕궁에서 충돌/갑신정변 주동자 일본으로 망명 |
| | 11월 | 갑신정변과 관련해 일본과 한성조약 체결 |
| 1885년 | 4월 | 청과 일본, 텐진조약 체결 (조선에서의 동시 철병 등에 합의) |
| 1890년 | 12월 | 일본과 월미도 기지 조차조약을 체결 |
| 1894년 | 1월 | 전라도 고부군민이 조병갑의 탐학에 항거해 고부관아를 점령 (동학농민운동) |
| | 4월 | 동학농민군 진압 위해 청에 원군 요청 |
| | 5월 | 청군은 아산만, 일본군은 인천으로 상륙 농민군과 정부, 전주화약 체결/일본군은 한양에 진주함 |
| | 6월 | 일본 해군이 아산만 풍도에서 청의 군대를 전멸 (청일전쟁 시작) |
| | 7월 | 청 · 일, 양국 선전 포고 |
| | 8월 | 일본군이 청군을 평양에서 격파 |
| | 11월 | 일본군, 청의 뤼순 점령 |
| | 12월 | 동학농민군 진압됨 |
| 1895년 | 2월 | 청 북양함대, 일본함대에 항복 |
| | 4월 | 청과 일본, 시모노세키조약 체결(청일전쟁 종료) 독일 · 프랑스 · 러시아, 일본에 요동반도 반환 요구 (삼국간섭) |
| | 8월 | 일본, 명성황후 시해함(을미사변) |
| 1896년 | 2월 | 고종, 러시아 공사관으로 옮김(아관파천) |

# 전통세계의 붕괴와 새로운 지배질서의 성립

1894년의 청일전쟁은 조선 땅에서 벌어진 서양문명과 동양문명의 충돌이라고 할 수 있다. 서구 문물을 받아들인 일본과 여전히 동아시아의 맹주임을 자처하던 중국(청나라)이 한반도에서의 패권을 놓고 일전을 벌였기 때문이다.

이 청일전쟁의 핵심 지역이 바로 인천이었다. 청군과 일본군 누가 먼저 인천을 차지해 활용하느냐가 이 전쟁의 승패를 결정했던 것이다. 결과적으로 청일전쟁은 인천을 적절히 이용한 일본의 승리로 귀결됐다.

정권 유지 차원에서 강대국들의 군대를 끌어들인 조선은 그저 전쟁터만 제공했을 뿐이고, 그 피해는 고스란히 조선 백성들이 졌다. 그리고 조선은 기울어갔다.

어떻게 되었기에 '남의 전쟁'이 조선 땅에서 벌어진 것일까.

### 일본의 선점

조선은 1876년 일본과 강화도조약을 맺었다. 이는 그 1년 전인 1875년, 일본의 강화도·영종도 침략인 운요호 사건 도발에 따른 강압적인 것이었다. 강화도조약은 조선이 맺은 최초의 근대적 조약이었지만 일본에만 일방적으로 유리하게 작성된 불평등조약이었다. 개항한 한반도를 둘러싼 국제정세는 그야말로 롤러코스터였다.

　한반도 주변에 몰려든 열강은 중국, 일본, 러시아, 영국, 미국, 프랑스, 독일, 이탈리아 등이었다.

　중국은 한반도에 대한 종주권을 놓지 않으려 했고, 가장 먼저 조선과 통상조약을 체결한 일본은 무역에서 독점적 지위를 누리려 했다. 아시아 진출을 위한 얼지 않는 항구가 절실했던 러시아에겐 조선이 제격이었다. 미국과 영국 등에게도 한반도는 중국 진출을 위한 중간 기착지였다. 또한 중국, 일본, 미국, 영국 등은 러시아의 남하를 저지해야 한다는 점에서 이해가 맞아 떨어졌다.

　열강끼리의 이합집산도 활발했다. 1880년대 들어 영국은 러시아를 막기 위해 중국을 지원했고, 중국은 이를 이용해 한반도 종주권을 더욱 강화시켰다. 신미양요로 위신이 추락한 미국은 일본을 이용해 한반도 진출을 노렸으나, 일본이 응하지 않자 중국의 중개로 조선과 통상조약을 맺었다. 중국은 일본과 러시아의 위협으로

**인천의 일본군 수송선단** _ 일본군 제2차 수송선단의 인천도착 모습이다. 이 사진에는 명치(明治) 27년 6월 16일이라고 기록되어 있다. 명치 27년은 청일전쟁이 있었던 1894년이다. 청일전쟁 발발 직전의 제물포 앞바다 풍경인 것이다. 인천시립박물관 소장.

부터 자국을 방어하기 위해 조선 개국 정책을 밀어붙였다. '조선을 방패삼아 열강을 막는다'는 소위 울타리 전법에 조선이 희생양이 된 것이다.

열강들은 또 조선의 운명을 놓고 조선과는 아무런 상의도 없이 조선 관련 조약을 맺기도 했다. 일본과 중국이 '조선에서 철군하고, 조선으로 출병할 때는 미리 서로에게 알린다'는 차원에서 맺은 톈진조약•, 중국과 러시아가 '러시아는 한국의 어떤 땅도 점령하지 않고, 중국은 조선을 병합하지 않는다'는 식의 구두협약(1886년)도 맺었다.

일본인 학자 운노 후쿠쥬는 톈진조약 등과 관련해 "조선 문제, 특히 병력 주둔에 대해 조선을 빼놓고 일본과 청나라 사이에 협정이 이루어지는 것 그 자체가 부당한 일"이라고 지적한다.

1875년 강화도와 영종도를 침략한 일본은 당시 운요호 사건을 일으키면서부터 청일전쟁을 준비했다고 보는 시각이 많다.

운요호 사건 또한 일본의 치밀한 외교공작에 이은 군사작전이었다. 이는 앞에서 임진왜란을 다루면서도 이야기 했듯이 군사적 조치를 취하기에 앞서 예상되는 상황을 미리 외교적으로 정리해 놓는 일본의 전형적 수법이다. 일본은 영국, 러시아 등과의 암묵적 거래를 통해 조선을 군함을 동원해 압박한다는 결론을 얻었다.

일본은 1875년 9월 20일 오전, 포함 운요호를 강화도로 보내 초지진 포대에서의 포격을 유도한 뒤 이를 빌미로 1시간여 동안 초지진을 향해 함포사격을 퍼부었다. 정오가 되자 바닷물이 빠졌고, 운요호는 물러날 수밖에 없었다. 강화도에서 돌아나오던 운요호는 영종도를 급습했다. 조선 병사는 도망쳤고, 일본군 20여 명이 상륙해 마을을 불바다로 만들었다.

일본 측 기록에 따르면, 조선인의 버려진 사체만 35구였고 포로



●톈진조약(天津條約)
1885년에 중국의 톈진에서 일본과 청나라가 맺은 조약. 이토 히로부미(伊藤博文)와 리훙장이 조선에 있는 일본군과 청나라 군대를 철수할 것과 군대를 조선에 다시 파견할 때는 서로에게 미리 알릴 것을 합의했다.

가 16명이었다. 병기와 서책 등을 약탈했다. 일본군 피해는 2명 부상이 고작이었다. 이 중 1명은 이틀 뒤 사망했는데, 그는 근대 이후 일본의 '조선침략전쟁 최초의 전사자'다.

일본은 이 사건의 피해자라면서 조선과 중국(청) 측의 사죄를 요구하면서 부산 등지에서 무력 시위를 벌였다. 그리고는 우여곡절 끝에 1876년 2월 27일 강화도에서 '조일수호조규'가 교환됐다. 일명 강화도조약이다. 운노 후쿠쥬는 이 조약 체결을 일러 '근대 조선의 비극의 서막'이라고 했다.

강화도조약의 주요 내용은 '조선은 자주국으로서 일본과 평등', '일본인 집단거류지 설치' 등으로 정리할 수 있다.

이 때부터 일본은 '조선은 자주국이면서 일본과 동등한 권리를 갖는다'는 점을 강조했다. 조선을 대우해서가 아니라 중국과 조선을 분리시키기 위한 전략이었다.

### 정변 또 정변

19세기 중·후반 조선은 크고 작은 전쟁의 연속이었다. 병인양요와 신미양요를 겪은 지 얼마 안 되어 임오군란●이 터졌다. 구식 군인들이 주도한 일종의 쿠데타였다. 민씨 정권과 친일파를 향한 군인들의 항거로 인해 중전 민씨는 충청도까지 도망가야 했다. 일본공사관은 성난 군중에게 습격당해, 하나부사 요시모토●가 일본으로 도망쳤다. 이 임오군란을 핑계로 일본은 군사력을 인천에 집중 배치했다. 중국 역시 마찬가지였다.

외교권을 정당히 행사해야 할 정권도 뒤죽박죽이 됐다. 임오군란으로 민씨 정권이 물러나고, 대원군이 재집권했다. 그러나 갑자기 대원군이 중국에 납치되며 실각했고 1884년을 기점으로 외교권은 다시 중전 민씨 쪽으로 넘어갔다. 이 사이 중국의 입김에 따라 조선은 미국, 영국, 독일, 이탈리아, 러시아, 프랑스 등과 잇따라 통상조약을 체결했다. 모두가 불평등조약이었다. 국가재정의 고갈은 명약관화했다.

당시 일부 지식인들은 청과 일본의 경쟁적 세력확장을 경계하며 청일전쟁의 기운을 염려했지만, 국가적으로 준비할 태세는 갖출 수 없었다.

갑신정변●의 주역인 김옥균●은 정변 실패 후 1885년 일본으로 망명했을 때 쓴 『갑신일록』 첫 머리에서 "그 때(1882년) 일본 정부는 주세酒稅와 연초세煙草稅를 올려 받고 애써 육해군陸海軍을 확장하고 있었다"고 적었다. 1882년 2차 일본 방문 당시를 회고하면서 쓴 것이다. 하지만 조선은 정권 차원에서 일본의 군사력 확장 이유를 꿰뚫어 보지 못했다.

이런 가운데 갑신정변의 '위기'를 넘긴 조선은 러시아를 끌어들이고 중국을 멀리하려는 정책을 쓰기도 했다. 영국의 거문도 점령 사건●은 바로 그 때 터졌다.

최문형 한양대 명예교수는 『한국 근대의 세계사적 이해』에서 "갑신정변의 실패는 개화파의 전면 몰락이라는 국내 정황 변화만으로 끝난 것이 아니라 열강이 저마다 상대의 한국 선점을 경계하며 한국 땅으로 몰려들게 했다. 따라서 갑신정변은 임오군란의 경우 이상으로 열강의 한국 침투를 한층 더 격화시키는 결과를 초래했던 것"이라고 밝히고 있다.

## 남의 도시가 된 인천

도시와 해변 곳곳에는 정기적으로 쌀의 바벨탑이 세워졌으며, 주식물의 가격 상승과 더불어 한국인들 사이에는 불만이 팽배해 있었다. 일본

**전쟁물자 가득한 인천항** _ 이사벨라 비숍이 묘사한 '쌀의 바벨탑'도 눈앞에 펼쳐지는 저 모습과 흡사했을 것이다. 일본군은 인천항을 군수물자를 대는 핵심기지로 활용했다. 인천시립박물관 소장.

상사들은 쌀을 찾아 전국을 헤매 다녔는데, 그것들은 한 되도 소비되지 않고, 당시에는 아무도 생각하지 못했던 전쟁을 대비하여 비축되었다.

영국인 여행가 이사벨라 비숍이 쓴 『한국과 그 이웃나라들』(이인화 옮김, 살림)에 실린 1894년 청일전쟁 직전의 인천(제물포) 모습이다. 비숍의 기록을 토대로 본다면, 일본이 조선의 쌀 수출 금지 조치를 서둘러 문제 삼은 것*도 청일전쟁을 위한 일본의 사전 각본이었던 셈이다. 그 '전투식량'의 집합처는 바로 인천이었다.

당시 인천은 조계지를 중심으로 활기를 띠었다. 수출입도 원활히 이뤄졌다. 물론 일본 공산품이 대다수를 차지했다. 중국상권은 더 일찍부터 번창하고 있었다.

비숍의 증언은 계속된다.

*조선 고종 26년(1889) 함경감사(咸鏡監司) 조병식이 일본에 대한 곡물 수출을 금지하는 명령(방곡령)을 내린다. 이는 강화도조약으로 항구를 개방한 후 조선 쌀이 일본에 싼값에 나가는 것을 막기 위한 조처. 방곡령은 일본 정부의 강력한 항의로 해제됐다. 일본은 청일전쟁에 필요한 군량을 확보하고자 방곡령 해제를 서두른 것으로 보인다.

쌀로 인한 활기로 제물포에는 중국인 거주지에만 국한되어 번창하던 무역의 모습이 여기저기 나타나게 되었다. … 독자들은 아마 한국인은 제물포 어디에 있는가라고 의아해 할 것이다. 사실 난 그들을 잊어버렸다. 왜냐하면 그들의 비중은 얼마 되지 않기 때문이다. 일본인 거주지가 서울로 가는 큰 길의 거의 전부를 차지하고 있으며 한국인의 마을은 그 바깥에 위치한다. 영국 교회가 서 있는 언덕 아래로부터 그 언덕을 타고 오르며, 더러운 샛길을 거쳐 닿을 수 있는 모든 암층 위에 한국인들의 토막이 꽉 들어차 있다. 주요 도로에서는 아버지들의 무기력을 본뜨고 있는 때 묻은 아이들의 조용한 모습을 볼 수 있다.

비숍은 청일전쟁이 임박했을 시점에 인천에 도착해 포착한 일본군의 모습과 그 속내까지도 비교적 정확하게 그려 넣었다.

(1894년) 6월 21일 아침 일찍 제물포에 도착하자 매우 놀라운 문제들이 속속 나타나기 시작했다. 일본 해군의 큰 함대 하나, 작은 군함 여섯 척,

**인천 상륙 일본군**
인천부두에 상륙한 일본군 제1군의 모습이다. 인천시립박물관 소장.

미국 기함 한 척, 프랑스 배 두 척, 러시아 배 한 척, 그리고 중국 배 두 척이 항구 바깥쪽에 있었던 것이다. 항구 내부의 제한된 수용시설은 최대치로 값이 매겨져 있었다. 일본 운송선은 군대, 말, 그리고 전쟁 물자를 작은 증기선으로 실어 나르는 중이었고, 정크선들이 병참을 위한 쌀과 다른 저장물을 내리고 있었다. 중국인 쿨리들이 하루 종일 그것을 해변에 쌓고 있었다. … 거리들은 숱한 행진 대열 속에서 일본군들의 발걸음 소리가 울려 펴졌고, 길게 이어진 열차들과 꼴을 실은 마차가 길을 차단하고 있었다. 일본인 거주지와 주요 거리에 있는 모든 집들은 막사로 변했고 발코니에는 총과 장비가 번쩍거렸다. 얼떨떨한 한국 군중들은 흐느적거리며 그들 항구가 외국 군대의 캠프로 변해가는 것을 멍하니 바라보면서 길거리에서 어슬렁거리거나 언덕에 앉아 있었다.

일본은 물론이고 미국, 프랑스, 러시아, 중국 등 열강들의 군항으로 변모한 인천항의 모습과 이런 가운데서도 전혀 손을 쓰지도 못할 뿐더러 무슨 일이 벌어지고 있는지에 대해서도 알지 못하고 방관하는 조선인의 표정이 대비를 이룬다. 참으로 기가 막힌 순간이 아닐 수 없다.

비숍의 눈에도 청일전쟁의 승패는 이미 판가름 나 있었다. 그리고 그는 일본의 의도도 꿰뚫어 봤다.

일본 육군성 참모본부는 정확한 한국 지도를 그려왔고, 마초馬草와 양식에 대한 보고서와 강의 폭과 깊이에 대한 측량을 확보했고, 사전에 석 달 동안 한국의 쌀을 매점해 오고 있었다. 한편으론 변장한 일본군 정보요원들이 중국 본토는 물론 티베트 국경에까지 침투하여 중국의 강약을 가늠해 왔다. 그들의 보고서는 문서상의 중국 군대와 실제 중국 군대의 비교, 무기현황, 구시대의 구멍 숭숭 난 함포에 이르기까지 상세하기 그

**일본군 상륙장면 _** 그림 오른쪽 상단에는 '대일본(大日本) 해육군(海陸軍) 조선상륙지도(朝鮮上陸之圖)'라고 쓰여 있다. 일본군들은 함정에서 보트로 갈아탄 뒤 상륙했는데, 빨간색 모자에 빨간색 군장을 멘 병사들이 육군이고, 흰색 모자를 쓰고 보트에 탄 채 노를 젓는 병사들은 해군이다. 인천 시립박물관 소장.

지없는 것이었다. … 어느 모로 보나 일본은 한국에서 중국에 대해 완전히 선수를 치고 있었다.

　… 시내에서는 일본군 초병哨兵들이 통행인을 검문했다. 그것은 마치 통행하는 모든 사람에게 여기 일본군이 있다고 시위하는 것처럼 보였다. 거리를 활보하는 사람은 아무도 없었다. 잘 무장되고 실용적인 옷을 차려입은 이들 마네킹들은 분명히 그들이 성취하고자 하는 목표를 위해 한국에 왔다. 그 목표는 동학군의 승리로 인해 위험에 봉착했다고 선전되는 한국 내의 일본인들에 대한 효과적 보호라는 미명 아래 잘 은폐되어 있었다.


　비숍은 이 때 영국 부영사로부터 "오늘 밤 안으로 제물포를 떠나달라"는 부탁을 받고, 청일전쟁과 그리고 일본의 승리를 예감했다.

　비숍은 다른 유럽인들이 "쫓겨나지 말라"고 충고했지만, 도착한 그날 밤에 영국인 환자 2명과 함께 일본의 기선 히구마루호를 타고 인천항을 떠났다.


## '월미도를 차지하라!'

한반도를 포함한 동아시아에 눈독을 들이는 열강에게 가장 좋은 병참기지는 인천이었고, 그 중에서도 단연 월미도였다. 서울로 가는 길목에 있으면서 한반도 서해안 남북의 중간 지점이고, 게다가 중국 본토와의 중간 기착지로도 최적이었기 때문일 것이다.

인천에 '화방정(花房井)'이란 우물을 만들었던 일본대리공사 하나부사 요시모토(花房義質)는 1877년 10월 월미도에 함선을 정박시키고 작은 배로 갈아 탄 뒤 한강을 통해 서울로 들어갔고, 임오군란(1882) 때는 인천을 거쳐 월미도로 피신했다가 일본으로 탈출했다. 여기서 '화방정'이 나왔다.

인천 앞바다가 열강의 보급기지로 본격적인 주목을 받기 시작한 것은 임오군란 직후부터라고 할 수 있다. 일본은 월미도 서쪽에 석탄 저장고를 만들었는데, 조선정부의 허락도 없었다. 당시엔 군함을 포함한 선박이 증기선이었기 때문에 석탄이 없으면 안 됐다. 따라서 일본, 중국, 러시아 등은 월미도에 석탄고를 설치하려고 각축을 벌였다.

1885년 부산 절영도에 해군 석탄고를 조차(租借)하는 데 성공한 일본은 월미도에도 같은 조치를 취했다. 1882년 불법으로 석탄고를 만들었던 자리를 1890년에 조차한 것이다.

일본이 월미도를 선점하자 중국도 뒤질세라 나섰다. 그러나 중국은 청일전쟁 발발 때까지 석탄고를 완성하지 못했다. 청일전쟁과 함께 월미도는 일본의 군수기지로 변했다. 러시아가 뒤늦은 1896년에 월미도 서남쪽에 석탄고 등을 건설했지만 일본에는 한 수 아래였다.  심헌용 국방부 군사편찬연구소 선임연구원은 "청일전쟁의 경우에는 사실상 조선의 수도를 점령하면 끝나는 전쟁이었다. 일본이 승리할 수 있었던 배경은 서울을 지키는 길목인 한강 하구의 인천을 선점, 이곳을 만주진출의 전초기지로 활용한 전략적 우위에 있었기 때문"이라고 설명한다.

청일전쟁뿐만 아니라 러일전쟁의 승패도 어쩌면 인천을 누가 먼저 어떻게 활용하느냐에 달렸었는지도 모를 일이다. 1950년 6·25 전쟁에서도 그 인천의 중요성은 여실히 증명됐다고 할 수 있다.

# 일본의 승전과 서구열강의 견제

1894년, 조선 땅에서 벌어진 청나라와 일본 간의 전쟁은 이듬해 일본의 승리로 끝났다. 청일전쟁은 매우 중요한 역사적 사건이다. 일본의 근대사학자인 후지무라 미치오藤村道生는 청일전쟁은 일본을 '압박받는 나라'로부터 '압박하는 나라'로 전환시켰다는 점에서 일본 근대 역사에 있어 획기적인 전쟁으로, 2차 세계대전*에 필적하는 의의가 있다고 강조하기도 한다.

청일전쟁을 통해 인천의 전략적 요충지로서의 중요성이 더욱 부각됐다는 측면도 간과할 수 없다. 일본은 전쟁 초반 인천을 발판으로 삼아 유리한 고지를 점령했는데, 인천으로 병력, 병기, 군량 등을 집중시킴으로써 원정의 약점을 극복했던 것이다.

청일전쟁은 조선 전체에도 큰 영향을 미쳤다. 이 전쟁으로 조선은 일본의 식민지나 다름없는 처지가 됐으며 동아시아에서는 중국을 중심으로 하는 전통적 국제질서가 무너졌고, 미국 등 서구 자본주의 세력의 공격이 본격화하기 시작했다.

### 내란에 외국군을 동원하다

1894년 봄, 전라도를 중심으로 동학농민운동*이 일어났다. 이는 농민들이 자발적으로 정치·사회개혁을 외친 '혁명'으로, 일본이 조선을 점령한 후에는 반외세적 항일민족운동으로 변모했다.

조선 정부는 관군을 파견해 동학농민군의 진압을 시도했다. 정

**청일전쟁의 시작** _ 일본 측이 전쟁 장면을 그린 그림. 그림 오른쪽 상단에 '조선국(朝鮮國) 풍도충(豊嶋沖) 일청대격전지도(日淸大激戰之圖)'라고 썼다. 청일 양국 함대 가운데 보이는 산에 노란색 바탕으로 '인천'이라고 적었다. 맨 오른쪽 끝이 '아산'이다. 이 전투가 청일전쟁의 막을 올린 '풍도 해전'이다. 인천시립박물관 소장.

부는 최정예라고 하는 장위영壯衛營을 동원했는데, 당시 장위영 병사들은 월급이 4개월이나 밀려 있었다. 싸우겠다는 사기가 있을 리 없었다. 결국 부패무능한 조선 정부는 동학농민군 진압에 실패했고, 결국 6월 초 중국에 도움을 요청했다. 중국은 조선으로 군대를 파견했다. 그러면서 1885년 일본과 맺은 톈진조약에 따라 일본에게 출병사실을 알렸다. 따라서 일본도 조선에 있는 일본공사관과 상인을 보호한다는 명목으로 6월 5일 파병조치를 취했다.

전라도 일대를 거점으로 하는 동학농민군 진압이 목적인 중국군은 조선의 서울과 멀리 떨어진 아산에 집결했다. 하지만 일본군은 인천에 상륙한 뒤 서울을 점령했다. 앞에서 얘기한 비숍의 분석과 딱 맞아 떨어지는 대목이다.

조선 정부와 동학농민군은 6월 11일 전주화약*을 맺었다. 이 화약으로 동학농민군이 전주성에서 철수, 해산했지만 일본군은 조

● **전주화약(全州和約)**
1984년 동학농민운동 당시 농민군과 정부가 맺은 조약. 이들은 호남지방 군현에 농민자치기구인 집강소(執綱所)를 설치하기로 했다. 또 폐정개혁안 실시에 합의했다. 그러나 일본의 침입으로 농민군이 다시 일어나면서 이 합의는 파기됐다.

선에서의 철병을 거부했다.

일본은 조선에 남을 뚜렷한 명분이 없자 자위自衛 문제를 핑계로 댔다. 일본은 공동으로 조선의 내정을 개혁하자고 중국에 제안하기도 했다. 이 제안은 조선과 주종관계를 유지하고 있는 중국의 거부로 성사되지 않았고, 일본군은 홀로 조선의 내정에 간섭하기 시작했다.

미국의 학자 모르스는 저서 『중국제국의 국제관계』에서 "일본은 침략 방침을 이미 결정해 놓고 조선에서 중국 세력을 몰아내고 우세적 지위를 확보하려고 한 것이다"고 지적했다. 당시 일본의 외무대신으로 있던 무쓰 무네미쓰●도 회고록 『건건록蹇蹇錄』에서 "조선 내정의 개혁이란 일 · 청 양국 간에 서로 엉켜진 난국의 조정을 위해 안출해 낸 하나의 정책이었다"면서, 당시의 조선 내정개혁 제안이 정치적 필요와 일본의 이익을 위한 것이었다고 고백했다.

고승호 침몰 장면 _ 일본은 풍도해전에 이어 일반인들이 타고 있는 상선 고승호를 공격해 침몰시켰다. 그림은 당시 고승호에 타고 있던 승객들이 가라앉는 배의 돛대를 잡고 살아남기 위해 안간힘을 쓰는 모습이다. 인천 시립박물관 소장.

## 조선에서 맞붙은 청일 양국군

일본군은 7월 25일 중국군을 상대로 군사행동에 들어갔다. 일본 군함이 아산만 인근 풍도 해상에 있는 중국 군함을 습격한 것이다. 일본 군함은 중국 군함 광을호를 격파하고 중국군을 수송하던 영국 국적의 상선 고승호高陞號까지 침몰시켰다. 이어 일본군은 충청도 아산과 가까운 성환에 주둔하고 있던 중국군도 공격했다. 아산 인근에 있던 중국군은 황급히 북으로 철퇴했다.

일본군이 풍도와 아산에서 도발하자 중국은 8월 1일 대일본 전쟁을 선포했다. 일본군은 9월 중순까지 인천, 원산, 부산 등지에 부대를 상륙시켰다. 이들 지역 중 인천이 일본군의 주요 상륙거점이었다. 병참기지였기 때문이다.

9월 15일 평양 전투가 시작됐다. 중국군은 이 전투에서 막대한 손실을 입은 채 압록강을 건너 퇴각했다. 9월 17일 서해 압록강 앞바다에서 일본 군함과 중국 북양함대 간의 해전이 벌어졌다. 이 황해해전*은 세계 역사상 처음으로 증기선 함대 사이의 해전이라는 의미도 있다. 여기서 일본 군함은 기동력과 현대식 전술로 대승을 거뒀다. 일본은 임진왜란(1592~1598)에서 조선과 중국(명나라) 연합함대에 막혀, 결국 전쟁에서 승리하지 못했는데 그 '원한'을 꼭 300년 만인 1894년 청일전쟁에서 갚은 것이다. 일본은 육지(평양 전투)와 해상(황해해전)에서 잇따라 청군(중국)을 꺾었다. 일본은 황해해전에서 승리함으로써 중국군의 해상 보급로를 차단하는데 성공했다.

일본군은 평양 전투·황해해전 승리의 기세로 다롄만과 웨이하이 등을 공격, 역시 점령했다.

### 승전의 결과

일본이 중국과의 전쟁에서 큰 승리를 거두자 서구 열강들이 중재에 나섰다. 중재 방향은 서로 자국의 이익을 최대한 챙기려는데 맞춰졌다.

1895년 4월 중국의 강화 전권대사 리훙장*과 일본의 이토 히로부미*는 시모노세키조약을 체결했는데, 이 조약으로 조선은 일본의 식민지나 마찬가지 신세가 됐다. 중국은 전쟁에 들어간 비용(庫平銀 2억냥·방화 약 3억엔)을 부담하고, 랴오둥 반도, 타이완, 펑후澎湖 열도를 일본에게 넘겨주었다. 그러나 일본은 삼국(러시아·프랑스·독일)간섭으로 랴오둥 반도를 청나라에게 다시 돌려줘야 했다.

중국은 왜 일본에게 패했을까. 여러 요인이 있지만 중국의 부정부패와 주화파와 주전파의 갈등, 중국의 원조요청 실패, 일본 전술·정보력 우세 등을 꼽을 수 있다.

중국의 학자 진웨이펑陳偉芳은 저서 『청일 갑오전쟁과 조선』에서 "서태후•는 일본과 평화협상을 해 청 왕조의 통치를 계속 유지해나가면서 자신의 향락과 욕망을 만족하려고 했고 일본과의 전쟁을 강력히 주장한 인물들은 일본을 이길 수 있는 그 어떤 대책도 제시하지 못했다"고 지적했다.

또한 중국은 전쟁이 시작되고 나서야 미국에서 군수물자를 밀수로 들여왔고, 군인들이 전장에서 아편을 피우는 등 전쟁준비와 정신자세에서도 일본의 상대가 되지 못했다. 최근에 발간된 『영국 선원 앨런의 청일전쟁 비망록』(살림)은 청일전쟁 당시 일본군과 중국군의 잔학상, 그리고 군수물자 밀수 과정 등을 실감나게 보여주는데, 1894년 8월에 미국의 2천톤 급 밀수선박 컬럼비아Columbia 호는 대포, 소총, 연발권총, 탄약통, 도화선, 약품 등을 싣고 샌프란시스코에서 중국의 톈진까지 항해했다. 이 밀수품은 중국 군부가 미국 군수회사들에 신청한 대량주문의 샘플형식이었다고 이 글을 쓴 선원 앨런은 지적한다. 미국의 군수회사들은 청일전쟁 당시 일본에도, 중국에도 양다리 걸치기 수법으로 물건을 판매해 막대한 이득을 취했던 것이다.

### 청일전쟁의 공범, 서구열강

러시아, 영국, 미국, 프랑스, 독일 등의 열강은 청일전쟁의 공범이자 방관자였다. 자국의 이익만 있었지, 조선은 안중에도 없었다.

일본은 1894년 6월 5일 병력 파견을 결정했지만 군사행동은 7월

25일에 가서야 취했다. 일본이 신중한 태도를 보인 이유는 경쟁 관계에 있는 러시아와 영국이 개입할 수 있다고 봤기 때문이었다.

당시 영국은 중국과 일본을 이용해 러시아를 견제하고 있었다. 중국·조선은 영국과 러시아 간 완충지대 구실을 했고, 일본은 러시아의 부동항 확보계획을 저지하고 있었다.

중국은 청일전쟁이 발발하기 전 러시아와 영국에 원조를 요청했다. 하지만 러시아는 영국이 일본 편에 설 것을 우려했고, 이 경우 영·일 연합군에 대항할 만한 군사력을 확보하지 못한 상태였다.

영국의 입장은 애매모호했다. 영국은 일본의 중국 침략이 러시아를 견제하는데 도움이 될 것으로 판단했다. 그러면서도 일본이 영국의 이권 중심지상하이까지 침략하지 않기를 원했다. 일본은 이 같은 영국의 요구를 수락한 뒤에야 청일전쟁에 돌입할 수 있었다.

반면 미국은 영국을 견제했다. 영국의 아시아 진출을 막으려면 일본이 강해져야 한다는 생각을 갖고 있었으며, 중국이 약해지는 틈을 타 이권을 챙기려고 했다.

러·영·미는 청일전쟁에 직접 개입하지는 않았다. 하지만 러·미는 일본이 청일전쟁에서 승리하자 간섭에 나섰다. 러시아는 일본이 러시아 군함의 입항을 규제할 수 있다는 위기의식을 느꼈고, 미국은 먼저 아시아에 기반을 구축하고자 했다.

프랑스와 독일은 일본이 중국분할의 선두가 되는 것을 저지하고자 했다. 또한 독일은 러시아의 관심을 유럽에서 동아시아로 돌리려 했으며, 프랑스는 러시아와 동맹을 유지하려 했다.

러시아 주도의 삼국간섭은 러·일 대립시대를 예고했다.

한반도에서 군가軍歌는 언제부터, 어떤 형태로 불렸을까. 근대시기 군가의 모습을 인천에서 볼 수 있다.

청일전쟁 시기, 출정하는 강화도의 장정들이 부르던 군가의 일단이 1948년 5월, 강화문화관(현 강화문화원)이 발간한 향토잡지 『강화』에 실렸다. 정삼학丁三鶴의 「강화와 전란」이란 글 속에 '동학란'을 진압하러 가는 '강화군江華軍'이 불렀다는 군가가 있다.

정삼학은 이 글에서 '고종 31년에 부패한 한말정부의 혁신을 위명爲名으로 봉기한 갑오동학란이 벌어지자 이것을 평정하려 '총대 메고 바랑 지고 고개고개 넘어가니 나라 위해 가는 몸이 부모처자父母妻子 생각하랴'는 장렬한 군가를 부르며 성야星夜에 남하하여 결정적인 치명상을 준 것도 600명의 용감한 강화군이었다'고 적었다.

청일전쟁이 한창이던 1894년 당시의 '군가' 가사가 구체적으로 실려 있다는 점과 강화지역에서만 결성된 '진압군'이 600명이나 됐다는 점, 그리고 이들이 농민군에게 타격을 입혔다는 점 등을 보여준다는 점에서 이 글의 또 다른 가치가 있다고 할 수 있다. 다만 군가의 내용이 한 구절밖에 안 된다는 점이 아쉽다.

# 전쟁이 끝나도 전쟁은 계속되고

나가사키를 거쳐 제물포에 닿았을 때, 나는 그 전 해 6월에 목격했던 혼잡함과 북적거림, 무언가에 들떠 있는 듯한 모습들과는 묘하게 대조적인 풍경을 보았다. … 장사가 번창하고, 밤낮으로 북소리 징소리 폭죽 소리가 요란하던 중국인 거리는 조용하고 황폐했으며 … 중국인 거리는 중세의 페스트 오염지역 만큼이나 궤멸적인 모습을 보이고 있었다.*

청일전쟁이 막바지로 치닫던 1895년 1월 5일, 이사벨라 비숍의 눈에 비친 인천 제물포의 풍경이다. 이사벨라 비숍이 보기에도 처음 제물포에 도착했던 불과 6개월 전의 상황과는 전혀 달랐다. 제물포 개항장은 그야말로 청일전쟁의 축소판이었다. 청일전쟁에서 청나라의 패색이 짙어지자 번성하던 중국인 조계지도 순식간에 황폐해졌다. 일본은 청일전쟁에서 승리한 뒤 한반도 침탈 야욕을 노골적으로 드러내기 시작했다.

### 청 · 일 양국, 조선 백성을 유린하다

청일전쟁의 참화 역시 조선 백성들이 고스란히 짊어져야 했다. 영국의 종군기자이자 화가인 후리프는 청일전쟁 당시 조선 백성들이 처한 참혹한 실상을 목격하게 된다. 그는 영국 『그래픽』지 1895년 3월 9일자에 "청나라 병사들이 무자비한 강간과 약탈을 자행했다"고 폭로했다. 청군이 당시 식량 등 군수 물자를 현지 주민

* 『한국과 그 이웃나라들』(이인화 옮김, 살림)

들로부터 조달하면서, 온갖 만행을 일삼았다는 것이다. 그는 소를 약탈한 청군이 저항하는 소 주인을 향해 총을 쏘는 충격적인 장면을 그림으로 남기기도 했다.

이 시기의 현실을 실시간으로 기록한 매천 황현의 『매천야록』에도 이와 같은 기록이 있다. 평양 전투 당시 청군의 횡포와 약탈이 얼마나 심했는지, 백성들이 그들을 원수로 여겼다는 것이다. 우리 백성들 중에는 심지어 청군이 평양에서 포위를 당했을 당시 가산을 다 털어 일본군을 도운 사람이 있을 정도였다고 한다. 어떤 이들은 패전한 청군이 도망쳐 숨어 있는 곳까지 알려줬다는 기록도 있다. 황현은 당시 일본군에 대해선 '모든 군수품을 자국에서 운반하고 물도 사서 마셨다'고 기록했다. 청군과 달리 백성들에게 피해를 끼치지 않았다는 것이다. 물론 이런 조치는 전쟁을 유리하게 끌고 가려는 일본의 속셈이었을 뿐이다.

전쟁 직후부터 일본의 태도는 완전히 달라졌다. 일본군도 민간인을 위협하고 토지를 제멋대로 점유하는 등 곧 잔악함을 드러내기 시작했다. 거리를 활보하는 일본군은 그야말로 공포의 대상이었다. 힘없는 조선의 백성들은 일본 상인들에게까지 갖은 핍박을 받아야 했다. 일본 공사인 이노우에 가오루●는 자국 정부에 다음과 같은 보고서를 보내기도 했다.



### 러·프·독 '삼국간섭', 그리고 러일전쟁

청일전쟁에서 승리한 일본은 동북아의 새로운 강자가 됐다. 반

● 이노우에 가오루(井上馨, 1836~1915)
일본 정치가. 1876년 특명전권 부변리대신이 되어 변리대신 구로다 기요타카(黑田淸隆)와 함께 내한, 조선정부에 운요호 사건에 대한 책임을 추궁하고 한일수호조약을 체결했다. 1884년에는 전권대사로 내한해 갑신정변 뒤처리로 한성조약을 체결했다.

면 패전국이 된 청나라는 전쟁 발발의 모든 책임을 져야 했다. 1895년 4월 일본과 청나라가 맺은 시모노세키조약이 바로 그것이다. 중국은 자신들의 속국으로 여겼던 조선을 포기하는 것은 물론이고 자국 영토까지 내줘야 했다.

이렇게 되자, 러시아, 프랑스, 독일이 개입하기 시작했다. 이들의 진짜 목적은 일본의 힘이 커지는 것을 막기 위한 것이었다. 동북아 진출을 꾀하던 자국의 이익에 해가 될 싹을 미리 잘라내겠다는 속셈이었다. 최덕규 동북아역사재단 연구위원은 "일본 입장에선 자신들이 피를 흘려 중국으로부터 빼앗은 랴오둥 반도를 강제로 되돌려줘야 했기에 삼국간섭을 주도한 러시아에 대해 적개심을 품을 수밖에 없었다. 삼국간섭은 궁극적으로 일본이 러시아를 겨냥한 전쟁을 준비하는 계기가 됐다"고 말했다.

삼국간섭은 러시아가 프랑스와 독일을 끌어들여 주도한 것인데, 이에 대해 심헌용 군사편찬연구소 선임 연구원은 "일본이 한반도와 랴오둥 반도를 완전히 장악하게 되면 러시아 입장에서는 극동지역에서의 자유로운 항해권을 보장받을 수 없을 뿐더러 한반도 연안에 부동항을 설치하려는 계획이 좌절될 수 있는 위기였다"고 설명했다.

또 "삼국간섭 이후 러·일 간 갈등은 '0차 세계대전'으로 불리는 러일전쟁의 단초가 됐다. 러일전쟁은 러시아와 일본이 동북아에서 주도권을 쥐기 위해 벌인 전쟁이었지만, 그 배후에는 영국, 미국, 프랑스, 독일 등 제국주의 세계 열강들의 이해관계가 얽혀있었다"고 덧붙였다.

### 러 · 일 간 패권 다툼, 혼란에 빠진 조선

한편, 일본을 견제하기 위해 러시아에 기대던 중전 민씨 세력은 삼국간섭 이후 일본의 영향력이 약해진 틈을 타 친러배일親露排日 정책을 강화하게 된다. 이를 통해 친일파가 제거되고, 친러파가 내각을 장악하게 됐다. 일본은 이 같은 조치에 반발, 명성황후 시해사건으로 불리는 을미사변을 저질렀다. 물론 삼국간섭에도 불구하고 청일전쟁 이후 한반도는 사실상 일본의 수중에 들어간 것이나 마찬가지였다. 조선은 일본 군인들이 포함된 자객들의 칼날에 왕비를 잃는 치욕을 겪어야 했고, 김홍집 등 친일파를 중심으로 한 내각이 새롭게 구성돼 갑오개혁 등을 추진했다.

실권을 쥐기 위한 친일, 친러파 간의 싸움은 이후에도 계속됐다. 물론 이들 뒤에는 한반도 등 동북아의 주도권을 차지하려는 일본과 러시아가 버티고 서 있었다. 을미사변의 혼란한 정국 속에서 이른바 춘생문 사건(1895년 11월 28일)이 벌어지기도 했다. 신변에 위협을 받던 친러·친미파 인사들이 친일 세력을 몰아내기 위해 연금상태에 있던 고종을 미국 공사관으로 피신시키려다 좌절된 사건이었다. 친러파는 이 사건으로 대거 숙청을 당했다.

이 시기 전국 각지에선 유생들을 주축으로 한 의병운동이 일어났다. 을미사변 이후 극에 달한 조선 내 반일 감정이 단발령 시행 등으로 결국 폭발하게 된 것이었다. 러시아는 일본이 궁지에 몰린 이 기회를 놓치지 않았다. 1896년 2월 11일 새벽, 고종과 왕세자가 궁궐을 몰래 빠져나와 약 1년간 러시아 공사관에 몸을 의탁한 아관파천을 단행한 것이다. 러시아는 이 기간 한반도에서의 패권을 강화하는데 집중했다. 최문형 한양대 명예교수는 『한국을 둘러싼 제국주의 열강의 각축』에서 "아관파천은 청일전쟁 이후 한반도에서 전개된 러·일의 대결 구도에서 표출된 사건이다"며 "민비 시해 사건이 한반도를 둘러싼 러·일의 갈등 속에서 일본이 기선을 잡기 위한 선수 조치였다면, 아관파천은 이에 맞서기 위한 러시아의 대응 조치였다”고 지적했다.

　1894년의 인천 제물포 앞바다는, 10년 뒤 또 다른 전쟁의 씨앗을 품게 됐다.


## 청일전쟁에 묻힌 동학농민운동

청일전쟁을 얘기하면서 빼놓을 수 없는 것이 동학농민운동이다.
동학농민운동은 1894년 봄, 농민들이 자발적으로 일으킨 정치·사회개혁 혁명이다. 청일전쟁이 없었다면 동학농민운동은 성공했을 가능성이 컸다. 조선의 운명이 달라질 수도 있었다는 것이다.
물론 일본은 동학농민운동이 아니더라도 어떤 구실을 내세워서라도 조선을 침략했을 것이다. 일본은 청·러와의 대결에 대비해 군사력을 확충해 왔고, 특히 러시아의 시베리아 횡단철도가 완공되기 전에 북진을 시도해야 했기 때문이다.
그러나 동학농민운동이 성공하여 새로운 정권이 섰다면 안이한 왕권고수기조에 갇혀 있던 당시 조선에서 분명히 다른 전기가 되었을 것이다.
동학농민운동은 전라도 고부에서 시작돼 전국적으로 확산됐다. 일본은 청일전쟁 개전에 앞서 조선을 장악하려 했고, 이를 위해 내정개혁을 추진했다. 이에 동학농민군이 반발하자 일본군은 농민군 대탄압 작전에 나선다. 또 조선의 철병 요구를 무시한 채 인천을 거쳐 서울에 입성했다.
동학농민운동 연구자인 강효숙 박사는 “청일전쟁 직전부터 전선가설대, 군악대, 운송선 승조요원 등 인천에 상륙한 군인들은 전쟁에 대비한 부대다”고 지적했다. 또한 “조선은 일본군에게 전쟁의 현장이었고, 조선 민중은 일본군에게 점령지의 주민에 지나지 않았다”며 “그것은 ‘청일전쟁’이 아니라 ‘조·청·일 전쟁’을 의미한다”고 책에서 설명했다.
두 차례에 걸쳐 일어난 동학농민운동은 외세의 개입 등으로 비록 실패하기는 했지만 한반도 민중의 사회의식의 수준에 일대 전환을 가져온 중요 사건이었다.

# 세계질서의 재편과 일본의 성장

세계 각국에는 인류 역사와 함께해 온 전쟁을 연구하는 학자들이 많다. 한반도에서 펼쳐진 전쟁에 대한 전문가 역시 각국에 걸쳐 있다. 동아시아의 주도권을 놓고 중국(청나라)과 일본이 한반도에서 맞붙은 청일전쟁에 대해서도 전쟁 당사국이 아닌 나라에서도 철저하게 연구하고 있다. 전쟁은 늘 되풀이되기 때문일 것이다. 또 그 전쟁을 제대로 모르고 대비하지 못하면, 다시 그 전쟁의 피해를 당한다는 것은 역사가 증명해 왔기 때문이기도 할 것이다.

러시아의 알렉세이 파추코프 박사와 미국의 커크 라르센 교수가 전하는 청일전쟁에 대한 이야기를 들어보자.

**청일전쟁의 발발 원인은 무엇이라고 보나. 또한 동학농민운동과의 관련성에 대해서도 얘기해 달라.**

**파추코프** 전쟁의 직접 원인은 동학농민운동*을 진압하기 위해 조선이 청에 파병을 요청한 데서 찾을 수 있다. 그러나 이것은 빙산의 일각에 불과하다. 진짜 전쟁의 원인은 일본군이 중국을 한반도 밖으로 밀어내고, 한반도에서 중국이 가졌던 영향력을 차지하려고 한 점에 있다. 중국군이 파병해서 전쟁이 일어났다는 주장은 일본의 편리한 변명으로 보인다. 일본군은 자국의 영토를 넓히고 힘을 강화하기 위해서 전략적인 계획이 필요하다는 것을 알고 있었다. 중국군은 동학군을 진압하기 위해 파병을 했음에도 큰 역할을 하

* 인터뷰에 응한 해외 전문가들은 동학농민운동을 동학농민혁명(Tonghak revolution)으로 표현했다. 여기서는 그냥 동학농민운동으로 번역했다.

지 못했다. 동학군은 전주를 점령한 뒤에 더욱 잘 싸웠다. 홍계훈°
이 이끄는 정부군은 청군의 지원에도 불구하고 제대로 싸우지 못
했다. 중국 영사관 위안스카이°는 중국함선 핑유안平遠號을 홍계훈
에게 빌려줬지만 동학군은 해안가에서 싸우지 않는 전법으로 대
항했다. 동학군이 서울로 입성하는 것을 조선왕조와 고종은 제대
로 막을 수 없었다.

**라르센** 1885년 톈진조약에 의해 한반도에 병력을 투입한 청나라와
이에 일본이 반응하면서 전쟁이 발발했다는 것은 지엽적 원인에
지나지 않는다. 전쟁의 근본적인 원인은 19세기 세계 곳곳에서 일
어난 세계열강 사이의 경쟁으로 볼 수밖에 없다. 세계열강은 저마
다 힘을 키울 방법을 찾았고, 일본도 청나라를 언젠가는 세계열강
의 야심에 피해를 볼 수밖에 없는 곳이라 판단하고 중국 내부까지
일본의 영토를 늘리려고 했다. 중국과 일본 두 나라 간의 잠정적인
분쟁의 지역은 한국만이 아니었다. 류큐열도, 타이완 등 여러 곳이
있었다. 동학농민운동이 일어나지 않았더라도 중국과 일본은 아마
도 19세기나 20세기 초에 어떤 곳에서든 전쟁을 벌였을 것이다.


**미국과 러시아에게 청일전쟁은 어떤 의미를 가지고 있나.**

**파추코프** 청일전쟁은 (전쟁 당시에는) 러시아에서 거의 알려지지 않았

**알렉세이 파추코프**
Pastukhov Alexey Mikhailovich · 러시아

러시아 국립 극동과학아카데미 연구원. 청일전쟁과 한국
근·현대사 전문가로 손꼽힌다. 저서로는 『극동 러시아의
역사』, 『청일전쟁에서 해군 전투』 등이 있다.

다. 청일전쟁 이후에야 러시아정부의 지시로 급하게 연구됐다. 러시아 군이 한반도의 상황을 토대로 한 전략이 필요했기 때문이다. 1895 · 1896년에 자서전 형식으로 쓰인 몇 편의 책이 출판됐다. 책의 근간은 일본군 본부의 공식 문서들에 의존했다. 따라서 정보는 왜곡된 부분이 많았고, 러시아 독자들은 전쟁의 잘못된 면을 볼 수밖에 없었다. 내 생각에는 청일전쟁은 몇 가지 관점에서 러시아에 매우 중요했다. 첫째로 청일전쟁은 일본의 전쟁, 전투의 미래 양상을 볼 수 있는 귀중한 기회였다. 그러나 러시아는 일본 서한에만 의존해 전쟁을 파악하면서 청군을 멍청한 집단이라고 인식했고, 청나라에 일본이 승리한 것을 놓고 청군이 무능해 승리할 수 있었던 것으로 판단해 일본군을 가치 있게 평가할 대상으로 여기지 않았다. 둘째로 러시아는 청일전쟁 당시 청과 긴밀한 관계를 맺을 수도 있었다. 미래의 러일전쟁의 양상을 고려한다면 청과의 동맹은 전쟁의 결과를 바꿀 수도 있었다. 1896년 러청동맹●을 맺긴 했지만 1904년, 1905년 러일전쟁 때 이 동맹은 제대로 기능하지 못했다. 셋째로 러시아는 한국과 관계를 돈독히 해 청 · 일 · 러 국경 지역에서 자신의 입지를 강화할 수 있었다. 부분적으로는 입지를 강화할 수 있었지만 충분치 못했다. 넷째로는 청일전쟁의 양상을 제대로 이해하는 것이 미래 전쟁을 막을 수 있다는 점을 알


● 러청동맹
1896년에 모스크바에서 러시아와 청나라 사이에 체결된 비밀협정. 조약 내용은 ①일본이 만주 · 조선 · 러시아 등을 침략할 경우 공동방위 ②전시에는 중국 항만을 러시아군에게 개방 ③만주를 횡단해서 블라디보스토크에 이르는 철도부설권을 러시아에 부여 등이다.

**커크 라르센** Kirk W. Larsen · 미국

미국 브링검영대 역사학과 교수. 조지워싱턴대에서 아시아학 센터장을 역임했다. 저서로는 『청 제국과 조선 한국 1850, 1910』 등이 있다.

아야 했다. 이것은 훗날의 전쟁(러일전쟁)에서 치명적 실수를 피하는 데 큰 도움이 됐을 것이다. 그러나 청일전쟁을 무시하면서 모든 결과는 바뀌었다. 작은 일본이 수많은 전쟁에서 승리한 것을 러시아가 제대로 파악하지 못하면서, 러시아는 같은 자리에 머물러 있을 수밖에 없었다. 종합해 보면, 러시아는 청일전쟁으로 교훈을 얻어서 10년 뒤 패배를 막았어야 했다.

**라르센** 미국의 공식적인 정책(입장)은 중립이었다. 하지만 미국인 개인들의 의견은 제각각 달랐다. 영국에 부합하는 몇몇은 중국에 동정심을 느꼈고, 청나라가 이런 드라마틱한 패배로 고통을 받는다는 것에 놀랄 수밖에 없었다. 다른 몇몇은 청일전쟁 결과를 일본이 성공적인 현대화를 이룬 증거로 봤고, 일본이 국제권력관계에서 떠오르고 있다고 판단했다.


**당시 일본은 한국을 어떤 존재로 봤나, 또 청나라와 일본사이의 전쟁이 왜 한반도에서 벌어질 수밖에 없었나.**

**파추코프** 조선영토에서 전쟁이 시작된 것은 한반도의 여러 상황을 감안해 보면 자연스러운 일이다. 일본군은 이미 조선에 배치돼 있었고, 중국군에 비해 군사력에서 우월했다. 아산 전투 때 중국군은 4천 명도 되지 않았고, 대포도 8문에 지나지 않았다. 반면 일본군은 서울을 접수하고 있었다. 당시 서울에 있던 일본군의 수만 1만2천 명에 달했고, 20문의 대포를 준비하고 있었다. 또한 '중국 주둔군에 대항한 지원 요청' 등 문서를 조작해 일본군을 파병하는 당위성도 확보할 수 있었다. (조선) 지도부에도 먼저 접근해 한국군 통제권도 얻을 수 있었다. 이를 통해 일본은 한국 영토를 포위할 수 있었다. 조선지도부를 직접적으로 통제한 것은 결과적으로 후일 러시아와 중국에 대항할 수 있는 교두보를 마련한 셈이 됐다.

**당시 일본은 문호를 열고 성장하기 시작했다. 그런데 한국은 계속해 쇄국정책을 고수했다. 왜 두 나라는 다른 결정을 했을까?**

**파추코프** 일본과 한국의 운명이 갈리게 된 원인은 쉽게 찾기 어렵다. 여러 가지 이유를 생각해 볼 수 있다. 첫째 이유로 일본과 조선의 다른 사회적 관계를 들 수 있다. 일본은 세계의 정치, 경제에 더 많이 관여했다. 일본은 유럽과의 접촉을 끊은 적이 없었다. 도쿠가와 막부*가 집권한 이후에도 나가사키에 있는 네덜란드 공장을 통해 세계와 관계를 유지했다. 이런 일본의 태도가 좋은 결과를 가져왔다고 본다. 1850년대 초기에 네덜란드 전문가의 지원으로 현대화된 해군이 일본에 나타나게 됐다. 1868년 메이지혁명*은 국내에 진보적인 움직임을 이끌었다. 그 결과 1880년대 일본은 비교적 공업을 잘 발달시킬 수 있었고, 현대화된 해군을 보유할 수 있

● **도쿠가와 막부(江戸幕府)**
일본 도쿠가와 이에야스(德川家康)가 1603년에 에도(江戸)에 수립한 무가(武家) 정권. 15대 265년으로 끝났다.

● **메이지혁명(明治維新)**
19세기 후반 일본 메이지 천황 때, 에도 막부를 무너뜨리고 중앙 집권 통일 국가를 이루어 일본 자본주의 형성의 기점이 된 변혁의 과정. 유신에 성공한 일본은 군비 확충 등 부국 강병 정책을 폈으며 청일전쟁과 러일전쟁을 일으켰다.

었다. 반면, 조선은 1637년 이후로 고립돼 있었고, 유럽 및 아시아 다른 국가와의 접촉을 끊었다. 조선왕은 국가를 통치하는 데 있어 봉건적 관계를 국내에 고집했고, 조선에서 자본주의적 관계의 시작을 알리는 트렌드는 영조시대에 나타났는데 정조는 더 이상 진전시키지 못했다. 그러나 이 시대 봉건주의는 완전히 쇠퇴했고, 강한 현대사회를 지탱할 수 없었다. 내 생각에는 조선에서 봉건적 관계를 유지한 것과, 후기 조선 왕의 정치적 무능함이 19세기 조선의 발전에 치명적 약점이 됐다.

**라르센** 이 질문에 대한 부분적인 대답은 미국, 즉 페리 제독의 블랙십*이 1850년대에 일본을 개항시키기로 마음먹고 강력행동에 나선 것과 다르게, 어떤 서구열강도 1860년대 중반까지 조선을 개항시키려는 의지가 강하지 않았다는 데 있다. 1860년대 중반에 들어서야 병인양요와 신미양요가 일어났다. 게다가 조선왕조에는 신유교사상이 강하게 자리 잡고 있었고, 특히 이 사상이 대원군의 리더십에 강한 영향을 끼쳤다. 조선은 일본과 다르게 협상을 하지 않고, 전쟁을 먼저 시작했다.


**세계열강의 각축 속에 일본이 한반도를 손에 넣겠다는 자신감은 어디에서 나왔다고 보나.**

**퍼추코프** 일본은 나라를 침략할 때마다 특별한 태도를 고수하며 국제관계에서 새로운 위치를 얻을 수 있었다. 일본은 결과적으로 중국과 조선을 자신의 세력권 안에 넣을 수 있게 됐다. 유럽이나 미국은 중국이나 조선을 간과했다. 이들은 일본의 발전을 보면서 중국을 보잘 것 없는 곳이라 여겼고, 청나라가 없기에 조선은 독립국으로 남아 있을 수 있다고 봤다. 그런데 이 상황에서 일본이 제대로 처세를 했다. 유럽과 미국은 중국과 조선에 일본의 세력이



●**블랙 십**
미국의 페리(Matthew C. Perry, 1794~1858) 제독은 1853년 군함을 이끌고 일본에 가 개국을 요구, 그 이듬해 미일화친조약(美日和親條約, 가나가와조약)을 체결했다. 이 조약으로 인해 미국은 최혜국 대우 등을 얻었다. 당시 미국 군함이 검은색이었기 때문에 일본사람들은 미국 군함을 '블랙 십'(black ship, 黑船)이라고 불렀다.

침투하는 것을 러시아나 독일을 견제하기에 좋다는 판단을 내렸다. 러시아, 프랑스, 독일은 삼국간섭을 통해 일본이 랴오둥반도에서 떠날 것을 요구했고, 일본이 이를 받아들이자 일본은 열강의 말을 잘 듣는 국가로 봤다. 하지만 결과적으로 일본은 너무 커져버렸다. 유럽과 미국의 판단은 틀렸지만, 이것을 깨달았을 때는 너무 늦었다.

**라르센** 일본이 청에게 승리한 뒤 랴오둥반도와 만주 등 중국 내 영토까지 점령하고 나섰다. 하지만 러, 프, 독은 삼국간섭을 통해 랴오둥이 일본에 넘어가는 것을 막았다. 또한 러시아는 고종이 러시아 공사관에 보호를 요청하면서 일본이 조선에서 힘을 키워가려는 것을 일정 정도 제지할 수 있었다. 일본은 러일전쟁 때까지 분쟁을 일으키지 않고, 러시아에 대항할 수 있겠다는 판단이 내려질 때까지 계속해 현대화를 추구하고 경제를 발전시켰다. 일본은 러일전쟁 뒤에야 비로소 조선 내에서 제대로 된 통제력을 가질 수 있었다.


**조선이 무능했던 이유는. 동학농민운동이 성공했다면 어떤 결과를 가져왔을 것으로 보나.**

**파추코프** 조선은 정조시대에 좀 더 급진적인(dynamic) 발전을 시도했다. 그런데 정조 뒤에 무능한 지도자들이 집권하면서 긍정적 변화를 모조리 막았고, 보수주의자들만이 조선에 남아 있게 했다. 이것이 조선의 발전을 막았고, 국가의 수준을 하락시켰다. 봉건지배층은 궁궐에서 싸우기만 하고 있었다. 정파의 싸움이 돌아올 수 없는 조선의 운명을 만들었고, 1870년대 조선은, 이전의 강한 국가에서 나약한 유물로 남게 되었다. 동학농민운동이 성공했다면, … 나는 잘 모르겠다. 오래된 시스템은 붕괴되겠지만 조선이 발전하는데는 너무나 많은 장애물이 있었다. 이런 상황에서 중국과 일본이 침략할 수도 있는 것이다. 나는 동학농민운동이 성공했더라도 어려운 국제정세 속에서 강한 국가를 만들 수 있었을지 의문이다. 그러나 동학은 분명 급진적 운동으로서 큰 의미를 가지고 있다. 한국현대사에 굉장히 의미 있는 일이고, 한국인들은 이런 조상이 있었다는 점을 자랑스러워할 만하다고 본다. 그들은 후손에게 좀 더 나은 미래를 남겨주고 싶어했던 사람들이었다.

**라르센** 조선지배층의 무능에 대해서는 보통 대원군이 고립주의자이자 융통성 없는 쇄국주의자이고, 고종은 우유부단한 왕이었으며, 중전 민씨 쪽에 붙은 관리들은 부패했고, 조선의 신유교주의자(양반)들은 변화와 새로운 생각을 받아들이려 하지 않았다는 점 등을 원인으로 들 수 있다. 하지만 사실은 19세기 조선지배층을 보면 동정심도 느낀다. 19세기 말은 전 세계적으로 열강들의 침략이 심했던 시기다. 강한 힘을 가진 국가는 시간, 장소를 가리지 않고 다른 나라를 점령하고 합병해 왔다. 아프리카, 남아시아 등 한국과 비슷한 일을 겪은 나라가 많다. 한 조사 결과를 보면 1914년까지 85% 이상의 지구 땅이 열강에게 점령되거나 침략됐다고 나와 있다. 따라서 앞을 내다보고 선견지명을 할 수 있는 리더가 있었다고 해도 조선이 식민지의 논리로 다른 힘에 지배당하는 일을 막기는 어려웠을 것이다. 이런 가능성은 조선의 지리적 위치(19세기 고래에 둘러싸인 새우)를 고려해 보면 더 크다. 일본, 러시아, 중국, 영국, 프랑스, 미국 등이 조선에 관심을 표명했다. 내 생각이 맞다면 심지어 동학농민운동이 성공했더라도 궁극적 결과를 바꾸진 못했을 것이다. 아마 좀 더 지연될 수는 있어도 결과적으론 합병이 일어나는 것은 막지 못했을 것이다.

6

# 인천, 제국주의 전쟁의 첫 무대

1904년 인천 앞바다에서 시작된 러일전쟁은 '최초의 세계대전'이었다. 전문가들은 '0차 세계대전'이라고 부르기도 한다. 러시아와 일본은 왜 인천에서 격돌했을까. 그것은 인천이 동아시아와 한반도에서 차지하는 전략적 가치가 그만큼 높기 때문일 것이다. 인천에서 시작된 러일전쟁에는 세계 8개 국이 직간접적인 관련을 맺고 있다. 그러나 조선은 여전히 전쟁터였을 뿐이다. 러일전쟁의 결과는 일거에 세계사의 흐름을 뒤바꿔 놓았다. 러시아는 왕조체제가 무너졌고, 일본은 자칭 '동방의 맹주'로 부상했다. 러일전쟁의 결과, 조선은 일본의 손아귀에 들어가는 신세가 되었다.

# 러일전쟁 연표

| | | |
|---|---|---|
| 1902년 | 1월 | 제1차 영일동맹 체결(러시아의 동진 방어 목적) |
| 1903년 | 5월 | 용암포사건 발생<br>(러시아가 용암포 강제로 점령, 조차 요구) |
| 1904년 | 1월 | 조선, 중립 선언 |
| | 2월 | 일본, 제물포해전에서 승리 (러일전쟁 발발)<br>일본군이 한성에 진입/뤼순 봉쇄<br>일본, 러시아에 선전포고<br>청, 러일전쟁에 중립을 선언<br>한일의정서 조인 |
| | 5월 | 일본 함대, 랴오둥반도 함락<br>일본군 압록강 건너 만주 진입 |
| | 8월 | 제1차 한일협약 체결(고문정치 시작) |
| | 9월 | 일본군, 랴오양 점령 |
| 1905년 | 1월 | 일본군, 뤼순 함락 |
| | 3월 | 일본군, 봉천전투 승리로 육전 마무리 |
| | 4월 | 조선, 일본과 통신기관 위탁에 관한 협정서 조인<br>(통신권 박탈) |
| | 5월 | 일본, 러시아 발틱함대 격파 |
| | 8월 | 제2차 영일동맹 성립(일본의 한국에서의 우선권 인정) |
| | 9월 | 포츠머스 강화조약 체결(러일전쟁 종료) |
| | 11월 | 을사5적, 일본공사 하야시와 을사늑약 체결(외교권 박탈) |
| 1906년 | 2월 | 주한 일본헌병이 행정·사법경찰권 장악 |
| | 6월 | 일본, 러시아로부터 북위 50도 이남의 사할린 할양 받음 |
| 1907년 | 7월 | 한일신협약(정미7조약) 체결<br>(통감부에 의한 차관정치 시작)<br>러시아와 일본, 중국의 영토 보전에 관한 협정에 조인 |

# 동아시아의 새로운 패자 일본과 서구열강

러일전쟁은 '최초의 세계대전' 또는 '0차 세계대전' 등의 수식어가 따라붙는다. 전쟁을 일으킨 일본과 러시아, 전쟁터가 된 조선과 청나라, 그리고 전쟁 지원 그룹인 프랑스, 독일, 영국, 미국 등 러일전쟁은 전쟁에 얽혀 있는 나라가 8개국이나 된다. 말 그대로 세계대전이었다. 20세기가 시작되자마자 터진 러일전쟁은 그만큼 원인도 다양했고, 그 결과도 엄청났다. 러일전쟁이 끝난 지 100년도 더 지난 이 시점에서 그 전쟁이 여전히 우리에게 중요한 것은, 바로 한반도에서 시작됐고, 한반도가 목표였다는 점에 있다. 또한 지금의 한반도를 둘러싼 국제정세와 당시를 비교해 볼 수 있게 하는 기회도 제공한다.

일본의 입장에서 보면, 1894년의 청일전쟁은 1904년 러일전쟁의 '연습 게임'에 지나지 않았다. '본 게임'인 러일전쟁을 위해 일본은 10년을 더 준비했다.

야마무로 신이치山室信一 교토대 교수는 그의 책 『러일전쟁의 세기』에서 '20세기 전쟁을 특징짓는 발단이 러일전쟁'이었고, 러일전쟁은 '미국의 시대'를 열었고, 러일전쟁은 '인종전쟁으로써의 세계전쟁'이었다고 규정했다. 특히 그는 러일전쟁을 군사력뿐만 아니라 정보조작이나 신문을 통한 국제적 여론조작으로 전쟁 승패를 좌우하려 했던 선전전이 펼쳐졌던 전쟁으로도 평가한다.

이 세계전쟁의 끝은 '한반도를 누가 손에 넣느냐'였다.

## 조선을 노리는 긴박한 국제정세

20세기 최초의 세계전쟁은 인천에서 그 신호탄이 터졌다. 당시 상황은 국제적인 관심이 온통 '인천'에 있었음이 확연하다.

영국계 저널리스트 앵거스 해밀튼●은 당시 조선을 방문, 러일전쟁 전후의 상황을 신랄하게 그린 책을 『KOREA』란 제목으로 펴냈는데, 이 책은 서구인의 '편협한 시각'에도 불구하고 우리에게 많은 것을 제공한다. 이 책은 『러일전쟁 당시 조선에 대한 보고서』(이형식 옮김, 살림)란 제목으로 번역 출판되었다.

해밀튼은 "새로운 세기의 문턱에서 제물포는 흥미로운 연구 대상이 된다"면서 세밀한 관찰력과 다양한 정보력으로 인천을 묘사했다.

● 앵거스 해밀튼(Angus Hamilton, 1874~1913)
20살 나이로 미국 통신원이 된 해밀튼은 중동, 남아프리카, 동아시아 등 전 세계를 돌아다니며 기사와 칼럼을 썼다. 『KOREA』 등 다양한 저서를 남겼다.

**110년 전 영국이 그린 친일적인 지도** _ 영국의 주간 화보집 《런던 뉴스》가 전쟁 발발 직전인 1904년 1월 16일자에 실은 것. 한반도 양쪽 희미한 색깔이 러시아 전력이다. 일본은 짙게 처리했다. 여기서도 일본과 영국의 동맹이 엿보인다. 또 동해를 '일본해'로, 울릉도를 일본식 지명(마츠시마)으로 표기하는 등 친일 성향의 지도이다. 명지대-LG연암문고 제공.

1901년에는 93척의 군함이 제물포에 들어왔다. 그 중 35척이 일본, 21척이 영국, 15척이 러시아, 11척이 프랑스, 5척이 오스트리아, 4척이 독일, 1척이 각각 이탈리아와 미국 군함이었다. 증기선과 범선은 1천36척이었는데, 그중 567척이 304척의 증기선을 포함한 일본 배였고, 369척의 조선의 정크선과 증기선, 21척의 러시아 증기선, 8척의 미국 범선과 1척의 증기선, 4척의 영국 증기선, 3척의 독일 증기선, 62척의 중국 정크선, 그리고 1척의 노르웨이 증기선이 있었다. 이것은 1900년보다 군함이 47척, 상선이 70척 많은 것이다.

20세기에 접어들자마자 세계 각국이 한반도에서의 경제적 이익을 보장받기 위해 얼마나 많은 군사력을 '인천'으로 동원하기 시작했는지 확인할 수 있는 대목이다. 1년 사이 상선은 7.2%가 증가한 데 반해, 군함은 무려 102%나 늘어난 것이다. 또 한 가지 눈에 띄는 것은 중국 군함이 빠져 있다는 점이다. 이는 청일전쟁의 패배로 인해, 국제 군사력 경쟁에서 중국은 완전히 배제됐음을 의미한다.

청일전쟁 직후부터 을미사변, 아관파천, 러일전쟁 등에 이르기까지, 특히 러시아와 일본이 한반도를 둘러싼 주도권을 놓고 벌인 정치, 외교, 군사적 다툼은 말 그대로 엎치락뒤치락이었다.

### 아관파천과 그 주역들

러일전쟁 관련 연구자인 최문형 한양대 명예교수는 러일전쟁은 '아관파천'에서 시작됐다고 본다. "민 왕후 시해로 일본이 한국에서 우위를 점하자, 이에 대한 러시아의 반격이 바로 아관파천이었다. 두 사건은 한국에서 자국의 권익을 둘러싼 양국의 대결이었다. 이는 러일전쟁의 서전緖戰과도 같은 사건이다"라는 게 최문형 교수의 지적이다. 최문형 교수는 또 "일제가 민 왕후를 시해한 직접 원인은 청일전쟁에 승리한 일본을 제치고 왕후가 청국이 누려온 모든 권익을 러시아에게 넘겨줌으로써 일본의 야욕을 견제하려 했기 때문"이라고 풀이한다.

아관파천은 1896년 2월에 전격적으로 이뤄졌다. 중전 민씨가 살해된 뒤 왕비 역할을 하던 귀비 엄씨*와 러시아 정부 사이에 친러파 이범진*이 핵심 연결고리였다. 문제는 조선 정부가 일본과 러시아 사이에서 취한 일련의 조치가 백성은 안중에도 없는 개인적 차원의 권력다툼에 불과했다는 데 있다.

황현은 『매천야록』에서 다음과 같이 평가한다.

이범진 등이 일으킨 이번 거사(아관파천)는 충의에서 나온 것도 아니고, 아라사(러시아)를 도와주고 왜국을 방해한 것도 아니었다. 다만 권력 다툼일 뿐이었다. 세상에서는 김윤식과 어윤중을 청당淸黨이라 하고, 김홍집과 유길준을 왜당倭黨이라 하며, 이범진과 이윤용을 아당俄黨이라 했다. 이 세 당이 교대로 집권하니 나라가 잘될 리 없다. 갑오년(1894)과 을미년(1895)에는 왜놈들이 국권을 장악하더니 이제는 아라사인들이 장악했다. 곧바로 임인년(1902)에 이르러 전쟁(러일전쟁)이 시작된 뒤로는 왜국이 다시 뜻을 펼쳤다.*

황현은 이범진 등이 귀비 엄씨에게 4만 냥을 주면서 아관파천을 주도했다는 점도 밝히고 있다. 이범진, 귀비 엄씨 등의 부추김에 러시아 공사관으로 몸을 피했던 고종은 1년 여 만에 환궁했는데, 가장 큰 이유는 믿었던 러시아가 고종의 기대대로 따라주지 않았기 때문이었다.



●**귀비 엄씨(순헌황귀비, 1854~1911)**
조선 고종의 계비(繼妃). 1895년(고종 32)의 을미사변으로 민 왕후가 비명에 간 뒤 고종의 총애를 입어 1897년 고종의 제3자 은(垠)을 낳았다. 숙명여학교(淑明女學校)와 진명여학교(進明女學校)의 개설을 도와 여성에게 근대교육을 실시하도록 하기도 했다.

●**이범진(李範晉, 1852~1911)**
구한말 문신. 1895년 춘생문사건을 주도했으나 실패해 러시아로 망명했다. 이듬해 귀국해 이완용 등과 아관파천을 단행해 친러파 내각의 법부대신이 됐다. 러일전쟁이 일본 승리로 끝나 친일파가 득세하자 다시 러시아로 망명했다가 1911년 자결했다.

＊『매천야록』(허경진 옮김, 서해문집)

## 조선의 재정을 장악하라

고종이 러시아공사관에서 환궁한 뒤 일본은 말할 것도 없이 서구 열강의 조선에서의 이권 쟁탈전은 더욱 치열해졌다. 그 중에서도 러시아와 영국 사이에 조선의 재정권을 누가 틀어쥐느냐를 놓고 벌어진 다툼은 그 자체로 전쟁이었다.

1897년의 맥리비 브라운 사건. 조선의 재정 고문이자 세관장으로 있던 영국인 맥리비 브라운Mcleavy Brown을 러시아와 프랑스가 연합해 몰아 낸 뒤 러시아인이 그 자리를 차지한 사건을 말한다. 러시아의 알렉세예프Kir Alekseevich Alekseev가 브라운의 자리에 올랐다. 영국도 가만히 있지 않았다. 영국은 함대를 제물포에 입항시켜 시위를 벌였고, 조선은 브라운을 다시 복직시켰다. 조선의 국고와 세관 업무를 책임진 재정 고문을 러시아와 영국인이 동시에 맡게 된 것이다. 당시 재정고문은 관세율을 정하고 수출입을 관장하는 등 나라 살림을 총괄했다. 나라의 곳간 열쇠를 남에게, 그것도 외국인 2명에게 동시에 맡기고도 정상적인 국가 운영이 가능했을 리가 없다.

러시아는 조선 왕실의 환심을 사기 위해 무척이나 애를 썼던 것으로 보인다. 제물포에 주둔했던 경비정에서 조선 왕실의 오락을 위해 서울 왕궁까지 밴드를 파견해 공연을 하기도 했다고 한다.

각국이 조선 진출의 명분으로 내세운 산업활동은 정치적 영향력의 확장과 불가분의 관계였음을 조선 정부는 간과하고 있었다.

## 조선, 잇따른 전쟁에도 배운 게 없었다

… 방향을 상실한 무일푼의 조정과 이권을 구하는 끈질긴 청탁자 간의 타협이 벌어질 때 세관장의 영향력은 결정적인 요인이 된다. 더구나 국가

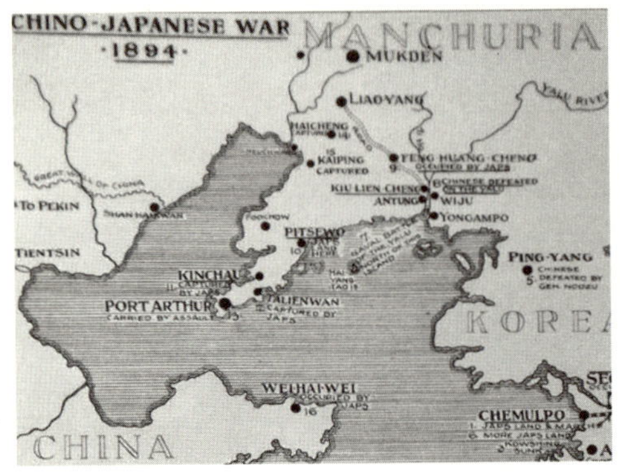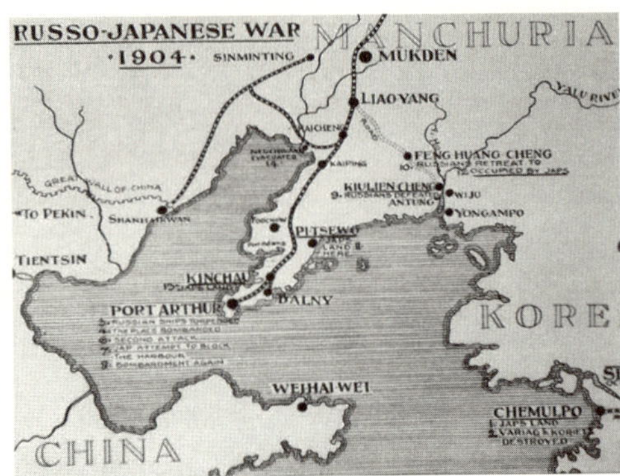


**전쟁은 반복된다?** _《런던 뉴스》는 1904년 5월 14일자에 실은 2컷짜리 지도로 전쟁은 되풀이 된다는 점을 부각시켰다. 청일전쟁(좌)과 러일전쟁 (우)의 군사 이동 경로. 두 전쟁 모두 인천(제물포)에서 일본의 상륙 으로 시작됐음을 볼 수 있다. 명지대-LG연암문고 제공.

를 생각한다면 자신의 사무실을 통하지 않은 제안들을 거부하도록 맥리비 브라운 씨가 종용해야 할 경우가 발생한다. 이처럼 정통적인 방식, 즉 청탁을 하는 것은 경성에서 매일같이 발생하는 일이다.

맥리비 브라운 사건 당시를 현장에서 목격한 앵거스 해밀튼이 자신의 책 『KOREA』에서 한 지적이다. 해밀튼은 정책 능력도, 돈도 없는 조선의 재정권을 열강들이 마음껏 쥐고 흔들었다고 봤다.

20세기를 목전에 두고도 어디로 가야하는지 방향조차 잡지 못한 조선의 현실이 그대로 엿보인다. 1866년 병인양요, 1871년 신미양요, 1894년 청일전쟁 등 열강의 잇따른 침략에도 불구하고 조선은 '전쟁은 되풀이 된다'는 점을 전혀 깨닫지 못했다.

일본은 1891년 러시아가 시베리아철도* 기공식을 블라디보스토크에서 가진 것을 계기로 청일전쟁과 러일전쟁을 준비했다는 게 정설이다. 러시아의 진출방향이 동아시아로 확정된 뒤부터 일본은 대러 전쟁을 염두에 두었으며, 이에 앞서서 청나라를 제압해야

●**시베리아철도**
러시아 첼랴빈스크에서부터 아시아 대륙을 횡단해 블라디보스토크를 잇는 철도. 이 철도는 1850년대 극동지방의 군사적 의의(意義)의 증대, 시베리아 식민, 대(對)중국무역 등을 목적으로 계획됐다. 1916년에 완성돼 제정 러시아의 극동 정책 추진에 중요한 역할을 했다.

한다는 결론을 내렸다. 일본이 우려한 것은 러시아 병력의 신속한 아시아 배치 시스템이었다. 시베리아철도는 그것을 가능하게 한다. 일본은 시베리아철도 착공을 본 뒤 전쟁이 불가피하다고 판단하게 된 것으로 본다. 여기에 청일전쟁 뒤의 삼국간섭까지 더해졌으니 일본의 입장에서 전쟁명분은 충분했다.

이런 가운데, 앵거스 해밀튼의 책에 따르면 조선 정부는 1903년 일본 측에 '한반도에 대한 완벽한 답사 지도'를 만들어 달라고 요청했다니 참으로 어이없는 노릇이다. 조선 땅에서 곧 전쟁을 일으킬 일본에게 '작전지도'를 미리 만들게 한 것이나 마찬가지였다. 특히 일본은 1899년 울릉도를 점령하고, 경찰서까지 설치한 바 있다. 제물포해전과 독도·쓰시마 해전 등에서 일본이 승리한 데는 조선의 지형지물을 정확히 이용한 측면이 크다.

일본과 러시아가 한반도를 무대로 일대 혈전을 준비하고 있는 와중에서도 고종은 관직을 돈을 받고 팔기에 여념이 없었고, 주술에도 집착했다.

『매천야록』에 그 내용이 실감나게 그려져 있다.


충주사람 성강호成康鎬가 귀신을 볼 수 있다 하여 임금이 그를 불러다 명성황후를 보게 해달라고 했다. 하루는 경효전景孝殿에서 다례茶禮를 행하다가 성강호가 갑자기 층계 아래에 엎드렸다. 임금이 연유를 묻자 그가 말했다.

"황후께서 오십니다. 탑榻으로 올라오십니다."

임금이 탑을 어루만지며 대성통곡하자 성강호가 말했다.

"통곡이 심하면 신령이 다시는 임하지 않습니다."

임금은 억지로 눈물을 거두었다. 이때부터 전殿이나 능陵에서 제사를 지낼 때마다 임금이 물었다.

"황후가 왔느냐?"

그가 말했다.

"저승과 이승은 서로 달라서 내려올 때도 있고 내려오지 않을 때도 있습니다."

임금은 황후가 생각날 때마다 반드시 그를 불러들였다. 그는 1년 만에 협판에 올랐고, 그의 문전은 저자와 같았다.*

황현은 1899년 8월 이전에 있었던 일이라고 적었다. 당시 임금이 심리적으로 공황상태에 빠져 있었음을 알 수 있다. 다음은 1901년 말에 적은 것이다.

이 때 벼슬을 파는 일이 갑오개혁 이전보다 훨씬 더했다. 아무리 종친이나 친한 자라 할지라도 감히 은택을 입을 수 없었다. 관찰사는 10만 냥에서 20만 냥이었고, 일등 수령은 아무리 적어도 5만 냥 밑으로 내려가지 않았다. 관직에 오른 뒤에는 빚을 갚을 길이 없어 다투어 공금을 끌어다가 상환했다. 교활한 자는 상납을 더 많이 해 좋은 자리로 승진해 갔다. 아전이나 서리들도 이를 본받아 공금을 끌어다가 많은 땅과 재산을 축적하거나 벼슬자리를 노렸다. 관리들이 범하는 것은 모두 공금이었으므로 국고가 자연히 새어 나갔다. 그러나 임금은 국고를 공물로 여겨 가득 차 있건 텅 비었건 신경 쓰지 않았다. 벼슬을 팔아서 만든 돈은 사전私錢으로 여겨 그것이 없어지는 것만 걱정했을 뿐, 저공狙公에게 조삼모사로 속임을 당하는 줄은 알지 못했다.*

『매천야록』에는 이러한 어처구니없는 상황을 보여주는 기록이 한두 곳이 아니다. 이처럼 내치가 어지럽다보니, 통화通貨의 문제도 여간 심각하지 않았다.



*『매천야록』(허경진 옮김, 서해문집)

앵거스 해밀튼은 1903년도 제물포에서 통용되는 화폐가 네 가지나 된다고 했다. 정부 백동화, 1급 위조 동전, 2급 중급 위조 동전, 밤에만 통용되는 돈 등이 그것이라는 것이다. 해밀튼은 또 "일본에서 증기선이 들어올 때마다 많은 양의 위조 동전이 대량으로 들어와 국내(조선)로 밀수되었다"고 증언했다. 1902년 1~12월 사이, 제물포 세관에서 압수된 동전은 무려 357만3천138개(미가공 동전 포함)에 달했다는 점도 해밀튼은 밝혔다.

또한 인천 등 개항지의 일본인 상점에는 '비범한 경지'에 이른 모조품이 넘쳤다고 한다. 앵거스 해밀튼은 석유, 담배, 통조림, 우유, 버터 등에 이르기까지 다양한 모조품 목록을 제시했다.

위조화폐와 모조품이 넘쳐나게 되면, 그 피해는 누가 당하는가. 고스란히 백성들의 몫이다.

잇따른 전쟁에도 불구하고, 무능하고 무책임하고, 부패하기까지 한 조선 정부는 또다시 벌어질 세계전쟁에 전혀 대비하지 못했다. 결국 조선은 강제병합이라는 결과에 직면하게 되었던 것이다.

# 러일전쟁의 승패를 가른 제물포해전

### 전쟁 시작, 카레예츠호 포격

러일전쟁은 1904년 2월 8일 인천 앞바다에서 시작됐다. 일본 함대가 인천 제물포항을 출발해 중국 뤼순항으로 이동하던 러시아 포함 카레예츠Koreetz호를 향해 어뢰를 발사한 것이다.

러일전쟁의 첫 장면은 당시 전투에 참전했던 러시아 해군 병사들을 인터뷰한 뒤 쓴 가스통 르루Gaston Leroux의 『러일전쟁, 제물포의 영웅들』(이주영 옮김, 작가들)에 생생하다.

2월 7일 새벽이 되자마자 카레예츠호의 지휘관에게 출항 명령이 떨어졌다. 그는 서울 주재 러시아 공사의 전보를 받자마자 출항을 준비했다. 전보가 도착한 것은 2월 8일 오후 3시, 벨라예프 지휘관은 닻을 올리라고 지시했다. 카레예츠호는 포구 바깥 하구의 섬 주위를 어슬렁거리고 있던 어느 일본 함대를 발견했다. 이 함대는 제물포항 안쪽으로부터 9마일 정도 떨어져 있던 바랴크호 갑판에서도 보였다. 그러나 이들은 6마일의 거리를 유지하면서 접근했다. 카레예츠호는 계속 전진하여 팔미도를 지났다.

장갑도, 보호대도 없는 길이 70미터의 카레예츠호에는 오로지 6~8 푸스(1Pouce=2.54㎝) 구경의 구식 대포 밖에 없었다. 그것도 겨우 옛날식 장약으로 발포되는 것들이었다. 반면 당시의 일본 함대는 순양함 네 척과 어뢰정 여섯 척으로 이루어져 있었다.

카레예츠호는 이제 팔미도를 지났지만 앞으로의 비상사태는 예감치 못했다. 아니 예상할 수도 없었고 예측하려 들지도 않았다. 평상시처럼 대포들은 봉인되어 있었다. 장교들은 정면의 일본 함대를 적함으로 여기고 싶지 않았다. 그런데 몇 백 미터쯤 떨어진 곳에서 일본의 무장함 네 척이 멈춰 섰다. 벨랴예프 지휘관은 그들 옆으로 비껴가려 했으나, 일본 함대가 앞에서 입을 벌렸다.

다른 군함들이 서서히 전진하는 동안 일본 순양함 아사마Asama호는 외따로 떨어져 카레예츠호의 앞을 가로막을 듯 멈춰 섰다. 맞은편의 어뢰정들이 속도를 냈다. 카레예츠호는 순식간에 일본 연합 함대에 포위당했다. 200미터 앞에 정렬한 일본 어뢰정들에는 전투태세를 갖춘 군인들이 보였다. 예사롭지 않았다. 카레예츠호에 승선한 러시아 군인들이 얼마나 당황했을지는 여러분의 상상에 맡기려 한다. 카레예츠호의 보초병들은 갑작스런 사태에 당황하면서도 갑판에 모여 일본 군함에 걸린 깃발을 향해 경의를 표하려고 했다. 그러나 일본군은 어뢰 발사로 답했다.

**바랴크호의 최후** _ 제물포해전에서 패한 러시아의 바랴크호. 일본군에 넘겨주지 않기 위해 함정을 침몰시키기로 한 러시아 해군이 바랴크호에서 보트로 옮겨 탈출하고 있다. 인천시립박물관 소장.

이때가 오후 4시였다. 한반도의 긴박한 정세를 러시아 극동사령 관에게 알리라는 임무를 받고 중국 뤼순항으로 이동하려던 카레예츠호는 일본 함대의 공격을 피해 제물포항으로 도망치듯 되돌아왔다.

일본은 이미 러시아와 전쟁을 벌일 심산으로 병력과 물자를 조선으로 옮겼으며, 며칠 전에는 조선의 전신선까지 끊어버렸다. 러시아는 다급한 소식을 중국 등지에 전보로 보낼 수 없었고, 카레예츠호를 직접 뤼순항에 파견할 수밖에 없는 상황이었던 것이다.

영국, 미국 등 서구 열강은 곧 전쟁이 일어날 것이라는 것을 알고 있었다. 이는 이들이 자국민과 공사관을 보호하기 위해 군함을 인천 제물포항으로 보낸 것으로 알 수 있다.

러시아도 전쟁이 터질 것이라는 소문은 들었으나 확실한 정보를 갖고 있지는 못했던 듯하다.

다시 팔미도 앞, 러·일 함대의 대치 상황. 일본 함대의 어뢰는 카레예츠호에 피해를 주지 못했다. 일본 어뢰정의 공격에 놀란 카레예츠호는 인천 내항의 중립해역으로 피항한 뒤 일본군의 발포 사실을 바랴크Varyag호에 알렸다.

## 바랴크호의 침몰

바랴크호는 영국의 탈보트Talbot호 등 제물포항에 정박해 있던 외국 함대에게 일본의 '위법적 공격' 사실을 알렸다. 일본이 전쟁을 선포하지 않은 상태인 데다, 중립항(제물포항)에서 러시아 군함을 공격한 것에 항의한 것이다.

외국 함대들이 일본군에 항의서를 보냈으나, 일본군은 이들에게 오히려 '2월 9일 정오 전에 제물포항을 떠나 달라'고 요구했다. 결국 바랴크호는 일본과 최후의 결전을 벌이게 된다.

2월 9일 오전 11시 15분 바랴크호와 카레예츠호가 닻을 올려 제물포항을 출항했고, 30분이 지난 뒤 바랴크호와 카레예츠호를 외항에서 기다리고 있던 일본 군함의 포격이 시작됐다.

국방부 군사편찬연구소가 발간한 『한반도에서 전개된 러일전쟁 연구』에 따르면, 일본 함대는 순양함 6척, 어뢰정 8척으로 구성돼 있었다. 러시아는 14대 2의 열세에서 전투를 치러야 했다. 앞에서 언급한 가스통 르루의 책에 실린 내용이 정확하다면 일본은 하루 저녁 사이에 순양함 2척과 어뢰정 2척을 증강한 것이다.

러시아가 기댈 수밖에 없었던 바랴크호는 만신창이가 돼 역시 큰 피해를 입은 카레예츠호와 함께 제물포항으로 귀환했다. 가스통 르루는 바랴크호가 일본 함대의 포격에 맞아 좌현이 기울어졌는데, 그 모습이 마치 '죽음을 기다리는 다친 짐승' 같았다고 표현했다. 이 때 시각이 낮 12시 45분이다.

바랴크호는 더 이상 전투를 계속할 수 있는 상황이 아니었다.


바랴크호는 후퇴하면서도 포격을 멈추지 않았다. 제물포 항구 쪽으로 돌아가는 바랴크호를 카레예츠호도 뒤따랐다. 작은 포함 카레예츠호는 적함을 향해 마지막까지 포탄을 쏘았다. 러시아의 영웅들은 그렇게라도 해서 적함에 피해를 주어야 스스로 위안을 받을 수 있을 것 같았다. 갑자기 적함의 어뢰 공격이 멈췄다. 이미 발사된 어뢰 몇 개도 이상하게 빗나갔다. 일전(8일)에 우연히 어뢰가 불발되었던 경우와는 상황이 달랐다. 일순간, 한 일본 군함의 갑판에서 거대한 불길이 솟구쳤다. 러시아군이 타카시가Takashiga호에 치명적인 공격을 날렸던 것이다. 여기서 분명히 기억해 둘 것은 불가항력적인 상황에 밀려 제물포로 패퇴하던 러시아군이지만 끝내 전투를 피할 수는 없었다는 것이다.

일본군은 4시에 중립 지역인 제물포 앞바다까지 와서 러시아 함대를 침몰시켜 버리겠다고 선언했다. 바랴크호와 카레예츠호가 제물포 항구로 돌아왔을 때는 겨우 1시에 지나지 않았다. 바랴크호와 카레예츠호는 이곳에서 최후를 준비할 생각이었다.

-『러일전쟁, 제물포의 영웅들』

바랴크호는 부상자들을 보트에 실어 제물포항에 정박해 있으면서 일본과 러시아 함대 사이의 전투를 지켜만 보고 있던 영국 등 외국 함선으로 옮겼다. 이후 러시아군은 바랴크호의 밸브와 급수 용판을 열어 스스로 배를 침몰시켰다.

부상병들을 탈보트호로 옮기기는 쉽지 않았다. 들것도 없었기 때문에 부상병들은 배의 외피 판이나 목판으로 된 들것으로 옮겨졌는데, 아주 어려운 일이었다. 3시가 되자 모든 부상병들이 바랴크호를 떠났다. 110명의 바랴크호 병사들은 해전에서 완패한 셈이었으며 사망자는 40여 명이었다.

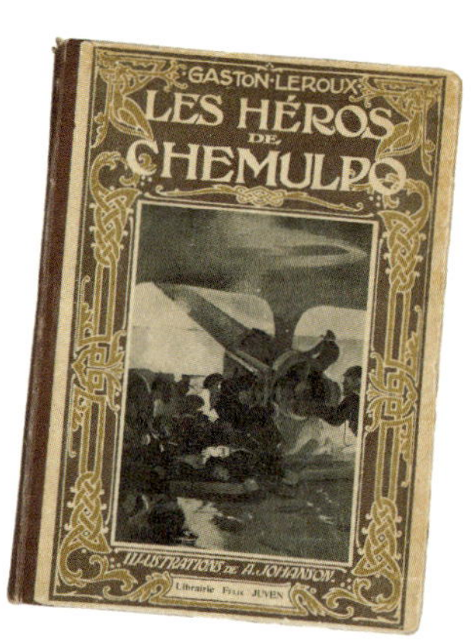

가스통 르루가 쓴
『제물포의 영웅들』 표지

루드네프 지휘관이 마지막으로 바랴크호에서 나왔다. 루드네프 지휘관은 이미 기계 담당 병사들에게 펌프 구멍을 열어 선창에 물을 채우라고 지시했다. 탈보트호와 파스칼호에 옮겨 탄 바랴크호의 러시아 장교들은 바랴크호가 가라앉는 모습을 오래 지켜보았다. 3시간 뒤, 바랴크호는 물 속으로 들어가기 시작했다. 바랴크호가 좌현으로 기울자 안에 있던 시체들이 좌현 왼쪽으로 미끄러져 들어가는 모습이 선명히 보였다. 이 장면은 바랴크호의 최후를 지켜보고 있던 모든 수병들에게 깊은 인상을 주었다. 바랴크호의 뒷 갑판은 여전히 불에 타고 있었는데 뒷 갑판이 가장 마지막에 가라앉았다. 마침내 뒷 갑판에 붙은 불이 물에 닿으며 꺼져갔다. 마치 바다가 불타고 있는 것 같았다.

-『러일전쟁, 제물포의 영웅들』

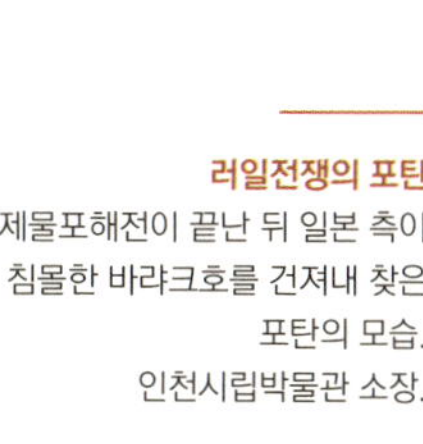

**러일전쟁의 포탄**
제물포해전이 끝난 뒤 일본 측이
침몰한 바랴크호를 건져내 찾은
포탄의 모습.
인천시립박물관 소장.

카레예츠호는 탄약 창고를 폭파시키는 방식으로 수장시켰다. 당시 제물포항에 정박해 있던 러시아 상선 숭가리호도 2척의 군함과 운명을 함께했다. 일본에 전리품을 통째로 내주지 않겠다는 이유에서였다. 그러나 일본은 악착같이 바다 속을 뒤져 포탄은 물론이고 총알 하나까지 꺼내 과시용 전리품을 챙겼다. 후일 세계 2차대전에서 일본은 이를 '유럽을 무찌른 일본 정신'으로 승화시켜 전쟁 홍보에 활용했다.

### 승패를 가른 제해권 장악

제물포해전은 이렇게 이틀 동안 벌어졌다. 일본군은 제물포해전에서의 승리를 시작으로 사실상 한반도 제해권을 장악했고, 마침내 러시아와의 전쟁에서 승리했다.

무력한 조선인들은 인천 앞바다에서 벌어지는 러시아와 일본 군함의 전투를 바라보고 있을 수밖에 없었다. 청일전쟁 때와 마찬가지였다.

김창수 인천발전연구원 인천도시인문학센터장은 "러시아 함대는 제물포해전에서 패했지만 '장렬한 최후'를 맞은 것이 애국심의 표본처럼 여겨져 병사들은 영웅처럼 귀환했고, 일본도 역시 러일전쟁의 승리를 미화하고 극화했다"고 평가했다. 김창수 박사는 "러일전쟁에는 러시아와 일본의 시각만 있다. 전쟁터였던 인천, 한국의 관점에서 러일전쟁을 재조명해야 한다"고 역설한다.

가스통 르루의 책 『러일전쟁, 제물포의 영웅들』을 발굴, 국내 최초로 소개한 이희환 박사는 "『제물포의 영웅들』은 친러 관점의 책이기 때문에 작가가 제국주의 시각에서 책을 썼다는 것을 전제해서 읽어야 하며 러시아는 지금도 바랴크호 장병을 국가영웅으로 여기고 있는데, 러시아와 일본이 제물포해전을 애국주의로 몰아가는 것을 경계해야 한다"고 설명한다.

인천 앞바다에서 러시아 군함과 싸운 일본군은 분견함대다. 당시 일본군의 본대는 중국 뤼순항을 향했다. 본대도 역시 2월 8일 밤, 뤼순항 공격을 시작했다.

일본군은 분견함대가 제물포항에서 러시아 군함과 대치하고 있을 때 수송선을 이용해 약 3천 명의 군사와 군마 등을 제물포항에 상륙시켜 서울을 점령했다.

러일전쟁 연구자 박종효 박사는 「1904년 러일전쟁 서막 연 제물포해전」(2004년 발표)이란 글에서 "첫 교전이 있었던 8일 밤 제물포로 상륙한 3천여 명의 일본군은 아무런 저항 없이 서울에 입성하여 결국 이 사건은 조선이 일본에 주권을 빼앗기는 마지막 분수령이 된다"고 지적했다.

## '바랴크호 깃발'의 부활

1904년 제물포해전 때 인천 앞바다에 가라앉은 러시아 순양함 바랴크호와 군함의 상징인 깃발도 운명을 함께했다. '바랴크호 깃발'(사진)이다. 그러나 일본은 바랴크호와 깃발의 운명까지 갈라 놓았다. 일본은 당시 바랴크 깃발을 건져내 인천 중구 자유공원 인천향토관에 전시했던 것이다. 이 깃발은 1945년 해방되면서 인천시립박물관의 수장품이  됐다. 인천 앞바다의 아픔을 상징하기도 하는 이 바랴크 깃발이 2010년 11월 11일에 러시아에 임대됐다. 2년 기한이다. 당시 인천시와 러시아 측은 인천항에 정박한 러시아 군함 선상에서 '바랴크호 깃발 승선식'을 갖기도 했다. 바랴크호 깃발을 빌려간 러시아는 전국 순회 전시회를 갖는 등 '제물포해전'을 러시아 국민 애국심 고취의 대상으로 활용하고 있다.

인천 연안부두 해안공원에는 '바랴크호 추모비'와 같은 기념물이 세워져 있어, 아직까지도 '제물포해전'의 기억을 되살리게 한다.

# 한반도, 일본의 대륙전진기지

일본은 1904년 2월 10일 개전을 공식 선언한다. 이틀 전인 8일 제물포해전을 도발한 일본군 상륙부대는 곧바로 서울로 진격했다. 한반도 전체를 장악하려는 속셈이었다. 일본에게 한반도는 만주대륙 진출을 위한 발판이었다.

일본의 한반도 침탈 야욕은 한일의정서[•]에 그대로 드러나 있다. 일본과 러시아의 전쟁 발발 움직임을 감지한 대한제국은 국외 중립을 선언해 국가의 안위를 지키려 했다. 그러나 허사였다. 수도를 점령당한 대한제국은 일본의 강압에 못이겨 2월 23일 한일의정서를 체결했다. 일본은 이를 근거로 러시아와 전쟁을 치르는 데 필요한 인적, 물적 자원을 강제로 징발할 수 있게 됐다.

일본의 한반도 병참기지화 전략은 적중했다. 특히 해상전투에서 유리한 고지를 선점할 수 있었다. 대한해협이 일본의 수중으로 넘어가면서 러시아 입장에서는 해군 기지인 동해의 블라디보스토크항과 서해의 뤼순항은 단절될 수밖에 없었다. 이는 뱀의 머리와 꼬리가 연결되지 못한 것이나 마찬가지였다.

## 발묶인 러시아 함대

일본 해군은 제1함대와 제2함대를 주력함대로, 제3함대를 예비함대로 편성했다. 제2함대 승선 병력은 제물포해전이 펼쳐지는 동안 서울로 진격했고, 제3함대는 러시아 함대의 대한해협 이동을 차단하기 위해 진해를 점령했다. 중국으로 향한 제1함대는 뤼순항을 공격했다. 뤼순은 러시아 해군기지가 있는 곳이자 만주 진출의 거점이었다. 일본 함대는 뤼순항 앞 해상에 상선을 침몰시켜 출입로를 봉쇄하거나 기뢰를 부설해 러시아 함정들이 항구 밖으로 나오지 못하도록 하는 작전을 구사했다. 러시아군은 해안포 사격과 기뢰 부설로 대응하는 정도였다. 러시아 함대는 뤼순항에 발이 묶일 수밖에 없었다.

러시아는 뤼순 함대를 지원하기 위해 발틱함대에서 새로 함대를 구성, 파견키로 했다. 그러나 작전은 순조롭지 못했다. 1904년 5월 출정 명령을 받았는데, 이듬해 5월에야 극동지역에 도착할 수

일본이 그린 '**발틱함대 격멸광경**' _ 1905년 동해에서 일본해군이 러시아 발틱함대와 맞붙어 침몰시키는 장면. 인천시립박물관 소장.

있었다. 고장 난 함정을 수리하고 항해하는 데 너무 많은 시간을 허비한 것이다.

일본 함대는 이미 뤼순항의 러시아 함대를 격파한 뒤 진해항에 집결해 만반의 전투 태세를 갖추고 있었다. 일본은 러시아 지원 함대가 결국 대한해협을 지나 블라디보스토크로 이동할 것으로 판단, 울진~울릉도~독도~일본 간 해저 통신선과 망루를 설치하기도 했다. 일본은 울릉도와 독도의 군사전략적 가치를 미리 간파하고, 이를 선점하기 위한 다각도의 작전을 준비해 놓고 기다렸다.

## 러시아 vs 일본 전투력 비교

러일전쟁은 육상과 해상에서 동시다발적으로 전개됐다. 특히 러일전쟁에서는 가공할 만한 위력을 자랑하는 최신식 무기들이 사용됐다. 기관총, 속사포, 박격포 등 대량 살상이 가능한 것이었다. 새로운 무기의 출현은 전쟁의 양상을 바꿔놓는다. 군대 조직과 운용이 달라지고, 다양한 전략과 전술이 가능해진다. 러일전쟁에서 구사된 기습전, 참호전, 첩보전 등은 오늘날 현대전과 별반 다르지 않다. 중국 뤼순항 전투 등 해상에서도 다양한 전술이 운용됐는데, 일본과 러시아 함대가 기뢰를 적극 활용한 점이 눈에 띈다.

러일전쟁은 전례가 없었던 대규모 육·해군 병력의 동원, 전함을 비롯한 최신식 전투 장비의 도입 등 전술 다변화 측면에서 전쟁사의 한 획을 긋는 일대 사건이었다.

러시아 국방부 산하 전사연구소가 펴낸 『러일전쟁사』에 따르면 이 시기 일본군은 대략 장교 8천 명, 병사 14만2천 명의 병력을 갖추고 있었다. 러시아 극동군●의 규모(장교 3천200명, 병사 9만4천 명)를 넘어선 것이었다.

해군력에서도 일본이 러시아보다 우위에 있었던 것으로 평가된다. 일본은 막대한 재정을 투입해 영국 등 해외로부터 최신식 전함을 대거 도입했다. 이 때의 전비(戰費)가 약 15억 엔에 달했는데, 이는 1년 예산(2억3천만 엔)의 7배에 달하는 금액이었다. 일본 함대는 속도가 빨랐고, 화력도 뛰어났다.

러시아의 패전 요인은 무엇이었을까. 러시아 전사연구소는 국가 재정난 등으로 인한 최신식 무기 도입 지체, 탄약과 병기(장비) 부족, 지휘관의 무능력, 시대에 뒤떨어진 전술 운용, 극동지역 국경 강화에 대한 인식 결여 등을 그 원인으로 꼽는다. 이에 비해 일본은 전쟁을 대비해 철저한 준비를 했다. 훈련된 병사들은 정신적·육체적으로 강했고, 한반도와 주변 해역을 사전 장악해 전쟁에서 유리한 고지에 서 있었다.

### 러일전쟁 전 양국 해군력의 비교

| 전함 | 러시아 | 일본 |
| --- | --- | --- |
| 분함대 장갑함 | 7 | 6 |
| 장갑순양함(1등급 순양함) | 4 | 8 |
| 경순양함(2등급 순양함) | 7 | 12 |
| 구축함 | 27 | 27 |
| 소수뢰정 | 10 | 19 |
| 수뢰부설함 | 2 | – |
| 포함 | 6 | 8 |
| 총 | 63 | 80 |
| 전체 배수량(천톤) | 190 | 260 |

출처: 『러일전쟁사』(러시아전사연구소, 건국대학교 출판부

1905년 5월 27일, 쓰시마 앞바다에서 포성이 울렸다. 러시아 함대가 쓰시마해로 진입했을 때였다. 이는 러일전쟁을 일본의 승리로 귀결짓는 사건이었다. 일본 함대의 전함과 함포, 그리고 전술 운용 능력 등 모든 게 러시아 함대를 능가했다. 일본 함대의 함포 공격을 받은 러시아 함대는 잇따라 침몰하거나 흩어지기 시작했다. 이 해전에서 러시아군 전사자는 5천45명에 달했다. 부상자도 800명을 넘었다. 쓰시마 해전<sup>●</sup>은 러시아 함대 300년의 역사 중 가장 치욕적인 전투로 기록된다.

### 피바다가 된 한반도와 만주벌판

일본은 러일전쟁 전인 1903년 11월부터 제물포항과 부산항을 통해 한반도로 병력을 상륙시켰다. 본격적인 파병이 이뤄진 것은 제



## 항일의병 · 러시아군 공동작전

러일전쟁 전후 시기 함경도 등 한반도 북부를 중심으로 활발한 항일 의병활동이 전개됐다.

최근 국방부 군사편찬연구소가 편찬한 『한반도에서 전개된 러일전쟁 연구』에 따르면 러일전쟁 전후 유림(儒林, 유인석 등), 군인(김인수, 추명찬, 김원교 등), 관리(이범윤 등) 등 다양한 출신 계층이 의병을 일으켜 활동했다. 특히 김인수 부대, 이범윤 부대, 함경도 한인포수회 등은 러시아군이 1905년 7월 초 결성한 '선견한국분견대'를 통해 공동작전을 펼쳤다. 러시아군과 연대하던 의병부대들이 본격적으로 단일 지휘 체계 아래 군사활동을 벌였던 것이다.

일본군은 앞서 6월 원산, 길주 등을 잇따라 장악하며 두만강 방면으로 진군했다. 다급해진 러시아는 일본군이 연해주로 넘어오는 것을 대비하기 위해 두만강 일대에 병력을 파견했다. 일찌감치 러시아군으로 활동했던 김인수도 이 때 기병대를 이끌고 작전을 수행했다. 김인수 부대는 함경도 일대 부령, 함흥, 원산, 길주 등지에서 일본군의 정보를 수집하고 의병부대를 지원했다.

러일전쟁이 일본의 승리로 귀결되자 항일 의병활동에 참여했던 많은 인사들은 만주와 연해주 일대로 망명해 다시 의병부대를 조직했다. 이범윤, 홍범도, 유인석 등이 대표적인 인물이다.

이 책의 저자인 국방부 군사편찬연구소 심헌용 선임 연구원은 "의병부대 활동은 한반도와 만주에서 벌어진 제국주의 전쟁에서 대한제국이 객체로만 머물러 있지는 않았다는 사실을 입증하는 것이다"면서 "의병부대는 러시아군과 연합해 국권 회복 투쟁을 벌였다"고 했다.

러·일의 압록강변 전투장면 _ 십자가를 든 사제가 이끄는 왼쪽이 러시아군이고, 흰 말을 탄 채 권총을 겨누고 있는 장교를 필두로 한 오른쪽이 일본군 진영이다. 오른쪽 상단의 강이 압록강이다. 인천 시립박물관 소장.

물포해전이 끝난 직후였다. 일본은 한반도 국경지대인 압록강 주변으로 병력을 신속히 집결시켰다. 그 사이 일본군과 러시아군은 평양과 정주 등에서 교전을 벌였다. 일본군은 4월 압록강 이남 의주 지역에 집결, 도강작전을 펴기 시작했다. 러시아군은 즉각 대응사격을 가했다. 일본군 진영에서는 날아오는 총탄과 포탄에 부상자와 사망자가 속출했다. 일대 위기였다. 그러나 일본군은 포병부대의 엄호사격에 힘입어 전열을 다시 가다듬고 공격을 재개했다. 러시아군은 일본군의 화력에 점차 밀려 퇴각하기 시작했다.

러일전쟁의 최대 격전지는 만주였다. 일본은 압록강 주변 러시아군 진지를 계속 장악하며 만주 전선으로 진군했다. 또 뤼순항을 함락, 랴오둥 반도 등으로 추가 병력을 보내 러시아 만주군이 집결해 있는 내륙으로 파고들었다. 만주 전투는 치열했다. 랴오양, 샤허강, 선양 등지에서 밀고 밀리는 격전이 장기간 지속됐다. 참호를 파고 각개 전투를 벌이거나, 대포 공방전을 벌이기도 했다. 그러나 전쟁 장기화는 양국에 모두 불리한 것이었다. 러일전쟁으로 러시아는 27만 명에 육박하는 인적 피해를 입었다고 한다. 사망자는 5만 명에 달했다. 일본도 총 27만 명의 인적 피해가 발생했다. 전사자도 8만6천 명이나 됐다고 한다. 일본은 더이상 전쟁을 지속할 여력이 없었다. 러시아도 공산주의 혁명 등 내란에 대한 부담감이 컸다. 결국 미국의 주선으로 1905년 9월 5일 러일전쟁의 종지부를 찍는 포츠머스조약●이 체결됐다.



## 이순신을 '스승'으로 모시다

도고 헤이하치로(東鄕平八郎 · 1848~1934 · 사진)는 러일전쟁에서 일본을 승리로 이끈 일본 해군의 '영웅'이다.

유럽의 시각에서 '동방의 넬슨'으로 불리기도 하는 도고는 정작 조선의 명장 이순신을 자신의 스승으로 일컬었다고 한다. 이는 돌링 킨더슬레이(Dorling Kindersley) 출판사가 2009년 영국에서 출간한 『전쟁(WAR)-고대 이집트에서 이라크까지』에서도 확연히 드러난다. 이 책 '러일전쟁 편'에서 도고를 소개하면서 '동쪽의 넬슨이란 별명이 붙은 도고는 그 자신이 16세기 해군 대제독 이순신을 존경한다고 밝혔다. 그는 종종 이순신을 그를 이끌어주는 영혼이라고 불렀다'고 설명했다. 실제로 도고는 쓰시마해전을 하루 앞둔 1905년 5월 26일, 자신이 '숭배'하는 군신(軍神) 이순신에게 승전을 비는 제사를 올리기도 했다고 한다.

도고가 이순신의 전술을 스스로 배우고, 이순신의 정신을 떠받들었다는 점은 일본인들이 먼저 인정한다.

"이순신은 일본의 적이 아니라 일본의 선생이다." 우리에게는 추사(秋史) 김정희(金正喜) 관련 자료를 과천문화원에 돌려준 것으로 잘 알려진 후지츠카 아키나오(藤塚明直, 1912~2006)가 한 말이다. 후지츠카 아키나오는 도고가 이순신의 '학익진법(鶴翼陣法)'을 철저히 연구해 러일전쟁에서 러시아 발틱함대를 궤멸시킨 '정자(丁字)형 전법(戰法)'을 썼다고 했다. 아키나오는 또 도고가 '머리에 신경이 제거된 듯하게 언제나 평연한 모습'을 보였다는 러일전쟁 관전 영국인 무관의 말을 인용하면서, 이 평상심도 이순신에게서 배운 것이라고 했다. 이는 과천문화원이 2008년 발간한 『추사 자료의 귀향』에 언급되어 있다.

후지츠가 아키나오는 도고가 이순신에게서 스스로 배운 것을 '한 · 일 간의 고등교류'라고 불렀다.

# 대한제국의 종말과 식민지 조선의 시작

러일전쟁은 어느 모로 보나 최초의 현대전이었다. 공군만 등장하지 않았을 뿐이다. 그 러일전쟁은 1905년 끝났다. 첫 전투는 인천(제물포해전)에서 있었으며, 마지막은 대한해협(쓰시마해전)과 울릉도·독도 해역이었다. 러일전쟁의 처음은 서해였으며, 그 끝은 동해였다.

전쟁의 직접 당사국인 러시아와 일본은 포츠머스조약(1905년 9월) 이후 역설적이게도 더욱 긴밀해졌다. 서로의 이해관계가 맞아떨어졌기 때문이다. 러일전쟁은 종결됐지만, 전쟁이 시작된 땅, 한반도에서는 1905년 이후에도 여전히 '전쟁'은 계속됐다. 보호국이란 허울마저 벗겨내고 완전한 식민지로 만들려는 일본이 또 다른 '전쟁'을 벌인 것이다. 그 속에서 수많은 항거가 있었다. 또한 일본 편에 붙어 나라를 파는 일에 앞장선 이들도 있었다.

청일전쟁이 조선 식민지화의 서막이었다면, 러일전쟁은 그 대단원이었다.

### 국권피탈과 항거

러일전쟁을 일으킨 러시아나 일본은 각기 전쟁 명분으로 조선의 독립을 내걸었다. 그러나 러일전쟁에서 승리한 일본은 곧바로 식민지화에 착수했다. 조선의 반발도 거셌다. 국권을 완전히 빼앗기까지는 5년이 더 걸렸다.

**일제의 만행** _ 땅을 빼앗긴 데 대한 항의로 철도를 훼손했다고 붙잡힌 조선인 3명이 십자가 형틀에 묶여 사형을 당했다.

　여기에 실린 한 장의 사진은 당시 조선의 현실을 그대로 웅변해 준다. 야트막한 언덕 앞에 십자가 모양의 처형대가 세워졌고, 거기에 한국인 3명이 손과 발이 묶인 채로 총살을 당한 끔찍한 장면과 이들이 죽었는지 살았는지, 사망사실을 확인하고 무심히 되돌아 나오는 일본 군경의 모습. 처형당한 조선인들의 죄명은 일본의 무상 토지 몰수에 항거하여 철도를 파괴했다는 것이었다. 이 장면이 사진으로 공개될 수 있었던 것은 공포분위기를 조성해 '항거'를 막고자 한 일본의 수법에 있을 것이다.

　조선말 한반도에 머물렀던 미국인 교육가 헐버트H.B. Hulbert는 『대한제국멸망사The Passing of Korea』(신복룡 옮김, 집문당)에서 "(1905년의) 일본인들은 한인들을 합법적 노리개로 생각했다"고 했다. 또 군사적 목적이라는 구실을 내세워 전국 각지의 토지를 무단 점유했다. 여기에 항거해 일제의 철도 공사를 방해했다는 이유로 조선 백성을 마구 죽인 것이다. 이런 현실은 "1905년 동안에는 국민들을 일본인들로부터 또는 조선의 관리들로부터 보호해 줄 수 있는 정의

란 존재하지 않았다"는 헐버트의 말에 응축돼 있다.

매천 황현도『매천야록』에서 증언한다.

> (1905년) 7월에 왜놈들이 숭례문에서 한강까지 제멋대로 구역을 점령해 군용지라 하고는 표지를 세워 경계를 정한 뒤 우리 백성들의 출입을 엄금했다. 이때부터 욕심나는 땅이 있으면 군용지라 하면서 빼앗아 갔다.*

헐버트의 기술과 같다.

일본은 또한 러일전쟁에서 독도의 중요성을 실감했고, 전쟁 직후 곧바로 독도 강점에 나섰다. 황현은 역시『매천야록』에서 "(독도는) 예전에 울릉도에 속했는데, (1906년 4월에) 왜놈들이 자기 영토라고 우기며 살펴보고 갔다"고 지적했다.

이런 일본의 국권강탈 시도에 대해 의병이 각지에서 일어나고, 열사들은 '자결'로 항거했다. 항거의 여러 모습 중에『매천야록』에 보이는 여성 노비의 꾸짖음이 눈길을 끈다.

> (을사오적 중 한 명인 군부대신) 이근택의 아들은 한규설의 사위다. 한규설의 딸이 시집올 때 계집종 하나를 데리고 왔는데, 세상에서 말하는 교전비轎前婢라는 것이다. 이 때 이근택이 (을사조약에 체결한 뒤) 대궐에서 돌아와 땀을 흘리며 숨찬 소리로 아내에게 억지로 맺은 조약에 대해 이야기했다.
>
> "내가 다행히도 죽음을 면했소."
>
> 계집종이 부엌에 있다가 그 말을 듣고는 부엌칼을 들고 나와 꾸짖었다.
>
> "이근택아, 네가 대신까지 되었으니 나라의 은혜가 얼마나 큰데, 나라가 위태로운 판국에 죽지도 못하고 도리어 '내가 다행히 살아났다'고 하느냐? 너는 참으로 개나 돼지보다도 못하다. 내 비록 천한 종이지만 어찌 개, 돼지의 종이 되고 싶겠느냐? 내 힘이 약해서 너를 반 토막으로 베지 못



*『매천야록』(허경진 옮김, 서해문집)

하는 것이 한스럽다. 차라리 옛 주인에게 돌아가겠다."

그러고는 뛰어서 한규설의 집으로 돌아왔다. 그 계집종의 이름은 잊어버렸다.*

황현이 실제 있었던 이야기를 적은 것인지는 확실하지 않지만, 어쨌든 항간의 을사오적*에 대한 시선이 어떠했는지를 이보다 더 구체적으로 보여줄 수는 없을 듯 싶다.

국권을 빼앗긴 것을 참지 못하고 자결하는 사람들이 줄을 지었으며, 국권을 내준 역적들에 대한 암살시도도 끊이지 않았다. 그러나 일제를 환영하는 세력도 적지 않았다. 송병준* 등이 주도한 일진회 등이 대표적이다. 독립과 식민 사이에서 국론이 분열된 것이다.

### 식민지 조선의 관문, 인천

일본인들은 러일전쟁 직후의 인천을 얘기하면서 '일본 동포가 건설한 식민지'라는 표현을 쓰곤 한다. 인천에 있던 일본인들은 1908년에 『인천개항 25년사』란 책자를 두 권 발간했다. 이들 책자는 2004년도에 인천시 역사자료관에서 번역 출간한 바 있다.

일본 이사청(영사관) 이사관이던 시노부 준페이 등이 만든 『인천개항 25년사』에는 "러일전쟁 후에 인천의 발전은 더욱 뚜렷하게 되었다"면서 일본 황태자가 1907년 인천을 방문한 것을 영원히 기려야 한다는 내용 등을 싣고 있다.

또한 당시 『조선 타임즈』의 이사로, 일본인 저널리스트였던 가세 와사부로加瀬和三郎가 쓴 『인천개항 25년사』에서는 일본 세력의 확대, 인구 증가, 각종 기관의 정돈, 무역의 진보, 운수 교통의 발달 등으로 러일전쟁 직후 인천의 달라진 모습을 대별하고 있다.



* 『매천야록』(허경진 옮김, 서해문집)

● 을사오적
구한말에 을사조약의 체결 가담한 다섯 매국노. 외부대신 박제순(1858~1916), 내부대신 이지용(1870~1928), 군부대신 이근택(1865~1919), 학부대신 이완용(1858~1926), 농상공부대신 권중현(1854~1934).

● 송병준(宋秉畯, 1858~1925)
조선 고종 때의 친일 정치가. 이용구 등과 일진회를 조직했다. 농상공부대신 · 내부대신을 지내면서 조선과 일본의 합방을 주장했다.

**바랴크호 추모비** _ 2004년, 순양함 바랴크호와 포함 카레예츠호의 러시아 병사들의 제물포해전 희생 100주년을 맞아 추모비와 조형물 등이 설치됐다. 인천시 중구 항동 연안부두 해양광장에 있다.

가세 와사부로는 "일청전쟁으로 정치적으로는 청나라 세력을 무너뜨렸지만 청상淸商의 상업적 잠재력은 일러전쟁 당시까지 여전하였다. 그동안에 인천항에서 우리 상인과 청나라 상인의 경쟁은 성쇠를 되풀이 하여 확실하게 상권을 수중에 장악한 것은 일러전쟁 후이다. 단지 제물포라는 이름으로만 알려졌던 일개 어촌이 지금은 거류 상인의 경영으로 인천항이 천하에 알려졌는데 이는 불과 25년의 세월에 이루어진 번영이다"고 쓰고 있다. 인천에 살던 일본인들이 갖은 '인천 시각'이 어떠했는지를 잘 보여준다.

### 조선 점령의 국제적 승인

일본의 조선 식민지화 과정을 보면, 한 편의 잘 짜인 각본을 보는 듯하다. 일본은 러일전쟁이 끝난 직후인 1905년 대한제국의 외교권부터 박탈했다. 1907년에는 군대를 해산시켰다. 그리고는 대

한제국이란 명칭을 제거한다. 독립국가의 이미지를 없애기 위함
이었다. 독립국 인상이 짙은 대한제국이란 이름을 한반도를 지칭
하는 단순한 지명 조선으로 대체했다. 그리고는 1910년 국권을 송
두리째 강탈했다.

이런 일련의 과정은 국제정세와 밀접하게 연결돼 있다.

국방부 군사편찬연구소 심헌용 선임연구원은 "일본은 러시아에
승전했음에도 불구하고 (1905년에) 곧바로 대한제국을 합병하지 않
은 것은 평화적 절차에 따라 합병이 이루어진 것처럼 보이게 하기
위한 것으로 일본은 대외적으로 신중을 기하였다"고 말한다.

러시아도 자국 이익에 따라 조선의 일본 식민지화에 동의하고,
종전에 합의했다. 안드레이 사하로프가 2010년에 펴낸 『최신 러시
아 역사』*에는 그 같은 내용이 잘 드러나 있다.


포츠머스 회담 이후 러시아와 일본과의 관계는 급격하게 좋아졌다.
1907년 1월 러·일 간에 합의가 이뤄졌는데, 이 합의는 양측이 서로 간의
지역적 일체성을 인정하고 만주에서의 영향권 경계를 정하는 것이었다.
러시아는 한국을 특별히 '일본의 이해관계의 대상'이라는 것을 인정했
고, 일본은 몽골에서의 러시아의 우월권을 인정했다.


조선(한국)을 일본이 차지하는 것에 러시아가 동의하고, 러시아
는 대신에 몽골에서의 이익을 차지했다는 얘기다.

러시아는 1907년 헤이그 평화회의*에서 당초 약속을 어기고 조
선 대표를 회담장에 받아들이지 않았다. 또한 미국은 국권피탈을
막아보려는 고종의 애절한 호소를 거들떠보지도 않았다. 나라 안
에서 거세게 일던 정치개혁의 요구를 차단하면서, 외세를 끌어들
여 다른 외세를 견제하려 했던 고종의 시도는 냉혹한 국제정세 속



---

*『최신 러시아 역사』는 취재팀이
2011년 3월 러시아 모스크바에서
구입했으며, 인천국제교류센터의
협조를 받아 번역하였다.

● 헤이그 평화회의(만국평화회의)
러시아 황제 니콜라이 2세
주창으로 1899년과 1907년에 세계
여러 나라의 대표가 네덜란드의
헤이그에 모여 군비 축소와
세계 평화를 논의한 국제회의.
국제 분쟁의 평화적 처리 협약,
독가스 및 특수 탄환 사용
금지의 선언 등을 채택하고 국제
중재 재판소를 설치했다. 2차
회의 때 고종이 밀사를 파견해
당시 일본의 대한제국에 대한
부당한 간섭을 호소하고 밀서를
전달하려 했으나 일본의 방해로
실패했다.

에서는 도저히 먹혀들지 않았다.

러일전쟁에서 미국의 도움을 크게 받았던 일본은 1930년대 중일전쟁●을 일으키면서 미국과 등을 돌리게 됐다. 그리고 일본은 1941년 12월 하와이 진주만을 기습, 태평양전쟁●을 도발했다. '영원한 우방도, 영원한 적도 없다'는 외교계의 금언은 이렇게 증명됐다.


## 영국 언론인이 기록한 조선군 실상

조선 말기 조선군의 군량미는 어떻게 조달했을까. 임진왜란 때 유명했던 승병(僧兵)은 여전히 존재했을까.

어뢰 함대와 기관총이 등장한 러일전쟁 시기에 조선 군인들의 사정은 딱하기만 했다. 당시 조선은 러시아나 일본과 군사적으로 맞붙을 만큼 현대식 무기로 무장돼 있지 않았다.

영국계 저널리스트인 앵거스 해밀튼(1874~1913)이 러일전쟁 당시 조선을 방문, 시골 구석구석까지 살피고 쓴 『KOREA』에는 러일전쟁 시기 조선군의 뒤쳐진 현실이 잘 묘사돼 있다. 해밀튼이 발품을 팔아 기록한 이 책에서 우리는 몇 가지 흥미로운 군사적 사실을 읽을 수 있다.

우선 군량미에 대한 부분이다. 해밀튼은 조선의 쌀을 세 가지로 분류했다. 첫째 논에서 키우는 쌀로, 이는 밥을 짓는 데 쓴다. 둘째는 고지대 쌀인 밭쌀(춘곡)로, 쌀가루나 막걸리 제조용이다. 셋째는 산비탈에서 재배하는 야생 쌀이다. 조선 당국은 이 야생 쌀을 군량미로 삼았다는 것이다. 작고 단단해 날씨 변화에 잘 견뎌 오래 보관할 수 있었기 때문에 군량미로 썼다는 게 해밀튼의 분석이다. 저지대 쌀은 5년을 보관하지만, 이 산비탈 야생 쌀은 10년 동안 끄떡없다고 덧붙이기까지 했다. 당시 러시아군은 비상 전투식량으로 2.5일분의 비스킷을 배낭에 휴대했다고 한다.

또한 승병(僧兵)에 관한 기술도 있다. 해밀튼이 러일전쟁 직전 5주 동안 강화도에 머물면서 적은 전등사의 승려 이야기도 눈길을 끈다. "전등사의 승려들은 최근까지 군대 계급을 가지고 있었는데, 그들은 국가 위기시에 군인으로 간주되었다. 그들은 항상 전시에 대비할 수 있는 상태를 유지하기 위해 정부 지원금, 식량, 무기를 지급받는다"고 해밀튼은 기록했다. 승려들이 조선말까지도 예비전력 부대로 기능했다는 점을 말해준다.

이 밖에 인천항에 정박해 있던 최초의 근대식 군대에 대한 기술도 있다. 해밀튼은

● 중일전쟁
　1937년 중국과 일본 사이에 벌어진 전쟁. 일본이 중국 본토를 정복하려고 일으켰다. 1945년에 일본이 연합국에 무조건 항복함으로써 끝났다.

● 태평양전쟁(미일전쟁)
　1941~1945년 일본과 연합국 사이에 벌어진 전쟁. 2차 세계대전의 일부다. 일본의 진주만 기습으로 시작됐으며, 일본의 무조건 항복으로 끝났다.

"조선 해군에는 23명의 제독과 최근까지 일본 증기선 회사의 소유였던 철제 석탄 거룻배가 있다"고 쓰고 있다. 해밀튼이 이 책을 쓴 것이 1903년 12월이므로, 이 거룻배는 군함으로 들여왔으나 그 군함 구실을 하지 못하고 러일전쟁 직후 화물선으로 바뀐 양무호(揚武號)였을 것이다. 이 양무호는 1903년 4월, 경남 출신으로 나중에 '인천사람'이 된 신순성에 의해 인천항에 입항했다. 양무호는 최초의 근대식 군함이었으며, 신순성은 그 함장이었다. 낡아서 군함의 역할을 할 수 없었던 양무호는 러일전쟁 직후 화물선으로 개조됐다. 1904년 11월에 조선은 다시 광제호(光濟號)를 군함으로 쓰기 위해 들여왔다. 광제호의 함장도 역시 신순성이었다. 그런데 1909년 10월 26일 중국 하얼빈에서 안중근 의사가 이토 히로부미를 저격했을 때 인천항에 정박 중이던 광제호에서는 매국노 이완용이 일본 통감 소네 아라스케(曾禰荒助)와 함께 함상 연회를 갖고 있었다고 한다. 김윤희의 『이완용 평전』은 이 같은 사실을 전하면서 이 연회는 '광제호 함장이 개최했다'고 썼다. 여기에 함장의 이름을 적시하지는 않았으나 "(신순성은) 19010년 8월 29일 한일병합이 공포된 전날 밤에 광제호에 걸렸던 태극기를 내려 집에 보관했다"는 회고(『인천인물 100인』, 2009, 경인일보 특별취재팀)를 바탕으로 한다면, 1909년 10월 26일 연회 당시의 함장도 신순성이었을 것으로 보인다. 이 광제호는 이토 저격 다음 날 인천항에서 이완용 등 조문단을 싣고 중국 다롄항으로 향했다.

# 전쟁은 제국주의의 우선 전략

20세기에 접어들자마자 한반도에서 일어난 러일전쟁. 100년이 지난 지금도 이 전쟁을 연구하는 세계 각국의 학자들은 많다. 러시아와 일본 등 전쟁을 일으킨 당사국 학자들에게서는 해석상 차이가 적지않다. 또한 러일전쟁과 '제국주의'니 '0차 세계대전'이니 하는 용어의 연관성에 대해서도 이견이 있다. 반면, 당시 열강들이 한반도를 놓고 경쟁한 결과가 러일전쟁이었다는 점에는 동의한다. 그 시작이 인천이었다는 점에 대해서도.

교전 당사국인 러시아와 일본의 학자들은 러일전쟁을 어떻게 바라볼까. 또 러일전쟁에서 가장 핵심적 역할을 했던 영국의 전문가는 어떤 해석을 내릴까.

영국과 러시아, 일본의 러일전쟁 전문가인 존 채프먼, 드미트리 파블로프, 이나바 치하루 교수에게서 그 얘기를 들어보자.

**러일전쟁 발발 원인은 무엇이라고 생각하나. 또, 제국주의 전쟁이라는 시각에 대해서는 어떻게 생각하나.**

**존 채프먼** 1904년 전쟁이 발발한 근본적인 이유는 동북 아시아의 자원에 대한 접근권을 독점하려는 이웃국가들의 관료와 상인들의 야욕에서 찾을 수 있다. 러시아는 일본이 한반도와 만주에서 독점적 통제권을 가져가려는 야욕을 좌절시키기 위해 1895년 개입*했고 이것이 끔찍한 전쟁으로 변모하게 됐다.

* 러시아가 주도가 되어 프랑스, 독일과 함께 일본의 요동철수 등을 관철시킨 삼국간섭을 말한다.

**파블로프** 러일전쟁은 조선과 만주에서 영향력을 넓혀가던 두 라이벌 국가에 의해 촉발됐다. 따라서 이것은 전형적인 제국주의적 전쟁으로 볼 수 있다. 전쟁의 첫 번째 총성은 1904년 2월 9일* 4시 반에 제물포에 있던 포함에서 울렸다. 첫 번째 목표물은 러시아 포함 카레예츠호였다. 카레예츠는 서울주재 러시아 대사 알렉산더 파블로프Alexander Pavlov가 비밀 통신원과 함께 뤼순항으로 보낸 배였다. 그는 배를 통하지 않고는 한국의 상황을 알릴 수 있는 방법이 없었다. 이 당시 요시다 대위가 서울의 통신망을 끊어놓아 통신이 불가능했기 때문이다. 일본함대는 6대의 순양함(cruise)과 8대의 포함으로 이루어졌다. 3천 명의 군사를 태운 함선이 함대의 경호를 받았다. 3천 명 군사는 제물포에 상륙할 예정이었다. 3발의 어뢰가 발사됐지만 하나도 적중하지 않았다. 뤼순항에서 일본군이 공격을 시작하기 전, 실제 선전포고가 있기 전에 이미 러일전쟁은 시작된 것이다. 러시아는 2월 10일에야 선전포고를 했다.

**이나바 치하루** 전쟁의 원인을 제국주의에서 찾기는 어렵다고 본다. 전쟁의 원인을 제국주의에서 찾는 것은 오히려 낡은 사고방식이다. 1904년 2월 9일 뤼순항에서 일본군의 기습 공격이 벌어졌다. 일본 해군은 같은 날 인천에서도 기습적으로 러시아 전함을 공격했다. 그러나 일본군은 10일에서야 선전포고를 했다. 이것을 두고

**존 채프먼** John W.M. Chapman · 영국
영국 리츠메이칸대 국제관계학부 교수. 클래스고우대 소속 스코틀랜드 전쟁 학술센터 선임연구원도 맡고 있다. 저서로는 『러일전쟁 다시보기』, 『독―일 관계의 초국가 주의』 등이 있다.

* 2월 8일의 착오. 많은 기록과 전문가들도 제물포해전의 시작이 2월 9일이라고 말한다. 여기 인터뷰에 응한 일본의 이나바 치하루 역시 마찬가지다.

식민지 확대를 위한 힘의 대결로 보기는 어렵다. 러시아는 일본군이 기습공격을 감행하기 이전까지는 전쟁을 하고 싶어 하지 않았기 때문이다. 물론 일본은 오래전부터 러시아를 상대로 전쟁을 벌이고 싶어했다. 사실 일본은 1903년 5~6월부터 전쟁준비를 시작했다. 일본이 이렇게 전쟁을 갈망했던 이유는 조선에 있다. 일본은 1870년대 이후부터 조선을 통치하기를 희망했다. 그러나 청일전쟁이 끝난 뒤 러시아에서도 한국에서의 통치권을 얻기를 원했다. 그 당시만 해도 러시아가 일본에 비해 훨씬 힘이 강했다. 러시아는 마음만 먹으면 쉽게 한국을 점령할 수 있었다. 하지만 러시아가 극동지역에 힘을 집중시키기 전에 일본은 한국에 대한 강력한 교두보를 마련해 나갔다. 결국 일본은 1905년 2월 러시아에 대한 기습공격을 감행하였고 러일전쟁이 발발됐다.

**각국에서는 러일전쟁의 결과를 어떻게 평가하는지.**

파블로프 러시아는 전쟁에서 패배할 것이라고 점쳐졌다. 그런 러시아가 맺은 포츠머스조약은 일반적으로 차르와 러시아 외교관들의 성공적인 외교였던 것으로 평가받고 있다. 러시아 사절단의 대표였던 전 재정부 장관 비테*의 공적이 특히 컸다. 하지만 조약의 내용이 러시아에게 악영향을 끼치기도 했고 정부 안팎에서 러시

### 드미트리 파블로프

Pavlov, Dmitry Borisovich · 러시아

러시아 모스크바 세인트 티콘 정교도대 역사학과 교수. 한국 고려대에 파견돼 '러일관계의 역사'를 강의하기도 했다. 2005년에 열린 포츠머스조약 100주년 기념 국제심포지엄에서 '러일전쟁 전 서울에서 러시아 장관의 활동'이란 주제로 발표했다.

● 비테(Vitte, Sergei Yulievich, 1849~1915)
제정 러시아의 정치가. 러일전쟁이 끝나 갈 무렵 일본과 포츠머스조약을 맺었다.

아에 나쁜 이미지가 생기기도 했다. 러시아는 극동지역에서 가지고 있던 야심을 버려야 했고, 조선이 일본의 통치국이 되는 것을 지켜봐야 했다. 또한 만주에 주둔할 수 없게 됐으며 극동지역에서 더 이상 활동이 어려워지기도 했다.

**이나바 치하루** 일본이 러일전쟁을 일으킨 목적은 조선을 점령하기 위한 것이다. 전쟁발발 당시에 일본은 만주까지 점령하겠다는 목표가 있었던 것은 아니다. 전쟁 초기 일본정부는 중국에 러일전쟁 기간 일본군에 대해 중립적으로 행동할 것을 요구했다. 그러면서 일본은 전쟁에서 승리를 거두면 중국에 만주를 돌려주겠다고 약속했다. 1904년 2월 한반도 전투에서 승리하면서 한국을 점령했을 때, 일본은 러시아 군이 만주에서 주둔하지 못하게 해 (일본의 차지가 된) 한반도를 지키려고 했기 때문이다. 그러나 일본은 만주에서 러시아군을 몰아내는 데는 실패했다. 1905년 9월 평화협정에서 일본은 러시아에게 어떤 보상도 받지 못했다. 일본은 만주에서 이익을 얻어야했다. 그 결과 일본은 중국과의 약속을 깨고 만주를 점령해 이득을 챙겼다. 신의를 버린대신 결과적으로 조선과 만주를 점령한 일본은 큰 성과를 거두게 됐다.

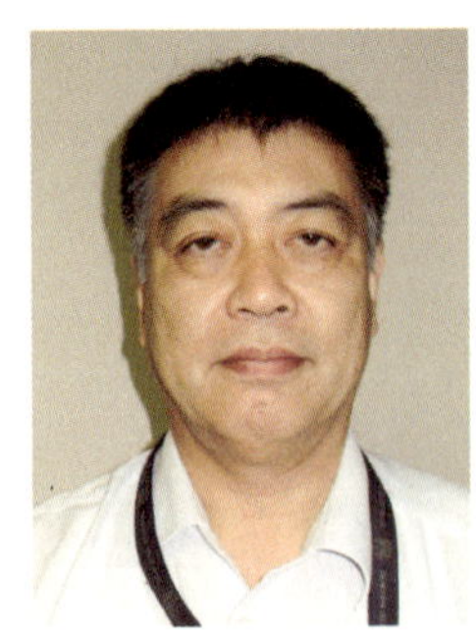

**이나바 치하루** 稲葉千晴 · 일본

일본 메이조대 국제관계학부 교수. 2005년 러일전쟁 100주년을 기념해 열린 '러일전쟁&포츠머스조약 국제심포지엄'에서 사무처장 역할을 맡아 전체 회의 구성을 기획하기도 했다. 저서로는 『러일전쟁』, 『일본에 있는 폴란드인 묘비를 찾아서』 등이 있다.

### 영일동맹에 대한 평가는?

**존 채프먼** 일본의 외교정책은 영국이 베푼 혜택과 미국의 물밑 지원 아래 이루어졌다. 일본은 이런 지원을 통해 현대 해군 기술을 배울 수 있었고, 오랜 기간 전쟁을 수행하더라도 필요한 자금을 확보할 수 있을 것이라고 확신할 수 있게 됐다. 1900년대 직후 일본은 영국, 독일과 동맹을 맺고 지원을 받을 수 있었다. 하지만 영국은 독일과의 동맹을 거절했다. 독일은 의화단 사건•(Boxer Intervention) 기간에 중국에서 한 행동으로 일본군과 소원해졌다. 영국은 일본과 동맹을 맺으면서 일본이 러시아와 직접 상대하게 했다. 영국은 실질적으로 1902년 2월에 사인*을 하기 전에 루즈벨트 미국 대통령에게서도 전쟁 등에 대한 승인을 얻어낼 수 있었다.

**파블로프** 러시아의 입장에서는 1902년 영일동맹•의 체결이 러시아에게 굉장히 큰 위협이었던 것은 분명하다. 영일동맹이 없었으면 일본은 전쟁을 일으킨다는 상상도 할 수 없었을 것이다.

**이나바 치하루** 일본은 조선에 대한 특별한 권리를 받길 원했다. 그러나 일본 정부는 미래에 러시아가 조선을 점령할 것이라고 걱정했다. 일본은 러시아가 조선을 점령하기 전에 행동을 개시해야 했다. 이에 따라 일본은 뤼순항과 인천에서 러시아에 대한 기습공격을 감행했던 것이다. 그 당시 영국은 일본의 힘을 과소평가했다. 극동지역에서 큰 영향력을 발휘하기는 어렵다고 봤다. 영국은 전쟁에 개입하지 않고 중립을 선언했다. 일본이 러시아에 질 것이라고 예상했는지도 모른다. 하지만 일본은 실제로는 세계에서도 거대한 힘을 가지고 있었다. 게다가 영국은 일본이 지길 원한 것은 아니었다. 영국은 자신이 중국 중앙부에서 갖고 있던 특별한 권리를 보호해야 했고 군사적인 수단을 동원하지 않고도 러시아가 극동지역으로 힘을 확대하는 것을 막아야했다. (일본은 영국을 통해 다른

• 의화단 사건(의화단 운동)
중국 청나라 말기에 일어난 외세 배척 운동. 1900년 6월 베이징에서 교회를 습격하고 외국인을 박해하는 등의 일을 한 의화단을 청나라 정부가 지지하고 대외 선전 포고를 했다. 이 때문에 미국 등 8개국의 연합군이 베이징을 점령·진압한 사건이다.

＊아래에서 설명하는 영일동맹을 말한다.

• 영일동맹
1902년 영국과 일본이 맺은 동맹 협약으로, 러시아의 동진(東進)을 견제하기 위한 것이다. 영국은 청에, 일본은 한국에 각각 특수한 이익을 갖는 것을 보장하고 있다. 영국이 사실상 일본의 조선 침략은 인정한 협약이다.

국가의 중립을 얻어냈고, 영국은 러시아가 중국에 미치는 영향력을 줄일 수 있게 되면서) 결과적으로 영일동맹은 상호간에 큰 도움이 됐다.

**러일전쟁은 '0차 세계대전'이라고도 불린다. 많은 세계열강들이 직·간접적으로 전쟁에 참여했기 때문이다. 그 의미는?**

`존 채프먼` '0차 세계대전'이라는 말에는 특별한 의미가 있다. 현대전을 기획하는 방법이 융합되면서 20세기 세계분쟁은 통치할 수 있는 대상이 됐다. 특히 일본은 혁명에 의한 전쟁이라는 콘셉트로 전쟁을 지원하면서 군대의 승리를 크게 도울 수 있었다. 국민주의나 혁명사회적 힘을 지원하는 수단으로 일본은 러시아의 전제정치에 대항하는 적국 사회나 지배체제의 균열을 촉진하는 등의 행동으로 군대의 승리에 거대한 도움을 줄 수 있었다. 이것은 프랑스-프러시아 전쟁 중 프러시아 군에 의해 개척된 것이었다. 그러나 1905년 러시아 혁명을 촉진시키려고 시도한 일본의 모습은 1차 대전과 2차대전, 1950년대와 60년대 한국과 베트남 분쟁에서의 정치전의 견본이라는 점에서 주목돼야 한다.

`파블로프` 러일전쟁을 '0차 세계대전'이라고 보기는 어렵다. 러일전쟁은 지역에서 벌어진 제국주의적 분쟁으로 이해하는 것이 맞다. 주요 참가국들도 러일전쟁을 세계전쟁이라고 생각하지는 않았다. 일본 내각은 1903년 12월 30일 특별회의를 열었다. 이곳에서 장관들은 '황인종 위협'의 공포를 막기 위해 프랑스와 독일이 미래에 러시아와 연합할 수 있다는 우려 정도만을 제기했다. 러시아의 시각에서도 전쟁은 지역적 분쟁 그 이상은 아니었다. 전쟁 전 평화적인 시기에 (세계 여러 국가의) 10만 명의 군대가 극동지역에 주둔했지만 이에 비교해봤을 때 8%미만의 군대만이 극동지역에 주둔했다는 사실에서 이를 알 수 있다. 주둔하는 해군의 수도 3분의 1에

지나지 않았다. 영국이 1902년 일본과 조약*을 맺으면서 일본이 타국으로부터 공격받을 경우 힘을 실어줄 것으로 약속하면서 전쟁이 확대될 수 없었다. 프랑스와 미국은 극동지역 전쟁에 그렇게 많은 관심을 기울일 만한 관심사항이 없었다.

**이나바 치하루** 러일전쟁을 '0차 세계대전'이라고 보기는 무리가 있지 않을까. 물론 세계 열강들은 러일전쟁에 지대한 관심을 보였다. 그러나 그들은 중립을 선언했고 직접적으로 개입하지는 않았다. 물론 일본군이 조선을 점령하고, 만주가 일본과 러시아의 전장으로 변하는 등 세계적 전쟁의 양상을 보였다. 그래도 여전히 세계전쟁으로 보기는 어렵다고 본다.

### 러일전쟁이 한반도에서 일어난 이유는?

**존 채프먼** 일본은 영국이 러시아와의 전쟁에 직접적으로 끼어들길 원하지 않았다. 해군제독인 야마모토 곤베이(山本權兵衛, 1852~1933) 장군이 이를 강조했다. 그는 전투에서 일본이 독자적인 승리를 거두기 위해 영국군으로부터 재정적인 도움만 얻고자 했다. 그들 스스로 중국과 조선에서 승리를 얻으려는 시도를 한 것이다. 일본은 그들의 땅이 국제적 전쟁터가 되는 것을 원치 않아 조선과 중국에서 전쟁을 일으켰다.

### 러일전쟁에서 인천지역은 어떤 의미를 가진다고 보나.

**존 채프먼** 극동지역에서 영향력을 확장하는 러시아의 행동에 영국은 완전히 반대였다. 그럼에도 불구하고 영국군은 전쟁 초기 제물포 전투로 인해 잠겨가는 러시아 함대의 선원을 구해내려고 했다. 파괴적인 전쟁에서 인간의 가치를 좀 더 중요시했다는 증거의 장소로 인천을 보고 싶다.

* 영일동맹을 말한다.

파블로프 러시아 해군은 제물포에 석탄 창고를 가지고 있었다. 러시아 부영사는 그곳에 머무르고 있었다. 러시아인들은 이곳을 러일전쟁의 첫 번째 장소로, 바랴크호 전투와 연결돼 있는 곳으로 기억하고 있다.

**조선과 중국은 왜 이렇게 무능했나. 세계에 비친 조선의 모습은 어떠했나.**

존 채프먼 러시아는 만주를 점령한 이후 일본을 비롯한 세계 어떤 힘도 개입하지 않기를 바랐다. 또한 러시아는 일본이 조선에서 확보한 강력한 위치를 위협해왔다. 조선 정치인들은 러시아와 일본의 갈등 속에 선호하는 부류에 따라 내부 파벌을 만들고 분할됐다. 사실 조선 황제는 조선을 중립국으로 만들길 원했다. 그러나 러시아나 일본이 조선의 중립을 인정해주기에 한국군은 너무 약했다. 조선과 비슷한 사례를 중국에서 볼 수 있다. 중국도 조선과 마찬가지로 외국자본의 침입이나 군대의 통제에 대응할 수 없었다. 중국과 조선 모두 외부에서 그들의 경제를 통제하고 영토를 점령하는 것을 예방할 방법이 없었다. 영국은 극동지역에서 교역을 하는데 있어 조선을 중요한 존재로 본 적이 없다. 미국의 선교사들만이 중국이나 조선에서 자신들이 해야 하는 역할이 크다고 믿었을 뿐이다. 사실은 루즈벨트Franklin Delano Roosevelt 대통령은 미국이 쿠바, 푸에르토리코, 필리핀, 남미 등에서 그랬던 것처럼 일본이 한국사회를 문명화하는 데 중요한 역할을 해야 한다고 봤다.

# 7

세계 전쟁 전문가들은 한반도를 분쟁지역으로 꼽는데 주저하지 않는다. 1950년 6월 25일에 발발한 한국전쟁은 여전히 진행형이라는 의미이다. 1953년 7월 27일 정전협정을 맺었지만, 전쟁을 깔끔하게 종식시킨 것은 아니다. 또 그 명칭조차 통일되지 못해 '한국전쟁'이니, '6·25전쟁'이니 여러 이름을 갖고 있다. 그 원인도 명확하게 드러나지 않았다. 전쟁 당사국인 남북한, 서방 16개국, 중국과 소련 등 총 20개 국이 참전해 200만 명에 달하는 사망자를 낸 것으로 추정되는 한국전쟁. 한국전쟁은 역사상 가장 참혹한 전쟁이었다. 거기에는 역시 미국과 일본, 중국과 러시아 등 한반도 주변 열강들의 입김이 크게 작용했다.

# 한국전쟁 연표

| 1945년 | 8월 | 8.15광복 |
| | | 소련군 평양 입성 |
| | 9월 | 미국 극동사령부, 남한에 군정 선포 |
| | 12월 | 모스크바 3상회의(미·영·소 신탁통치) |
| | | 전국에서 신탁통치 반대 시위 일어남 |
| 1948년 | 7월 | 국회, 초대 대통령에 이승만 선출 |
| | 8월 | 대한민국 정부 수립 |
| | 9월 | 북한, 조선민주주의인민공화국 수립(수상 김일성) |
| 1949년 | 6월 | 북한, 조선노동당 설립(위원장 김일성) |
| | 8월 | 소련, 원자폭탄 실험 성공 |
| 1950년 | 1월 | 미국, 애치슨라인 발표 |
| | 6월 | 한국전쟁 발발 |
| | 7월 | 유엔군 지상부대 부산에 상륙 |
| | 8월 | 낙동강 방어선 구축 |
| | 9월 | 인천상륙작전 개시/서울 수복 |
| | 10월 | 중공군, 한국전선에 개입 |
| 1951년 | 1월 | 국군, 서울에서 철수(1.4후퇴) |
| | 3월 | 서울 다시 수복 |
| | 4월 | 미국 트루먼 대통령, 맥아더 해임 |
| | 7월 | 개성에서 휴전회담 개최 |
| 1953년 | 7월 | 정전협정 조인 |
| 1956년 | 11월 | 조봉암, 진보당 창당 |
| 1957년 | 9월 | 인천에 맥아더 동상 건립 |
| 1958년 | 1월 | 조봉암, 국가보안법 위반 혐의로 체포됨 |
| 1959년 | 7월 | 조봉암 사형 집행 |
| 2011년 | 1월 | 대법원, 조봉암에 대해 무죄 선고 |

# 해방, 분단, 좌우의 분열

미국에서 가장 뛰어난 저널리스트이자 역사가 중 한 사람으로 꼽히는 데이비드 핼버스탬●은 한국전쟁을 다룬 그의 책 『콜디스트 윈터*THE COLDEST WINTER*』에서 지도를 25장 그려 넣고 있는데, 첫 번째 것과 마지막 25번째 것이 눈길을 끈다. 하나는 전쟁이 시작되기 직전인 1950년 5월의 한반도 모습이고, 다른 하나는 1953년 7월 27일 휴전 후의 한반도 모습이다. 언뜻 보면 차이를 못 느

**전쟁 전과 전쟁 후** _ 고작 이 작은 변화를 위해 그렇게 많은 희생을 치러야 했나? 1950년 6월, 한국전쟁 발발 직전의 한반도(좌)와 1953년 7월, 정전협정 직후의 한반도(우) 모습이다. 출처: 『콜디스트 윈터』

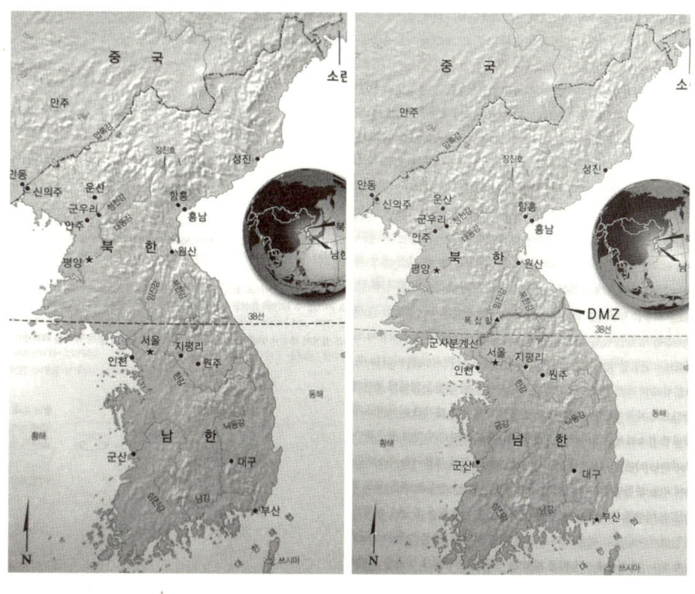


●데이비드 핼버스탬(David Halberstam, 1934~2007) 미국의 저널리스트이자 역사가. 하버드대를 졸업한 뒤 기자로 일했다. 베트남전의 진실을 밝히는 보도로 1964년 퓰리처상을 받았다. 한국전쟁을 다룬 『콜디스트 윈터』는 그의 유작이다.

낄 정도로 비슷하다. 38선 아래위에 동서로 그어진 군사분계선DMZ 과 그 가운데의 삼각점이 추가됐을 뿐이다. '한국전쟁의 감추어진 역사'란 부제를 붙인 이 책에서 핼버스탬은 삼각점으로 표시한 폭 찹 힐Pork Chop Hill 전투에 주목한다. 휴전협상 막판, 미군 포병대가 하루에만 7만7천여 발의 대포를 발사하면서 세계 전쟁사상 어느 전투보다도 치열한 포격전을 벌였던 곳. 미군과 중공군 사이에 막 대한 인적 물적 피해를 가져왔으면서도 아무도 차지하지 못한 곳. 바로 이 폭 찹 힐이 한국전쟁을 상징하는 전투라고 핼버스탬은 판 단한 것으로 보인다.

한국전쟁하면 생각나는 도시는 어디일까. 단연 인천일 것이다. 유엔군이 한국전쟁의 전세를 일거에 뒤바꾼 곳이며, 휴전 이후 현 재까지 잇따르는 서해교전은 아직도 끝나지 않은 한국전쟁을 실 감하게 하기 때문이다.

각종 기록을 종합해 보면, 한국전쟁에서 발생한 인적 피해는 사 망자만 250만 명에 달할 것으로 추산된다. 핼버스탬은 미군 당국의 자료 등을 토대로 공식 집계된 것만 한국군 전사자 41만5천 명, 부 상자 42만9천 명, 미군 전사자 3만3천 명, 부상자 10만5천 명이라고 밝히고 있다. 여기에 북한과 중공군의 전사자는 150만 명에 달할 것으로 추정했다. 박태균 서울대 국제대학원 교수는 한국전쟁 기 간에 학살당한 민간인도 40만 명이 넘을 것으로 추정하고 있다.

## 미·소 분할진주와 다양한 독립 준비

세계 20개 국이 참전해 수백만 명을 죽거나 다치게 하고, 그 피 해가 60년이 지난 지금까지도 계속되는 한국전쟁은 1945년 찾아 온 해방과 함께 그 기운이 싹트기 시작했다.

한반도에는 해방과 동시에 미군과 소련군이 진주했다. 그리고는 이른바 군정軍政이 시작됐다. 이들은 1945년 12월 27일 모스크바 3상회의[*] 결정이 나오기도 전에, 남과 북을 갈라 '통치'하기 시작했다.

해방을 맞았으나, 1919년 이래 우리민족을 대표해 온 중국 상하이 임시정부는 입국조차 하지 못했다. 해방 3개월이 지나서야 임시정부 요인들은 개인 자격으로 그룹을 나누어 귀국해야 했다. 한반도에서는 해외에서 독립운동을 해 온 각 파벌과 국내에서 독립운동을 벌여 온 그룹이 리더들의 친소관계에 따라, 이념에 따라 이합집산을 거듭했다. 여기에는 미국과 소련의 정치공작이 촉매제가 되기도 했다. 좌우 대립이 극심할 수밖에 없었던 상황이었다. 여러 인사들에 의해 통합노력도 치열하게 전개됐지만 그 뜻을 이루지는 못했다. 해방 이후 새로운 국가를 건설하기 위해서는 독립운동 세력이 하나로 결집해 친일세력과 외세를 견제하는 체제부터 세워야 했으나, 오히려 분열되고 만 것이다.

남한에선 특히 미, 영, 중, 소 등 4개국에 의한 5년 기한 신탁통치를 찬성하는 찬탁파와 반대하는 반탁파로 갈라져 치열한 싸움

**전쟁 전부터 분단** _ 1947년 좌·우익이 남대문 부근에서 도로 양편으로 나뉘어 광복 기념행사를 벌이는 모습. 공교롭게도 사진 왼쪽이 좌익, 오른쪽이 우익이다.

● 모스크바 3상회의
1945년 12월 소련 모스크바에서 열린 미국.영국.소련 3국 외상회의. 3국 외무장관들은 한국에 미국.소련공동위원회를 설치하고 일정기간의 신탁통치에 관해 협의하기로 했다.

을 했다. 1947년 남대문 부근에서 있었던 광복 기념 경축행사의 모습을 담은 사진 1장은 당시 상황을 너무나 잘 대변해 준다. 좌익과 우익이 서울운동장과 남산에서 각각 따로 광복 기념행사를 갖고 남대문 부근에서 만났는데, 여기서도 도로 양쪽으로 갈려서 따로 집회를 가졌던 것이다. 당시 좌우익의 골이 얼마나 깊었는지 가늠할 수 있다.

그리고 1948년에 남과 북은 각기 정부를 수립했다. 그리고 2년 뒤 한국전쟁이 발발했다.

해방 다음 날인 1945년 8월 16일 서울에서 빚어진 웃지 못할 해프닝에서 이미 분단은 예견됐는지도 모른다. 해방이 되기 전부터 국내에서 '건국준비'에 여념이 없던 몽양 여운형●이 이날 휘문중학교 운동장에 모인 수천 명의 인파 앞에서 격려 연설을 했다. 끝 무렵에 어떤 이가 군중 속에 뛰어들며, "지금 남대문 역에 소련군이 도착했다"고 외쳤고, 이로 인해 연설회장은 일대 혼란이 야기됐다고 한다. 『여운형 평전』을 쓴 이기형은 몽양의 연설을 중단시키려는 공산주의자들의 소행으로 봤다. 이런 소문으로 그날 서울은 오지도 않은 소련군 환영 시가행렬로 한바탕 소란을 겪었다고 한다. 소련군을 맞으러 나가려는 사람이 그만큼 많았다는 것이다.

해방 직후 한반도 상황은 '해방 직후는 문자 그대로 혼란 복잡하였다. 봉건유습으로 계층이 대립되고, 일제의 잔재로 노동자와 자본가가 싸우고, 38도선으로 남북 정세가 다르고, 국제 조류로 사상이 갈린 이때에 …'라고 한 이기형의 말(『여운형 평전』)에 적확하게 응축돼 있다고 하겠다.

여운형은 일제의 항복 직전인 1944년부터 조선건국준비위원회를 전국적으로 조직했다. 해방 당일에 '건준'이 공식화 할 수 있었던 이유다. 그러나 여운형은 9월 초 전국인민대표자회의에서 '조선인민공화국'을 선언하면서 '건준'을 해체했다. 이 과정에서 여운형은 좌우의 협공을 받았다. 그리고 결국 '좌우합작'을 위해 누구보다 혼신을 다해 노력했던 여운형이 여러 차례의 테러를 끝내 피하지 못하고 1947년 피격 사망했다. 이는 국가적 불행이라고 할 수밖에 없다. 여운형의 죽음을 놓고 박태균 서울대 국제대학원 교수는 "좌우합작운동은 우리에게 또 하나의 중요한 교훈을 남겼는데, 사회 지도자는 중요한 시기에 죽어서는 안 된다는 것이다. 좌우합작운동을 실패에 이르게 한 것은 바로 여운형이라는 한 지도자의 죽음이었다"고 평가한다.

여운형 피격 이후 1948년 남북은 따로따로 정부를 수립했으며, 그 이듬해에 백범 김구가 암살당했다. 그리고 1년이 지나서 한국전쟁이 터졌다.

많은 전문가들은 신탁통치가 이뤄지지 않은 점이 전쟁을 불러온 주요 원인 중 하나였다고 본다.


### 해방공간과 인천

인천에서는 '해방천하'라고는 믿기지 않는 기막힌 일도 벌어졌다. 1945년 9월 8일 인천항 부근에서 미군환영행사가 벌어졌는데, 대열에 있던 권평근*이 일본 경찰이 쏜 총에 맞아 숨지고 말았던 것이다. 미군은 치안유지 명목을 내세워 일본 경찰을 동원했고, 일본 경찰은 군중을 향해 총격을 가했다. 권평근은 인천지역 항일운동과 노동운동의 핵심 인물이었으며, 2005년 건국훈장 애족장을 받았다. 해방이 됐는데도 항일운동가가 일본 경찰의 총에 목숨을 잃었다는 것은 보통 문제가 아니었으나, 미군은 그 사건을 유야무야 처리하였다. 이 사건 사흘 뒤인 9월 11일자 미국《뉴욕타임즈》는 사설에서 '… 우리는 일제의 식민정책을 시행한 쓰레



---

기들에게는 부드럽게 대하고 우리가 해방시킨 민중들에게는 강경하게 대해야 하는가 …' 라고 당시 한반도에 진주한 미군의 잘못된 태도를 꼬집었다.

인천은 다른 어느 지역보다 노동운동이 활발했다. 일제가 2차대전 말기 군수시설을 인천에 밀집시키면서 각종 공장들이 많이 들어섰기 때문이다. 부평의 육군조병창과 잠수함까지 건조할 수 있는 동구의 인천기계제작소(현 두산프라코어 자리) 등이 대표적이라고 할 수 있다. 기계 금속 분야뿐만 아니라 목재나 방직공장도 많았다. 미군 상륙 당시 일경에 피격돼 숨진 권평근도 인천 노동운동의 핵심이었다. 당시 노동운동은 이데올로기적 성격을 띠지 않을 수 없었다. 따라서 해방공간에서 인천은 이데올로기의 집적 장소로도 기능했다. 좌우익의 대립도 그만큼 컸다.

특히나 1945년 9월 8일의 미군 '인천상륙'은 1871년 신미양요 이후 두 번째 한반도 상륙이었다. 신미양요는 '침략'이었고, 이번에는 '점령'이 명분이었다. 미군은 다시 5년 뒤 '구원'을 기치로 연합군을 이끌고 인천에 상륙했다. 미군상륙과 중첩되는 연관을 지닌 인천이다.

## 극동방어선에 남한은 없다

한국전쟁이 터지기 전부터 남북간 전투는 자주 있었다. 1949년 8월의 옹진반도 전투는 전쟁을 방불케 할 정도였다고 한다. 북한은 1946년부터 군인들이 모래주머니를 발목에 달고 훈련하는 등 전쟁 준비에 나섰다는 증언도 있다. 그런데 당시 남한은 파업과 테러, 폭동이 그치지 않았다. 남과 북의 상황이 대조적이다.

이는 소련과 미국의 한반도 정책의 차이에 기인한다고 할 수 있다. 소련은 북한지역에서 자연스러운 공산화가 진행되도록 여러 가지 지원을 아끼지 않았다. 1948년에 소련군이 먼저 철군한 것도 이런 일환으로 볼 수 있다. 그리고 정책에 큰 변동도 없었다. 그러나 미국의 정책은 오락가락했다. 미국은 남한에 진주한 뒤로 재정적 지원도 인색했으며, 여러 단체들을 제대로 콘트롤하지도 못했고 특히 친일세력에 깊이 의존하였다. 또한 항복한 일본을 무장해제한다는 정책에서 재무장과 경제복구 쪽으로 정책을 선회했다. 1947년부터다. 이는 '미국의 서해안은 아시아의 동해안인 일본이다'는 맥아더●의 인식과 맞물려 있다. 미국이 한반도보다는 일본에 무게 중심을 두었던 것이다.

중국에서는 1947년부터 공산혁명이 본격적으로 진행됐고, 미국은 공산화 봉쇄정책을 강화했다. 여기에 소련은 1949년 8월 원자폭탄을 개발함으로써 미국을 놀라게 했다.* 미국은 중국 본토에서 국민당을 밀다가 패배했고, 소련이 원자폭탄까지 소유하게 되면서 군사력 비교에서도 절대 우위에 설 수 없게 됐다.

미국은 전쟁이 터지기 6개월 전에 '미국의 아시아 방어선에서 남한을 제외한다'고 선언했다.* 핼버스탬은 이를 '엄청난 실수'라고 말한다. 3년 동안 이어진 '역사상 가장 참혹한 전쟁'은 여기에서 시작됐다.

# 전황의 역전, 인천상륙작전

인천상륙작전의 성공은 한국전쟁의 전세를 단숨에 뒤집는 결과를 낳았다. 남한 땅의 90%를 순식간에 점령당해 벼랑 끝에 몰렸던 미군과 국군은 인천상륙작전으로 서울 수복에 성공, 유리한 고지를 차지할 수 있었다.

조수 간만의 차가 큰 인천 앞바다를 통해 상륙하겠다는 작전은 매우 대담한 계획이었다. 하지만 인천상륙작전 계획은 이미 북한과 중국에 노출돼 있었다. 서울을 수복하기까지 예상보다 시간이 더 걸린 이유이기도 하다.

### 상륙지점은 인천!

1950년 9월 15일 오전 6시 33분. 미 제5연대 3대대 해병들이 인천 월미도(그린비치)에 상륙했다. 이들이 상륙하기 전, 이미 월미도는 불타고 있었다. 북한군의 진지·엄폐물·은폐물을 파괴하려고, 유엔군이 며칠 전부터 전폭기와 전투함에서 막대한 양의 포탄을 퍼부었기 때문이다.

해병들은 북한군의 큰 저항 없이 월미도를 점령했다. 교두보를 확보하는 데 성공한 것이다. 시각은 오전 8시. 이후 해병들은 소월미도로 이동해 약 3시간 만에 적군의 저항을 완전히 제압했다.

인천의 북서쪽 해안(레드비치)과 남서쪽 해안(블루비치)으로 상륙하

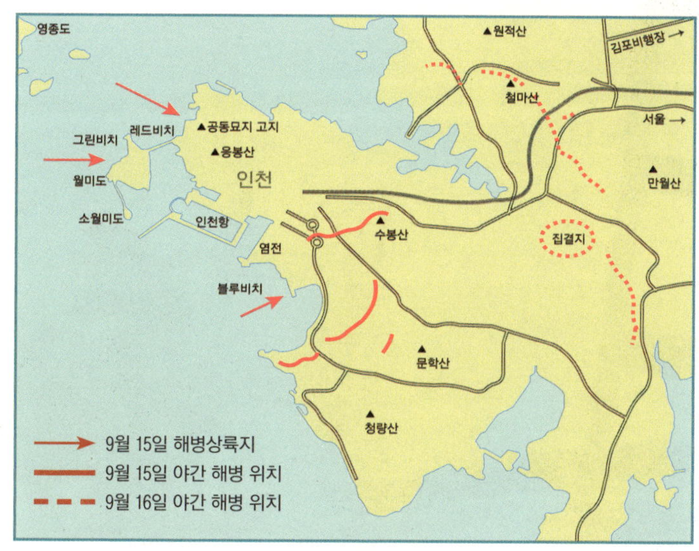


**인천상륙지점과 공격루트 표시도** _ '그린비치'는 인천 월미도, '레드비치'는 인천 동구 만석동, '블루비치'는 인천 남구 용현5동 부근이다.

는 작전은 이날 오후 5시 30분부터 이뤄진다. 만조를 기다린 것이다. 레드비치로 상륙한 미 제5연대 1·2대대 해병들은 공동묘지와 응봉산, 항만을 확보하는데 성공했다. 블루비치로 상륙한 제1연대 해병들의 임무는 수봉산을 차지해 적군이 인천으로 들어오거나 인천에서 탈출하는 것을 막는 것이었다. 작전 수행 과정에서 조류, 포연, 상륙 작전 경험 부족, 적군의 공격 등으로 한때 혼란이 빚어지기도 했지만 비교적 무난하게 임무를 완수했다.

레드비치 작전에 참여한 최석원(79·당시 해병대 삼등병조) 할아버지는 "함상에서 그물망을 타고 상륙정으로 내려오는데 애로가 많았다. 이런 훈련을 받은 적이 없었어 사고도 많이 일어났다"고 회고한다. 또 "지휘관만

**여기가 바로 '레드비치'**
인천 월미도 입구에 세워진 '인천상륙작전 기념비'

**미군의 인천상륙 현장** _ 미국 해병대가 상륙정을 통해 '레드비치'에 상륙하는 바로 그 순간을
절묘하게 포착했다.

알았지, 대원 아무도 인천으로 가는지를 몰랐다”고 덧붙였다.

16일부터는 월미도와 내항(옐로비치) 등으로 지원부대들이 상륙했고, 인천시내에서 적군 소탕작전이 진행됐다.

18일 오전 인천시청(현 중구청 자리) 앞 광장에서는 인천시장 취임식이 열렸다. 미 해병대 스미스Oliver P. Smith 소장은 손원일* 제독의 추천을 받아 표양문* 씨를 임시시장으로 임명했다. 같은 날 아군은 김포비행장 탈환과 비행장 주변 소탕작전에 성공했다.

### 치열했던 부평 전투

인천상륙작전 직후 펼쳐진 부평 전투도 치열했다. 인천상륙작전을 성공으로 이끈 미 해병 제1사단은 김포비행장과 영등포를 교두보로 삼아 서울을 수복할 계획이었다. 부평은 미 해병대가 서울로 향하는 주요 진격로였다. 미 해병대는 지금의 인천 지하철 동수역과 부평삼거리역 일대인 원통이고개에 전투 병력을 분산 배치했다. 북한군의 반격 징후가 감지됐기 때문이다. 1950년 9월 17일 오전 5시 45분경 경인국도를 통해 인천으로 들어오던 북한군 전차부대가 서서히 모습을 드러냈다. 미 해병은 북한군이 원통이

**탱크를 앞세우고** _ 인천 해변에 상륙한 미군이 부평 원통이고개 부근을 지나 서울 방면으로 진격하는 모습.

● 손원일(孫元一, 1909~1980)
해군 제독. 8.15 광복 후에 해방병단을 창설하고, 뒤에 해군 참모 총장을 거쳐 국방부 장관을 지냈다.

● 표양문(表良文, 1907~1962)
제2대 제5대 인천시장, 제3대 국회의원 등을 역임했다.

고개로 완전히 들어서기를 기다렸다가 대전차 화기로 일제히 기습공격을 개시했다. 원통이고개 전투에서 사살된 북한군 병력은 200명에 달했다. 완벽한 승리였다.

경인선을 따라 작전을 전개한 한국 해병대 제3대대도 부평역 일대에서 언덕에 숨어 있던 북한군과 교전을 벌였다. 이후 김포비행장으로 향하는 미 해병 제1사단 5연대가 부평을 빠져나갈 때까지 부평역과 시가지에 남아 북한군 소탕 작전을 폈다. 한국 해병대 제3대대는 작전을 마무리한 뒤 계양구 효성동을 거쳐 계양산을 점령한 뒤 박촌으로 진군했다. 이 밖에 부개동과 송내동 일대에서 서울로 진격해 올라가는 미 해병과 이를 저지하려는 북한군 사이에 한바탕 교전이 벌어지기도 했다.

### 서울수복

19일 오후 8시경 미 해병대 정찰반이 한강으로 진입했다. 이들은 40분 정도 지나 한강 행주나루에 도착했다. 이들은 밋밋한 봉우리를 정상으로 오인하거나 제한된 지역에서만 정찰활동을 벌인 뒤 "적군이 없다"고 보고했다. 하지만 덕양산 일대에 진지를 구축한 북한군은 정찰반의 움직임을 주시하고 있었다. 수색중대 본대는 한강 횡단 중 적군의 공격을 받았고, 결국 야간 한강 도하작전은 실패로 끝났다.

다음 날 이른 아침. 미 해병대와 한국 해병대는 적의 공격을 받는 가운데서도 한강을 건넜다. 이후 미 7보병사단 등 여러 부대가 한강을 넘어 서울로 진입했으나 북한군의 역습으로 고전을 면치 못했다. 서울 수복의 시간이 지연된 만큼 희생자 수도 늘어났다.

아군이 서울을 수복한 것은 28일. 인천상륙작전을 성공한 지 13일 만이었다.

## 인천상륙작전에 대한 평가

인천상륙작전은 성공한 작전이었다. 맥아더 장군이 세계 어느 곳보다도 큰 조수 간만의 차이 등 인천 앞바다의 장애를 극복하고 인천상륙에 성공한 점은 높게 평가할 수 있다. 하지만 서울 수복까지 13일이나 걸려 북한군이 그 이후의 상황에 대비할 수 있게 한 점은 짚고 넘어갈 부분이다. 상륙 이후의 작전 구사에 문제가 있었다는 반증이기 때문이다.

미 합동전략계획단은 9월 실시할 상륙작전 대상지로 여러 곳을 검토했다. 당시 상륙작전 후보지는 인천, 군산, 주문진이었다. 상륙지를 아산만으로 하자는 의견도 나왔지만, 맥아더 장군은 인천을 고집했다. 인천은 조수 간만의 차가 커 제한된 시간에만 상륙이 가능한 단점을 갖고 있었다.

인천이 상륙지로 확정된 이유는 무엇일까. 인천상륙작전의 1차 목적은 서울 수복에 있었으며, 인천은 서울과 가깝다는 점이 장점으로 크게 부각됐다. 항만시설(인천항), 항공시설(김포비행장), 이동수단(경인선) 확보에도 용이했다. 또한 낙동강 전선에 집중돼 있는 북한군의 퇴로이자 보급로를 차단할 수 있었다.

인천이 한반도에서의 군사상 요충지라는 점은 한국전쟁 이전의 전쟁에서도 이미 입증된 바 있다.

박태균 서울대 국제대학원 교수는 "중국이 인천상륙작전 가능성을 경고한 뒤 김일성은 병력을 배치해 저항했지만 끝내 실패했다. 미 공군의 무차별 폭격 등 유엔군의 화력을 막아내기에는 역부족이었을 것이다"고 진단했다. 박태균 교수는 이어 "북한 입장에서 낙동강 전선이 밀리면 끝이라고 여겼기 때문에 인천상륙작전을 막을 주력 병력을 빼 오기가 어려웠을 것이다. 비록 인천상륙작전을 막지 못했지만, 중부 전선의 병력을 후퇴시키는 시간을

벌어 북한은 스스로 잘 방어했던 전투로 평가한다"고 말했다. 그
는 또 "다소 무모해 보이는 인천상륙작전이 성공할 수 있었던 것
은 공군의 화력 지원이 있었기 때문이다. 공군이 먼저 월미도를
초토화시킨 뒤 해군의 함포사격 지원과 함께 상륙작전이 시작되

## 인천상륙작전, 문화가 되어 다시 상륙하다

인천상륙작전은 훗날 영화, 음악, 책 등으로 탄생해 대중문화에 커다란 영
향을 끼쳤다. 가장 눈에 띄는 것은 1981년, 5천만 달러 가까운 거액을 들여
미국에서 만든 영화 「인천(Inchon)」이다. 화려한 제작진에 막대한 비용을
투입하고도 흥행에는 참패했다. 007시리즈로 유명한 테렌스 영 감독이 메
가폰을 잡았고, 영국의 명배우 로렌스 올리비에가 맥아더 장군역을 맡았다.
올리비에는 출연료로 100만 달러를 받았다고 한다. 또한 이 영화에는 미 국
방부의 지원을 받아 현역 군인 1천500여 명이 엑스트라로 참여했다. 종교단
체인 통일교가 영화제작비를 지원했다고 한다. 당시 언론은 사상 최악의 영
화로 「인천」을 꼽았다.

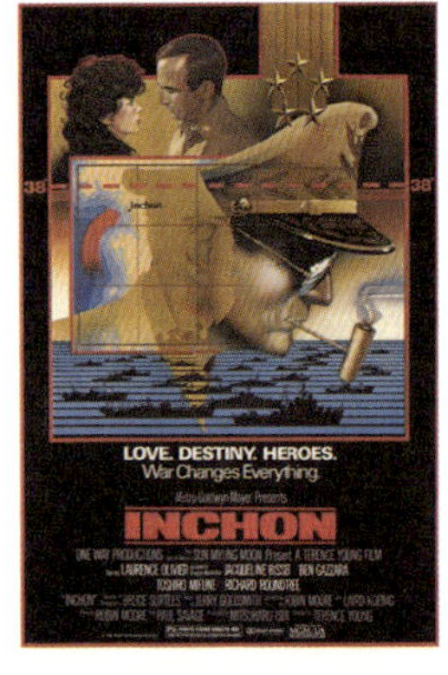


1952년 개봉한 조셉 루이스(Joseph H. Lewis) 감독의 영화 「후퇴란 없
다!(Retreat, Hell!)」는 인천상륙작전에서 중공군에 밀려 흥남 철수를 감행
하기까지 미 해병대의 모습을 94분 동안 그렸다.

음악도 있다. 합주곡 「인천(Incheon)」은 인천상륙작전 당시의 상황을 음악
으로 담아낸 명곡으로 꼽힌다. 로버트 스미스(Robert W. Smith)가 작곡, 플
루트 독주로 시작하는 이 곡은 퍼커션 사운드로 포격소리와 헬리콥터를 표
현, 듣는 이로 하여금 전쟁현장에 있는 듯한 생동감을 느끼게 한다. 특히 작
곡가 스미스의 아버지는 인천상륙작전에 참전했다고 한다.

인천상륙작전의 생생한 모습을 볼 수 있게 하는 책으로는 『The Secrets of
Inchon(인천의 비밀)』이 있다. 미 극동군 사령부 첩보부 소속으로 상륙작전
전 첩보수집 임무를 담당한 유진 클라크(Eugene Franklin Clark) 대위의 수
기인 이 책에는 상륙작전 당시 첩보수집활동을 벌였던 부대의 활약상이 담
겨있다. 그는 상륙작전 당일 팔미도 등대의 불을 밝히게 되는 과정에서 있
었던 에피소드 등 당시의 상황을 세밀하게 묘사했다. 그의 책을 보면 그와

함께 작전을 수행한 연정(延禎), 계인주 등 한국군과 덕적도, 영흥도 등에 거주하던 주민들의 모습도 생생
히 만나볼 수 있다. 클라크 대위는 1966년 중령으로 퇴역한 뒤 1998년 별세했다. 그의 수기는 수십 년간 다
락방에 보관되어 오다가 사후에 유족이 발견해 2002년에야 출판됐다. 이 책은 아직 국내에서는 번역되지 않
았다. 이 밖에 고든 L. 로트먼이 쓴 「인천 1950」(플래닛미디어) 등의 책이 있다.

**하늘에서 본 인천상륙작전 순간** _ 상륙 전에 퍼부은 폭격으로 인천시내 곳곳이 화염에 휩싸여 있다. 레드 비치 쪽으로 여러 대의 상륙함이 돌진하고 있다.

었다"고 했다. 또 "인천상륙작전은 육·해·공 입체 작전이었다. 그동안 크게 부각되지 않았지만 상륙부대의 피해를 최소화하는 데 당시 공군의 역할이 컸다"고 설명했다.

연세대 박명림 교수는 『한국 1950년 전쟁과 평화』에서 "인천상륙작전은 기습이 아니었다"고 말한다. 북한과 중국이 상륙작전을 사전에 인지하고 있었다는 것이다.

많은 사람들은 맥아더 장군이 인천상륙작전을 구상한 것으로 알고 있지만 인천상륙작전을 최초 입안한 사람은 미 국방부 소속 참모인 도널드 맥비 커티스Donald McB. Curtis이다. 인천상륙작전을 다룬 『인천 1950Inch'eon 1950』의 저자 고든 L. 로트먼Gordon L. Rottman은 "커티스는 우연히도 북한이 남침하기 며칠 전인 6월 19일 우발계획 SL-17(낙동강 유역에 방어전선을 구축한 뒤 적의 측면을 우회하는 상륙작전)을 작성했다. 북한의 남침이 시작되고 며칠이 지나자, 맥아더의 총사령부는 그 계획의 사본을 국방부에 요청했다"고 했다.

인천상륙작전의 성공에 취해 있던 맥아더가 중공군의 대규모 참전 가능성을 간과한 점은 한국전쟁 최대 실수 중 하나로 꼽힌다. 맥아더가 성급하게 38선 이북으로의 북진을 추진하는 바람에 1·4후퇴●를 맞았다는 것이다.



## 반공포로 사건의 진실, 부평포로수용소

전쟁이 있으면, 반드시 포로가 있게 마련이다. 전쟁의 끝자락에서 쟁점이 되는 것도 포로교환 문제다. 인천이 한국전쟁의 '상징도시'가 된 것은 9·15 인천상륙작전의 성공에 있지만, 한국전쟁과 인천을 말할 때 그냥 지나쳐선 안 될 게 있다. 잘 알려져 있지 않은 포로수용소에 얽힌 얘기다. 한국전쟁 기간 인천에는 포로수용소가 2곳이나 설치됐다. 전쟁 초기의 '인천포로수용소'와 후반기의 '부평포로수용소'다. 2곳 모두 운영기간이 3개월 정도로 짧았다. 하지만 그 의미는 자못 크다.

인천포로수용소는 인천상륙작전 직후 설치됐다. 미군은 상륙작전 이후 늘어나는 포로를 가두기 위해 인천, 서울, 평양, 대전, 원주 등지에 포로수용소를 설치했다. 인천포로수용소는 인천소년형무소를 개조해 사용됐으며, 2천500명가량을 수용할 수 있었다. 처음에는 미군이 맡았다. 1개월 정도 지난 뒤 한국군이 배치됐다. 조성훈이 쓴 『한국전쟁과 포로』에 따르면 초기에는 6천여 명의 포로들이 있었고, 11월 초에는 3만2천107명으로 급증, 2개 동을 추가로 건설했다. 중공군 개입 이후인 1950년 12월 폐쇄됐다. 포로들은 부산수용소로 옮겨졌다. 당시 인천소년형무소는 지금의 인천 남구 학익동 인천구치소 자리에 있었다.

부평포로수용소의 실상은 지금까지 제대로 알려지지 않았다. 이승만 대통령이 정전협상 막판인 1953년 6월 18일 0시에 전국의 반공포로 2만7천여 명을 전격 석방한 이야기를 다루면서 그 이름이 언급되는 정도다. 하지만 부평포로수용소는 우리나라 미군주둔의 역사는 물론이고, 한국전쟁 포로 문제와 관련해 무척이나 중요한 '공간'이다. 부평포로수용소에 수용돼 있던 박종은(朴鍾殷) 씨가 기록한 『PW-포로수용소생활 1,200일 실화』(사진)에 따르면, 부평포로수용소는 1953년 봄에 설치됐다. 여기에는 1천500명의 반공포로가 수용됐으며, 수용자들은 미군보급기지창인 에스캄 건설작업에 동원됐다. 특기할 것은 6월 18일 반공포로 석방 때 부평수용소만 제외됐다는 점이다. 수용소장이 상부의 명령을 거부한 것이다. 저자 박종은 씨는 수용소장이 '빨갱이'였기 때문에, 석방하지 않았다고 말한다. 수용소에서 라디오로 '반공포로 석방' 사실을 접하고, 자신들만 계속해서 갇혀 있다는 사실에 울분을 참지 못하던 포로들은 이튿날인 6월 19일 밤 10시 20분, 집단탈출을 감행해

300여 명이 탈출에 성공했다. 일부는 정문을 무너뜨리고, 또 일부는 철조망에 담요를 덮고 넘어갔다고 한다. 미군은 탈출하는 반공포로들에게 사격을 가했고, 이 총격으로 무려 47명이나 사망했다. 다친 사람까지 합치면 사상자는 500여 명이나 됐다고 한다. 나머지 700여 명은 잔류했으며, 이들은 1주일 뒤 논산수용소로 이송됐다. 당시 언론은 미군 측의 일방적 발표에 의존해 기사를 실어, 사망자 수나 사망원인 등이 제각각이다. 아직도 이 문제는 명쾌하게 정리되지 않고 있다. 사망자는 누구이고, 어떻게 처리됐을까. 꼭 밝혀져야 할 일이다. 부평포로수용소 자리는 미군 기지 캠프마켓 건너편에 있는 지금의 부영공원 부지로 보인다. 부평은 일제 때의 군수기지로, 한국전쟁 때부터 지금까지는 미군기지로, 땅을 내줘야 했다. 부평의 역사(歷史)는 '반공 포로수용소'의 아픔도 기억해야 할 것이다.

## 인천이 틔운 전쟁 문학의 씨앗

소안(素眼) 최성연(1914~2000) 선생은 인천의 향토사학자로 유명하다. 1883년부터 1920년대까지 인천의 개항 초창기 모습을 세밀하게 그렸다는 평가를 받는 『개항과 양관역정』이 대표작이다. 최성연 선생은 또 현대시조의 선구자로도 불린다. 1955년 7월 《동아일보》가 창간 35주년과 지령 1만호 발간을 기념해 실시한 현상 문예작품 공모에서 현대시조 부문에 「핏자국」이란 작품이 당선됐다. 눈길을 끄는 것은 최성연 선생의 작품 중에는 몸으로 경험한 전쟁을 소재로 한 것이 많다는 점이다. 등단작 「핏자국」도 그렇다. 종군기자로 활동하면서 최전선에서 보고 느낀 바를 작품에 담은 것이다. 이름을 붙이자면, '종군 시조'라고 해야 할까.

최성연 선생이 1988년에 펴낸 시조선집 『갈매기도 사라졌는데』(사진)에는 1952년 종군기자로 활동하면서 쓴 작품과 1951년 1·4후퇴 당시의 처절한 삶의 현장을 담은 작품이 몇 수 실렸다. 『갈매기도 사라졌는데』의 제4부는 소제목 '녹슨 파편'이 주는 느낌대로 전쟁과 관련된 것들을 모았다. 금화(金化), 화천, 철원 등 전선(戰線)에서 쓴 작품 6편과 1·4후퇴 때의 현장기록 작품이라고 할 수 있는 13편 등이다. 최성연 선생은 제4부를 설명하면서, "전쟁 후 그렇게 오래도록 버려진 녹슨 응어리들은, 이젠 잊혀졌어도 마땅할 것들이 아직도 마음 한구석에 곱이 낀 채 남아있는 흉물들이다"라고 했다. 30년이 넘었지만 도저히 잊히지 않는 응어리란 얘기다.

그 중에는 부평을 지나면서 느낀 소회를 기록한 작품도 있다.

# 북한군의 진격과 후퇴, 유엔군의 진격과 후퇴

1950년 10월 20일, 평양에 입성한 미군 병사들은 한껏 들떠 있었다. 고향으로 돌아가 가족과 함께 즐거운 크리스마스를 보낼 기대에 부풀었던 것이다. 맥아더는 인천상륙작전 성공으로 더욱 기세등등했다. 중공군 참전을 우려하는 워싱턴 수뇌부의 경고에도 전혀 아랑곳하지 않았다. 최고 사령관 맥아더에겐 그저 곧 끝날 전쟁이었다. 그러나 압록강을 넘은 중공군의 대규모 병력은 이미 운산(청천강 북쪽지역) 일대에 매복해 있었다. 평양을 출발한 미군 병사들은 앞으로 어떠한 비극이 불어 닥칠지 모른 채 다음 작전지역인 운산으로 향했다.

너무나 쉽게 북한군에 밀려 국토의 90%를 내줬던 국군과 미군이 이번엔 거꾸로 너무나 쉽게 압록강 일대까지 밀고 들어갔다. 그리고는 어처구니없는 몰살을 당했다. 미군이 중심이 된 아군이 중공군의 전술에 속아 평양 진격 이후 너무 깊숙이 들어간 것이었다. 전쟁발발 5개월 만에 뺏기고, 빼앗고, 다시 빼앗기는 공방전이 숨 가쁘게 펼쳐졌다.

### 북한군, 파죽지세로 남하

1950년 6월 25일 새벽 38선 전역에서 포성이 울려 퍼졌다. 북한군의 기습 남침이었다. 소련제 전차와 자주포로 무장한 북한군은 국군의 38선 일대 주요 방어선을 순식간에 무너뜨리며 속전속결로 남하했다.

한국시각 일요일 새벽 4시(워싱턴 시각 토요일 오후 3시)의 남침 사실을 이승만 대통령은 언제 알았을까. 이 대통령이 남침을 보고받은 것은 2시간 30분이나 지난 6시 30분이었다. 그리고, 1시간 30분이 더 지난 뒤인 8시에 주한미국대사 무초John Muccio가 북한군 공격사실을 통보 받았다. 한반도 전쟁 발발 사실이 언론에 최초로 알려진 것은 당일 오전에 소풍을 가려던 서울 주재 미국의 연합통신 기자 잭 제임스Jack James에 의해서였다. 제임스는 대사관으로 급히 가던 무초대사와 거리에서 마주치면서 전쟁 사실을 듣고는 후속 취재를 통해 '긴급타전. 일요일 새벽, 38선 지역에서 북한군 전면공격 감행. 현지 시각 9시 30분, 서울 북서쪽 40마일 개성지역, 한국군 제11사단 사령부 전면…'이라는 내용의 첫 기사를 타전했다. 전쟁 도발 5시간 30분 뒤인 9시 30분이었다. 이 기사가 주말 분위기에 취한 워싱턴을 깨웠다.

전쟁 발발 소식에 남한 전역은 충격과 공포에 휩싸였다. 특히 38 선에 인접한 수도 서울의 위기감은 극에 달했다. 북한군의 기습 공격을 받고 퇴각하던 국군은 정릉, 미아리, 청량리를 잇는 서울 방어선을 구축했다. 그러나 서울은 이내 북한군의 수중으로 넘어 갔다.

국군은 28일 새벽 한강 교량들을 폭파했다. 북한군의 한강 이남 진출을 막기 위한 작전이었다. 이승만 대통령과 정부 고위 관료, 그리고 정치인들은 이미 서울을 빠져 나간 뒤였다. 서울에 남은 시민들은 속수무책으로 고립되었다.



## 유엔군 참전과 '낙동강 방어선'●

백악관에서도 상황이 긴박하게 흘러갔다. 한국전쟁 발발은 한반도에만 국한된 문제가 아니었다. 소련과 중국은 북한의 든든한 우방국이었다. 자칫 세계대전으로 비화될 수 있었다. 확전을 우려한 백악관 참모회의에서는 미군의 개입과 참전 방식을 놓고 논쟁이 벌어졌다. 이런 와중에 트루먼이 미 지상군 투입을 승인한 것은 1950년 6월 30일 새벽 5시였다.

유엔 안전보장이사회는 7월 초 유엔군사령부를 설치, 미 극동군 사령관인 맥아더를 초대 사령관으로 임명했다. 맥아더는 개전 초기 북한군 전력을 과소평가했다. 소규모 미 육군 병력으로 북한군을 완전히 제압할 수 있을 것으로 확신했다. 하지만 그의 기대는 완전히 빗나갔다. 북한군은 한강방어선을 무너뜨린 뒤 빠른 속도로 남쪽으로 진군했다. 한반도에 상륙한 미 육군 제24사단은 천안에 방어진지를 세우고, 평택~안성을 잇는 서부전선을, 그리고 국군은 중·동부전선을 맡았다. 그러나 북한군의 공세에 밀린 아군은 지원 병력이 도착할 시간을 벌기 위해 지연전을 펼치며, 최후 방어선인 낙동강 전선까지 후퇴를 거듭했다. 국군과 유엔군은 이곳에서 마지막 결사항전을 펼쳤고, 북한군도 모든 전력을 쏟아부었다. 낙동강 전선에서는 8월 초부터 인천상륙작전 직전인 9월 중순까지 다부동 전투, 창녕·영산 전투, 영천 전투, 포항 전투 등의 치열한 전투가 벌어졌고, 그 과정에서 숱한 사상자가 발생했다.

### 중공군의 개입과 유엔군의 후퇴

북한군의 입장에서 낙동강만 넘으면 한반도를 다 차지할 수 있고, 국군과 미군의 입장에서는 그 반대로 모든 것을 잃게 되는 그 순간에 인천상륙작전이 펼쳐졌다. 절체절명의 위기에 처했던 국군과 유엔군이 대반격의 발판을 마련한 것이었다. 국군 해병대가 배속된 미 제1해병사단은 수도 서울을 탈환하기 위해 진격했고,

"Hands Up!" _ 상륙한 미 해병대가 월미도 진지에 숨어 있던 북한군을 생포하고 있다.



미 제7보병사단은 북한군의 퇴로를 막으면서 낙동강 전선을 돌파해 올라오는 미 제8군을 지원했다.

서울을 수복한 뒤 남은 과제는 38선을 넘어 북진하느냐, 아니면 멈추느냐였다. 미 행정부 내에서는 38선을 넘을 경우 북한의 우방국인 소련과 중국의 개입으로 확전될 가능성이 높다는 우려의 목소리가 컸다. 실제로 중국의 마오쩌둥*은 미국의 한국전쟁 개입을 공개적으로 비난했다. 하지만 한국전쟁을 남북통일의 기회로 여겼던 이승만* 대통령은 북진을 주장했다. 맥아더도 비슷한 생각이었다. 국방부 군사편찬연구소 최권삼 연구원은 "맥아더는 중국이 국공내전*을 치른 뒤여서 군사력이 취약하고 소련의 공군 지원 없이는 섣불리 전쟁에 뛰어들지 못할 것으로 판단했다"고 분석한다.

결국 트루먼 미국 대통령은 1950년 9월 29일 미군의 38선 돌파를 승인했다. 이 결정으로 한국군과 유엔군은 10월 1일 38선을 넘었다. 10월 1일이 국군의 날이 된 것은 38선 돌파를 기념하자는 취지다. 트루먼은 38선 돌파를 승인하면서 '국경지역에는 한국군만 진출케 한다'는 조건을 달았다. 중국, 소련과 미군의 직접충돌을 막자는 차원이었다. 그러나 맥아더는 이 조건을 지키지 않았다.

국군과 유엔군 소속의 각 부대들은 서로 경쟁을 벌이듯 북한의 수도 평양을 향해 앞다퉈 진격했다. 맥아더는 전쟁을 조기에 끝내 자국의 병사들을 추수감사절이나 크리스마스 안에 고향으로 돌려보내겠다고 호언장담하기도 했다. 심지어 전쟁이 끝나지도 않은 상황에서 한반도에 투입한 병력 일부를 다른 지역으로 보낼 생각까지 했다. 국군과 유엔군은 평양을 점령한 뒤 압록강과 두만강을 향해 빠른 속도로 진군했다.

그 무렵 중공군도 압록강을 건너고 있었다. 30만 대군이었다. 그들은 국공내전을 치르며 수많은 전투 경험을 쌓은 정예 부대였다. 이에 비하면 머나먼 타국 땅에서 자신이 왜 목숨을 걸고 싸워야 하는지도 모르는 채 하루 빨리 집에 돌아갈 날만을 손꼽아 기다리

**미군의 시가지 점령 _** 미군이 상륙작전에 성공한 뒤 여기저기 부서져 내린 인천 시내를 통과하고 있다. 사진 왼편에는 흰색 옷을 입은 부인이 미군 사이를 걸어가고 있다.

던 유엔군의 수많은 젊은 병사들은 그야말로 나약한 오합지졸에 가까웠다. 게다가 빠른 북진으로 보급선은 점차 멀어졌고, 경험해 보지 못한 혹독한 추위와 사투를 벌여야 했다. 실제로 많은 미군은 겨울을 전선에서 나리라고 생각하지 않았고, 그래서 동복冬服을 지참하지 않은 경우가 태반이었다.

중공군 참전으로 전세는 순식간에 뒤바뀌었다. 중공군은 험준한 산악지형을 이용해 적의 빈틈을 노려 기습 공격하는 게릴라 전술을 폈다. 국군과 유엔군은 중공군의 예상치 못한 반격에 원산 등 주요 전선에서 심각한 타격을 입었다. 특히 미 제1해병사단은 장진호 계곡을 따라 강계 방면으로 이동하던 도중에 중공군의 포위 공격을 받아 엄청난 병력 손실을 입었으며, 일부만 간신히 빠져 나올 수 있었다. 미군들은 장진호 전투*(1950년 11월 27일~12월 11일)가 벌어진 계곡을 '죽음의 계곡'이라고 이름 붙였다.

맥아더는 중공군의 공세가 계속되자 전군을 38선 남쪽으로 철수시킨다. 중공군은 평양을 점령한 뒤 12월 중순 38선까지 남하했다. 유엔군은 얼마 지나지 않아 서울을 적에게 다시 내줘야 했다. 1·4 후퇴였다. 미국은 제주도에 대한민국 망명 정부를 세우는 방안과 함께 핵무기 사용도 검토했다.

## 끝나지 않은 전쟁

한국전쟁 발발 1년이 지날 무렵 전선은 38선 일대에서 교착상태에 빠져든다. 확전을 고집하던 맥아더가 항명을 이유로 트루먼*에 의해 해임되고, 이어 4~5월 두 차례에 걸친 중공군의 춘계공세가 실패로 돌아간 뒤였다. 휴전회담이 시작된 것도 이 시기다. 그러나 휴전협상은 군사분계선 설정, 전쟁포로 처리 등의 이견으로 1953년 7월 27일 협정이 체결되기까지 2년간 지속됐다. 그 사이 양



● **장진호 전투**
1950년 11월 27일부터 12월 11일 사이에 미군 제1해병사단이 함경남도 장진호 부근에서 중공군 7개 사단의 포위망을 뚫고 함흥으로의 철수에 성공한 작전.

● **트루먼(Harry Shippe Truman, 1884~1972)**
미국 제33대 대통령. 각종 위원회 위원, 국방계획조사 특별위원장, 부통령을 거쳐 대통령이 됐다. 반소·반공을 내세운 트루먼독트린으로 2차 세계대전 후의 국제정치의 방향을 결정했다. 한국전쟁 파병에 이르기까지 내정.외교를 지도했다.

측은 협상과정에서 주도권을 쥐기 위해 전투를 멈추지 않았다. 포로 문제로 촉발된 강원도 철원군 일대의 백마고지 전투•가 대표적인 예다.

미 제7보병사단의 한 자동화기 소대 부소대장이었던 데이비드 키페David Keepe(82) 씨는 당시 북한군 첩자 활동에 관한 한 가지 일화를 소개했다. 그는 "1952년 봄 어느 날 적군의 120㎜포가 우리 진지 쪽에 매우 정확하게 떨어진 적이 있었다. 부대에서 요리와 빨래를 해주고 가끔은 우리의 놀림감이 되곤 했던 한국인 '하우스보이'들이 첩자였던 사실을 뒤늦게 알았다"고 말했다.

한국전쟁은 승자도 패자도 없는 전쟁이었다. 그리고 60년이 지난 지금도 남·북한은 휴전 상태를 이어가고 있다. 박태균 서울대 국제대학원 교수는 "한국전쟁이 발발하게 된 가장 큰 원인은 지도자들의 잘못된 상황 인식과 판단 때문이었다. 소기의 목적인 통일을 이루지도 못하고, 남북한 양측의 엄청난 피해만 불러왔을 뿐이다"고 지적했다.

## 인천상륙작전과 한국군

한국전쟁에서 UN군 못지않게 한국군의 활약도 컸다. 한국군은 영흥도 첩보전과 인천상륙작전 등에 투입돼 임무를 완수했다.
한국 해군은 1950년 8월 18일과 20일 각각 인천 덕적도, 영흥도에 상륙했다. 인천상륙작전을 위해서였다. 덕적도 상륙작전은 수월하게 진행됐지만 영흥도에서는 적군의 저항이 거셌다. 이 때문에 한국 해군은 8월 23일 영흥도 확보에 성공하기까지 여러 명의 병사를 잃었다.
해군의 또 다른 부대, 첩보부대는 월미도 등 서해안에서 정보를 수집하는 임무를 완수했다. 그 과정에서 적군과 교전을 벌이기도 했다. 이 부대가 바로 해군첩보부대다. 함명수 소령, 김순기 중위, 임병래 소위 등 17명으로 구성된 첩보대는 인천상륙작전 직전에 만들어졌다. 대원들 중엔 상륙작전 하루 전, 잔무 처리를 위해 영흥도에 남아 있다가 북한군과 전투 중 비밀유지를 위해 자결하기도 했다고 한다.



● 백마고지전투
1952년 10월 6일부터 10월 15일까지 강원도 철원 서북방 395고지(백마고지)에서 보병 제9사단과 중공군이 벌인 전투.

임병래 소위, 홍시욱 대원 등이다. 당시 소령으로 첩보부대장을 맡았던 함명수 제독은 이 때 숨진 부하를 기리기 위해 매년 영흥도를 찾는다고 한다.

해군첩보부대는 인천상륙작전까지 채 한 달이 남지 않은 8월 24일 새벽 영흥도 남단 십리포 해안에 상륙했다. 영흥국민학교에 숙소를 꾸린 이들은 송도 해안으로 건너가 김순기 중위가 인천경비부에 근무할 때 지하조직원으로 활용했던 권씨라는 사람을 찾아갔다. 함 제독은 "영흥도는 서울시 인민위원장으로 있던 이승엽의 고향이라 걱정이 컸다"고 했다. 권씨는 보안서원으로 일하고 있었다. 그들은 권 씨와 또 다른 조력자 김씨의 도움으로 인천 내륙에 거점을 마련하고 통행증을 구할 수 있었다. 월미도의 무장현황에 대한 정보를 얻을 때는 직접 인부로 일하기도 했다. '월미도 해안에는 4문의 고사포와 400여 명의 병력이 있다'는 등의 첩보가 사령부로 보고됐다.

함 제독은 "9월 1일 미 해군 클라크 대위 일행이 영흥도에 도착한 뒤부터는 그가 직접 맥아더사령부로 첩보를 보고했다. 클라크 대위는 이후 군인으로서 받을 수 있는 최고의 영예인 미 해군 십자훈장을 받았다. 첩보부대가 상륙작전에 기여한 점을 보여주는 것이다"고 했다. 함 제독이 말하는 클라크 대위는 앞에서 별도로 소개한 『The Secrets of Inchon』의 작가, 유진 클라크 대위, 바로 그 사람이다.

미 정부는 첩보작전 중 숨진 임 소위 등에게 최고훈장인 은성무공훈장을 수여했고, 한국정부는 을지무공훈장을 수여했다. 함명수 제독은 1964년부터 66년까지 제7대 해군참모총장을 지냈으며 9대, 10대 국회의원을 지냈다.

한국 해병대는 인천상륙작전에 직접 참여했다. 인천에 상륙한 해병대는 시가전이 주 임무였다. 또 김포지역 방어 임무를 맡아 김포비행장을 공격하려는 적군과 싸워 이겼으며, 한강을 넘어 서울 수복에도 일익을 담당했다. 한국 해병대는 인천에서부터 서울에 이르는 동안 113명이 전사하거나 실종되고 300명이 다쳤다.

군사 전문가인 남도현 씨는 『끝나지 않은 전쟁 6·25』에서 "미국은 완전편제도 갖추지 못하고 6·25전쟁에 뛰어들었기 때문에 부족한 병력을 메우고자 미 해병 1사단에는 국군 해병 제1연대가, 미 제7사단에는 국군 제17연대가 예하 부대로 참여하게 됐다. 국군도 인천상륙작전에 당당한 주역으로 이름을 올려 놓았다"고 했다.

1·4후퇴 이후 한국군은 2차 인천상륙작전을 감행했다. 1951년 2월10일 오후 6시경 한국군은 유엔군의 함포 지원을 받으며 인천에 상륙, 해안가 부두에 교두보를 확보하는데 성공했다. 이어 이날 오후 9시와 11시 각각 기상대고지, 시청(현 중구청 자리)을 점령했다.

# 한국전쟁을 둘러싼 인물들

1950년 6월 25일 새벽 2~3시. 북한 평양의 내각수상 김일성[•] 사무실. 김일성을 비롯해 각료들과 공산당 중앙정치위원들이 모여 있었다. 참석자들은 만장일치로 김일성 최고사령관의 남한 공격 명령안을 찬성, 가결했다. 김일성은 "2시 전에 38도선 전 지역에서 남조선이 공세를 취했다는 보고가 있어, 반격을 명령했다"면서 그 반격 명령을 비준하는 내각회의를 소집했던 것이다.

이 자리에 참석했었다는 전 북한 요인 강상호[•] 씨는 1990년, NHK가 한국전쟁 40주년 특별프로그램으로 제작한 「한국전쟁」에서 "이 자리에 참석하기 전날까지도 전쟁이 언제 일어나는지 몰랐다"고 했다. 강 씨는 전쟁 직후 소련으로 망명했다. NHK 취재팀은 이 프로그램을 위해 러시아 현지로 가서 강 씨를 인터뷰했는데, NHK의 이 특별프로그램은 방영 이듬해인 1991년 『한국전쟁』이란 제목으로 국내에 번역 출간됐다.

3년 동안 좁디 좁은 한반도에 세계 20개 국이 뒤엉켜 200만 명가량을 죽게 한 사상 최악의 전쟁, 한국전쟁은 이렇게 '김일성 사무실'에서 시작됐다. 그러나 북한에서는 남한의 북침으로 전쟁이 시작됐다는 논리를 여전히 굽히지 않고 있다. 이런 북한 주장은 설 자리가 많지 않다. 러시아나 중국에서도 그렇다.

전쟁을 일으킨 사람은 누구이고, 그 참화를 키운 사람은 또 누구인가.



●김일성(金日成, 1912~1994)
북한 공산주의 혁명의 주역.
본명은 김성주(金成柱). 북한
적화사업의 선봉에 섰으며, 북한
공산화를 이뤘다. 한국전쟁을
일으켰다.

●강상호(姜尙昊, 1910~2000)
북한의 군인이자 정치가. 북한
정권 수립 초창기 소련파의
일원으로 입북해 활동했다.
한국전쟁 당시 강원도당 위원장,
1953년부터 1957년까지 북한
내무성차관을 지내다 1959년
소련으로 망명했다. 소련으로
망명한 후 소련 해체 직전부터 반
김일성 체제 운동을 주도했다.

## 전쟁을 초래한 사람들

한국전쟁의 제1 책임은 김일성에 있다는 게 일반적인 정설이다. 김일성이 지휘하고, 소련의 스탈린●과 중국의 마오쩌둥毛澤東이 뒤에서 받쳤다.

김일성은 전쟁을 일으키기 직전까지도 중국보다는 소련에 의존하는 경향이 짙었던 것으로 보인다. 김일성은 1950년 4월과 5월에 소련과 중국을 각각 방문해 전쟁 지원을 요청했다. 이 때 소련과 중국의 입장에 차이가 있었다. 소련은 자국의 위성국가가 된 북한에 중국이 영향력을 행사하는 것을 최소화하려고 했고, 마오쩌둥은 미국의 참전을 우려했다.

소련은 북한에 진주한 뒤인 1945년 10월에야 김일성을 전면에 내세웠다. 그 이전까지 김일성은 북한 사회에서도 잘 알려지지 않았던 인물이었다. 소련이 김일성을 택한 이유는 정치적 역량이나 지도력이 부족해 소련의 입맛에 맞게 움직여줄 대상이었기 때문이란 분석이 우세하다. 당시 공산사회에서 김일성의 정통성은 마오쩌둥은 물론이고 베트남의 호찌민●에게도 미치지 못했다고 한다.

소련의 선택을 받은 김일성은 북한군이 38선을 넘고 이틀이 지난 6월 27일까지 중국 당국에 공격을 개시했다는 통보조차 하지 않았다. 김일성은 또 마오쩌둥의 여러 가지 전법戰法 조언도 듣지 않았다. 한국전쟁 발발에 가장 큰 책임이 있는 세 나라 사이의 신뢰가 전쟁 초기에는 그리 높게 형성되지 않았던 것이다.

이승만도 전쟁 책임론에서 자유로울 수는 없다. 이승만도 김일성이 남침 통일을 실행하려 한 것과 마찬가지로 북진 통일을 주장했다. 이승만은 해방정국에서 미국이 키웠으나, 한국전쟁을 겪으면서는 미국의 견제 대상으로 꼽혔다. 역사의 기막힌 아이러니는 여기서도 등장한다. 마오쩌둥에게 패해 타이완으로 밀려난 장제스●가 이승만을 맥아더에게 추천했고, 이것이 인연이 돼 한국전쟁 시기 이승만과 맥아더는 '한맘 한뜻'이 되어 움직였다. 이승만은 '리틀 장제스'로까지 불렸다. 장제스를 축출한 마오는 장제스가 가장 가까웠던 두 인물, 이승만과 맥아더에 의해 아들을 전장에서 잃었다. 인천상륙작전에 승리한 맥아더의 북진으로 마오쩌둥의 아들이 전사했던 것이다. 마오쩌둥의 아들 마오안칭毛岸英은 펑더화이● 총사령관의 참모 겸 러시아어 통역으로 종군하고 있었는데, 1950년 11월 20일 유엔군의 폭격으로 사망했다.

트루먼 등 미국 당국자들도 한국전쟁에 일정한 원인을 제공했다고 할 수 있다. 『콜디스트 윈터』를 쓴 데이비드 핼버스탬은 1950년 1월, 미국 국무장관 딘 애치슨Dean Gooderham Acheson이 미국의 아시아 방어선에서 남한을 제외한다는 이른바 애치슨 선언이 전쟁의 기폭제가 됐다고 보고 있다. 애치슨 선언이 김일성과 소련으로 하여금 남침을 해도 미국이 참전하지 않을 것이라고 생각하게 했다는 것이다.

### 전쟁을 키운 사람들

북한의 김일성과 소련의 스탈린, 중국의 마오쩌둥이 한국전쟁 발발의 3주역이라면, 맥아더와 이승만도 전쟁 전개 과정에서 제대로 대처하지 못해 피해를 키운 책임을 면하기는 어렵다.

이승만이 대통령으로서 전쟁 중에 얼마나 잘못 행동했는지는 1952년의 '가짜 공비 사건'●에서 확연히 드러난다. 당시 국회가 이승만 권력독점에 반발해 정치개혁을 단행하려 하자 이승만은 '가짜 공비 사건'을 만들어 계엄령을 선포하고 전선의 군인들을 부산으로 불러 국회를 마비시켰던 것이다. 이런 이승만은 이후 미국의 '제거 대상'으로 간주되기도 했다.





● **장제스(蔣介石, 1887~1975)**
중국 군인·정치가·중화민국 총통. 국민당 혁명군 총사령관이 돼 북벌(北伐)에 성공하고 난징(南京) 정부의 실권을 장악했다. 항일전에 힘썼으며, 초대 총통에 취임했으나 중공과의 전투에 패해 정부를 대만으로 옮겼다.

● **펑더화이(彭德懷, 1900~1974)**
중국의 군인·정치가. 한국전쟁 당시 중공군을 이끌고 우리나라에 들어왔다. 국방부장에 취임했으나 실각했다가 1978년에 명예가 회복됐다.

● **가짜 공비 사건**
부산(전시수도) 정치파동이라고 한다. 이승만 대통령이 재선을 위해 공비 소탕을 구실로 비상계엄을 선포, 대통령 직선제 정부안과 내각책임제 국회안을 발췌·혼합한 개헌안을 강제로 통과시킨 사건이다.

이승만과 미국의 관계가 비정상이었듯, 한국전쟁 초반에 미국 대통령 트루먼과 태평양 총사령관 맥아더의 관계도 정상은 아니었다. 당시 미국에서 가장 전쟁 경험이 풍부한 장교는 당연히 맥아더였다. 그는 1차 세계대전 때부터 전장을 누볐다. 이런 맥아더가 한국전쟁을 근거없이 낙관했으며 정보를 왜곡시켰다. 당시 맥아더는 전쟁보다는 대통령 출마에 더욱 관심이 컸다. 맥아더는 중공군 참전 직전인 10월 22일, 탄약을 대량 적재한 함선 6척을 한국에서 하와이로 뺐다. 인천상륙작전과 서울탈환, 평양진격 등의 흐름으로 볼 때 '전쟁은 끝났다'고 판단한 것이다. 맥아더는 또 국경지대에는 한국군만 진출시키라는 트루먼의 지시를 묵살하고, 10월 24일 모든 유엔군에 압록강까지 진격하라고 명령했다. 최고 지휘관의 오만과 오판이 빚은 참극은 여기서 시작한다. 중공군이 참전해 다시 서울을 빼앗겨야 했고, 전쟁은 3년이나 더 끌어야 했던 것이다.

게다가 맥아더 사령부는 이미 전쟁 발발 전부터 보고된 정보당국의 '남침 정보'를 철저하게 무시했었다. 맥아더는 전쟁이 터진 다음 날인 26일 저녁에도 도쿄에서 미국 공화당 인사인 덜레스John Foster Dulles 부부와 만찬을 하고 영화구경까지 했다. 더 큰 문제는 맥아더가 사적인 시간을 갖고 있는 동안에 그 누구도 전쟁이 터졌다는 사실을 알려주지 않았다는 점이다. 맥아더의 부하들은 한국전쟁 발발을 알려 '맥아더의 시간'을 방해하고 싶지 않았던 것이다. 맥아더 사령부내에서 맥아더의 지위는 거의 신적神的이었다.

그러나 중공군 참전 과정 등에서 트루먼과 갈등하던 맥아더는 결국 본국으로 소환돼 군복을 벗었다. 맥아더를 통제하지 못했던 트루먼은 대통령으로서의 위엄에 심각한 손상을 입었고, 맥아더 역시 대통령을 제대로 존중하지 않음으로써 자신이 그동안 쌓아

온 위상에 치명타를 입었다.

### 전쟁과 인천 인물

인천대학교와 선인고등학교 등으로 대표되는 인천의 최대 사학私學으로 선인재단이 있었다. 그 '선인'이란 두 글자는 한국전쟁의 두 영웅으로 일컬어지는 백선엽 장군과 그의 동생 백인엽 장군의 이름에서 시작한다. 재단의 전횡이 크게 문제가 되던 선인학원은 김영삼 대통령 시절에 우여곡절 끝에 공립화되었다.

형 백선엽은 허종이 쓴 『반민특위의 조직과 활동-친일파 청산, 그 좌절의 역사』란 책에 따르면, 미군정기 조선경비대 정보국에 근무했다. 만주군관학교를 졸업하고, 만주군 장교로 근무했다. 일제가 항일무장세력을 토벌하기 위해 조직한 간도특설대*에서 활동하기도 했다.

한국전쟁 때 제1사단장을 맡았던 백선엽은 미군들이 가장 훌륭한 한국군 지휘관이라고 여겼다고 한다. 이는 아마도 백선엽이 중공군의 참전사실을 가장 먼저 알아차리고 적절히 대응해 병사들을 구한 점을 미군들이 높이 평가하기 때문으로 보인다. 일본군이 되어 만주에서 활약한 때문이었을까. 백선엽은 중공군 포로를 직접 신문할 정도로 중국어에 능통했던 모양이다. 그 결과 보고를 올렸으나 맥아더 사령부는 이를 받아들이지 않았다.

백인엽도 전쟁 직전 옹진반도를 지키던 수도사단 제17연대 연대장으로 있었다. 전쟁이 터질 때 38선의 모든 부대가 주말휴가로 텅 비다시피 하는 상황이었으나 백인엽 부대만은 전원이 경계근무 중이었다고 한다. 백인엽은 "수일 전부터 전선 상황이 매우 수상해, 병사들을 휴가 보내지 않았다"고 NHK「한국전쟁」제작팀에게 말했다. NHK가 인터뷰한 바에 따르면 백선엽이 맡은 제1사단은 서울 북쪽 38선을 따라 배치돼 있었으나 백선엽은 전쟁 전날 밤에 토요일 댄스파티에 참가하느라 서울에서 잠자고 있어 초기 대응이 늦은 과실이 적지 않다.

해방 직후부터 남북으로 분단돼 '세계의 전쟁'을 치른 한반도의 운명처럼, 인천 출신으로 일제시기에 좌익계열에서 함께 활동하다 해방 이후 결별한 뒤 남북으로 나뉘었으며 결국엔 한국전쟁이 발단이 돼 목숨을 잃은 두 인물도 빼놓을 수 없다. 조봉암과 이승엽이다. 인천은 해방 직후 한국의 모스크바로 불릴 정도로 좌익진영의 활동이 활발했다.『해방정국 청년운동사』는《조선인민보》1945년 12월 17일자를 인용해 '당시 인천지역은 제2의 모스크바로 불릴 정도로 좌익세력의 아성이었다. 인천은 항구도시이며, 공업도시라는 지역적 특성 때문에 선원과 근로자들이 많았고, 공산당의 이승엽, 조봉암 등의 연고지였다'고 설명한다. 또한 북한에서 월남한 사람들의 수가 많아짐에 따라 우익진영의 기업주들도 적지 않았다. 좌우의 도가니였던 셈이다.

박헌영*을 중심으로 한 남조선노동당의 핵심 인물이기도 했던 이승엽은 1948년 7월 월북했으며, 전쟁 중에 김일성 계열로부터 박헌영과 함께 숙청됐다. 이승엽은 박헌영의 오른팔로 통했는데, 전쟁 직전인 1950년 1월에「조국통일을 위한 남반부 인민 유격투쟁」이란 보고서를 통해 남한에서의 농민 봉기가 거대한 세력을 형성하고 있는 것처럼 선전했다고 한다. 막상 전쟁이 터지자 남한에서의 '호응'이 없었고, 따라서 김일성의 계획대로 전쟁이 진행되지 않았다. 남로당 숙청은 '전쟁 책임론' 성격도 있었던 것으로 보인다.

조봉암은 좌익의 핵심인물로서 해방과 동시에 인천에서 건국준비위원회를 조직하는 등 신속하게 움직였다. 그러나 이듬해에는



●박헌영(朴憲永, 1900~1955)
공산주의 운동가. 조선공산당 창립에 참가했고 남조선노동당을 조직했다. 조선노동당 부위원장을 지냈으며, 김일성에 의한 남로당계 숙청이 감행되면서 체포돼 사형당했다.

공산주의와 결별했다. 이승만 정권 초대 농림부장관을 지낸 조봉암은 국회 부의장 선출 1주일 만에 전쟁을 맞았다. 특히 1952년 8월 부산에서 치러진 제2대 대통령 선거에 입후보해 이승만과 맞붙었다. 그러나 이것으로 이승만의 정적이 되어 간첩 올가미를 쓰고 만다. 이 때부터 이승만의 집중견제를 받기 시작한 것이다. 조봉암은 1956년에도 제3대 대통령선거에 입후보해 '선거에 이기고, 개표에서 졌다'는 말 속에서 낙선했다. 조봉암은 이승만 정권으로부터 간첩 누명을 쓰고 1959년 7월 31일 사형당했다.

조봉암은 사형이 집행된 지 52년 만에 간첩 누명을 벗었다. 2011년 1월 대법원 전원합의체는 조봉암의 국가변란과 간첩 혐의에 대해 재판관 전원 일치 의견으로 무죄를 선고한 것이다.

# 전쟁의 반의어, 인간

## 무덤이 된 전선

한국전쟁이 터졌을 때 국군이 손에 든 장비는 소총뿐이었다. 이
것으로 북한군의 포격에 맞서기는 역부족이었다. 결국 후퇴를 거
듭할 수밖에 없었고, 하루하루 부대원 수가 달라 보일 정도로 많
은 군인들이 목숨을 잃었다. 전투의 결과는 참혹했다. 그 전투는
밤과 낮을 가리지 않았다. 특히 밤에는 적군과 아군을 식별하기
어려웠다. 아군끼리 사격을 가하는 바람에 적지 않은 사상자가 발
생하기도 했다. 국군이 점령한 고지에는 북한군의 시체가 널려 있
었다. 계곡에도 시체가 즐비했다. 참전용사들은 당시의 상황을 시

**부역자 처형** _ 국군 헌병들이 북한군 부역자들을 구덩이에 몰아넣은 뒤 처형 준비를 하고 있다.(대
구, 1951.4)

산혈해屍山血海로 표현한다. 사람의 시체가 산처럼 쌓이고, 그 피가 바다를 이뤘다는 것이다.

미군의 네이팜탄* 공격으로 숨진 북한군의 모습은 마치 개가 불에 탄 형상이었다. 이런 광경을 본 군인들은 '내가 언제 저렇게 될지 모른다'는 공포에 시달렸다.

아군과 적군의 포격으로 항만과 철도 등의 도시기반시설이 파괴됐으며, 산은 벌거숭이가 됐다. 인천상륙작전이 이뤄진 인천 월미도의 경우에도, 월미산의 높이가 낮아질 정도로 포격이 집중됐다. 인천항은 물양장物揚場과 호안 350m, 갑문비 4매, 교량 3기, 상옥급 창고 1만8천262㎡, 공사용 선박 17척, 기중기 2대 등이 박살이 났다.

박태균 서울대 국제대학원 교수는 "인천만 해도 엄청나게 큰 피해를 입었다. 개항장 인천은 국제적인 무역·상업의 중심지였으나 그같은 산업 기반 역시 전쟁으로 한순간에 다 파괴되고 말았다"고 했다.

아군이 생포한 포로는 짐이 됐다. 대부분 포로수용소로 보냈지만, 데리고 다니기가 어려워 생포 즉시 죽이는 경우도 적지 않았다. 이는 북한군 역시 마찬가지였다.

인천상륙작전에 참전했던 장병들은 인천구치소 안에서 수많은 시민들이 학살당한 참상을 목격하고 치를 떨었다.

인천상륙작전에 참여한 허영철(81·당시 해병대 삼등병조) 할아버지는 "낙동강 전투에서 북한군과 싸우다가 부산으로 이동, 인천상륙작전에 참여하게 되어 인천에 상륙해 북한군 소탕작전을 벌였다"고 했다. 또 "유엔군이 인천에 상륙하자, 외부에 나가 있던 시민들이 인천으로 되돌아왔다. 이 때 북한군이 민간인 복장을 하고 침입했다"고 했다.

허영철 옹은 "북한군도 같은 민족이지만 (내가 군인이기 때문에) 죽일 수밖에 없었다. 그 당시에는 아무런 생각이 없었다. 지금 생각해 보니까 너무나 비참하다"고 했다.

서울 연희고지 전투에도 참가한 허영철 옹은 "머리 위로 포탄이 날아다니고, 적군과 아군을 구분하지 못해 같은 편에게 총과 포탄을 쏘는 경우도 있었다"고 했다. 또 "북한군은 악질이었다. 어린 병사들이 도망치지 못하도록 철사를 이용해 다리를 나무에 묶어 놓고 싸우게 했다"고 했다.

허영철 옹은 "17살 먹은 북한군을 잡았는데, 알고 보니 남한 학생이었다. 또 내가 생포한 북한군 여장교 중에는 이화여대 학생도 있었다"고 회고했다.

## 영문도 모른 채 죽어간 양민

1950년 9월 10일 새벽, 미 공군이 네이팜탄 등으로 인천 월미도에 무차별 공격을 가했다. 인천상륙작전을 앞두고 북한군의 저항을 최소화히기 위해서였다.

네이팜탄 피해 _ 미군의 네이팜탄 공격으로 온몸을 다친 여성들. (수원, 1951.2)

**참혹함!** _ 북한군이 물러간 뒤 정치범들이 처형된 현장에서 사람들이 죽은 이들을 살펴보고 있다.(대전, 1950년 10)

주민들이 살던 마을은 북한군과 그들의 군사시설이 있던 장소로부터 300여m나 떨어져 있었다. 하지만 미군은 아무런 사전 경고 없이 대량살상무기인 네이팜탄을 월미도에 쏟아부었다. 당시 월미도에는 600여 명의 주민이 살고 있었다. 이 사건을 조사한 '진실·화해를위한과거사정리위원회(과거사정리위)'는 종합보고서에서 "이 과정(미군의 공격)에서 월미도에 거주하던 주민 100여 명이 희생됐다. 월미도 주민들은 사건 직후 고향을 떠나야 했으며 현재까지 자신이 살던 곳으로 돌아가지 못하고 있다"고 밝혔다.

과거사정리위는 2008년 합당한 피해 보상과 귀향 대책 마련을 정부에 권고했지만 현재까지 아무런 조치가 이뤄지지 않고 있다.

박태균 서울대 국제대학원 교수는 그의 책 『한국전쟁』에서 "적을 제압하기 위한 무리한 전술 속에서 아군의 생명 역시 하나의 수단으로 전락한다. 한국전쟁 때 인천상륙작전에 동원된 유엔군이 그랬다"고 했다. 또 "최근의 전쟁은 상대편 지역을 초토화하는 전략을 쓴다. 공군과 해군을 동원한 무자비한 폭격이 이뤄진 다음 육군이 투입되는데, 그 과정에서 엄청난 인적·물적 피해가 발생한다"고 했다.

민간인에 의한 민간인 학살사건도 많았다. 인천 강화도의 내무서원과 지방좌익은 우익인사 등 다수의 주민들을 1950년 9월 29~30일 양사면 인화리 중외산 중턱에서 집단 사살했다. 또한 강화군 교동도에서 집단 학살이 벌어졌다.

성공회대 김동춘 교수는 『전쟁과 사회』에서 "학살은 전쟁이 가져다주는 비인간성과 비극성을 가장 잘 드러내 준다. 전쟁에서는 승리하는 자도 패배하는 자도 없다는 말이 학살보다 더 잘 드러나는 경우는 없다"고 지적했다.


### 미망인과 기지촌

전쟁은 깊은 후유증을 남긴다. 사회적 변화도 가져온다.

여몽전쟁이 끝난 뒤 고려에서는 조혼 풍습과 일부다처제가 생겨났고, 병자호란 이후에는 환향녀還鄕女가 사회적 문제가 되기도 했다. 한국전쟁 이후 역시 미망인이 크게 늘었다. 전쟁으로 남편이 숨지거나 실종됐기 때문이다. 목숨을 건졌어도 부상 때문에 경제활동을 못하는 남자가 많았다.

생활전선에 뛰어든 여성들은 돈을 벌기 위해 무슨 일이든 해야했다. 이 중에는 미군을 상대로 몸을 파는 매춘 여성도 적지 않았다. 이른바 '기지촌 여성'이 새로운 사회적 문제가 된 것이다. 기

**참담함!** _ 저 아이는 지금! 미국의 폭격이 집중된 인천 동구의 '인천기계공업주식회사' 간판 앞에서 혼자 떨어진 한 여자아이가 울고 있다.(1950. 9.16)

지촌 여성은 사회적 비난의 대상이 되었고, 이들과 미군 사이에서 태어난 혼혈아 역시 사회적 문제가 됐다. 이들을 구제하기 위한 방법은 해외 입양이었다.

서재송(83) 옹은 최분도(1932~2001) 신부와 함께 혼혈아를 돌봤다. 최분도 신부는 미국인으로 인천 덕적도에서 의료봉사를 펼치고 혼혈아의 미국 입양을 주선한 인물이다. 서재송 옹은 인천상륙작전에 참여한 한국전쟁 참전용사이기도 하다. 서재송 옹은 1964년부터 40년 동안 1천600여 명의 혼혈아를 미국, 캐나다, 호주 등지로 입양을 보냈다. 당시 혼혈아를 바라보는 사회의 시선은 매우 차가웠다. 혼혈아 가정은 주로 아버지가 없었기 때문에 경제적으로도 어려움을 겪었다. 서재송 옹은 "옛날에는 인천 부평에 있는 미군 부대가 매우 컸다. 그 때 혼혈아들이 많았다. 해외로 입양을 보내려면 인감증명이 필요했다. 하지만 한 번 발급 받은 인감증명은 3개월 밖에 효력이 없었는데 입양과정에서 3개월이 지나는 일도 적지 않았다. 그런데 혼혈아 어머니들이 거주지를 자주 옮겨 다니는 바람에 이들을 찾는 일이 매우 힘들었다"고 회고했다.

혼혈아 어머니가 지원금만 생각해 자식의 해외 입양을 꺼리는 경우도 많았다고 한다. 서재송 옹은 "미국에서 우리나라 혼혈아 가정에 생활비를 지원한 적도 있다. 그 생활비를 받으려고 아이를 입양 보내지 않는 어머니도 있었다. 그러나 아이가 어릴 때는 괜찮지만 학교에 들어가면 영락없이 놀림거리가 되었다. 이런 일로 어머니와 자녀 간에 갈등이 발생했고, 뒤늦게 해외 입양을 추진하다 보면 더 어려움이 커지기도 했다"고 덧붙였다.

서재송 옹은 "혼혈아는 우리의 불행한 과거다. 혼혈아는 물론 그의 어머니도 매우 불우한 생활을 할 수밖에 없었다"고 안타까워했다.

한국전쟁으로 많은 사람들이 남과 북에서 가족과 떨어져 살아야 하는 아픔을 겪고 있다. 북한에 살고 있는 가족을 찾고자 '이산가족 찾기'를 신청한 남한 사람은 2012년 6월 말 기준으로, 12만8천713명이다. 이 중 7만7천122명만 살아 있다.

## 세계 신무기의 경연장

한국전쟁은 최신식 대량 살상 무기가 총동원된 전쟁이었다. 2차 세계대전에서 맹활약한 무기들은 크게 개량됐고, 세계 최초로 등장한 신무기들은 가공할 만한 위력을 과시하며 한반도 전역을 초토화시켰다. 한국전쟁은 그야말로 세계 열강들이

T-34

3.5인치 로켓포

개발한 신형 무기의 실험장이었다.

북한군은 소련제 최신형 전차인 T-34 전차와 SU-76 장갑 자주포를 앞세워 38선 일대 주요 방어선을 무너뜨린 뒤 불과 3일 만에 서울을 점령하고 낙동강 전선까지 거침없이 밀어붙였다. 특히 북한군 주력 전차인 T-34 전차는 뛰어난 기동력과 강력한 화력을 보유하고 있어, 마땅한 방어수단이 없었던 아군에게는 말 그대로 공포의 대상이었다. T-34 전차 1대의 당시 전투력은 보병 1개 대대와 맞먹는 것으로, 북한군이 운용한 T-34 전차 200여 대는 무려 15개 사단의 위력과 비슷하다는 분석도 있다. 전차가 없었던 국군은 T-34 전차에 대항하기 위해 57mm 대전차포와 2.36인치 로켓포를 운용했으나, 무용지물에 가까웠다.

하지만 북한군 T-34 전차의 위력은 그리 오래가지 못했다. 미국이 대전차 무기로 개발한 3.5인치 로켓포의 등장 때문이었다. 한국전쟁에서 최초로 사용된 이 로켓포는 보병 개인 휴대화기로, 북한군 T-34 전차를 제압할 수 있는 파괴력을 지니고 있었다. 낙동강 전선에서 아군이 북한군의 총공세에 버텨낼 수 있었던 데에는 3.5인치 로켓포의 힘이 컸다.

육상과 달리 제공권은 개전 초기부터 아군이 쥐고 있었다. 특히 미국의 대표적인 폭격기인 B-29는 엄청난 양의 폭탄을 무차별적으로 쏟아 붓는 이른바 융단폭격을 가해 북한군 진영을 쑥대밭으로 만들다시피 했다. 미국은 폭격 목표지점을 삽시간에 불바다로 만들 수 있는 네이팜탄을 사용해 비난의 대상이 되기도 했다. 인류 역사상 최초의 제트기 공중전이 펼쳐진 것도 한국전쟁이었다. 대표적인 전투기로는 F-80 등이 있다. 기존 프로펠러식이 아닌 고속회전이 가능한 제트기 시대가 열린 것이다.

해상에서는 미국, 영국, 네덜란드, 호주 등 유엔군 함대들이 연합 작전을 수행했다. 인천상륙작전은 함포 사격 등 항공모함의 위력이 크게 발휘된 사례로 꼽힌다.

험준한 산악지형을 이용해 게릴라 전술을 폈던 중공군의 주력 화기는 소위 따발총으로 알려진 기관단총 PPSh 41이었다. 이 총은 무게가 가볍고 분당 600~900발이나 나갈 정도로 성능이 뛰어났다.

한국전쟁 무기 관련 전문가인 강창국 혜천대 교수(군사과)는 "한국전쟁이 중요한 국면으로 접어들고 전세가 여러 번 뒤바뀌었던 이면에는 양측의 막강한 무기체계가 뒷받침돼 있었다. 한국전쟁 당시 한반도는 '신무기의 전시장'이나 다름없었다"고 지적한다.

# 끝나지 않은 한국전쟁과 쟁점들

한국전쟁은 끝나지 않았다. 한국전쟁의 발발 원인, 그리고 전쟁의 주체와 성격에 관한 문제는 오늘날까지도 주요 쟁점이 되고 있다. 정전협정*이 1953년 7월 체결됐지만, 남북 간 군사적 충돌은 계속돼 왔다. 특히 서해 북방한계선* 인근 해역은 한반도의 화약고가 되어 전 세계의 이목을 집중시키고 있다. 남한 사회에서조차 NLL을 둘러싸고 한 치의 양보도 없는 대립이 지속되고 있다.

## 전쟁의 기원

전쟁은 1950년 6월 25일 새벽에 시작됐다. 소련제 전차와 자주포로 무장한 북한군이 개성, 전곡, 포천, 춘천, 양양에 이르는 38선 전역에서 일제히 공격을 시작한 것이다. 북한군의 기습 남침은 명백한 사실로 밝혀졌다. 하지만 한국전쟁의 발발 배경은 여전히 논란거리다. 한국전쟁의 기원과 성격에 대해 학계에서는 1945년 해방 이후 한반도 내부의 갈등이 증폭된 '내전'의 성격으로 바라보기도 하고, 2차 세계대전 이후 미국과 소련의 냉전체제에서 불거진 '국제전'으로 해석하기도 한다.

미국의 역사학자 브루스 커밍스Bruce Cumings는 소련에 의한 북한의 일방적인 남침을 주장하는 전통주의적 시각에서 벗어나 한국전쟁을 일제시기 형성된 한반도 내 계급갈등이 해방 이후 폭발한 일종의 '내전'으로 본다. 그는 특히 결과적으로 북한의 오판을 유

● 정전협정
1953년 7월 국제연합군 총사령관과 북한군 최고사령관 및 중공인민지원군 사령원 사이에 맺은 한국 군사정전에 관한 협정.

● 서해 북방한계선 (NLL, Northern Limit Line)
1953년 정전 직후 클라크 주한 유엔군 사령관이 북한과 협의 없이 일방적으로 설정한 해상경계선.

도한 미국의 극동지역 국제정책과 해방 이후 좌우 이념적 대립의 상황에서 우익의 입지를 강화하는 편향을 드러낸 미군정의 정책이 한국전쟁 발발과 남북 분단에 큰 책임이 있다고 주장한다.

그러나 국내 한국전쟁 연구의 권위자인 박명림 연세대 교수는 커밍스의 주장을 공개적으로 비판하기도 한다. 한국전쟁 발발 원인을 지나치게 한국사회 내부 모순에서 찾을 경우 전쟁을 일으킨 북한에 면죄부를 주는 것일 뿐더러, 소련이 전쟁에 깊숙이 개입한 사실을 간과하는 것이기 때문이다.

박태균 서울대 국제대학원 교수는 '한국전쟁이 왜 1950년 6월 25일에 일어났는가'에 대해 주목한다. 박태균 교수는 "전쟁을 결심한 김일성이 스탈린을 만나고 마오쩌둥과 의견을 조율하는 과정이 5월까지 계속된다. 당시 5월 말 남한에서는 총선거가 치러졌는데, 북한은 어떤 인물들이 국회에 들어오는지 결과를 지켜보려 했을 것으로 추정된다"고 했다. 또 "1950년 남한 사회는 1년 전

**유엔, 한국전 참전 결정** _ 1950년 6월 27일 유엔 안전보장이사회에서 미국의 남한군사지원안에 대해 거수 표결을 하고 있다. 이로써 미군은 유엔군 이름으로 한국전쟁에 참전하게 됐다.

에 비해 인플레이션이 잡히고 미국 원조자금이 들어오는 등 안정을 찾아가고 있었다"며 "북한 입장에서는 여순사건●과 빨치산 활동 등이 실패로 돌아간 데다, 남로당 인사들은 대부분 체포돼 더 이상 남한 자체 혁명은 불가능할 것으로 판단했을 것이고, 이대로 시간을 끌다간 자칫 전쟁을 해도 남한 사람들의 지지와 호응을 이끌어내지 못할 수 있겠다는 위기감마저 가졌을 가능성이 크다. 더구나 이승만의 북진정책은 북한이 전쟁을 일으킬 명분으로 삼기에 충분했을 것이다"고 했다.

이렇듯 한국전쟁의 기원을 둘러싼 논란은 오늘날까지 이어지고 있다. 특히 한국전쟁 발발 이후 소련의 유엔 안보리 회의 불참은 여전히 풀리지 않은 수수께끼로 남아 있다. 한국국방안보포럼 KODEF 회원이자 군사전문가인 남도현 씨는 "한국전쟁 당시 소련은 2차 세계대전의 피해를 완전히 회복한 상태가 아니어서 미국과 직접 교전을 벌일 여력이 없었다. 스탈린이 소련의 안보리 불참을 직접 지시했다는 주장이 있지만, 정권 말기인 1950년에 이르러 스탈린이 단독으로 중요한 일을 처리하기는 그리 쉽지 않았을 것이다"고 했다.


## 맥아더를 둘러싼 엇갈린 평가

한국전쟁 하면 가장 먼저 떠오르는 인물을 꼽으라면 단연코 맥아더 장군이 으뜸일 것이다. 한국전쟁의 전세를 뒤집은 인천상륙작전을 지휘했다는 이유에서다. 인천 앞바다는 조수 간만의 차가 심한 데다, 간조 때 해안에는 갯벌지대가 형성돼 상륙작전이 쉽지 않다. 맥아더는 많은 사람들이 회의적이었던 인천상륙작전을 과감하게 실행했다. 서울 수복과 함께 38선 넘어 북진北進을 단행했는데, 여기에서부터 맥아더에 대한 평가가 엇갈린다. 북진이 불가



● 여순사건
1948년 10월 여수지역에 주둔하고 있던 국군 제14연대 소속 일부 군인이 반란을 일으킨 사건. 진압 과정에서 민간인 희생자가 많이 발생했다. 좌익과 우익의 대립으로 빚어진 민족사의 비극적 사건이다.

**'예쁜 보트'에 타고 _** 인천상륙작전의 영웅, 맥아더와 그 부관들. 상륙작전 이틀 후 인천 땅을 밟기 위해 상륙보트에 탄 3명. 당시 현장에 있던 기자들은 이 보트를 '흰 방석이 깔린 예쁜 보트'라고 불렀다. 가운데에 앉은 맥아더 장군이 선글라스를 낀 채 사진 왼쪽을 응시하고 있다.

피한 판단이었다는 의견과 잘못된 결정이라는 두 목소리가 있는 것이다.

남도현 씨는 "맥아더가 전쟁 초반기에 많은 역할을 했다. 이 때문에 영웅시된 것은 사실이다. 그러나 대다수 군사 전문가가 동의하는 것처럼 맥아더는 1950년 9월 15일까지만 지휘를 잘했던 인물이다. 사실 그 이후부터는 군사적으로 실책의 연속이었다"고 덧붙였다. 북진에 대해서는, "중국은 중일전쟁과 국공내전을 끝내고 건국된 지 1년 밖에 되지 않았다. 중공군의 대규모 개입이 힘들 것으로 본 것은 당시 시점으로 볼 때 잘못된 판단이라고 할 수 없다. 서울 수복 후, 38선에서 반격을 멈출 수 없었던 것은 너무 당연하였다. 다만 군사적으로 너무 성급하고 잘못된 북진방법을 선택한 것은 결정적인 잘못이었다"고 강조했다.

박태균 교수는 맥아더를 부정적으로 본다. 그는 "개인적으로 맥아더에 대해 굉장히 비판적이다"며 "서울 수복이 너무 늦었고, 결

과적으로 중부 전선에 있는 북한군 주력 부대의 퇴로를 막지 못했
다"고 말했다. 이어 "그러나 맥아더 동상을 철거해야 한다는 주장
에 대해선 반대한다. 맥아더 동상은 우리가 사는 시대에 맥아더를
어떻게 평가했는가에 대한 상징적 의미가 있다"고 말했다.

통일연구원 전성훈 선임연구위원은 "맥아더는 한국의 오늘이
있게 만든 은인이다"고 높게 평가했다. "맥아더는 군인이자 전략
가로서 한국 주도의 한반도 통일을 실현하려고 애썼다. 소신을 굽
히지 않은 훌륭한 군인이다"고 했다.

국방부 군사편찬연구소 최권삼 연구원은 "여러 가지 측면에서
평가가 엇갈릴 수 있지만 맥아더는 남한을 수호하기 위해 최전선
에서 싸운 군인인 것 만큼은 분명하다"고 단정한다.

맥아더 동상을 둘러싼 인천지역의 입장은 '이전'과 '보존'으로
갈려 있다. 이전을 주장하는 쪽은 자유공원이 각국공원이던 개항
초기의 활기를 중심에 두고 교류와 개방의 장소로 복원되어야 한

**보·혁 갈등의 상징** _ 맥아더 동상 철거와 보존 문제가 우리 사회의 보혁 갈등으로 표출된 2007년 9
월 맥아더동상 앞. 철거를 요구하는 노인 시위대를 향해 어떤 노인이 삿대질하며 철거반대를 주장
하고 있다.

다는 주장이다. '보존'을 주장하는 쪽은 이미 자유공원과 맥아더 동상이 인천 역사의 일부라는 사실을 강조했다.

## 북방한계선NLL과 정전협정

1953년 7월 27일 정전협정이 체결됐다. 군사분계선 설정과 전쟁 포로 처리 등의 문제로 무려 2년 동안이나 지속되어 온 휴전협상 이 우여곡절 끝에 종지부를 찍게 된 것이었다. 하지만 이승만 대 통령은 정전협정 서명을 끝내 거부했다. 이승만은 오랫동안 북한 은 한낱 '괴뢰' 집단에 불과하므로 북진 통일만이 방법이라고 주 장해 왔다. 김일성과 협정을 맺는다면 괴뢰가 아닌 그들의 실체를 인정하는 형국이 된다. 이승만에게는 한반도의 평화보다 자신이 세운 정치이념이 더 중요했다. 결국 마크 클라크® 유엔군 사령관 과 김일성 북한군 총사령관, 펑더화이 중국인민지원군 총사령관 만이 정전협정문에 서명을 했다. 한국전쟁은 정전협정 체결로 동 족상잔의 깊은 상처를 남긴 채 막을 내리게 됐다.

그러나 한국전쟁은 완전히 끝난 것이 아니었다. 말 그대로 전쟁 종결이 아닌 상호 간 군사적 행동을 멈추는 정전停戰일 뿐이었다. 한반도의 평화체제 구축을 위해 1954년 4월 26일 시작된 제네바회담®은 별다 른 성과 없이 결렬되고 말았다. 그 결 과, 한반도 평화는 정전협정에 기댈 수밖에 없는 형편에 놓이게 됐다. 그 러나 이 정전협정마저도 유명무실한 상태가 됐다. 특히 남북의 정전협정 이행을 감시하고 조정해야 할 '중 립국감독위원회'와 '군사정전위원

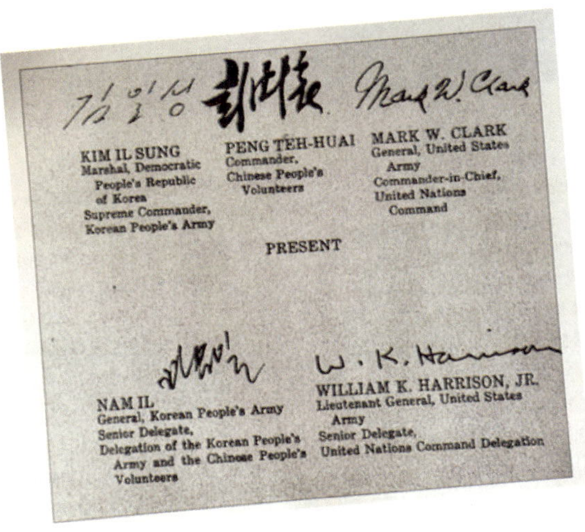



**한국군 빠진 정전협정**
이승만 대통령이 정전협정을 반대하는 바람에 한국군 대표의 서명이 빠져 있다.

회'가 제 기능을 상실한 지 오래기 때문이다.

정전협정이 무력화된 책임이 누구에게 있느냐도 이념과 사상에 따라 극명하게 엇갈린다. 전성훈 선임연구위원은 "정전협정은 북한의 남침야욕과 군사도발에 직면해 불완전하나마 한반도의 안정과 평화를 보장해 준 귀중한 자산이다. 기회가 있을 때마다 이 협정을 무력화시키려는 북한의 대남전략이 문제다"고 지적했다. 강정구 '평화와 통일을 여는 사람들' 공동대표(전 동국대 교수)는 "남북 모두 정전협정을 헌신짝처럼 내팽개친 게 사실이다. 정전협정으론 한반도의 평화가 보장될 수 없는 만큼 전쟁의 완전한 종식을 선언하면서, 남북이 다시는 전쟁을 하지 못하도록 구조적인 조건을 만드는 평화협정 체결이 필요하다"고 강조했다.

서해 북방한계선NLL 해역은 특히 전 세계가 주목하는 한반도의 화약고이다. 백령도와 연평도 등 최북단 접경 지역인 서해 5도 인근 해역에서 남북한 사이에 크고 작은 무력충돌이 끊이질 않고 있다. 급기야 2010년엔 연평도 포격사건까지 터지고 말았다. 북한이 연평도 민간인 거주 지역을 향해 무력 도발을 감행, 4명의 사망자가 발생하는 한국전쟁 이후 초유의 사태가 발생한 것이었다.

오늘날 남북 간 분쟁의 직접적인 원인이 되고 있는 NLL 문제도 정전협정과 무관치 않다. 정전협정 체결 당시 육상과 달리 해상의 군사분계선은 합의에 이르지 못했다. 다만 육지를 기준으로 한강하구를 따라 우도까지 연결하는 선을 그어 양측이 각각 관리하도록 했을 뿐이었다. 서해 5도인 백령도, 대청도, 소청도, 연평도, 우도는 유엔군 사령관이, 이 외에 기타 모든 도서는 북한군 총사령관과 중국인민지원군 총사령관의 군사 통제 아래 두기로 합의됐으나, 현재 NLL이 그어진 해역에는 분계선을 설정하지 못했다.

지금의 NLL은 정전협정 체결 직후 클라크 유엔군 사령관이 해

상의 군사적 충돌을 우려해 임의로 설정한 경계선이었다. 북한은 NLL을 전면 부정하고 있고, 남한은 NLL 이남을 넘는 월선 행위를 곧 영해 침범으로 간주하고 있다. NLL 영토선 문제는 남한 내에서도 숱한 논란을 불러왔다. 학계 내에서도 NLL이 '국제법적 효력이 있느냐, 없느냐'에 따라 또는 '국제법이 헌법에 우선하느냐, 그렇지 않느냐'에 따라 큰 시각차를 보인다. 국제법 전문가인 이장희 한국외국어대 교수는 NLL을 '국제법상 효력이 없다'고 보는 국내 법학자들 가운데 한 명이다. 이장희 교수는 "NLL은 클라크 유엔군 사령관이 정전협정 체결 이후 내부 작전규칙의 일환으로 남측 해군력의 북진을 규제할 목적에서 북측에 통보조차 하지 않고 일방적으로 설정한 북방한계선이다. 정전협정 체결을 반대했던 이승만 박사가 당시 우세한 해군력을 앞세워 북진 공격을 감행할지 모른다는 우려를 했던 것이다"고 지적한다. 이장희 교수는 또 "NLL은 정전협정에서 규정되지 않았을 뿐만 아니라 국제 관습법적 근거도 희박하다. 북한이 20년 이상 이의를 제기하지 않고 묵시적으로 남한의 관할권을 인정했다는 일각의 주장은 사실과 다르고, 이를 이유로 남한이 실효적으로 지배해 온 영토와 영해라는 논리는 맞지 않는다"고 했다.

물론 NLL이 역사적으로 실질적인 해상경계선 역할을 한 것은 부정할 수 없는 사실이다. 북한 또한 직·간접적으로 이를 인정해 왔던 점에서 국제법적 효력이 있다는 학계 견해도 만만치 않다. 북한이 1959년 발간한 조선중앙연감에 NLL을 표기한 적이 있고, 이후 1992년 남북불가침 부속합의서에 NLL을 사실상의 해상경계선으로 인정한 사례 등이 있다는 것이다. 따라서 많은 학자들은 "NLL은 북한에 양보할 수 없는 명백한 영토 개념이다"고 강조한다. 국제법 전문가인 제성호 중앙대 교수 등이 대표적인 학자로 꼽힌다. 헌법학계에서는 "대한민국은 한반도의 유일한 합법 정부다. 휴전선을 국경선으로 인식하고, NLL을 영토선 관점에서 바라보면 북한을 국가로 인정하는 모순에 빠지게 된다"고 주장하기도 한다.

# 사실상의 세계대전

대한민구 내에서도 여러 가지 시각으로 나뉘어 평가하는 한국전쟁. 이를 보는 세계의 눈은 어떨까. 러시아와 중국의 개방으로 많은 자료가 공개되면서 한국전쟁을 둘러싼 다양한 쟁점들이 정리되고 있다. 그러나 일부 분야에서는 학자마다 정반대의 관점을 보이기도 하고, 어떤 문제에는 비슷하면서도 미묘한 차이를 드러내기도 한다. 한반도의 미래, 즉 한반도에서의 항구적인 평화 방안을 이야기함에 있어서도 약간 차이가 있다.

미국 존스 홉킨스대학 캐스린 웨더스비 교수, 미국 콜럼비아대학 찰스 암스트롱 교수, 그리고 중국 베이징대학 김동길 교수 등 3명의 한국전쟁 연구자들로부터 이야기를 들어보자.

### 한국전쟁의 기원은...

**웨더스비** 한국전쟁을 내전으로 보기는 어렵다. 김일성은 소련에 의존했고 혼자 결정할 수 있는 것은 없었다. (소련의 승인없이) 북한이 자체적으로 전쟁을 일으킬 수 없었기 때문에 한국전쟁을 내전으로 보기는 어렵다. 한국전쟁은 여러 가지 요인들의 결합으로 일어난 것으로 봐야한다. 소련은 (패전 이후 미국의 도움으로 재무장에 나선) 일본으로부터의 공격을 막으려 했다. 소련입장에서는 (한국전쟁 직전에) 가장 위협을 느꼈던 존재는 일본이었다. 일본에서 오는 압력을 막기 위해 한반도가 필요했고, 소련은 한반도를 영향력 내에 두기 위해

**캐스린 웨더스비** Kathryn Weathersby · 미국

미국 존스홉킨스대 교수. 미국 인디애나대에서 한-러 관계사로 박사 학위를 받았다. 저서로는 『6·25 전쟁의 재인식』, 『대한민국 건국의 재인식』 등이 있다.

한국전쟁을 일으켰다고 본다. 스탈린은 1950년 1월이 되어서야 전쟁을 승인했다. 전쟁을 승인하게 된 원인으로는 미국의 NSC68*을 꼽을 수 있다. 미국이 중화인민공화국의 설립을 승인하고 나선 것이다. 그리고 미군의 철수가 일어났고, 일본에서 공산주의 운동이 있었다. 이런 여러 가지 당시 분위기가 전쟁의 원인이 됐다. 그렇지만 소련은 북에 직접적인 군사지원은 하지 않았다. 미군의 개입을 우려한 것이다. 스탈린은 이 과정에서 실수를 했다. 세계 모든 국가가 2차 세계대전에 대한 트라우마를 갖고 있다는 것을 간과한 것이다. 세계열강은 독일이 폴란드를 점령할 때까지 그냥 뒀다가 제어할 수 없는 지경에 이르렀던 사실을 경험했다. 이에 따라 전 세계가 한국전쟁에 개입하게 됐다. 일부 학자들은 스탈린이 미국과의 전쟁을 원했다고 주장하는데 이것은 완전히 잘못된 것이다. 나는 직접 당시 외교·정당 내부문서를 봤고, 스탈린이 극도로 미군의 참전에 민감하게 반응했다는 것을 볼 수 있었다. 스탈린 입장에서는 한반도를 점령해 일본에 진출한 미국의 완충지대로 만들 생각을 가지고 있었지 미국이 전쟁에 개입할 것이라고는 생각하지 않았다.

**김동길** 미국은 애치슨 선언 등으로 마오쩌둥에게 타이완을 양보하고 나섰다. 소련은 이에 위협을 느꼈다. 미국과 중국의 사이를 멀

● NSC68
국가안전보장회의 보고서. 이 보고서는 미국의 군비 증강 등을 골자로 하고 있다. 트루먼 대통령은 소요 예산에 부담을 느껴 서명을 주저하다가 한국전쟁이 발발하자 승인했다.

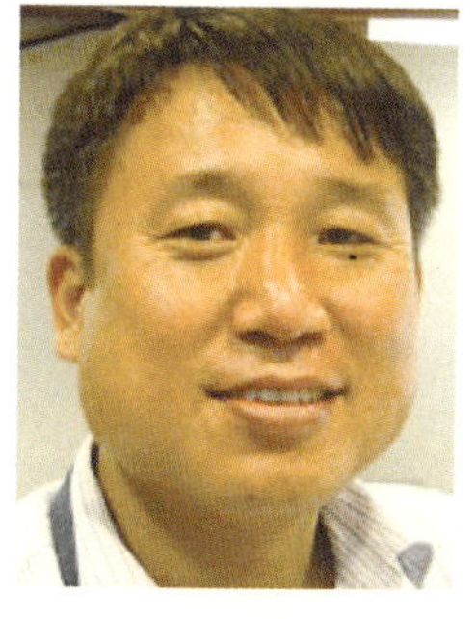

**김동길** 金東吉 · 한국

중국 베이징대 역사학부 교수. 한국, 중국, 미국, 러시아에서 '한국전쟁'을 연구했다. 한국전쟁에 관한 논문을 많이 썼다.

어지게 해야 했고, 전쟁을 가장 효과적인 수단으로 봤다. 중국 주위에서 미국이 개입하는 전쟁을 일으켜 중국과 미국의 갈등을 조장해야 했다. 베트남, 타이완, 한반도가 이에 해당하는 지역이었다. 한국전쟁의 원인은 결국 소련에 있다. 소련은 한국전쟁을 승인하면서 미국의 관심을 아시아로 끌어당기고, 중국을 소련에 묶어두고 사회주의 명분을 들어주게 됐다. 소련의 입장에서 한국전쟁은 잃을 게 없는 게임이었다. 소련은 미국이 한국전쟁에 개입하는 게 낫다고 판단했다. 미국 딘 러스크 전 국무부 장관은 도청한 내용을 토대로 "스탈린은 미국이 개입해야 하기 때문에 안보리에 참석하지 않았다. 실제로 말리크 유엔대사에게 참석하지 말라고 지시했다"고 말했다. 스탈린의 계획은 성공했다. 북한이 미국에 이기면서 미국의 명성(prestige)까지 엉망이 됐다. 미국은 아시아에 발목을 잡힐 수밖에 없었다. 유럽에서 아시아로 세계의 관심이 쏠리게 됐다. 동유럽에서는 사회주의 진영이 강화되게 됐다. 스탈린은 결과적으로 전쟁을 오래 끌면서 소련에 막대한 이익을 가져왔다. 브루스 커밍스 교수가 말하는 '내전론'은 설득력이 없다고 본다.

**암스트롱** 소련은 미국이 북한을 침략하면서 (자신들이) 전쟁에 개입했다고 주장하고, 미국은 북의 침략으로 전쟁이 발발했다고 하고

**찰스 암스트롱** Charles Armstrong · 미국

미국 콜럼비아대 교수. '한국전쟁'을 연구하고자 중국, 러시아, 북한을 여러 차례 방문했다. 저서로는 『북한(인민)혁명 1945~1950』, 『한국사회, 민주주의, 국가, The Koreas』 등이 있다.

있다. 북한은 여전히 '미국의 꼭두각시인 남한에서 38선을 넘어와 전쟁이 시작됐다'고 주장하고 있다. 소련의 주장이 근거 없는 말이라 생각했지만 외교문서를 보면 어느 정도 설득력은 있다. 남한과 미국을 순진무구한 피해자로 보기는 어렵다. 한국전쟁에서 한국의 정치적 상황에 대해 잊지 않는 것이 중요하다. 당시 남한에서는 내전이 계속되고 있었다. 이승만의 불법집권으로 북한에서는 남한을 침략하지 않는다면 침략당할 것이라고 느꼈다. 스탈린은 미국의 개입을 걱정했다. (그런데) 1949년 중후반 몇 가지 현상이 스탈린에게 북한의 침략이 큰 피해를 주지 않을 것이라는 점을 확신하게 했다. 우선 8월 소련의 원자폭탄 시험이 성공리에 끝났고,* 10월 중국에서는 공산주의가 승리를 거뒀다. 또한 1950년 2월 중국과 소련과의 우호협정*이 맺어졌다. 일본에 주둔하던 미군이 더 이상 주둔하지 않기로 했고, 독일은 다시 무장하기 시작했다. 나토*가 설립되고 미국은 서유럽에 군사력을 증강시켰다. 동아시아에서 국방력은 약화됐다. 스탈린은 이런 점을 보고 전쟁이 발발하더라도 미국이 참전하지 않을 것이라 생각했고 전쟁을 승인했다.

* 같은 해 9월 미국은 최근 소련에서 핵폭발이 일어난 증거를 갖고 있다고 발표했고, 미국의 발표 이후 소련은 원자폭탄 보유 사실을 공식 인정했다.

● **중국과 소련과의 우호협정**
1950년 2월 소련과 중국이 체결한 우호 · 동맹 · 상호원조에 관한 조약이다. 중소우호동맹상호원조조약(中蘇友好同盟相互援助條約)이라고 한다. 조약은 일본 제국주의 침략 공동 저지, 정치군사연맹 결성, 경제 · 문화 발전 상호 지원 등을 담고 있다.

● **나토(NATO, 북대서양조약기구)**
2차 세계대전 후 동유럽에 주둔하고 있던 소련군과 군사적 균형을 맞추기 위하여 체결한 북대서양조약의 수행기구. 1949년 4월에 조인하고 같은 해 8월 효력이 발생됐다.

### 한국전쟁의 가장 결정적인 국면은....

`웨더스비` 모든 국면이 중요하다. 미군 참전으로 북의 시도를 막을 수 있었고, 모든 국면이 전쟁에서 중요한 역할을 했다. 하지만 나는 도리어 다른 부분을 강조하고 싶다. 인천상륙작전 이후 1950년 10월 북한은 중국에 병력지원을 요청한 일이 있었다. 그런데 이 요청은 2주가량 지연됐다. 중국 정부에서 격렬한 논쟁이 나왔던 것이다. 사실 중국도 전쟁에 참전하길 꺼려했다는 점을 알 수 있다. 당시 중국은 정치적인 환경 자체를 재건해야 하는 상황이었기 때문이다. 북한은 미 공군 때문에 엄청난 피해를 입었다. 85%의 영토가 쑥대밭이 되어 버렸다. 그런데 러시아 공군은 압록강을 넘어오지도 않았다. 전쟁의 확대를 우려했기 때문이다. 김일성은 이런 일을 겪으며 스탈린을 믿지 않게 됐다. 그러나 스탈린은 김일성이 휴전을 요구했음에도 전쟁을 끌었다. 계속해 싸우라고 했다. 김일성은 계속 싸우라는 말을 들을 수밖에 없었다. 러시아 입장에서는 미국의 관심을 유럽이 아닌 이곳에 묶어두고, 미국의 최신식 무기에 대한 정보를 수집할 수 있는 등의 이점 때문에 전쟁을 끌어갔다. 1년 6개월 동안 고착화된 전쟁이 계속되다 스탈린이 죽은 뒤에야 협정이 진행됐다. 이런 국면들이 지금의 북한을 만든 중요한 부분이라고 본다. 소련에 대한 믿음 자체가 사라지면서 북한은 전쟁이 끝난 뒤 도리어 병력을 늘리고 아무도 믿지 않게 됐다. 돈이 없었음에도 제대로 된 공군을 만들었고, 그 많은 돈을 들여 군사력을 유지하면서 한반도의 상황이 이렇게 됐다. 지금 시점에서 돌아보면 이런 국면들이 가장 큰 부분을 차지한다고 본다.

`김동길` 결정적 국면으로는 미국참전과 중국 참전을 들 수밖에 없다. 전쟁이 일어났는데 미국이 참전 안 했다면 한반도는 조선인민공화국이 됐을 것이고, 중국이 참전을 하지 않았다면 한반도 전체

가 민주주의 국가가 됐을 것이다. 또한 중국이 참전하면서 한국
전쟁이 세계대전이 됐다. 나머지 국면들은 큰 의미가 없다고 본
다. 인천상륙작전은 별의미가 없다. 인천상륙작전 전부터 북한은
이미 열세에 있었다. 1950년 9월에는 이미 남한이 승기를 잡고 있
었다. 그 증거로 북한의 강건° 참모장이 9월에 사망한 사실을 들
수 있다. 당시 북한은 물러날 수밖에 없는 상황이었다. 상륙작전
이 없었다면 북으로 진격하는 데 시간이 좀 더 걸렸다는 차이밖에
없다. 다만 남한 자체가 초토화되지 않은 부분은 상륙작전의 성과
로 볼 수 있다. 북한군은 떠날 때 그 지역을 초토화 하는데 상륙작
전으로 허겁지겁 올라가게 되면서 그러지 못했다. 정전협정은 이
미 예정되어 있던 것이라고 본다. 미국에서는 한국전쟁에 개입하
면서도 중국과의 세계 대전으로 확대시키지 않겠다는 뜻을 명확
히 했다. 정전협정은 사실 미국이 먼저 제안했다. 사실 미국과 중
국은 전쟁에서 이길 의도가 없었다. 협정은 예정되어 있었던 것이
었다. 다만 스탈린의 반대로 늦어지게 됐다. 미·중의 전쟁은 소
련에 좋다고 봤던 것이다. 실제로 김일성이 스탈린에 휴전을 얘기
하자 '중국이 알아서 싸우고 있으니 휴전에 대해서는 이야기 하지
말라'고 했다. 그러다가 1953년 3월 15일 스탈린이 사망하고 16일
바로 소련이 휴전을 요구했다. 우리의 입장은 변했다며 미국의 조
건을 들어주겠다는 것이었다.

**암스트롱** 한국전쟁에서 몇 가지 결정적인 국면이 있었다. 사실 전
쟁에서는 두 번의 승리가 나왔다. 1950년 7월 북한군이 반도 대부
분을 점령했을 때 한 번의 승리가, 10월 남한군·미군·유엔군이
북한군을 중국 국경까지 밀어냈을 때 한 번의 승리가 있었다. 전
쟁을 끝나게 하고 정전을 가능케 한 결정적 국면은 1950년 10월말,
11월 초에 이뤄진 중공군의 개입이었다. 따라서 중국의 개입이 오



● 강건(姜建, 1918~1950)
사회주의운동가이자 군인. 1948년
2월 조선북한군 총참모장으로
임명됐다. 그해 3월 북조선노동당
제2차 대회에서 중앙위원으로
선임됐다. 한국전쟁에
총참모장으로 참전, 1950년 9월
8일 전사했다.

늘날 한국의 분쟁 상황을 만든 것이다. 평화상태가 아닌 휴전한 상태로 명확한 해결도 없이 전쟁이 정지됐다.

### 인천상륙작전을 평가해달라.

웨더스비 인천상륙작전은 매우 위험도가 높았지만 결과적으로 긍정적으로 볼 수 있다. 하지만 이 작전 자체의 우수성보다는 김일성의 잘못된 판단이 작전의 성공을 가능하게 했다. 당시 중국과 북한에서도 작전을 예측하고 있었다. 김일성은 낙동강에서 '조금만 더'라는 생각을 했을 수밖에 없다. 사람은 보통 믿고 싶은 것만 믿는 경향이 있다. 당시 김일성이 그랬다고 본다. 결국엔 큰 실수를 하고 미군은 성공적으로 상륙할 수 있었다. 당시 마오쩌둥과 스탈린 모두 인천에 병력을 키울 것을 북한에 요청했었다.

김동길 이미 말했다. 큰 의미 없다. 서울 수복까지 걸린 시간을 보면 기어간 수준이었다. 이미 전략은 노출되어 있었다.

암스트롱 인천상륙작전은 분명히 전쟁에서 중요한 전환점이었다. 그리고 대담한 군 전략의 표본이 되었다. 그러나 정확하게 말한다면 상륙작전은 '놀라운' 것은 아니었다. 우리는 소련과 북한이 인천상륙작전을 분명히 예상하고 있었다는 점을 알 수 있다. 그들은 첩보원으로부터 9월 15일이 되기 한참 전에 작전에 대해 예상할 수 있었다.

### 한국전쟁은 세계사에 어떤 영향을 끼쳤다고 보나.

웨더스비 한국전쟁으로 소련의 확장이 중지됐다. 자본주의, 사회주의 양 진영에서 (각기 개별적) 결속이 강해졌고, 군사력은 증강됐다. 나토에도 변화가 찾아왔다. 소속 국가 간의 강한 결속력이 생기게 된 것이다. 그 전에는 필요할 경우에만 공격을 받으면 출격하기로

했는데 한국전쟁 이후 소속국가가 공격을 받을 경우 의무적으로 출격하게 됐다. 또한 전쟁 이후 유럽에 대한 미국의 통제가 강화됐고, 미 해군이 타이완에 파병돼 지금의 타이완의 모습이 유지되게 됐다. 또한 프랑스가 베트남에서 벌이던 전쟁에도 미국이 많은 돈과 군사를 투입해 또 다른 전쟁을 일으키게 하기도 했다. 미국과 일본과의 동맹도 급속도로 진행됐다. 소련을 빼놓고 미국이 먼저 평화조약을 맺어 버렸다.

**김동길** 중국과 소련 간의 동맹은 한국전쟁 전에도 있었다. 이때부터 냉전구도는 형성되어 있었다. 전쟁은 이를 극도로 승화시킨 것으로 볼 수 있다. 또한 1950년 4월 13일 발표한 NSC68로 냉전의 세계적 구조가 확산됐다. 독재자라 하더라도 반공만 하면 독재가 가능해졌다. 장제스 등 독재자들의 정당성이 인정됐다. 하지만 이런 여파들은 꼭 한국전쟁과 연관되어 있다고는 보지 않는다. 이미 예정된 일들이었다. 한국에 전쟁이 끼친 가장 큰 영향으로는 지금까지 군사작전지휘권을 찾아오지 못한 부분을 들 수 있다. 북한은 1953년 정전협정으로 북한군지휘권을 바로 찾아왔다. 1950년 12월 북한군도 중국군에 지휘부를 넘겼었지만 찾아온 것이다.

**암스트롱** 한국전쟁은 세계 역사에 있어 매우 중요한 순간이었다. 공산주의와 반공산주의 세력이 각각 결집한 분쟁 상태를 40여 년간 고착화 시켰다. 더 중요하게 봐야 될 점으로는 미국이 세계 최대 군사력을 가지게 한 점을 들 수 있다.


**한반도는 여전히 화약고로 불린다. 한반도 평화를 위한 방안이 있다면...**

**웨더스비** 어려운 문제다. 이제껏 나왔던 이야기를 할 수밖에 없다. 지금 북한의 문제는 시스템이 잘못된 것임을 알아도, 다른 나라의 사례를 받아들이지 못하는 데 있다. 그들은 혁명이 일어나면 김일성 일가가 어떻게 될지를 걱정하는 것 같다. 북한정권은 (북한) 국민들조차 믿지 않고 있다. 평화를 향해 가려면 차례차례 협력을 강화해 나가야 한다고 본다. 개성공단●은 좋은 사례라고 본다. 이렇게 협력할 수 있는 기회가 늘어난다면 평화가 올 수 있다고 본다. 최근 러시아와 남한을 잇는 가스관이 들어온다고 하는데 이런 것들 하나하나에서 협력관계를 맺고 이런 것들이 통일이라는 결과를 불러 올 수 있을 것으로 본다. 통일은 마치 날씨와 같은 것이라 생각한다. 예상할 수 없지만 하나하나 개별적 요소들이 좋은 쪽으로 흘러간다면 독일과 같은 통일도 가능할 것이라고 본다. 긍정적인 것은 북한에서 더 이상 이념을 이야기 하지 않는 점을 들 수 있다.이런 요소들이 하나씩 단계를 밟아갈 것이라고 본다.

**김동길** 한반도가 화약고라는 것은 맞는 말이다. 그런데 사실 정권에 따라 화약고가 아닐 수도 있다. 북한과 화해할 수 있는 정권이 들어오면 평화가 찾아올 수 있다고 본다. 평화가 찾아올 수 있는 선택권은 한국이 가지고 있다. 한국이 쓰는 국방비는 북한에 비교해서 30~40배에 달한다. 미국에서 수입하는 무기 양으로 세계 3위권을 내준 적이 없다. 북한이 핵을 개발하는 이유는 군사력에서 밀리기 때문이다. 한국 땅만 벗어나면 북한이 강하다고 믿는 학자들은 아무도 없다. 예전에 비해 지금은 상황이 나아졌다. 김대중 전 대통령 때의 남북정상회담●은 1970년대였다면 불가능한 일이었다. 세계는 이미 사회주의 대 자본주의의 대결로 가지 않는다. 한국이 자체적, 주체적으로 남북 화해를 주도하면 화약고가 되지 않을 것이다. 긴장 상태는 한국정부의 태도로 바꿀 수 있다.

**암스트롱** 정전협정은 60년간의 평화를 가져왔다. 그러나 한국은 전쟁에 근접하는 매우 위험한 상황이 몇 번 나왔다. 가장 최근인

2010년 11월 북한이 연평도 포격을 감행했다. 정전협정을 대체할
수 있는 더 강화된 평화협정이 필요하다. 그러나 어려운 일임은
분명하다.

# 8

분쟁의
바다,
그리고
평화

인천에서는 잊을 만하면 남북 간 교전이 발생하고는 했다. 그동안 여러 차례 서해교전이 있었고, 2010년 3월에는 인천 앞바다에서 해군 초계함 '천안함'이 침몰하는 사고가 터졌다. 같은 해 11월에는 급기야 북한군의 연평도 포격도발까지 빚어졌다. 일거에 세계인의 눈이 한반도에 쏠렸다. 인천은 한반도의 '잠재적 화약고'로 인식되기에 충분했다. 인천은 1231년 여몽전쟁 이래 여전히 '세계의 전장'이다. 더 이상은 안 된다. 우리는 이제 인천에게 붙은 '세계의 전장'이란 꼬리표를 떼어내고, '세계 평화의 남상(濫觴)'으로 거듭나야 할 것이다.

# 서해교전 연표

| | | |
|---|---|---|
| 1994년 | 7월 | 북한, 김일성 주석 사망 |
| | 9월 | 북한 중앙방송, 김정일에 대해 위대한 수령이라는 공식호칭 사용 |
| 1997년 | 8월 | 대한항공 여객기 괌에서 추락 |
| | 10월 | 북한, 김정일의 노동당 총비서 승계 선포 |
| | 12월 | 제15회 대통령선거에서 국민회의 김대중 후보 당선 |
| 1998년 | 8월 | 현대그룹, 북한과 금강산유람선 관광사업 위한 합영회사 설립계약 체결 |
| | 11월 | 금강산 관광 개시 |
| 1999년 | 6월 | 서해상에서 남북함정이 교전(1차 연평해전) |
| | 9월 | 국방부, 서해북방한계선 수호 천명 성명 발표 |
| 2000년 | 6월 | 김대중 대통령, 김정일 국방위원장과 6개항의 공동선언문 발표 |
| | 8월 | 1차 남북이산가족 상봉 실시 |
| 2002년 | 6월 | 서해 북방한계선 근해에서 남북한 간 총격전 발생 (2차 연평해전) |
| | 11월 | 북한, 개성공단 경제특구 지정 |
| | 12월 | 제16대 대통령선거에서 민주당 노무현 후보 당선 |
| 2004년 | 6월 | 제2차 남북장성급회담, 서해 무력충돌 방지 등에 합의 |
| 2005년 | 9월 | 제5차 6자회담, 6개항의 공동선언문 발표 |
| 2006년 | 10월 | 북한, 핵실험 성공적 실시 발표 |
| 2007년 | 10월 | 노무현 대통령, 김정일 국방위원장과 남북관계발전 평화번영 선언에 서명 |
| 2009년 | 11월 | 남북한, 대청도 앞바다에서 교전(대청해전) |
| 2010년 | 3월 | 해군 초계함 천안함, 백령도 앞바다에서 침몰 |
| | 11월 | 북한군, 연평도 포격 도발 |
| 2011년 | 12월 | 김정일 사망, 김정은 체제 시작 |
| 2012년 | 7월 | 북한, 김정은에게 원수 칭호 부여 |

# 한반도의 화약고, 서해 5도

### 제2차 연평해전

월드컵 열기가 뜨겁던 2002년 6월 29일 오전 10시 25분, 인천 연평도° 서쪽 22㎞ 지점 해상. 서해 북방한계선(NLL)을 넘어온 북한 경비정 1척이 서서히 접근해 오고 있었다. 근무 중이던 참수리 357호에 승선한 권기형 상병은 실탄이 장전된 K-2 소총을 들고 숨죽인 채 정조준 자세를 취했다. 북한 경비정은 소총 가늠자 구멍으로 북한군 얼굴이 보일 만큼 가까운 거리에 와 있었다.

"흘넘버° 684…" 각자 전투 배치된 위치에서 북한 경비정의 동태를 살피는 사이, 바로 옆 함교에서 정장艇長 윤영하 대위와 부정장 이희완 중위의 목소리가 들려왔다.

바로 그때였다. "콰과광!", "콰과광!"… 북한 경비정에서 불빛이 번쩍거리기 시작했다. 그리고 "우웅~"하며 바람을 가르는 소리와 함께 사방에서 빗발치듯 총탄이 쏟아졌다.

순식간이었다. 탄환 한 발이 왼손으로 쥐고 있던 총열 덮개를 그대로 뚫고 지나갔다. 몸이 뒤로 나자빠졌고, 의식도 잃었다.

바로 그 현장에 있던 권기형(30) 씨는 10여 년이 지났지만 당시 상황을 생생하게 기억하고 있었다.

2011년 11월 22일 오후 6시 30분, 경북 구미시내의 한 커피숍. 검은색 양복 차림의 권씨와 만났다. 문상을 가는 길이라고 했다. 권씨는 교전 당시의 대화 내용까지 잊지 않고 있었다.

● 연평도
인천 옹진군 연평면에 위치한 섬으로 대연평도와 소연평도로 이뤄졌다. 북한 해안포 진지와 불과 10여㎞ 떨어져 있다. 과거 조기 어장으로 유명했으나 지금은 꽃게가 많이 잡힌다.

● 흘넘버
선박에 적힌 고유번호를 지칭

"정장님, 살았나 확인해!" 함교 쪽을 향해 누군가 외치는 소리에 간신히 정신을 차렸다. 눈앞은 온통 희뿌연 연기로 뒤덮였고, 갑판 위로는 핏물이 흥건했다. 윤영하 대위와 이희완 중위는 쓰러져 있었다. 총탄이 뚫고 간 왼손에선 시뻘건 피가 뚝뚝 떨어졌다. 엄지와 검지 손가락은 뼈가 다 부서져 형체를 알아볼 수 없을 정도였고, 감각도 없었다. 그저 눈앞에 펼쳐진 참혹한 광경이 도무지 믿겨지지 않을 뿐이었다.

총성은 멈추지 않았다. 선체 곳곳에서 총탄 파편이 튀고 불길이 치솟았다. 어떻게든 정신을 차려야 했다. 그대로 있다간 몰살당할 것만 같았다. 함교 아래 갑판에 쓰러져 있는 윤 대위는 이미 숨을 거둔 상태였다. 맥박이 전혀 뛰지 않았다. 다행히 이 중위는 살아

**연평해전의 흔적 _** 2002년 6월 29일 제2차 연평해전 당시 북한군 경비정의 공격을 받아 침몰했던 우리 해군 고속정 참수리 357호. 선체에 표시된 수많은 붉은색 점들은 북한군의 기관포 탄환 자국이다.

있었다. 하지만 다리에 큰 총상을 입어 출혈이 심했다. 어디에서 그런 힘이 나온 것일까. 전창성 하사와 함께 함교 쪽 철판을 맨손으로 뜯어내 그 곳으로 이 중위를 옮겼다.

울분이 치밀었다. 그 순간, 까맣게 잊고 있던 막내 김택중 일병이 눈앞에 보였다. "엎드려! 이, 개새끼야!" 넋이 나가 있는 그를 향해 소리쳤다. 그리고 방탄조끼를 동여매는 끈과 군복 상의로, 피가 흐르는 왼손을 둘둘 휘감은 채로 김 일병이 들고 있던 K-2 소총을 빼앗아, 북한 경비정을 향해 미친 듯이 쏘아댔다. 제정신이 아니었다. 수많은 총탄이 날아오고 있었지만 그대로 갑판 위에 서서 총을 쏘고, 탄창을 갈고, 다시 총을 쏘길 여러 번 반복했다.



제2차 연평해전은 이랬다. 서해 NLL 해상을 넘어온 북한 경비정 '등산곶 684호'가 퇴각을 요구하는 우리 '참수리 357호'를 향해 기습적으로 85㎜ 함포사격을 가하면서 교전은 시작됐다. 북한 경비정은 작정한 듯 편대를 이뤄 함께 움직이던 우리 해군 고속정 2척(참수리 357, 참수리 358호) 가운데, 뒤따르던 357호에 집중 사격을 가했다. 즉시 치열한 전투가 벌어졌다. 이 교전으로 우리 해군 6명(윤영하 대위, 한상국 하사, 조천형 하사, 황도현 하사, 서후원 하사, 박동혁 상병)이 전사하고, 19명이 부상을 입었다. 357호는 예인 도중 침몰했다. 북한 경비정은 오전 10시 50분 반파된 채 북으로 퇴각했다.

권기형 씨는 악몽과도 같았던 그날의 끔찍한 기억을 하나하나 더듬어갔다. 그는 "앞에 있던 북한 경비정에서 불이 번쩍함과 동

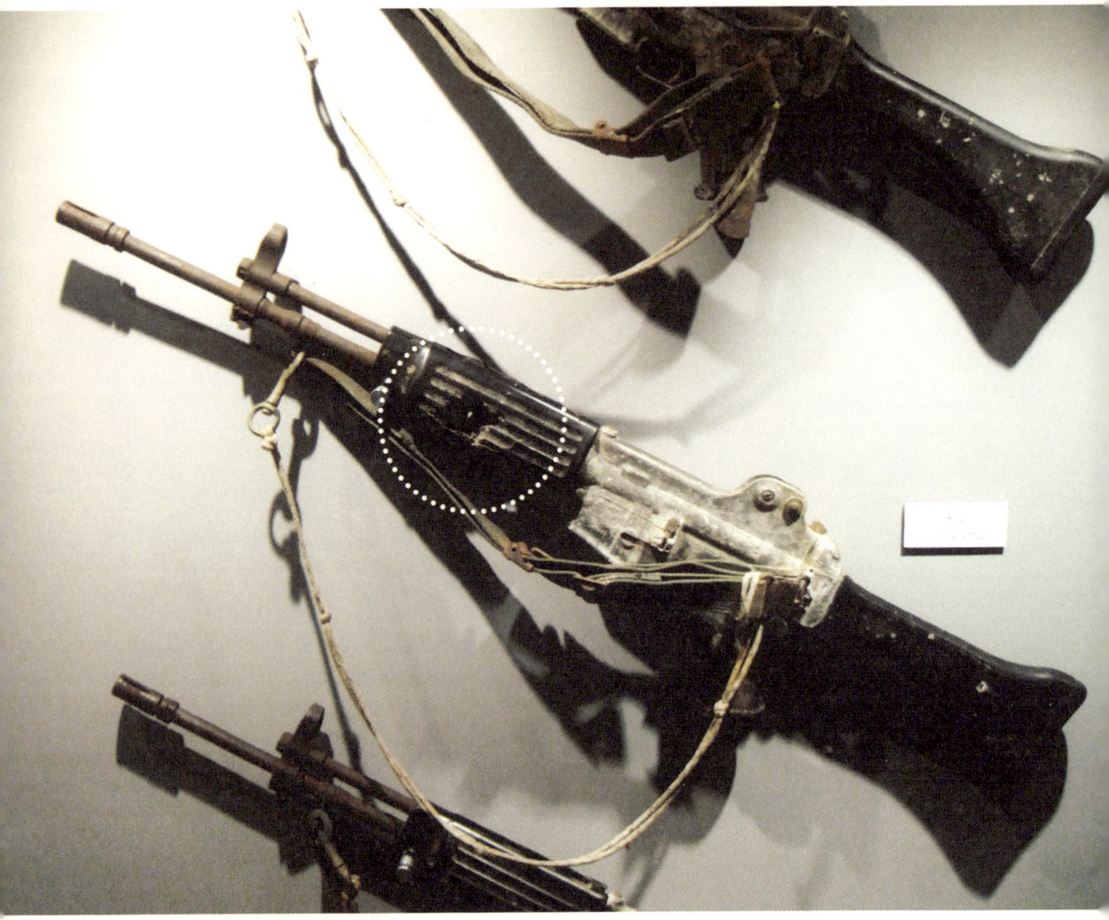

**구멍 난 K-2 소총 _** 제2차 연평해전 당시 소총수였던 권기형(30, 아래) 씨의 K-2 소총 총열에 구멍이 선명하다. 권 씨가 왼손으로 쥐고 있던 소총에 적의 탄환이 관통한 것이다. 권 씨는 왼손을 크게 다쳐 6번이나 대수술을 받았지만 아직도 온전치 못하다. 구멍 난 소총은 평택 해군2함대 안보공원 전시관에 있다.

시에 주요 포대와 조타실 등 선체 대부분이 한꺼번에 벌집이 됐고, 함교에 위치하고 있던 정장과 부정장도 각각 목과 다리에 총탄을 맞고 쓰려졌어요. 당시 총탄이 뚫고 지나간 내 K-2 소총에 사선 방향의 구멍이 나 있는 것을 보면, 조금만 각도가 옆으로 향했어도 나 역시 머리에 총탄을 맞고 그 자리에서 죽었을 거예요"라고 했다. 권씨는 교전 당시 총상을 입었던 왼손을 조심스럽게 내밀었다. K-2 소총 총열 덮개를 쥐고 있던 그 손이었다. 수술을 6번이나 받았지만, 여전히 엄지와 검지, 그리고 약지 손가락을 거의 쓰지 못한다.

"기자님, 잠시만요. 저 심호흡 좀…." 인터뷰 도중 권기형 씨의 표정이 갑자기 어두워졌다.



권기형 씨는 당시 총성이 멈춘 뒤로는 기억이 중간 중간 끊겨 있다고 했다. 울분에 못이겨 41포로 들어가 사격을 하려는데, 황창규 중사가 달려와 "적의 표적이 된다"며 자신을 밖으로 끄집어냈던 일, 총상을 입은 몸으로 불을 끄겠다고 소화 호스를 집어들다가 358호 김주성 병장이 "이제 진정하라"며 붙들었던 일….

권기형 씨는 깊은 한숨을 토해냈다.

제2차 연평해전은 21살 청년, 권기형 씨의 꿈과 희망을 송두리째 빼앗아갔다. 전역轉役과 동시에 그의 삶은 방황과 시련의 연속이었다.

권기형 씨는 그해 2002년 12월 말 의병 제대依病際隊한 뒤 이듬해 그가 다녔던 한국농업전문학교(현 한국농수산대학)에 복학했다. 하지만 몸이 따라주지 않아 현장 실습에 참여하는 것조차 버거웠다. 경북 의성이 고향인 그는 오래 전부터 농업 전문 경영인을 꿈꿔왔다. 농사를 짓고 있는 부모님도 가업을 이으려는 그를 기특하게 여겼다. 사실 권기형 씨는 군대에 가지 않아도 됐다. 그가 다닌 대학은 졸업한 뒤 일정 기간 농업에 종사하면 대체복무가 인정됐기 때문이다. 그러나 권기형 씨는 "훗날 사회 생활하는 데 도움이 되겠다 싶어 해군에 지원했다"고 했다. 부모님은 지금도 그에게 "그때 너를 말리지 못한 게 한恨이 된다"고 말한다.

권기형 씨는 아직까지도 외상후 스트레스증후군에 시달린다. 감정 조절도 잘 안 되고, 잠도 제대로 못 자, 한동안 술에 의지해 살 때가 있었다. 게다가 다친 손 때문에 번번이 취업에도 실패했다. 권기형 씨는 "목숨을 잃은 전우들의 몫까지 최선을 다해 살겠다고 다짐했지만, 아무 것도 못하는 자신을 볼 때마다 자괴감이 밀려온다"고 했다.

다행히 2011년 초 권기형 씨는 국내 대기업에 입사하게 되었다. 권기형 씨는 "일을 하는 그 자체가 너무 기뻐요. 이제는 전우 유가족들에게도 당당할 수 있을 것 같아요"라고 기꺼워했다.

권기형 씨는 인터뷰가 끝날 무렵 꼭 한 가지만 부탁드릴 게 있다고 덧붙였다.

## 또 다른 서해교전과 천안함

한국전쟁 이후 연평도 등 서해 5도 해역은 오늘날 전 세계가 주목하는 '동아시아의 화약고'로, NLL를 둘러싼 남북간 군사적 충돌이 끊이지 않는 '분쟁의 바다'가 됐다.

서해교전의 첫 시작은 1999년 6월 15일 발발한 '1차 연평해전'이었다. 북한 경비정들이 꽃게잡이 어선 단속을 빌미로 연평도 쪽 NLL 해상을 넘어오자 우리 해군 함정들이 선체로 들이받는 이른바 밀어내기 작전을 폈다. 당시 북한 경비정은 25㎜ 기관포 등으로 선제 공격을 가해왔고, 이에 해군이 초계함의 76㎜ 함포와 고속정의 40㎜ 기관포로 응사해 북한 어뢰정 등을 침몰시켰다. 한국전쟁 이후 서해상에서 벌어진 남북간 첫 교전이었다.

그리고 2002년 6월 29일 2차 연평해전이 터졌고, 2009년 11월 10일 대청도 앞바다에서 또 다시 교전이 벌어졌다. 바로 '대청해전'이었다. 당시 NLL을 넘어온 북한 경비정 1척은 해군의 대응사격으로 파괴돼 북으로 퇴각했다.

2010년 3월 26일 오후 9시 22분, 해군 초계함인 천안함이 백령도 앞바다에서 두 동강이 난 채 침몰했다. 침몰 당시 104명의 승조원이 있었다. 생존자들은 좌측 후미에서 '꽝! 꽈~아앙' 하는 소리와 함께 정전이 되었고, 몸뚱이가 30㎝에서 1m 정도 떴다가 우측으로 떨어졌다고 증언했다.

생존자 가운데 한 명인 서보성 하사는 전투상황실에서 당직을 서고

**천안함 인양** _ 2010년 3월 26일 인천 백령도 앞바다에서 두 동강이 난 채 침몰한 해군 초계함 천안함의 함수(艦首)가 인양되는 모습.

있었다. 서보성 하사는 당시 충격으로 한동안 정신을 잃었다 깨어보니 대퇴부가 으스러지고 눈을 다친 상태였다.

정신을 차려 보니 아무 것도 보이지 않았습니다. 너무 아파서 깨어났다가 기절하기를 반복했습니다. 잠시 정신을 차리고 '어떻게 된 일이냐'고 동료에게 물었는데 '함미가 없어지고 연통(연돌)이 날아갔다'는 애기를 들었다. 그러나 당시에는 무슨 말인지 이해하지 못했습니다.

1시간가량 지난 오후 10시 15분, 인천해양경찰서 501함이 사고 현장에 도착했다. 칠흑 같은 어둠 속에서 천안함 생존자 구조작전이 진행됐다. 당시 501함 부장(부함장)이었던 유종철 경위는 "두 대의 고속단정을 501함에서 내려 생존자 구조작업을 벌였다"며 "포대와 조타실 좌현 쪽에 생존자들이 몰려 있었다”고 말했다. 유 경위는 “아픈 사람과 졸병부터 차례대로 구조했다”며 “구조 당시 7명은 몸을 제대로 가누지 못하는 상태였다”고 덧붙였다.

이때 구조된 승조원은 총 58명이다. 약 한 달 동안 진행된 인명구조작업 · 함체인양작전에서 나머지 승조원 가운데 40명은 함미와 함수에서 숨진 채 발견됐고, 6명은 유해를 수습하지 못했다. 이 과정에서 인명구조에 나선 UDT● 한주호 준위가 목숨을 잃기도 했다. 또 천안함 실종자 탐색작전에 참가했다가 조업구역으로 이동하던 어선 제98금양호가 상선과 충돌해 침몰하는 바람에 2명이 숨지고 7명이 실종됐다.

천안함은 함수와 함미로 두 동강이 났다. 민 · 군 합동조사단은 “천안함은 북한에서 제조한 감응어뢰의 강력한 수중폭발에 의해 선체가 절단돼 침몰했다”고 밝혔다. 그러나 북한은 “남한이 천안함의 북한 연루설을 조작했다. 민 · 군 합동조사단의 조사 결과는 남한의 날조극이다”고 주장했다.

### 연평도 포격

‘쾅!’ ‘쾅!’ ‘쾅!’ 고막이 찢기는 듯한 굉음과 함께 포탄이 떨어지기 시작했다. 여기저기에 포탄 파편이 튀고 불길이 치솟았다. 하늘은 온통 잿빛 연기로 뒤덮였다. “엎드려!” 누군가 진지陣地를 향해 소리쳤지만, 아무것도 들리지 않았다. 포탄이 떨어질 때마다 땅이 흔들리는 진동만 느껴질 뿐이었다. 포격은 멈추지 않았다. 눈앞이 캄캄했다. 그야말로 생사의 갈림길이었다. 간신히 정신을 차리고 나서야 허벅지에 파편이 박힌 것을 알게 됐다. 충격이 컸던 것일까. 군복 바지가 피로 흥건해지도록 통증을 느끼지 못했다. 진지는 이미 아수라장으로 변해 있었고, 파편에 맞은 후임병

●UDT(Underwater Demolition Team)
해군특수전전단

들은 잔뜩 겁에 질린 표정으로 고통스러워하며 신음하고 있었다.

전남 순천대학 2학년에 다니는 김용섭(22) 씨는 연평도 해병부대 공병대원으로 있던 당시의 '악몽'이 아직도 가시지 않는다고 했다.

2010년 11월 23일 오후 2시 34분. 북한군은 난데없이 연평도를 향해 포격을 개시했다. 평온하던 섬은 순식간에 쑥대밭이 됐다. 북한이 남한 영토를 향해 직접 포격을 가한 것은 한국전쟁 이후 60년 만의 일이다. 민간인을 포함한 총 4명의 사망자와 다수의 부상자가 발생했다.

**휴전 후 첫 남한 영토 포격** _ 2010년 11월 23일, 연평도가 북한군의 포격으로 불타고 있는 장면.

 세계사를 바꾼 인천의 전쟁

포격으로 다리에 큰 부상을 입었던 김용섭 씨는 "파편이 허벅지에 박힌 것도 모를 만큼 멍한 상태였어요. 훈련을 하던 도중 갑자기 '쾅' 하는 소리가 나더니 진지 안으로 파편이 튀기 시작했어요"라고 끔찍했던 당시 상황을 떠올렸다. 김용섭 씨는 전역을 불과 한 달 남겨둔 상태였다. 그는 "북한이 본토를 공격하리라곤 상상조차 못했어요. 겁도 났었고 다리에 통증도 심해졌지만, 후임병들이 더 크게 다쳐 정신을 차려야만 했습니다"라고 말했다. 그는 구급차가 도착할 때까지 진지 안에서 피를 흘리며 괴로워하는 후임병들을 다독였다. 통증 때문에 많이 힘들었을 텐데도 다들 '괜찮다'며 잘 견뎌줬다고 했다. 의무실은 부상당한 장병들로 꽉 찼다. 김용섭 씨는 "의무실에 막 도착했을 때 다시 포격이 시작됐어요. 다른 진지에서 부상자들이 계속 들어오고 있었구요"라고 했다.

2011년 11월 17일 세종대학교 캠퍼스. 양갑동(22) 씨는 죽음의 문턱까지 갔던 아찔했던 1년 전의 그 순간을 잊지 못했다. 연평도 포격 당시 81㎜박격포 지휘병이었던 양갑동 씨는 "어디선가 하늘에서 '쑤우웅!' 하는 소리가 들리더니, 불과 100m 앞에서 '쾅!' 하고 포탄이 떨어졌는데, 마치 비행기에서 쏟아붓는 것 같았어요"라고 했다. 그는 연평도 앞바다에 물기둥이 치솟고, 저 멀리 북쪽의 개머리 진지에서 검은 연기가 피어오르는 것을 보고 나서야 북한의 소행임을 직감하게 됐다고 했다.

꿈이었으면 했어요. 그렇지 않아도 전날 전쟁 꿈을 꾸었거든요. 곳곳에서 피비린내가 진동을 했어요. 하다못해 똥개들도 피범벅이 돼 돌아다녔으니까요.

양 씨는 2011년 4월 전역했다.

당시 중대장 차량 운전병이었다는 함기용(23 · 인천 남동구 간석동) 씨는 평소 친하게 지내던 서정우 병장의 주검을 처음 발견하고도 그냥 지나친 것이 아직도 마음에 걸린다.

중대장과 함께 차량을 타고, 다친 사람들을 빨리 구조해야 했기에 '죽은 사람은 죽은 거고, 산 사람은 살아야 한다'는 생각으로 서 병장을 지나치는데, 마음이 너무 아팠어요. 서 병장의 시신은 전체적으로 온전한 편이었는데, 한 쪽 발목이 없었어요.

서정우 병장 · 문광욱 이병의 사망 소식에 당시 현장에 있던 해병대원들은 크게 분개했다. 함씨는 "많은 해병대원들이 '북에 보내달라', '어차피 죽게 될 거면 총이라도 쏘고 죽겠다'며 울부짖었다"고 전했다.

해병대사령부는 연평도 사태 이후 해병대원들이 직접 쓴 수기를 공개하기도 했다. 이 중 의무실 이재선 하사가 밝힌 응급실의 상황은 '피바다'였다. 의무병 강병욱 이병도 수기에서 "의무 물자를 전달하기 위해 이리저리 뛰어다니다, 의식을 잃고 죽어가는 문광욱 이병을 보았다. 몸 색깔이 파랗게 변해가고 있는 그에게 다가가기가 두려웠다"고 했다. 연평도에 들어온 지 3개월밖에 되지 않았던 강병욱 이병에게 당시 연평도는 '지옥' 그 자체였다.

### 두 번째 피란

북한의 목표물은 해병부대 뿐만 아니었다. 마을에서도 주민들

**연평도 포격 현장** _ 해병대원들이 북한군의 연평도 포격에 의한 민간인 피해지역을 순찰하고 있다.

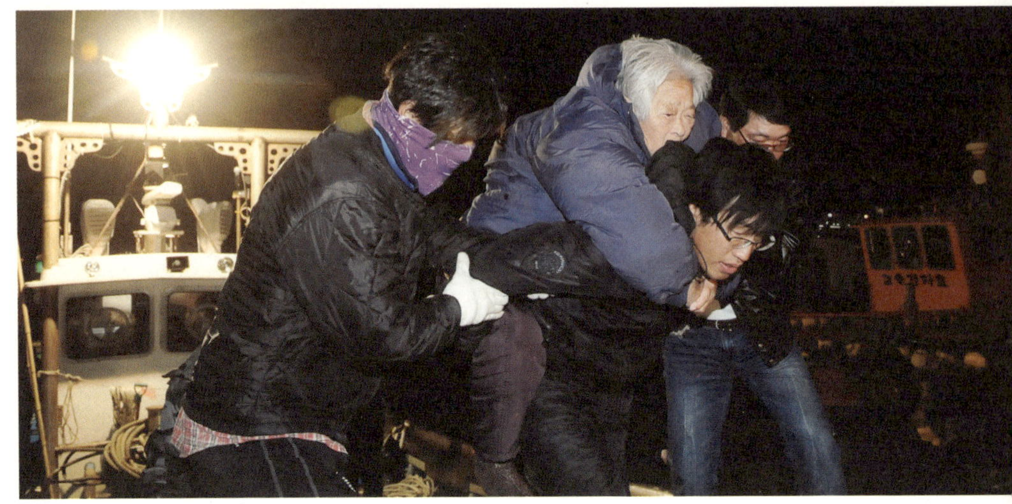

**긴박한 피란** _ 2010년 11월 23일 밤늦은 시간, 북한군 포격을 피해 꽃게잡이 어선을 타고 피란 나온 연평도 주민들이 인천 연안부두에 도착하고 있다.

의 절규가 이어졌다. 주민들은 반사적으로 방공호부터 찾았다. 포격이 멈춘 뒤, 주민들은 작은 어선에 몸을 싣고 서둘러 섬을 빠져나왔다. 피란 행렬은 포격 당일 늦은 밤까지 이어졌다. 미처 배를 타지 못한 주민들은 공포에 떨며 낡고 비좁은 대피소에서 뜬 눈으로 밤을 지새워야만 했다.

한국전쟁 때 보급대에 있었어. 그 때 사람들 많이 죽었지. 말도 말어. 너무 오래 살았어. 나는 전쟁을 두 번이나 겪었어.

포격 1년 뒤에 만난 연평도 주민 박연수⒆ 할아버지는 "피란을 나갔으니 전쟁 아니냐? 피란생활 동안 고생이 많았다"면서 이 같이 말했다. 박연수 옹은 한국전쟁 당시 보급대에 있으면서 실탄과 군량 등을 날랐다. 이북에서 살던 그는 27세 때 연평도에 왔다. 한국전쟁 때 피란 나온 곳이 바로 연평도다. 더 이상 피란생활은 없을 줄 알았다. 하지만 아흔이 다 되어 또다시 피란을 겪어야 했다. 박연수 옹은 "(북한의 도발이) 걱정이 된다. 또 쏘면 여기에서 못 산다. 북한이 또 포탄을 쏘는 일이 없었으면 좋겠다"고 하였다.

연평도 주민들은 북한의 포격으로 한동안 섬을 떠나 있었다. 한국전쟁 이후 첫 피란생활이었다. 포격 첫날부터 연평도 주민들은 어선, 행정선, 해군함정을 타고 뭍으로 나왔다. 공무원과 군인을 제외한 연평도 주민 대부분이 섬을 떠났다. 이들은 인천시 중구에 있는 대형 찜질방에 머물다가, 같은 해 12월 19일 경기도 김포시 양곡지구에 위치한 LH아파트로 임시 거처를 옮겼다. 연평도 주민들은 2011년 2월 13일에야 귀향길에 오를 수 있었다. 북한의 포격으로 집이 날아간 주민들은 연평초등학교 운동장에 마련된 조립식 임시주택에서 살아야 했다.

주민 대부분은 외상 후 스트레스(트라우마)에 시달린다. 안경애(64·여) 씨는 "포탄이 석유통에 떨어져 집이 불에 탔다"며 "그 때 양치질을 하려고 목욕탕에 있었는데, 정신이 하나도 없었다"고 말했다. 이어 "애들 아빠는 월남전에도 참전했지만, 그 일을 겪은 뒤부터 몸이 마르고 기억력이 많이 나빠졌다"고 한다.

**북한군 포탄** _ 해병대원들이 북한군이 발사한 포탄 잔해를 수거하고 있다.

불타는 전장(戰場) _ 2010년 11월 23일, 북한군 포격이 계속되는 가운데, 우리 해병대원들이 반격하기 위해 K-9 자주포를 긴급 이동시키고 있다. 아군 진지가 북한군 포격으로 불길에 휩싸여 있다.

## 포격전의 무기

북한은 당시 두 차례 집중포격을 가했는데, 1차 때는 150발을, 2차 때는 20발을 쏘았다. 이 중 약 80발이 연평도 본토로 떨어졌다. 우리군은 두 차례의 포격 당시 해병대 연평부대 주력 화기인 K-9 자주포*로 즉각 대응사격에 나섰다.

북한군이 연평도를 향해 쏜 해안포 등은 황해도 강령군에 위치한 옹진반도 남단 개머리와 무도 진지에서 북한군 제4군단 직할 또는 예하 보병부대의 주도 아래 발사된 것으로 추정된다. 개머리 진지와 무도 진지는 연평도에서 각각 13km와 7km가량 떨어져 있다. 북한군이 당시 사용한 무기는 76.2㎜ 해안포(사거리 12km)와 122

● K-9자주포
대한민국 육군과 해병대가 운용하는 신형 자주포. 목표물의 위치가 파악되면 자동으로 사격제원을 계산하는 탄도계산기 등을 갖추고 있다.

㎜ 견인포(사거리 24㎞) 등으로 파악된다. 이 외에도 북한군은 개머리 등 서해안 일대 주요 진지에 각종 해안포(평사포, 곡사포)와 자주포, 방사포(다연장 로켓포) 등의 화기를 집중 배치한 것으로 알려져 있다.

당시 연평부대에는 K-9 자주포를 비롯해 105㎜ 견인포와 90㎜ 해안포, M-48 전차, 박격포 등이 배치돼 있었다. 특히 K-9자주포는 사거리가 약 40㎞로 길고, 화력면에서도 북한군이 보유한 각종 무기와 비교해 결코 뒤떨어지지 않는다. 105㎜ 견인포 등은 일단 사거리가 짧은 데다 속사 능력도 떨어져, K-9 자주포가 연평부대의 주력 화기로 쓰이고 있다.

북한군의 해안포는 포문이 있는 동굴 진지 안에 배치돼 있다. 따라서 포탄이 포물선을 그리는 곡사화기인 K-9 자주포는 이 같은 해안포 진지를 직접 타격하는 데 한계가 있다. 우리군이 연평부대에 각종 최첨단 관측 탐지장비와 함께 북한군의 해안포 진지를 직격할 수 있는 다연장 로켓포인 '스파이크 미사일'*을 도입하려는 것도 이 때문이다.

# 외신이 전하는 연평도 포격

2010년 11월 23일 연평도 포격이 있던 날, 외신기자들의 눈과 귀가 연평도에 집중됐다. 북한군의 포격 소식을 접한 외신기자들은 긴급하게 취재에 돌입했다.

인천이 왜 '세계의 전장戰場' 인지가 드러나는 순간이었다. 인천항은 북새통을 이뤘다. 평소같으면 언론사별로 하루 1~2건에 불과하던 서울발 외신기사 건수는 20~30건으로 급증했다. 세계 각국의 기자들은 당시 한반도에 있었던 외신기자들에게 "마지막 냉전 스토리를 취재하게 돼 '행운' 이다"면서 부러워들 했다. 우리의 전쟁이 그들에게는 '행운' 인 것이다.

CNN, NHK 등 해외 방송매체는 연평도 포격 소식으로 긴급 방송을 편성했고, 통신·신문 매체의 인터넷 홈페이지는 머리기사로 다뤘다. 반기문 유엔사무총장은 북한 포격에 대해 비난하며 남북한에 '즉각적인 자제'를 요구했다. 세계 각국 정상도 일제히 우려를 표명했다. 인구 1천750명에 7.29㎢ 크기의 연평도발 소식이 세계 언론의 톱뉴스가 된 것이다.

연평도 포격이 일어난 지 1년이 지났지만 당시 현장을 취재하고, 기사를 작성한 외신기자들은 아직도 포격 현장이 뇌리에서 떠나지 않는다고 입을 모았다. 외신기자들은 한결같이 "한국에서 활동하는 기간 중 가장 충격적인 사건이었다"고 당시를 회상했다.

중국의 한 관영방송매체 한국 지국장을 맡고 있는 루싱하이盧

星海는 일이 터지자, 본사에 보고함과 동시에 인천을 향해 달렸다. 처음 접하는 충격적인 일이었다. 그는 "티브이에서 소식을 접한 뒤 기자의 감으로 일단 현장에 가야겠다는 생각 뿐이었다. 큰 충격을 받았다. 1시간 동안 방송장비를 챙기고 취재팀을 구성한 뒤 바로 인천으로 출발했다. 가는 동안 라디오를 들으면서 새롭게 발견된 상황이 있는지 체크했다"고 했다. 그는 아무것도 단정하지 못했다. 북한에서는 남한이 선제공격한 것이라고 전했기 때문이다. 그의 머릿속에는 남한과 북한 모두의 입장이 맴돌았다. 연평도의 소식을 묻는 회사의 전화는 계속해 걸려왔다. 우선 급한대로 전화로 현장의 분위기를 전하는 리포트를 했다. 인천의 소식이 중국관영매체에 소개되는 것은 흔치 않은 일이다. 연평도 포격 소식을 접한 그의 지인은 그가 종군기자가 된 것 아니냐며 안부를 묻는 전화를 하기도 했다.

포격 다음날인 24일, 연평도로 달려간 신화통신의 지신룽姬新龍 기자는 "평소에는 하루 3건 정도 쓰는 데 연평도 포격 당시에는 하루에 20~30건의 기사를 송고했다. 연평도 관련 소식은 남북한 정세가 가지는 특수성 때문에 굉장히 비중있게 다뤄졌다"고 말했다. 전세계에서 한국에만 남아 있는 마지막 냉전지대, 그 분쟁이 표출된 인천의 이야기는 동아시아, 세계와 연결되어 있었다.

CBS 도널드 커크Donald Kirk 기자는 연평도 포격 당일, 사건의 개요를 파악한 뒤 다음날 연평도행 배에 몸을 실었다. 그는 "연평도 마을을 걸어다니면서 포격을 당한 가게와 집을 볼 수 있었다. 섬에는 몇몇 사람만 남아 있었고, 물건을 가지러 들어오는 사람과 떠나는 사람을 볼 수 있었다"고 했다. 그에게 연평도의 모습은 '파괴' '황폐화'로 요약된다.

아사히신문朝日新聞 국제부 마키노 요시히로牧野愛博 기자는 연평

**긴급 타전, 연평도 포격 _** 연평도 포격 당일인 2010년 11월 23일, CNN, 뉴욕타임스, 파이낸셜타임스 등 세계 각국 언론사 홈페이지. 포격이 시작된 지 2시간도 되지 않아 포격 소식은 전 세계 톱뉴스가 됐다.

도 포격 사건을 접하고 하루 종일 긴장감을 풀지 못했다. 한국 취재팀장인 그는 기자 2명을 현장에 보냈지만 북한이 추가 도발할 가능성도 배제할 수 없었다. 바로 전면전으로 이어질 수도 있다고 생각했다. 이 사건은 충격 그 자체였다. 그는 "5년간 한국에 있으면서 천안함 사건도 경험했지만 연평도 포격의 긴장감은 비할 바가 아니었다"고 회상했다.

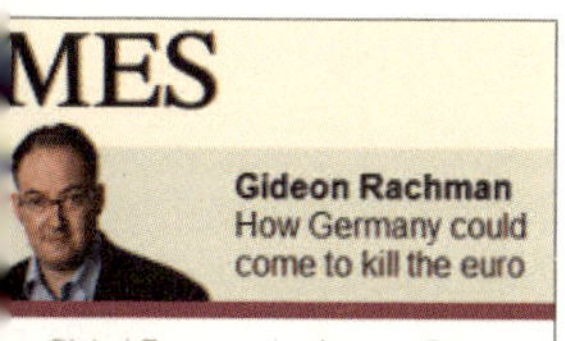


한국에서 활동하는 프리랜서 기자들 역시 각국의 언론사가 연평도 포격에 대한 기사를 요청하면서 3~4일간을 극도의 긴장된 상태로 보내야 했다. CNN, BBC, 타임즈TIMES 등 해외 유력 언론에 연평도 관련 기사를 송고했던 앤드류 새먼Andrew Salmon 기자는 연평도 포격이 일어난 직후에 CNN에서 전화를 받고 '청와대' 등의 입장을 정리해 한국의 긴박했던 상황을 전화상으로 리포팅했다. 그는 "(1950년) 한국전쟁의 현장을 다시 보는 것 같은 느낌이 들었다"고 했다. "연평도를 빠져나오는 난민, 포화로 새카맣게 변해버린 언덕, 마을 곳곳에서 피어오르는 연기는 생각해 왔던 한국전쟁의 모습 그 자체였다"고 말했다.

외신기자들의 관심이 인천에 집중됐던 것은 그간의 궤적과도 관계가 깊었다. 1·2차 연평해전, 대청해전, 천안함사건, 연평도 포격으로 이어지는 서해의 분쟁상황은 세계 각국의 이해관계가 걸린 일이었다. 많은 외신은 NLL에 초점을 맞췄다. 서해상에서 일어났던 갈등관계를 일지로 정리하는 등 각 사건의 연결고리에 큰 관심을 쏟았다.

도널드 커크(Donald Kirk)

CBS 도널드 커크 기자는 "포격의 원인 가운데는 북한이 연평해전이나 천안함에서 그랬던 것처럼 NLL을 그들만의 방식으로 정립하려는 데 있었다. 어쩌면 북한은 남한의 반응을 테스트해보려는 시도였을 수도 있다"고 했다.

신화통신 지신롱 기자는 "포격의 원인으로는 북한이 말한 대로 (남한의) NLL상에서의 군사훈련을 꼽을 수 있다"며 "북한은 NLL을 인정하지 않고 있다. 섬에 발생한 문제는 해역의 문제로 연결지을 수 있다"고 말했다.

당시 연평도 포격에 뒤따라 한미합동훈련을 진행하는 등 강경한 태도로 나갔던 한국정부에 대해서 외신들의 평가는 엇갈렸다.

르 피가로Le Figaro의 세바스챤 팔레티Sebastien Falletti 기자는 "한국이 강경하게 실제로 대응을 하면서 북한의 추가도발을 막을 수 있었다. 지금에 와서 돌아보면 당시 한국정부의 대응은 균형을 맞추는 것이었다고 생각된다"고 말했다. CBS 도널드 커크 기자는 "정부는 경계태세를 강화했고, 많은 해병을 섬으로 보냈으며 보다 강화된 방어태세를 구축했다. 그러면서 동시에 정부는 어떤 위협이나 도발은 하지 않았다. 나는 한국 정부가 보다 효과적으로 미래 도발에 대응한다고 하면 그게 최상의 정책이라고 생각한다"고 말했다.

반면 중국 매체의 루싱하이 지국장은 "당시 한미 군사훈련을 진행한다는 것은 문제가 있었다"며 "긴장감이 고조되고 있는 상황에서 훈련을 하는 건 이해가 안 가는 부분이 있었다"고 말했다.

앤드류 새먼Andrew Salmon

10여 년째 한국에서 기자생활을 하고 있는 앤드류 새먼은 '한국전쟁' 전문가답게 한반도 평화 방안에 대해서도 나름의 제안을 내놓았다. '햇볕'과 '강경'의 조화이다. 한국전쟁 관련 저서 『마지막 한 발*To The Last Round*』, 『검은 눈雪이 내린 땅*Scorched Earth, Black Snow*』을 쓴 새먼은 연평도 포격 당시에도 전쟁기념관에서 한국전쟁과 관련된 취재를 하고 있었다. 그는 급하게 CNN에서 걸려온 전화를 받고 긴급하게 리포팅을 했다.

천안함 당시에는 사건이 터진 즉시 '10분 뒤에 리포팅을 해줄 수 있겠냐'는 CNN 보도국의 요청을 받고 급하게 리포팅했다. "천안함과 다르게 연평도 포격의 경우 북한의 소행이라는 것을 바로 알 수 있었습니다. 그동안 KAL기 테러● 등 많은 도발을 북한이 감행했지만, 모든 도발은 발뺌할 수 있는 것Deniable이었지만 연평도는 달랐습니다. 그만큼 충격도 컸죠.” 그는 포격이 일어났던 당시에도 김정일●의 지시로 일어난 사건임을 그대로 느낄 수 있었다고 했다. “만약 김정일의 지시 없이 포격이 일어났다고 하면 더 위험한 일입니다.” 그는 독재정치가 흔들렸던 아프리카 소말리아 곳곳에서 일어났던 내전과 수백만 명의 난민의 모습을 예로 들었다. “특히 남한은 이념적으로 분리되어 있어서 북한의 통치체제가 당장에 흔들린다면 사회적 합의를 이끌어내는 것도 어려울 것입니다. 이를 극복할 방안을 마련해야 합니다.”

그는 북한에 대한 대응 방안으로는 음陰과 양陽의 조화를 강조한다. “강한 것에는 부드러움으로 상대를 해야 한다고 봅니다. 북한이 무력을 쓴다고 한국이 무력으로 공격하는 것은 안 될 일이죠. 북한의 군사 몇 명이 죽는다면 김정일을 도와주는 것밖에 되지 않습니다. 남한은 정보전으로 가야 합니다. 남한의 모습을 북에 알려주는 것, 그 자체가 김정일에게는 가장 큰 위협이 될 것입니다.” 그는 개성공단의 사례를 북한에 대응하는 최고의 방법으로 꼽았다. 돈을 퍼준다는 비난을 들어도 개성을 통해 남한의 모습을 조금씩 알리는 일이 북한을 바꾼다는 것이다.

그렇다고 무장태세를 바로 완화하는 것도 평화로 다가가는 데 도움이 되지 않는다는 생각이다. 햇볕정책은 좋지만 도발에는 바로 대응하는 것이 필요하다는 것이다.

새면은 한반도 평화방안을 언급하며, 김대중 전 대통령의 ‘당근 정책’과 이명박 대통령의 ‘채찍 정책’의 병립을 강조한다.

“60년 동안 풀지 못했던 한반도 평화방안에 대해 제가 이야기하는 건 무립니다. 다만 ‘김대중 정부의 햇볕정책’●과 ‘이명박 정부

의 도발에 대한 강경한 대응'•이 함께 돼야 한다고 생각합니다. 당
근과 채찍을 함께 사용하는 데서 평화의 답을 찾을 수 있지 않을
까요?" 그는 앞으로도 한국전쟁, 한국의 소식을 전하는 기자로서
고민할 과제로, '평화'를 남겨 놨다고 했다.

기자들의 시각 차이만큼이나 외신들의 반응도 극명하게 갈린다.

중국 관영 통신사인 신화통신은 포격이 있어났을 당시에는
YTN 등의 보도를 인용, '북한이 연평도에 포를 쐈다'고 했으나
후속 보도에서 '포를 교환했다exchanged artillery fires'는 표현을 쓰면서
사건을 보도했다. 북한의 책임에 대한 언급은 없었다. 2010년 11월
26일에는 '북한에 맞서려는 꼭두각시 그룹에 대해 북한이 상황을
어떻게 피해야할지 방법을 모르겠다'는 북한 측의 주장을 일방적
으로 전하기도 했다. 중국 관영방송에서는 남한이 먼저 선제공격
을 했다고 주장하는 북한의 입장을 비중있게 보도하기도 했다.

이런 중국에 대해 미국, 유럽 등의 언론은 비난을 내놓기도 했
다. 월스트리트저널WSJ은 '세계 각국이 북한을 비난하는 와중에
중국은 원칙론적 입장만 되풀이하고 구체적 반응을 밝히는 것을
꺼리고 있다'고 보도하기도 했다.

보도의 차이는 천안함 당시에도 있었다. 한국이 천안함 침몰사
건 최종 조사결과를 발표한 이후 미국 워싱턴 포스트는 2010년 5
월 19일자에 '한국 정부, 해군함정을 공격한 북한을 공식적으로
비난'이라는 제목의 기사를 보도했다. 뉴욕타임즈는 '미국정부는
북한 지도자가 천안함에 대한 공격을 승인한 것으로 결론지었다'
는 내용을 보도했다. 일본 요미우리, 아사히신문 등도 마찬가지로
'북한의 어뢰공격이 맞았다'며 '일본과 미국이 한국을 전면지원
한다'는 내용과 북한에 대한 단호한 외교를 주문하는 사설을 싣기
도 했다.



● **김대중 정부의 햇볕정책**
김대중 정부가 남북 간
긴장관계를 완화하고
북한을 개혁·개방으로
유도하고자 추진한 대북정책.
햇볕정책은 나그네의 외투를
벗게 만드는 것은 강한
바람(강경정책)이 아닌,
따뜻한 햇볕(유화정책)이라는
이솝우화에서 인용됐다.

● **이명박 정부의 강경 대응**
이명박 정부는 '비핵 개방
3000구상'을 국정과제로
추진했다. 이 구상은 북한이 핵을
완전히 폐기하고 개방하면, 북한
1인당 국민소득이 10년 안에
3천달러가 되도록 지원한다는
내용을 담고 있다.

반면 중국과 러시아는 천안함에 대해 각국이 상황의 악화를 피하길 희망한다는 내용을 담은 기사를 보도했다. 중국 관영매체인 인민일보 해외판은 '천안함 사건에 각국이 냉정히 처리하길 희망한다' '상황악화를 피하길 희망한다'는 논조의 기사를 잇따라 실었다. 러시아 네자비지마야 가제타Nezavisimaya Gazeta는 한국이 발표한 천안함 침몰사건 조사결과에 대한 의혹을 제기하는 외부 논평을, 이즈베스티야Izvestia는 북한이 대북심리전을 재개하려는 한국을 위협하고 있다는 내용의 기사를 싣고 남북 간 긴장이 고조되고 있다고 보도했다.

# 에필로그

---

**상황 1**

1636년 7월 경기도 풍덕豊德(지금의 북한 개풍) 살던 안추원安秋元은
가족과 함께 강화도로 피란했다. 13세 어린이였다. 병자호란을 미
리 피하기 위해서였다. 당시 조정은 강화도를 난공불락의 요새로
여겼다. 그러나 강화도는 함락됐고, 안추원은 청군의 포로가 되고
말았다. 그는 선양으로 끌려간 뒤 한족 대장장이에게 팔렸다. 1644
년에는 베이징까지 강제 이주해야 했다. 26년이 흐른 1662년 안
추원은 조선으로 탈출을 시도했다가 붙잡혔다. 산해관에서 체포
돼 얼굴에 죄명을 찍히는 자자형刺字刑을 받았다. 그는 2년 뒤 또다
시 탈출을 시도해 결국 성공했다. 조선 조정은 28년 만에 탈출에
성공, 귀국한 안추원을 고향인 풍덕으로 보냈다. 하지만 풍덕에는
부모형제가 없었다. 조정에선 숙식을 제공했지만 잠시 뿐이었다.
제대로 된 생계 대책을 마련해 주지 않았다. 부모를 잃은 처지에
생계마저 막막해진 안추원은 결국 중국으로 돌아가기로 결심하고
발길을 돌렸다. 중국에 입국하자마자 다시 붙잡혔다. 조선 정부는
청나라로부터 '탈출 포로를 받아줬다'는 문책을 받을 것만 걱정
할 뿐 안추원의 처지는 아랑곳하지 않았다. 조국이 그리워, 두 차
례나 목숨을 걸었건만, 조국은 그를 버린 것이다.

한국전쟁의 정전협정이 체결된 지 6개월이나 더 지난 1954년 1월 20일 새벽 0시, 판문점의 인도군 관할 포로수용소에서는 수천 명의 반공포로가 일제히 석방됐다. 이들 중엔 박종은朴鍾殷도 있었다. 전쟁 발발 직후부터 포로생활만 1천200여 일을 한 그다. 그의 기막힌 포로역정은 1950년으로 거슬러 간다.

1950년 4월, 해주고등학교를 졸업한 지 얼마 안 된 청년 박종은은 평양군관학교에 입학하라는 통지를 받았다. 북한군 징집을 피해 박종은은 단신으로 서해상을 통한 월남을 단행했다. 목숨을 걸고 내려온 38선 이남의 옹진군 동강지서에서 '위장 월남'으로 의심을 받고, 되돌아가야 했다. "월남하려면 가족과 함께 오라"는 지서장의 '협박' 때문이었다. 할 수 없이 해주로 되돌아간 박종은은 함경북도 경성군 어량면 산골로 도망가, 토굴생활을 시작했다. 하지만 추격대를 피하지는 못했다. '징집 기피자'가 돼 45일 만에 체포된 것이다. 두만강 홍의수용소에 갇혔다. 그리고 1950년 9월, 북한군에 강제 징집됐다. 일본군 육군 제44부대가 있던 곳에 세워진 나남훈련소에 입소했다. 유엔군의 북진이 한창일 때다. 곧바로 부대배치를 받았으나 탈영했다. 눈보라가 몰아치는 악천후 속에 고향 해주로 내려가면서 죽을 고생을 한 박종은은 길주 부근의 국군 헌병초소에서 불을 쬐다가 엉뚱하게도 포로 신세가 됐다. 북한군이었다는 게 이유였다. 강제로 끌려갔고, 도망쳤다고 항변했지만 소용없었다. 부산포로수용소를 거쳐 1951년 3월, 거제도 제73포로수용소로 옮겨졌다. 남한 출신은 부산에 남기고, 북한 출신을 격리 수용하기 위해서였다. 박종은은 1952년 초, 논산포로수용소 생활을 시작한다. 공산포로는 거제도에 잔류시키고, 반공포로를 부산, 마산, 광주, 영천, 논산 등지로 분산 수용했기 때문이다. 논산

에서 1년 정도 포로로 갇혀 있던 박종은은 1953년 봄에 부평포로
수용소로 옮긴다. 고향과 가까운 곳으로 가기 위해 '로비'를 벌인
덕이었다. 그러던 중 1953년 6월 18일, 이승만 정권의 전격적인 반
공포로 석방 조치에도 불구하고 석방되지 못한 부평의 포로들은
집단 탈출을 감행했고, 박종은처럼 탈출에 실패한 나머지 포로는
다시 논산수용소로 가야 했다. 그리고 다시 중립국 판문점 수용소
로⋯.


　전쟁은 시공을 초월해 닮았다. 사람을 죽이고, 약탈하는 것이 예
삿일이다. 권력자들은 무능하기 그지없다. 국가의 크고 작은 시스
템이 제대로 작동할 리 없다.
　상황 1의 안추원과 상황 2의 박종은의 처지는 300년 이상의 세
월이 흘렀건만 크게 다르지 않다. 전쟁 통에 끼인 백성의 삶이란
다 그럴 것이다.
　안추원의 부모는 국가가 그토록 믿고 장담하던 '요새要塞' 강화
도에 들어가면 안전할 줄 알고, 가족을 인솔하고 숨었으나 어림없
었다. 어린 안추원은 포로가 돼 중국인의 노비로 사는 처지가 됐
다. 탈출을 감행했다가 붙잡혔다. 얼굴에 불도장이 찍혔다. 고향
을 잊을 길이 없어, 다시 탈출에 나서 드디어 성공했다. 그러나 아
무도 없었다. 반기는 사람이 있기는커녕, 나라마저 외면하는 곳은
더 이상 고향이 아니었다. 국가를 믿고 있다가 포로가 됐고, 가족
을 잃었다. 그런 국가는 사선死線을 넘어 되돌아 온 포로를 위해 아
무런 일도 하지 않았다. 다시 중국으로 발길을 돌렸다. 단지 먹고
살기 위해서였다.
　박종은의 처지도 어처구니없기는 마찬가지다. 북한군을 피해
월남했는데, 받아주지 않아 북으로 되돌아가 깊은 산속에 숨었다.

붙잡혀 강제 징집됐으나, 용하게도 전투 중 탈영에 성공했다. 북한군이 되기 싫어 탈영한 박종은은 그러나 남한군에게 포로로 잡히고 만다. 그 뒤로 3년 6개월의 포로생활, 죽을 고비는 한두 차례가 아니었다. 전쟁이 끝났는데도 그는 여전히 포로여야 했다. 처음 월남했을 때 받아만 줬더라도, 그리고 목숨 걸고 탈영해 고향으로 가던 중 '구세주'인줄 알았던 남한군에게 '억지 포로'만 되지 않았더라도. 박종은에게, 남북 어디에도 '국가'는 없었다.

취재팀은 2011년, 1년 동안 인천이란 특정한 지역을 무대로 해 빚어진 전쟁의 역사를 찾았다. 현장을 다시 살피고, 증언할 사람들을 만났다. 각종 서적도 뒤졌다. 멀리 있는 세계의 전문가들을 연결하여 의견을 구했다.

1231년 여몽전쟁, 1592년 임진왜란, 1627년 정묘호란, 1636년 병자호란, 1866년 병인양요, 1871년 신미양요, 1894년 청일전쟁, 1904년 러일전쟁, 1950년 한국전쟁, 그리고 서해교전까지. '인천의 전쟁'에 얽힌 800여 년의 세월을 살펴보았다.

인천은 왜 이렇게도 많은 전쟁을 치러야 했을까. 지리적 위치 때문에 전쟁이 잦았을 것이라는 설명만으로는 왠지 뒷맛이 개운치 않다. 우리 모두가 고민해야 할 부분이다.

취재 과정에서, 전쟁은 언제든지 다시 일어날 수 있다는 점을 실감했다. 그때는 돌이킬 수 없는 피해를 입게 될 것임도 잘 알게 됐다. 반복되는 전쟁의 역사가 그것을 말해준다.

2000년대에 들어와 교류와 평화가 정착해야 할 서해 바다에 새삼 전운이 감돌고 있다. 두렵고 우려스러운 일이 아닐 수 없다. 누구의 잘못일까? 무슨 문제가 벌어지고 있는 것일까?

한반도 내 권력자들이 무능하고 부패해 외교와 내치가 안 될 때면 어김없이 침략의 마수가 뻗쳐왔다. 한반도에 전쟁이 있을 때는 대륙(중국)에 문제가 있거나 섬(일본)에 문제가 있었다. 그 사이에 낀 우리의 백성들은 도륙屠戮을 당했다.

여몽전쟁이 끝나 개경으로 환도한 뒤 120여 년 후 국호國號가 바뀌고 평화가 찾아왔지만, 200년을 넘지 못했다. 우리는 전혀 대비하지 못했다. 속수무책으로 당할 뿐이었다. 모든 것을 내어 주어야 했다. 대륙에선 울타리가 무너질까봐 지원군을 보냈지만 침략자이긴 마찬가지였다. 힘이 없으면 당할 수밖에 없었다. 정권은 그러고도 정신을 못 차렸다. 불과 몇 십 년 뒤 엄청난 전쟁의 참화를 잇따라 겪어야 했다. 백성들은 참으로 신산하고도 고통스런 삶을 감내하지 않으면 안 되었다.

그렇게 다시 200년, 이제는 동아시아만의 세계질서가 아니었다. 전 세계로 무대가 넓어졌다. 식민지를 찾아 나선 서구 열강의 침략야욕이 우리에게도 닥쳤다. 이런 상황인데도 정권은 여전히 무능했다. 우리는 열강 누구나의 먹잇감이 되었다. 열강들은 그 먹이를 서로 챙기려다가 우리 땅에서 버젓이 전쟁을 치르기도 했다. 그 피해는 말로 할 수 없을 지경이다. 그리고 약삭빠른 일본에 나라를 송두리째 빼앗겼다. 우여곡절 끝에 자유를 얻었지만, 외세는 우리를 그냥 두지 않았다. 급기야 한반도를 반토막 내 남북으로 갈랐다. 땅만 나뉜 게 아니라 우리의 생각과 마음까지 갈렸다. 그리고는 60년 넘게 대립하고 있다. 그 사이 얼마나 많은 사람이 죽고, 얼마나 많은 피해를 당했던가.


지금까지 이야기 한 인천의 800년 전쟁 역사는 역설적이게도, 인천의 평화가 한반도 전체로 이어지고, 그것은 더 나아가 세계 평화를 관통하는 열쇠가 될 수 있다는 점을 계시啓示한다.

우리는 지금 세계의 전장戰場에 서 있다.

지금 우리는 무엇을 해야 하는가.

# 참고문헌

**프롤로그**
김부식, 이병도 역주, 『삼국사기』, 을유문화사, 2010
윤진현, 『풍경, 함세덕』, 다인아트, 2008
이시우, 『한강하구』, 통일뉴스, 2008

**몽골의 침략, 항쟁의 도읍**
강화군 군사편찬위원회, 『신편 강화사』, 2003
강화군 · 강화문화원, 『강화고려궁지 학술조사 보고서』, 2009
강화군 · 육군박물관, 『강화도의 국방유적』, 2000
국방부 군사편찬연구소, 『한국연합작전사』, 2009
국방부전사편찬위원회, 『대몽항쟁사』, 1988
김정환, 『반란의 시대-고려편』, 푸른숲, 1997
동북아역사재단 · 경북대학교 한중교류연구원 엮음, 『13~14세기 고려-몽골관계 탐구』, 동
　　　　북아역사재단, 2011
마르코폴로, 김호동 역, 『동방견문록』, 사계절, 2000
민족문화추진회, 『고려사절요』, 1968
＿＿＿＿＿＿＿＿, 『동국이상국집』, 1988
북한 사회과학원 고전연구소, 『고려사』(제2권), 과학원출판사, 1963
송은명, 『인물로 보는 고려사』, 시아출판사, 2009
용인시사편찬위원회, 『고려시대의 용인』, 1998
육군본부, 『고려 · 몽골 전쟁사』, 2007
윤용혁, 『여몽전쟁과 강화도성 연구』, 혜안, 2011
이경수, 『역사의 섬 강화도』, 신서원, 2002
인천가톨릭대학교, 『누리와 말씀』(제15호), 2004
인천시립박물관, 『인천문화연구』(제2호), 2004
인천시사편찬위원회, 『인천시사』, 2002
인천시역사자료관, 『인천의 갯벌과 간척』, 인천시역사자료관 역사문화연구실, 2009
정해은, 『고려시대 군사전략』, 국방부 군사편찬연구소, 2006
Denis Sinor, *Journal of Asian History*, Wiesbaden, Otto Harrassowitz, 1967~1984
W.E Henthorn, *KOREA, THE MONGOL INVASIONS*, LEIDEN E. J BRILL, 1963

**임진왜란의 의병 사령부**
강화군 군사편찬위원회, 『신편 강화사』, 2003

고재형, 김형우 · 강신엽 역, 『심도기행』, 인천학연구원, 2008
국립진주박물관, 『국립진주박물관-임진왜란』, 1997
국사편찬위원회 국역, 『조선왕조실록』, http://sillok.history.go.kr
나카오 히로시, 손승철 옮김, 『조선통신사-에도 일본의 성신 외교』, 소화, 2012
루이스 프로이스, 양윤선 · 정성화 역, 『임진난의 기록』, 살림출판사, 2010
스티븐 턴불, 남정우 옮김, 『사무라이』, 플래닛미디어, 2010
유성룡, 김홍식 옮김, 『징비록』, 서해문집, 2011
이덕일, 『유성룡』, 위즈덤하우스, 2007
______, 『조선왕을 말하다』, 위즈덤하우스, 2010
이상희, 『波臣의 눈물』, 범우사, 1997
이순신, 노승석 옮김, 『난중일기』, 민음사, 2012
______, 이은상 역주해, 『난중일기』, 현암사, 1969
인천시사편찬위원회, 『인천시사』, 2002
주강현, 『제국의 바다 식민의 바다』, 웅진지식하우스, 2007
한명기, 『광해군-탁월한 외교정책을 펼친 군주』, 역사비평사, 2000
황정덕 · 도진순 · 이윤상, 『임진왜란과 히라도 미카와치 사기장』, 동북아역사재단, 2010
Saul David, *WAR*, Dorling Kindersley, 2009

**강화함락, 병자년의 치욕**

강화군 군사편찬위원회, 『신편 강화사』, 2003
강화문화관, 『강화』, 1948(2007년 강화문화원 復刻)
고재형, 김형우 · 강신엽 역, 『심도기행』, 인천학연구원, 2008
국방부전사편찬위원회, 『병자호란사』, 1986
국사편찬위원회 국역, 『조선왕조실록』, http://sillok.history.go.kr
김형광, 『인물로 보는 조선사』, 시아출판사, 2002
나만갑, 『병자록』, 명문당, 1987
레이황, 김한식 역, 『만력 15년 아무일도 없었던 해』, 새물결, 2004.
민승기, 『조선의 무기와 갑옷』, 가람기획, 2004
박재광, 『화염조선』, 글항아리, 2009
신동준, 『조선국왕vs중국황제-시대를 뛰어넘는 권력의 법칙』, 위즈덤하우스, 2010
이긍익, 『연려실기술』
이나바 이와키치, 『광해군 시대의 만선관계』, 1934
이덕일, 『송시열과 그들의 나라』, 김영사, 2010
______, 『시원하게 나를 죽여라』, 한겨레출판, 2008
______, 『조선왕을 말하다』, 위즈덤하우스, 2010

이성무,『조선을 만든 사람들-나라를 위한 선비들의 맞대결』, 청아출판사, 2009

인천시사편찬위원회,『인천시사』, 2002

인하대학교 한국학연구소,『범월(犯越)과 이산(離散)』, 2010

작자 미상, 김광순 옮김,『산성일기 인조, 청 황제에게 세 번 절하다』, 서해문집, 2004

장학근,『조선시대 군사전략』, 국방부 군사편찬연구소, 2006

정상기,『농포문답』

정온,『동계집』

조경남,『속잡록』

조혜란,『옛 소설에 빠지다』, 마음산책, 2009

주돈식,『조선인 60만 노예가 되다』, 학고재, 2007

최형국,『조선무사』, 인물과사상사, 2009

한명기,『광해군-탁월한 외교정책을 펼친 군주』, 역사비평사, 2000

_______,『정묘·병자호란과 동아시아』, 푸른역사, 2010

Chris Peers, Christa Hook, *Late Imperial Chinese Armies 1520-1840*, Osprey Military, 1997

Dzengseo(introduction, translation and notes by Nicola Di Cosmo), *My Service in the army*, Routledge, 2006

Ian McMorran, "A note on Loyalty in the Ming-Qing Transition", 1994

Saul David, *WAR*, Dorling Kindersley, 2009


## 서양인의 침탈과 유린된 강화


『내일을 여는 역사』(13호), 서해문집, 2003

강명숙 외,『침탈 그리고 전쟁』, 청년사, 2009

강준만,『한국근대사 산책-천주교 박해에서 갑신정변까지』, 인물과사상사, 2008

강화군,『신미양요 기록사진집』, 2000

국방부 전사편찬위원회,『병인·신미양요사』, 1989

국사편찬위원회 국역,『조선왕조실록』, http://sillok.history.go.kr

김명호,『초기 한미관계의 재조명』, 역사비평사, 2005

김원모,『한미 외교관계 100년사』, 철학과 현실사, 2002

김장춘 엮음,『세밀한 일러스트와 희귀 사진으로 본 근대 조선』, 살림출판사, 2009

문화재청,『수난의 문화재-이를 지켜낸 인물이야기』, 눌와, 2008

_______,『한국의 세계유산』, 눌와, 2010

박대현,『서양인이 본 조선:조선관계 서양서지』, 호산방, 1996

백성현 이한우 공저,『파란눈에 비친 하얀조선』, 새날, 1999

신복룡,『이방인이 본 조선 다시 읽기』, 풀빛, 2002

운노 후쿠쥬, 연정은 옮김,『일본의 양심이 본 한국병합』, 새길출판사, 2010

이영미, 「朝 美 修交 이전 서양인들의 한국 역사 서술」

인천시사편찬위원회, 『인천시사』, 2002

쥐베르 · 마르탱, 유소연 옮김, 『프랑스 군인 쥐베르가 기록한 병인양요』, 살림출판사, 2010

최문형, 『한국근대의 세계사적 이해』, 지식산업사, 2010

펠릭스 클레르 리델, 유소연 옮김, 『나의 서울 감옥 생활 1878』, 살림출판사, 2008

황현, 허경진 옮김, 『매천야록』, 서해문집, 2006

E. J. 오페르트, 신복룡 · 장우영 공역, 『금단의 나라 조선』, 집문당, 2000

I.A. 곤차로프 외, 심지은 옮김, 『러시아인, 조선을 거닐다』, 한국학술정보, 2006

W.E 그리피스, 신복룡 역주, 『은자의 나라 한국』, 집문당, 1999

Dallet Claude-Charles, "Histoire de l'Eglise de Coree", Paris : V. Palme, 1874

**청일전쟁과 병참기지 인천**

강명숙 외, 『침탈 그리고 전쟁』, 청년사, 2009

강준만, 『한국근대사 산책-개신교 입국에서 을미사변까지』, 인물과사상사, 2008

김옥균 · 박영효 · 서재필, 조일문 · 신복룡 편역, 『갑신정변 회고록』, 건국대학교출판부, 2006

왕현종 외, 『청일전쟁기 한 · 중 · 일 삼국의 상호 전략』, 동북아역사재단, 2009

이덕주, 『조선은 왜 일본의 식민지가 되었는가』, 에디터, 2002

이사벨라 비숍, 이인화 옮김, 『한국과 그 이웃나라들』, 살림출판사, 2009

이희환, 『이방인의 눈에 비친 제물포-인천개항사를 통해 본 식민근대』, 인천문화재단, 2011

인천시사편찬위원회, 『인천시사』, 2002

제노네 볼피첼리, 유영분 옮김, 『구한말 러시아 외교관의 눈으로 본 청일전쟁』, 살림출판사, 2009

제임스 앨런, 김대륜 옮김, 『영국 선원 앨런의 청일전쟁 비망록』, 살림출판사, 2011

진위방, 권혁수 옮김, 『청일 갑오전쟁과 조선』, 백산자료원, 1999

최문형, 『러시아의 남하와 일본의 한국침략』, 지식산업사, 2008

______, 『한국근대의 세계사적 이해』, 지식산업사, 2010

______, 『한국을 둘러싼 제국주의 열강의 각축』, 지식산업사, 2001

한국근현대사학회, 『한국근대사강의』, 한울, 2007

황현, 허경진 옮김, 『매천야록』, 서해문집, 2006

후지무라 미치오, 허남린 옮김, 『청일전쟁』, 소화, 1997

**인천, 제국주의 전쟁의 첫 무대**

가스통 르루, 이주영 옮김, 『러일전쟁, 제물포의 영웅들』, 작가들, 2006

강명숙 외, 『침탈 그리고 전쟁』, 청년사, 2009

과천문화원, 『추사 자료의 귀향』, 2008

김윤희, 『이완용 평전』, 한겨레출판, 2011

로스뚜노프 외 전사연구소, 김종헌 옮김, 『러일전쟁사』, 건국대학교출판부, 2009

루돌프 차벨, 이상희 옮김, 『독일인 부부의 한국 신혼여행 1904-저널리스트 차벨, 러일전쟁
　　　과 한국을 기록하다』, 살림출판사, 2009

석화정, 『풍자화로 보는 러일전쟁』, 지식산업사, 2007

심헌용, 「1904년 대한제국 해안에서 러시아 선박 제1급 순양함 바랴크호와 포함 꼬레이츠
　　　호가 일본함대에 맞서 벌인 전투」, 2005

＿＿＿, 『한반도에서 전개된 러일전쟁 연구』, 국방부 군사편찬연구소, 2011

앵거스 해밀튼, 이형식 옮김, 『러일 전쟁 당시 조선에 대한 보고서』, 살림출판사, 2010

야마무로 신이치, 정재정 옮김, 『러일전쟁의 세기』, 소화, 2010

이덕주, 『조선은 왜 일본의 식민지가 되었는가』, 에디터, 2002

이희환, 『이방인의 눈에 비친 제물포-인천개항사를 통해 본 식민근대』, 인천문화재단,
　　　2011

인천시 역사자료관, 『역주 인천개항 25년사』(가세 와사부로 저), 2004

＿＿＿＿＿＿＿, 『역주 인천개항 25년사』(시노부 준페이 저), 2004

인천시립박물관, 『세 가지 시선, 러일전쟁』, 2010

인천시사편찬위원회, 『인천시사』, 2002

잭 런던, 윤미기 역, 『잭 런던의 조선사람 엿보기-1904년 러일 전쟁 종군기』, 한울아카데
　　　미, 2011.

정성화 외, 『러일전쟁과 동북아의 변화』, 선인, 2006

최문형, 『국제관계로 본 러일전쟁과 일본의 한국병합』, 지식산업사, 2004

＿＿＿, 『러시아의 남하와 일본의 한국침략』, 지식산업사, 2008

＿＿＿, 『한국근대의 세계사적 이해』, 지식산업사, 2010

쿠로파트킨, 심국웅 옮김, 『러일전쟁』, 한국외국어대학교 출판부, 2007

한상일·한정선, 『일본, 만화로 제국을 그리다』, 일조각, 2008

헐버트, 신복룡 옮김, 『대한제국멸망사』, 집문당, 2006

황현, 허경진 옮김, 『매천야록』, 서해문집, 2006

А.Н. Сахарва, *Новейшая история России*, 2010


## 한국전쟁의 분수령, 상륙의 땅 인천

『전쟁과 유물』(제2호), 전쟁기념관 학예부, 2010

고든 L. 리트먼, 김홍래 옮김, 『인천 1950』, 플래닛미디어, 2006

국방부 군사편찬연구소, 『알아봅시다! 6·25전쟁사』1-3권, 2005

국방부 전사편찬위원회, 『한국전쟁전투사 인천상륙작전』, 1983

김계동, 『한반도의 분단과 전쟁』, 서울대학교출판부, 2001

김동춘, 『전쟁과 사회』, 돌베개, 2000

김원일 외, 『나를 울린 한국전쟁 100장면』, 눈빛, 2007

김행선, 『해방정국 청년운동사』, 선인, 2004

남도현, 『끝나지 않은 전쟁, 6·25』, 플래닛미디어, 2010

데이비드 핼버스탬, 정윤미·이은진 옮김, 『콜디스트 윈터』, 살림출판사, 2009

박명림, 『한국 1950 전쟁과 평화』, 나남출판, 2002

박양호, 『한국전쟁의 실상과 학도병 이야기』, 화남, 2009

박종은, 『PW-포로수용소생활 1,200일 실화』, 종화사, 2001

박태균, 『한국전쟁』, 책과함께, 2010

부평사편찬위원회, 『부평사』, 2007

브루스 커밍스, 김자동 옮김, 『한국전쟁의 기원』, 일월서각, 2008

서중석, 『사진과 그림으로 보는 한국 현대사』, 웅진지식하우스, 2009

어니스트 볼크먼, 석기용 옮김, 『전쟁과 과학, 그 야합의 역사』, 이마고, 2004

이기형, 『여운형 평전』, 실천문학사, 2004

이장희 외, 부산민주항쟁기념사업회 부설 민주주의사회연구소 편, 『한반도안보관련 조약
        의 법적 재조명-주한미군지위협정, 한미상호방위조약 및 정전협정의 위헌성』, 백
        산서당, 2004

이희진, 『625 미스터리-한국전쟁, 풀리지 않는 5대 의혹』, 가람기획, 2010

인천시사편찬위원회, 『인천시사』, 2002

정일화, 『아는 것과 다른 맥아더의 한국전쟁』, 미래한국신문, 2007

조상근, 『Fog of War』, 집문당, 2010

진실·화해를 위한 과거사 정리위원회, 「2008년 상반기 조사보고서」
　　　　　　　　　　　　　　　　　　　　　　, 「종합보고서」, 2010

평화·통일연구소, 『전쟁과 분단을 끝내는 한반도 평화협정』, 한울, 2010

하기와라 료, 홍순우 옮김, 『조선전쟁』, 미성

한국인권재단, 『한반도 평화는 가능한가?-한반도 안보질서의 전환과 평화체제의 모색』, 아
        르케, 2004

한국전쟁연구회, 『탈냉전시대 한국전쟁의 재조명』, 백산서당, 2000

한국정치외교사학회, 『한국전쟁과 휴전체제』, 집문당, 1998

饗庭孝典·NHK 취재반, 오정환 옮김, 『韓國戰爭』, 동아출판사, 1991

허종, 『반민특위의 조직과 활동-친일파 청산, 그 좌절의 역사』, 선인, 2003

Eugene Franklin Clark, *The secrets of Inchon*, Penguin Group USA, 2003

에필로그
박종은, 『PW-포로수용소생활 1,200일 실화』, 종화사, 2001
한명기, 『정묘 · 병자호란과 동아시아』, 푸른역사, 2010

**각주 · 연표**
국립국어원 표준국어대사전, http://stdweb2.korean.go.kr
김덕진, 『연표로 보는 한국역사』, 도서출판 선인, 2002
다할편집실, 『(개정판) 한국사 연표』, 다할미디어, 2008
한국학중앙연구원 민족문화대백과사전, http://encykorea.aks.ac.kr

# 찾아보기

# 도움 말씀 주신 분들

**〈몽골의 침략, 항쟁의 도읍〉**

강옥엽 인천역사자료관 전문위원

김창수 인천발전연구원 인천도시인문학센터장

김창현 고려대 교수

김형우 강화역사문화연구소장

류중현 강화문화원 향토사연구소장

모리히라 마사히코(森平雅彦) 일본 큐슈대 교수

박재광 전쟁기념관 교육팀장

서인한 국방부 군사편찬연구소 군사사부 부장

에드워드 슐츠(Edward J. Shultz) 미국 하와이대
　　　　교수

윤용혁 공주대 교수

이상학 용인문화연구소 연구위원

이재범 경기대 교수

임용한 경기도 문화재 전문위원


**〈강화함락, 병자년의 치욕〉**

김수완 전 국방부전통의장대장

로쿠탄타 유타카(六反田豊) 일본 도쿄대 조선문
　　　　화연구실 교수

박재광 전쟁기념관 교육팀장

박현모 한국학중앙연구원 세종리더십연구소 연
　　　　구실장

배성수 인천시립박물관 전시교육과장

백옥성(73 · 여) 고창 주민

이덕일 한가람역사문화연구소장

이영춘 국사편찬위원회 편사연구관

이종훈 중국 옌벤대 교수

임학성 인하대 한국학연구소 교수

정해은 한국학중앙연구원 박사

크리스 피어스(Chris Peers) 중국전쟁사 전문저
　　　　술가

한명기 명지대 교수


**〈서양인의 침탈과 유린된 강화〉**

기무라 칸(林村幹) 일본 고베대 교수

김명호 서울대 교수

김원모 단국대 명예교수

제임스 호어(James Hoare) 영국 런던대 교수

최문형 한양대 명예교수


**〈청일전쟁과 병참기지 인천〉**

심헌용 국방부 군사편찬연구소 선임연구원

알렉세이 파추코프(Pastukhov Alexey
　　　　Mikhailovich) 러시아 국립 극동과학아
　　　　카데미 연구원

커크 라르센(Kirk W. Larsen) 미국 브링검영대
　　　　교수


**〈인천, 제국주의 전쟁의 첫 무대〉**

김창수 인천발전연구원 인천도시인문학센터장

드미트리 파블로프(Pavlov, Dmitry Borisovich)
　　　　러시아 모스크바 세인트 티콘 정교도대
　　　　교수

심헌용 국방부 군사편찬연구소 선임연구원

이나바 치하루(稻葉千晴) 일본 메이조대 교수

이희환 문학박사

존 채프먼(John W.M. Chapman) 영국 리츠메이
　　　　칸대 교수

최문형 한양대 명예교수


**〈한국전쟁의 분수령, 상륙의 땅 인천〉**

강정구 평화와 통일을 여는 사람들 공동대표/전
　　　　동국대 교수

강창국 혜천대 교수

김동길 중국 베이징대 교수

남도현 군사전문가/한국국방안보포럼 회원

데이비드 키페(David Keepe · 82) 한국전쟁 참전
　　　　용사(미 제7보병사단 자동화기소대 부
　　　　소대장)

박태균 서울대 교수
서재송(83) 한국전쟁 참전용사 / 혼혈아 입양 활
　　동가
이장희 한국외국어대 교수
전성훈 통일연구원 선임연구위원
찰스 암스트롱(Charles Armstrong) 미국 콜럼비
　　아대 교수
최권삼 국방부 군사편찬연구소 연구원
최석원(79) 한국전쟁 참전용사(해병대원)
캐스린 웨더스비(Kathryn Weathersby) 미국 존
　　스홉킨스대 교수
함명수 전 해군참모총장
허영철(81) 한국전쟁 참전용사(해병대원)

〈분쟁의 바다, 그리고 평화〉
권기형(30) 연평해전 참전용사
김용섭(22) 연평도 포격 당시 해병대원(공병대원)
도널드 커크(Donald Kirk) CBS 기자
루싱하이(盧星海) 중국 언론인
마키노 요시히로(牧野愛博) 일본 아사히신문 기자
박연수(88) 연평도 주민
서보성(22) 해군 하사/천안함 침몰사고 생존자
세바스챤 팔레티(Sebastien Falletti) 프랑스 르
　　피가로 기자
안경애(64 · 여) 연평도 주민
앤드류 새먼(Andrew Salmon) 영국인 프리랜서
　　기자
양갑동(22) 연평도 포격 당시 해병대원(박격포 지
　　휘병)
유종철 인천해경 경위/501함 부장(부함장)
지신롱(姬新龍) 중국 신화통신 기자
함기용(23) 연평도 포격 당시 해병대원(중대장 차
　　량 운전병)

※도움 말씀 주신 분들께 진심으로 감사드립니다. 위에 적은 소속기관과 직책은 2011년 인
터뷰 시점입니다. 경칭은 생략하였습니다.
※책, 사진, 그림 등 저작물 인용이나 게재에 동의해 주신 분들께 감사드립니다. 다만, 일부
는 저작권자를 찾기 어려운 경우가 있었습니다. 저작권자가 연락을 주신다면 게재 허락
절차를 밟도록 하겠습니다.

한반도 800년 전쟁이야기

# 세계사를 바꾼 인천의 전쟁

초판 2쇄 / 2012. 9. 18

지은이 / 경인일보 특별취재팀
펴낸이 / 윤미경
펴낸곳 / 도서출판 다인아트
　　　　출판등록 1996년 3월 8일 제87호
　　　　인천광역시 남동구 구월3동 1096-19 3F
　　　　tel. 032+431+0268 / fax. 032+431+0269
　　　　e-mail. dainart@korea.com

인쇄 / 국제문화사
제본 / 과성제책

값 / 23,000원
ISBN 978-89-6750-002-3